Augustine, the Harvest, and Theology (1300-1650)

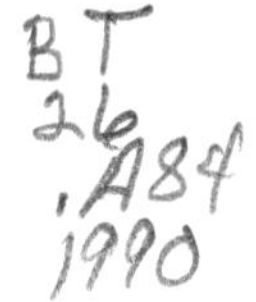

Augustine, the Harvest, and Theology (1300-1650)

Essays Dedicated to Heiko Augustinus Oberman in Honor of his Sixtieth Birthday

EDITED BY

KENNETH HAGEN

E.J. BRILL
LEIDEN · NEW YORK · KØBENHAVN · KÖLN
1990

The paper in this book meets the guidelines for permanence and durability of the Committee on Production Guidelines for Book Longevity of the Council on Library Resources.

Library of Congress Cataloging-in-Publication Data

Augustine, The harvest, and theology (1300–1650): essays dedicated to Heiko Augustinus Oberman in honor of his sixtieth birthday / edited by Kenneth Hagen.
p. cm.
Essays are in English with German summaries or in German with English summaries.
Includes bibliographical references and indexes.
ISBN 9004093192
1. Theology, Doctrinal — History — Middle Ages, 600–1500.
2. Theology, Doctrinal — History — 16th century. 3. Theology, Doctrinal — History — 17th century. 4. Oberman, Heiko Augustinus. I. Oberman, Heiko Augustinus. II. Hagen, Kenneth.
BT26.A84 1990
230'.09'02 — dc20 90-49022
CIP

ISBN 90 04 09319 2

PRINTED IN THE NETHERLANDS

TABLE OF CONTENTS

PREFACE

The topic of the appropriation of Augustine 1300-1650 has allowed a group of scholars an opportunity to study how theologians perceived the authorities of the Scriptures and the Traditions during the centuries at the end of the Middle Ages and during the reformations to follow. The contributors have offered the findings of their research and are to be commended for basing whatever conclusions are possible regarding such a vast topic on hard textual investigation.

Drs. M. G. Elisabeth Venekamp, Vice President, E. J. Brill is to be thanked for her cooperation, encouragement, and direction. The decision to produce a two-language volume, thus allowing the contributions to appear in their original language, was made possible by Mrs. Venekamp.

Marquette University is to be thanked for supporting me through the sabbatical program, through the Computer Services Division, and for funding the translations of the summaries. Rev. Michael Zamzow is gratefully acknowledged for his translation of summaries—English to German, German to English—and for providing the Indexes.

For help in technical matters and emotional support I am immensely indebted to Mrs. Aldemar Hagen.

Milwaukee, June 1990 K. Hagen

INTRODUCTION

KENNETH HAGEN
Marquette University

An understanding of the relationship of late medieval intellectual and spiritual activity to the rise of the reformations in the sixteenth century has been deeply nurtured by the works of Heiko Augustinus Oberman. He has been intensely interested in making the fourteenth and fifteenth centuries accessible through historical-theological research, both his own and that of his colleagues and students. The harvest of his efforts led and still leads young scholars into long dormant incunabula and manuscripts with their abbreviated Latin.

Contemporary discussions about the existence, nature, and extent of an Augustinian school prior to Luther and about Luther's possible relation to such a phenomenon have been significantly intensified by Heiko Oberman. The discussion of his views on the evolution of the Augustinian heritage, reflected in this volume and elsewhere, is an example of the Oberman legacy—his offering an hypothesis that sends scholars off to test his propositions.

Although Heiko Oberman never wanted to have or even talk about an Oberman-school, and while one does not exist in the European sense, one may refer to an Oberman-school in a different sense of the word "school," namely, a commitment to training and disciplined research in the history of Christian thought, relying on original sources and original languages. The bequest of Heiko Oberman is a history of the professor generating exciting sparks, igniting all kinds of fires, some of which, incidentally, he may not have been entirely happy about himself. In passion, enthusiasm, and encouragement for further research, Heiko Oberman ranks at the top. When asked to write for the *Festschrift*, one professor responded, "It is hard to realize that that bundle of energy is also aging."

Beginning with *The Harvest of Medieval Theology*, Heiko Oberman's footnotes have provided not only a wealth of information and suggestions for further research, but they have also elucidated a way to analyze primary sources and integrate interdisciplinary methodology. A feature of Oberman's scholarship that continues to amaze is his ability to keep an eye on the big picture as well as an eye on the minutia of detail, whether theological, philosophical, political, social, or scatological.

The theme of this *Festschrift* was chosen in order to pursue one of the several subthemes in the writing of Heiko Oberman and at the same time to provide a common focus for the invited essayists and for the volume as a whole. I would hope that the general student of the period (1300-1650) could gain an overview of the appropriation of Augustine during that time and that Professor Oberman's colleagues would profit from the new research contained herein. The essayists are to be commended for undertaking original research with primary sources. The fresh scholarship produced by the contributors is testimony to the extent of Oberman's influence in various fields of history. One contributor said that I was fortunate to have access to (and "probably to have memorized") the latest research on the *status quaestionis*. True, indeed!

In October 1930 Heiko Oberman was born of devout and scholarly parents in the Dutch city of Utrecht. He studied in the university there, where following additional work in Indonesia and in Oxford, he received his doctorate in 1957. Besides major positions at Harvard Divinity School and the University of Tübingen, he has lectured extensively throughout Europe and America. Currently he is Regents Professor of History, University of Arizona. Already in 1963 he was awarded Harvard's coveted Robert Troup Paine Prize for *The Harvest of Medieval Theology*; more recently he was cited for "the most significant book during the decade 1975-1985" (*Luther—Mensch zwischen Gott und Teufel*).

A colleague wrote, "During my recent visit to the States I had the pleasure of staying with the Obermans at Tucson. I'd say that is one successful transplant! I enormously enjoyed my brief stay and more particularly the sight of Heiko so energetically as well as effortlessly making his mark in new territory." Anyone who has visited the Obermans knows the significance of the "s" on "Obermans." In 1955 Heiko married Geertruida R. Reesink, whom, during this project, I have come to appreciate even more as an extremely strong person. Heiko's future biographer will have to assess how few scholars have been more fundamentally enabled in studies and relationships than has Heiko by Toetie.

These essays are offered as a *fest*; it is hoped they will provide a special feast for the one who has given so much of his professional and personal life to others in the pursuit of truth in and beyond history. They seek to mark his own history, taking cognizance of the surprising fact that this Augustinus is now 60 years young.

BETWEEN DESPAIR AND LOVE

Some Late Medieval Modifications of Augustine's Teaching on Fruition and Psychic States

WILLIAM J. COURTENAY

University of Wisconsin-Madison

The first problem to which theological students from the thirteenth to sixteenth centuries were introduced was the Augustinian distinction between use (*usus*) and enjoyment (*fruitio*), as set forth in the opening distinction of Peter Lombard's *Libri sententiarum*.[1] Only God is to be fully loved and enjoyed; all other things and relationships are to be used as a means toward that end. From our modern perspective, it is remarkable that this seemingly harsh evaluation of the loves of this world became the opening theme of a work compiled in the century of Abelard, troubadour lyrics, and "courtly" love, was commented on by theologians in the thirteenth century who took a positive view toward human achievement and natural virtues, and survived the age of humanism. To those for whom the beatific destiny was the paramount and ultimate aim of life, the message of the author of the *Confessions* and *City of God* made perfect sense, as it did to Dante. To others, perhaps, human psychology and volitional acts appeared more complex and diverse.

In numerous works across the last three decades Heiko Oberman has called attention not only to links between humanists and theologians traditionally associated with late medieval nominalism, but to a growing positive valuation of human psychology and human endeavor in late medieval Europe[2]—contested, to be sure, and

---

[1] Peter Lombard, *I Sent.* d 1 c 2, ed. I. Brady et al., Vol. I, Grottaferrata 1971, 56-57. On the *fruitio/uti* distinction in Augustine, see R. Lorenz, "Fruitio dei bei Augustin," *ZKG* 63 (1959-51), pp. 75-132; Lorenz, "Die Herkunft des augustinischen Frui Deo," *ZKG* 64 (1952-53), pp. 34-60. I am grateful to Kimberly Georgedes for calling these articles to my attention.

[2] H. A. Oberman, "Some Notes on the Theology of Nominalism with attention to its Relation to the Renaissance," *HThR* 53 (1960), pp. 47-76; *The Harvest of Medieval Theology: Gabriel Biel and Late Medieval Nominalism*, Cambridge, Mass. 1963; and *The Dawn of the Reformation*, Edinburgh 1986, esp. chs. 1-2, 4-5, and 8-9.

existing in an uneasy and sometimes hostile environment rocked by recurring waves of Augustinianism, but nevertheless an affirmation voiced often in the lecture halls of universities from England to Germany and Italy. Oberman also called attention to late medieval treatments of whether it was possible to hate God meritoriously (*de odio Dei*), which arose in the context of fruition, human psychology, and the ethics of divine command.[3] And just as varying medieval interpretations of the relationship of grace, merit, and justification took place in the context of Augustinian thought, so too, Augustine's understanding of fruition, by way of Lombard's *Sentences*, set the context and agenda for late medieval discussions of human psychology and the relationship of intellect and will.

One of the supposedly distinguishing characteristics of late medieval philosophy and theology, in fact, was the emphasis on problems of the will, both human and divine. Sometimes viewed as a corrective to thirteenth-century rationalistic optimism and Thomas Aquinas's preferential emphasis on the intellect and reason, this preoccupation with the will purportedly led, among other things, to an equal preoccupation with human psychology and emotional states approached from a volitional standpoint.

These developments have met with both positive and negative evaluations. In assessing the direction and impact of William of Ockham's thought a half-century ago, Etienne Gilson observed that Ockham (whom Gilson credited with initiating this trend) was guilty of creating "a new intellectual disease," which Gilson labeled "psychologism."[4] Psychologism, for Gilson, was the substitution of "a psychological analysis of human knowledge" in place of "a philosophical analysis of reality." One might question whether Ockham had in fact abandoned interest in the external world and the certitude of external sense experience—I would claim that he had not—but Gilson was correct in seeing in Ockham and his English contemporaries a strong interest in the perceptual nature of epistemology, the effect of experience on human emotions and

---

[3] Oberman, *Harvest*, pp. 90-96.

[4] Etienne Gilson, *The Unity of Philosophical Experience*, New York 1937, pp. 86-90. The early chapters of this book treat the "mishandling" of the philosophical enterprise by Abelard ("logicism"), Bonaventure ("theologism"), and Ockham ("psychologism" and "scepticism").

psychology and an exploration of the extent to which human emotions shape the way external reality is viewed and even encountered.[5]

A more positive evaluation of this self-same attitude has been taken recently by Stephen McGrade in a series of articles.[6] McGrade has argued that this aspect of fourteenth-century thought is enormously rich in its implications for the period and that just as the study of fourteenth-century logic has been a veritable gold mine for those working in contemporary logic and analytic philosophy, so fourteenth-century discussions of human psychology may hold some benefits for those working in the behavioral sciences.

Without getting into the issue of the degree of "immediate payoff" that the study of fourteenth-century thought may have for modern disciplines, there are two aspects that I want to examine here. First, how new or distinguishing a feature of fourteenth-century thought was this analysis of human motivation, volition, and psychology? Secondly, how did the Augustinian teaching on fruition fare during the "harvest time" of medieval theology? Did it, in fact, undergo modifications in light of the human-focused perspectives of late medieval theology and early humanism to which Oberman has called attention?

Aureol, Aristotle, and Augustine

What do historians of late medieval scholasticism mean when they talk about an analysis of human psychology? They have in mind the examination of the meaning and interrelation of such mental operations as cognition and volition as well as such human emotions or psychological states as hatred, sorrow, anger, fear, love, enjoyment, pleasure, and a host of others. The principal context for these discussions in Ockham's period was the topic of fruition (*fruitio*: the

---

[5] See K. H. Tachau, *Vision and Certitude in the Age of Ockham: Optics, Epistemology, and the Foundations of Semantics*, Leiden 1988.

[6] A. S. McGrade, "Ockham on Enjoyment—Towards an Understanding of Fourteenth Century Philosophy and Psychology," *Review of Metaphysics* 34 (1981), pp. 706-28: "Enjoyment at Oxford after Ockham: Philosophy, Psychology, and the Love of God," in *From Ockham to Wyclif*, ed. A. Hudson and M. Wilks, Studies in Church History, Subsidia 5, Oxford 1987, pp. 68-88.

love and enjoyment of God) and final beatitude in which fruition was fully experienced. Ockham and the Franciscan majority within English theology in the early fourteenth century rejected Thomas' view that fruition or enjoyment was a cognitive act and the Beatific Vision an essentially intellectual vision.[7] Most were willing to view love, enjoyment, and beatitude as volitional acts. Volition, in turn, was divided into a number of psychic states or, to use scholastic language, affections or passions of the soul.

For descriptive purposes (although on this topic he was, in fact, of central importance), we can take the analysis given by the Provençal Franciscan Peter Aureol, writing at Toulouse and Paris around 1317.[8] Aureol divided all volition into four types. Two were negative acts of the will: movement away (*fuga*), or the desire to flee (*fugere*) or to avoid what is perceived to be an undesirable object or situation; and sorrow or despondency (*tristitia*), the (willed) state of mind or soul that pertains to or is the result of the desire to flee. The other two were positive psychic states: movement toward, or a longing or desire (*desiderium*) for something, caused by what is perceived to be a desirable object: and joy or pleasure (*delectatio*), the state of mind or soul achieved in gaining that object. The two negative volitions were regarded as forms of hatred (*odium*) and the two positive volitions forms of love (*amor*). Total despair and total pleasure were the two ends or extremes; flight and desire were the movements of the will towards those ends. Aureol applied this schema not only to *amor* but to any act of the will, even a concupiscent act (*actus concupiscibilis*). It should, of course, be noted that *fruitio* is not part of this schema because Aureol considered fruitional enjoyment to be identical with *delectatio* (enjoyment as pleasure).[9]

---

[7] Ockham, *Ordinatio* I d 1 q 2. For some earlier background, see P. Nash, "Giles of Rome and the Subject of Theology," *MS* 18 (1956), pp. 61-92.

[8] Peter Aureol, *Scriptum* I d 1 sect.7 nn.50-56, ed. E. Buytaert, Vol. 1, St. Bonaventure, N.Y. 1953, pp. 394-97.

[9] *Ibid.*, p. 394: "Prima quidem quod omnis actus voluntatis affirmativus est desiderium vel delectatio, sic quod omnis amor est amor desiderii vel delectationis; et per oppositum, omne odium dividitur in fugam et tristitiam, sic quod omne odire vel est abominari et fugere, vel tristari et displicere; et secundum hoc omnes actus voluntatis prout est concupiscibilis,—qui quidem actus sunt velle et nolle,—sunt quatuor, videlicet et velle desiderii et velle delectationis, nolle fugae et nolle displicentiae." For an analysis of Aureol's teaching, see the articles of McGrade, note 4 above.

Aureol considered the difference between negative and positive acts of the will as analogous to the difference between violent motion and natural motion for a stone.[10] As that analogy makes clear, his view of the will was shaped by the biblical and Augustinian image of the unquiet soul which only finds its rest, its natural place, in God. It is the relation of the natural disposition of the soul to the object of desire (or flight) that determines (as partial cause) the nature of the volition. Just as *delectatio* is the psychic state produced by (or for Aureol, identical with) *fruitio*, so *tristitia* is the psychic state produced by *odium* and the ultimate absence of *fruitio*. Moreover, these states are not simply passive states (*passiones animae*) that happen to the soul, but are actively willed. And the desire for the pleasure-producing end is a separate act from the enjoyment of that end, just as flight from a sorrow-producing object is a separate act from the experience of sorrow itself.

These states are not stages in the quest of the lover for the beloved. They are not on a continuum through which one moves from a state of desire for an object not yet attained or possessed to a state of pleasure achieved by gaining that object, just as one does not move from a state of avoiding a repelling object to a state of despair. Presumably the two positive acts of the will, just as the two negative acts, can be had simultaneously. Further, *tristitia* is the state or experience of the unquiet soul. It is defined in relation to an object perceived to be undesirable. But this analysis of volition, and *tristitia* in particular, is just as remarkable for what it does not say. What of the sorrow produced by an object or situation one wishes to avoid and cannot, or the sorrow produced by an object one wishes to possess and cannot? Where, if anywhere, did such concerns enter scholastic debate?

To those familiar with Plato and Aristotle, much of this language seems classical rather than specifically late medieval. At least by the time of the Stoa the 'movements' or passions of the soul, which the Platonists called passions (*páthē*) and which Roman authors called emotions (*perturbationes*) or affections (*affectiones*) had been reduced

---

[10] *Ibid.*: "Sed appetitus naturalis non habet nisi duos actus positivos et duos privativos; positivos quidem moveri in finem et quiescere in ipsum,—lapis enim per gravitatem movetur ad centrum et quiescit in ipso:—privativos autem fugere ab opposito ‹fuga a malo› et inquietari dum est sub ipso,—lapis enim per naturam suam inquietatur sursum, et per eandem fugit et resilit ab ipso."

to four: joy and sorrow, desire and fear.[11] In that form the subject was treated by Cicero, Virgil, Apuleius, and other Roman authors.[12] It was assumed by the philosophical and literary elite that one, through the use of reason, could and should rise above these emotions, or baser instincts, which the Platonists thought had their origin in the body and were forces to which the soul was subjected and consequently modified in undesirable ways. Augustine recognized that in the Platonic tradition, in which on this topic he placed Aristotle, even a philosopher was subjected to these sweeping emotional forces, while the Stoics assumed that the true philosopher had attained an undisturbed state of calm above such psychic storms: the emotionless state of *apatheia*.

It is not surprising, therefore, that on this topic Aureol incorporated arguments from Aristotle and Augustine. In his *De anima* Aristotle described the inorganic faculties or powers of the soul, such as the intellect and the will, as well as the affections or passions of the sensitive soul, and this text was known to Aureol and others in the thirteenth-century Latin translation.

> When the object is pleasurable (*delectabile*) or painful (*tristabile*), the soul makes an affirmation or negation, and seeks (*quaeretur*) or avoids (*fugietur*) the object. To experience pleasure (*delectatio*) or grief (*contristatio*) is to act with the sensitive mean towards what is good or bad as such. Both appetite (or desire: *desiderare*) and avoidance (*fugere*) are produced by the identical faculty and do not in essence differ from each other or from the faculty of sense perception, although the way in which they operate (or exist: *esse*) does differ.[13]

---

[11] See the discussion in Augustine, *De civitate Dei* IX, 4. On the four passions in Stoicism see M. Colish, *The Stoic Tradition from Antiquity to the Early Middle Ages*, vol. 1, Leiden 1985, pp. 42-50.

[12] Cicero, *Tusc. disp.* III, 23 and IV, 11: Virgil, *Aeneid* VI, 733; Apuleius, *De deo Socratis*, 11.

[13] Aristotle, *De anima* III, 7 (ed. Bekker, Berlin 1831, p. 431a): "Cum autem sensus iucundum aut molestum discernit, quasi affirmaverit aut negaverit, tum persequitur aut fugit. Atque delectari aut dolere est operari medietate sensus ad bonum aut malum, ut talia sunt. Et fuga et appetitus, qui est actu, hoc sunt. Et non aliud est appetitivum aliud fugitivum; nec alia sunt ista a sensitivo, quanquam ipsorum ratio non est eadem sed diversa." The Latin text as it was known in the thirteenth and fourteenth centuries more closely resembled the text of the Latin Averroes, *Commentarium magnum in Aristotelis de anima libros*, ed. F. S. Crawford, Cambridge, Mass. 1953, pp. 465-68: "Si igitur fuerit delectabile aut tristabile, sicut affirmatio aut negatio eius, queretur aut fugietur. Et delectatio et contristatio sunt actio mediante sensibili circa bonum aut malum secundum quod sunt sic. Et hoc

Among the features of this passage that could be remarked on, several are important for our discussion. First, most thirteenth- and fourteenth-century translations of *De anima* or Averroes's commentary on it rendered 'the painful' or 'unpleasant' (that which is to be avoided) by some form of *tristitia*.[14] In fact, the terms used in Aureol's quadripartite analysis of volition were already present in the Latin translations of this Aristotelian passage, and since Virgil and Augustine used a different vocabulary for desire and pleasure, the influence of this Aristotelian text is clear.[15] Secondly, since these psychic states are ones that man has in common with all other animals, Aristotle discussed them initially and primarily as operations of the sensitive soul, which in man informs and predisposes the intellectual or rational soul. Thirdly, these modifications of the sensitive soul take place only through the presence and activity of the desirable or undesirable object (in contrast to intellectual desire, which can be had without the continuing physical presence of the object). Fourthly, the sensitive soul is passive and becomes modified through the activity of the object. The psychological reaction of the sensitive soul is therefore formed not only by the presence of the object but by the character or nature of the object, i.e., whether the object is good or bad. The determination of what is desirable and undesirable lies in the objects, not in the sensitive or rational faculties themselves.

Aristotle's *De anima*, known in the West from the middle of the twelfth century on, had a profound effect on scholastic discussions of human psychology. Passages from Augustine, however, in which he discussed emotions in the context of the various types of love, were known throughout the early Middle Ages and were in many ways more important. Central was Augustine's distinction between the city of God, made up of all those who love God above self and the things of this world, and the city of man, made up of all those who love self and the world more than or instead of God—the former love known as *dilectio* or *amor Dei* and the later known as *cupiditas* or *amor*

---

est desiderare et fugere que sunt in actu. Et desiderans et fugiens non differunt unum ab altero, neque a sentiente, sed esse differt." See also *De anima* II, 2 (413b21-23) and the motivating principle of pleasure as described in *Nicomachean Ethics*.

[14] Averroes, *Commentarium ... de anima*, pp. 83, 158-9, 465-70.

[15] Augustine elsewhere, however, did describe fear (*timor*, *metus*) as the soul's flight (*fuga*); *Ioannis evang. tract.* 46, 8.

concupiscibilis. It was in his definition of the two cities that Augustine introduced his own view of the passions of the soul, recognizing their Platonic and Stoic background.[16]

> Virgil considered those most noted emotions of the soul, namely desire, fear, joy, and sadness, as if the origin of all sins and vices, to be produced by the body, and thus he said 'Thus do they fear and hope, grieve and rejoice.'[17] Our faith, however, teaches otherwise. For the corruption of the body, which weighs down the soul, is not the cause of the sin of Adam, but its punishment; nor was it the corruptible flesh that made the soul sinful, but the sinful soul that made the flesh corruptible.[18]

Augustine modified previous philosophical teaching in several important respects. Following the Stoics (in contrast to Virgil and the Platonic tradition), Augustine considered these emotions to be passions of the mind or soul, not just of the body, and their presence was not simply corporeally produced. Moreover, they were not forces that passively and involuntarily altered the soul and over which one had no control save through the exercise of reason. All four emotional states are produced by the will. In contrast to the negative view of the emotions, which Greek and Roman philosophers considered *daemons* in the soul that were contrary to reason, Augustine considered that all four emotions were, in and of themselves, neutral in value, and could be good or evil depending on the cause of the emotion, whether it be good or evil. Passionlessness (*apatheia*) was not the ideal state, nor need the passions be opposed

---

[16] See A. E. Taylor, *Plato*, 6th ed., New York 1956, pp. 119-24; M. Colish, *The Stoic Tradition from Antiquity to the Early Middle Ages*, 2 vols., Leiden 1985, I, pp. 42-50; II, pp. 207-25.

[17] *Aeneid* VI, 733-34: "Hinc metuut cupiuntque, dolent gaudentque, nec auras suspiciunt, clausae tenebris et carcere caeco."

[18] Augustine, *De civitate Dei* XIV, 3 (CSEL 40.2, pp. 5-6; CCh48, p. 417): "Quamvis enim Vergilius Platonicam videatur ..., omnesque illas notissimas quattuor animi perturbationes, cupiditatem timorem, laetitiam tristitiam, quasi origines omnium peccatorum atque vitiorum volens intellegi ex corpore accidere subiungat et dicat: 'Hinc metuunt cupiuntque, dolent gaudentque, nec auras Suspiciunt, clausae tenebris et carcere caeco.' Tamen aliter se habet fides nostra. Nam corruptio corporis, quae aggravat animam, non peccati primi est causa, sed poena; nec caro corruptibilis animam peccatricem, sed anima peccatrix fecit esse corruptibilem carnem." There is a parallel passage in *De trinitate* VI, 8. This passage from *De civitate Dei* was given prominence by J. Burnaby, *Amor Dei*, London 1938, p. 95; for recent discussions and the relevant bibliography, see M. Colish, *Stoic Tradition*, II, pp. 207-12; G. O'Daly, *Augustine's Philosophy of Mind*, Berkeley 1987, pp. 46- 54.

to reason. True joy (the love of God) was always good and reasonable, just as was the desire for that blessed state. And such positive volitions could easily be combined with fear of and flight from sinfulness and the experience of sorrow over the degree to which one was still separated from God.

> Man's will, then, is all-important. If it is badly directed, the emotions will be perverse; if it is rightly directed, the emotions will be not merely blameless but even praiseworthy. The will is in all of these affections; indeed, they are nothing else but inclinations of the will. For, what are desire and joy but the will in harmony with things we desire? And what are fear and sadness but the will in disagreement with things we abhor?[19]

Augustine's treatment of joy (*laetitia*) and desire (*cupiditas* or *amor*) should be viewed in the context of his treatment of love in the opening chapters of his *De doctrina christiana*, where he divided love into a higher and lower form: the ultimate love, fruition or enjoyment (*fruitio*), which can only have God as its ultimate object, and indirect love or use (*usus*), which, either alone or in combination with enjoyment, is how we appropriately love or relate to things other than God.[20] *Usus* was not concupiscence; it was the legitimate albeit temporary and partial attachment to the things of this world appropriate for wayfarers on the way to an ultimate destiny. And just as Aristotle and Averroes believed that the same part of the soul was the source of the desire to seek or to flee (approach/avoid to use modern language) and that the two operations or psychological experiences differed by reason of the object, so Augustine's *fruitio*

---

[19] *De civitate Dei* XIV, 6 (CCh 48, p. 421): "Interest autem qualis sit voluntas hominis; quia si perversa est, perversos habebit hos motus; si autem recta est, non solum inculpabiles, verum etiam laudabiles erunt. Voluntas est quippe in omnibus; immo omnes nihil aliud quam voluntates sunt. Nam quid est cupiditas et laetitia nisi voluntas in eorum consensione quae volumus? Et quid est metus atque tristitia nisi voluntas in dissensione ab his quae nolumus?" The translation is taken from G. G. Walsh, D. B. Zema, G. Monahan, and D. J. Honan, Augustine's *The City of God*, New York 1958, p. 303.

[20] Augustine, *De doctrina christiana* I, 3 (CCh 32, p. 8): "Res ergo aliae sunt, quibus fruendum est, aliae quibus utendum, aliae quae fruuntur et utuntur. Illae quibus fruendum est, nos beatos faciunt. Istis quibus utendum est, tendentes ad beatitudinem adiuvamur et quasi adminiculamur, ut ad illas, quae nos beatos faciunt, pervenire atque his inhaerere possimus. Nos vero, qui fruimur et utimur inter utrasque constituti, si eis, quibus utendum est, frui voluerimus, impeditur cursus noster et aliquando etiam deflectitur, ut ab his rebus, quibus fruendum est, obtinendis vel retardemur vel etiam revocemur inferiorum amore praepediti."

and *usus* differed primarily by reason of the appropriateness or nature of the object. The same held true for the distinction between the love of God and concupiscent love. The difference between desire as pure love (*dilectio* or *amor Dei*) and desire as concupiscence lay not in the faculty or power to love or desire but in the appropriateness of the object to which that power was applied. Only God should be loved for himself alone above all other things. Created persons and things should be used as a means toward or a reflection of the love of God. *Usus* in the sense of partial love or enjoyment was included in, absorbed in *fruitio*, which alone was the full satiating enjoyment or pleasure that quieted the soul.

The Twelfth and Thirteenth Centuries

These and similar Augustinian texts were familiar to monastic writers throughout the early Middle Ages. And as the theme of love received increased attention in the early twelfth century, theologians developed the concept of a pure love of God (*castus amor*), totally devoid of any self interest, that seems to parallel the idea of *fins amours* in troubadour lyrics and romance literature.[21]

In light of that development one might expect to find other parallels and possible cross influences between theological and poetic discourse on desire and longing (*cupiditas* and *desiderium*), on doubt, sadness, and despair (*tristitia*), and pleasure or joy of possession (*delectatio*). Yet apart from Abelard's discussions of love, particularly his redefinition of the love of God in terms of friendship (*amicitia*),[22] which was ideally a non-self-interested love, scholastic writers of the twelfth century do not appear to have devoted much attention to the topic of fruition and related matters. It is therefore all the more remarkable that when Peter Lombard chose a beginning point for his *Libri sententiarum*, he departed from earlier models, such as Damascenus's *De fide orthodoxa*, Erigena's *De divisione naturae*,

[21] J. Burnaby, *Amor Dei*, London 1938, pp. 256-63; J. Leclercq, *Monks and Love in Twelfth Century France*, Oxford 1979.

[22] Peter Abelard, *Commentaria in Epistolam Pauli ad Romanos*, ed. E. M. Buytaert, CCCM 11, Turnholt 1969, pp. 202-04. The significance of this passage was first noted by Burnaby, *Amor Dei*, p. 257; see also R. Peppermüller, *Abaelards Auslegung des Römerbriefes*, Beiträge zur Geschichte der Philosophie und Theologie des Mittelalters, N.F. 10, Münster 1972, pp. 93-102, 123, 159-65.

Anselm's *Proslogion*, Abelard's *Theologia christiana*, or Hugh of St. Victor's *De sacramentis*—works that had begun with the existence and nature of God, the definition of faith, or with creation. Instead, Lombard went back to the first book of Augustine's *De doctrina christiana*—not to chapters six and seven on the understanding of the term 'God', as Anselm had done, but to chapters two through four on things, signs, and fruition. Given the central importance of Lombard's work in subsequent medieval thought, his choice may today seem obvious, but it was not so obvious in 1150. Theological compendia and treatises in the second quarter of the twelfth century devoted very little attention to *fruitio* per se, certainly not as an opening theme. The anonymous *Summa sententiarum*, written a decade or so before Lombard's *Sentences*, did mention the *fruitio/usus* distinction, but only briefly in the body of chapter ten.[23] And Lombard's choice of an opening theme was not adopted immediately by later authors. The theological compendia and *summae* of the next century (1140-1240) did not follow Lombard in this respect. It was not adopted by Richard of St. Victor, Peter of Poitiers, Stephen Langton, Praepositinus, William of Auxerre, or William of Auvergne. Yet when Lombard's text became the second major textbook of the theological curriculum of universities (the Bible obviously remaining the first), fruition and love, and gradually the passions of the soul became the first things to be discussed in *Sentences* commentaries after the prologue questions, usually on the nature of theology as science and related epistemological issues. Whatever the reason for Lombard's decision to use an earlier section of the beginning of *De doctrina christiana*, that choice had the effect of making the nature of love and the enjoyment of God, and eventually the other passions of the soul as well, the opening themes of theological discussion once Lombard's work became an accepted textbook of university theological faculties shortly before the middle of the thirteenth century.

It is not surprising, therefore, that *Sentences* commentaries and commentaries on *De anima* in the second half of the thirteenth century included discussions of the passions of the soul as psychic states important for human behavior as well as for man's relationship to God. A quick look at *dilectio*, *delectatio*, and *tristitia* in the *Index*

---

[23] *Summa sententiarum* I, 10 (MPL 176, 57 A-B).

Thomisticus reveals the frequency with which these key terms appear in the works of Thomas Aquinas.[24] Thomas applied *dilectio* almost exclusively to the love of God, while *delectatio* was more neutral and could be used for the pleasure gained in fruition as well as the legitimate and illegitimate pleasures, respectively, of the *actus matrimonialis* and *fornicatio*. Just as fourteenth-century epistemology was as much an outgrowth of the concerns and approaches of the late thirteenth century as it was a departure,[25] so too the psychological concerns of fourteenth-century authors developed from the analyses of thirteenth-century writers. Whatever innovations were introduced into the analysis of human psychology and of the powers and acts of the soul by fourteenth-century authors, their discussions took place along a well-travelled path that reached back through the preceding centuries to Augustine.

The Fourteenth Century

This does not mean there were no new developments in this regard in the fourteenth century. Ockham, in contrast to Thomas and Scotus, believed that intellect and will were one and the same faculty or power, not two separate faculties.[26] Consequently, it was pointless to talk about the intellect informing the will or to posit any tensions or separate agenda between intellect and will. On the other hand, Ockham believed that the volitional operations of the soul were separate from the single faculty of will/reason and from each other.[27] Moreover, Ockham and others, following Augustine, discussed love, hate, enjoyment, desire, fear, and sorrow as acts of the soul, things that the soul does, not things that simply happen to it.

---

[24] *Index Thomisticus Sancti Thomae Aquinatis Operum Omnium Indices et Concordantiae*, ed. R. Busa, Stuttgart, 1974-80.

[25] See Tachau, *Vision and Certitude*.

[26] Ockham, *Reportatio in Sent.* II, q. 20; Franc. Inst. ed., Vol. 5, ed. G. Gál and R. Wood, St. Bonaventure, N.Y. 1981, p. 435: "Dico ... quod potentiae animae, de quibus loquimur in proposito, scilicet intellectus et voluntas ... sunt idem realiter inter se et cum essentia animae." See also *Ordinatio* I, d.1 q.2 (I, p. 396), and L. Baudry, *Lexique philosophique de Guillaume d'Ockham*, Paris 1958, p. 204.

[27] Ockham, *Reportatio* II q. 20 (V, p. 435): "tamen intelligere et velle sunt actus distincti realiter;" *Ordinatio* I d.1 q.2. On both these issues (identity of faculties of the soul and separation of its acts) Wodeham followed Ockham; see Courtenay, "The Reception of Ockham's Thought in Fourteenth-Century England," in *From Ockham to Wyclif*, ed. A. Hudson and M. Wilks, Oxford 1987, pp. 89-107, at pp. 104-05; *Schools and Scholars in Fourteenth-Century England*, Princeton 1987, pp. 284-88.

The passive vocabulary of 'affections' or 'passions' was retained, but the language of conscious choice in these matters became even more prominent. Consequently, at least for Ockham and a few others, the experience of enjoyment (*fruitio*) or pleasure (*delectatio*) as well as the experience of despair (*tristitia*) and hatred are results of voluntary acts, things the mind chooses and even in part creates, and are not states simply produced by the presence and nature of the object. Aureol, as was noted earlier, considered enjoyment (*fruitio*) and pleasure (*delectatio*) identical and the goal of all desire. We desire or love an object because it is pleasurable. As described by McGrade, Aureol "made pleasure the beginning as well as the end of all volition and behavior."[28] Ockham, on the other hand, distinguished enjoyment from pleasure, as had Scotus. Enjoyment was a form or type of love that caused pleasure but was not identical with it. Things are pleasurable as a result of the intention to love, the volition of love. One must positively will something before pleasure is experienced. The degree of pleasure we derive from an act is a result of and in proportion to the degree of enjoyment we put into it. Enjoyment precedes and produces pleasure. One can thus have *fruitio* (love as enjoyment) without pleasure (e.g. Abraham's willingness for the love of God to sacrifice his son, or the ability out of love for God to accept the fact that one is not predestined), but for Ockham one cannot have pleasure without enjoyment.

There was a further and, I think, a very interesting addition by fourteenth-century authors to this discussion—beginning with Scotus and developed further by Aureol and Ockham—that modified the severity of Augustine's *fruitio/usus* distinction, as traditionally interpreted. Although concerned primarily with the love and enjoyment of God, Ockham also acknowledged and validated lesser types of "non-referring volitions." Things other than God could legitimately be loved for their own sake. So long as they are not cherished as the highest possible good, they could be enjoyed and not simply "used" in reference to a further volition directed toward God. Such valuings or loves were not morally defective but were valid "middle acts" of the will in between enjoyment and use.[29] Ockham believed that middle acts of the will existed, de facto,

[28] McGrade, "Ockham on Enjoyment," p. 712.

[29] McGrade, "Ockham on Enjoyment." A full-length study of the theory of the middle act of the will has been undertaken by Kimberly Georgedes.

and not just *de potentia absoluta*. This is probably why he did not apply the principle of separability, as he often did in cases *de potentia absoluta*: that just as the habit of grace did not necessarily imply divine acceptation, so *fruitio* as love did not necessarily imply *fruitio* as beatific enjoyment.

In some respects, the theory of the middle act of the will was a restoration and modification of an aspect of Augustine's teaching on fruition that was obscured by the either/or polarization of *fruitio* and *usus*. Augustine, possibly basing his account on Aristotle's distinction among things that are good in themselves, things that are good only in reference to those that are good in themselves, and a third category of "things that are desirable both in themselves and for the sake of that other thing," acknowledged that in addition to things to be enjoyed and things to be used there were things "which are to be enjoyed and used."[30] Although Augustine did not elaborate on this third category, this may have been the text from which the theory of a middle act of the will developed.

Tristitia seems to have undergone less revisionary treatment in the fourteenth century. In the sense of spiritual sloth or apathy produced by despair, *tristitia* was interchangeable with *acedia*—one of the seven deadly sins. In the division of volitional acts, however, *tristitia* was a form of hate usually directed toward sin, and thus an important stage in the restoration of the relationship with God as well as a continuing emotion as long as one, as *viator*, remains *posse peccare*. Ockham and others viewed *tristitia* as a volitional act, not just a passive experience. Yet there does not appear to have been any discussion of the degree to which the mind creates *tristitia* apart from the object, and *tristitia* remained a psychic state produced by an undesirable object that one wishes to avoid, never the sadness or despair produced by a desirable object that one is unable to attain or possess.

Aureol and Ockham's treatments of fruition and the volitional acts of the soul, for all their differences from each other and from earlier scholastic debate, illustrate some of the complexities involved in the interpretation and application of Augustine's thought

[30] Compare Aristotle, *Nicomachean Ethics* I, 6-7, esp. 7(1097a33-35): "iis quae et propter se et propter aliud eliguntur" and Augustine, *De doctrina christiana* I, 3 (CCh 32, p. 8): "Res ergo aliae sunt, quibus fruendum est, aliae quibus utendum, *aliae quae fruuntur et utuntur*." The italics are mine.

in the late Middle Ages. Ockham, in particular, despite his strong belief in divine omnipotence, has often been viewed as the initiator of a semi-Pelagian movement that precipitated an Augustinian revival in which Thomas Bradwardine and Gregory of Rimini played leading roles.[31] And yet some aspects of Ockham's teaching on fruition and emotional states have almost as deep a foundation in Augustine as did the counter position developed by Gregory.[32] There is no question but that Gregory's opposition to the theory of the middle act of the will was motivated in large measure by his understanding of Augustine. At the same time, Scotus and Ockham's defense of the middle act of the will can be viewed as an interpretation of Augustine's assertion that some things can be both enjoyed and used. Similarly Augustinian was Ockham's assertion that the psychic states, including fruition, were volitional acts, that the will is of fundamental importance, and that there was positive value in the passions and in passionate intensity with regard to love. The range of Augustinian teaching and the richness of his legacy made it a common source for authors of widely different perspectives. The unexpected corners into which his influence reached should warn us against seeing a single current of Augustinianism re-emerging in the late Middle Ages.

ZUSAMMENFASSUNG

Übersetzt von Michael Zamzow

Fruition und die augustinische Unterscheidung zwischen Gebrauch (*usus*) und Genuß (*fruitio*) ist das einleitende Thema der *Libri Sententiarum* des Peter Lombardi und dem zufolge das erste Thema nach dem Vorwort, womit theologische Anfänger der 13. bis 16. Jahrhunderten sich befassten. Dieses Thema wurde im 14. Jahrhundert öfters innerhalb des breiteren Zusammenhanges der

---

[31] See in particular M. Schulze, "'Via Gregorii' in Forschung und Quellen," in *Gregor von Rimini. Werk und Wirkung bis zur Reformation*, ed. H. A. Oberman, Berlin 1981, pp. 1-126.

[32] See, in particular, Gregory of Rimini, *Lectura super primum et secundum sententiarum*, I d.1 qq.1-3 in Vol. I, ed. A. D. Trapp and V. Marcolino, Berlin 1981, pp. 187-274, esp. pp. 188-94; and *ibid.*, d.42-44 q.1 in Vol. 3, Berlin 1984, pp. 384-89.

psychischen Zustände (Leidenschaften der Seele) und der menschlichen Beweggründe und Willensäußerungen behandelt.

Dieser Aufsatz untersucht die Behandlung der Willensäußerung und des vier-faltigen Schemas der Flucht (*fuga*), des Leides (*tristitia*), des Verlangens (*desiderium*), und des Vergnügens (*delectatio*) bei Aureol, Aristotelus, Augustine und Ockham. Er macht darauf aufmerksam, daß Ockhams Behauptung, die seelischen Zustände (einschließlich des Genußes) seien Willensäußerungen, ihre Begründung bei Augustin findet. Er beobachtet auch den augustinischen Hintergrund der Theorie eines Mittelaktes des Willens, eine im 14. Jahrhundert auftretende Abänderung der Unterscheidung zwischen *usus* und *fruitio*, die als solche durch Gregor von Rimini abgelehnt wurde. Diese letzte Beobachtung legt es uns nahe, daß einige der von Ockham aufgenommenen, angeblich nicht-augustinischen Lehrsätze bei Augustin selbst vorzufinden sind. Der Einfluß des Augustins im späten Mittlealter is viel breiter als ein einziger Strom des Augustinismus.

FREIHEIT ZUR LIEBE IST GESCHENK GOTTES

Hugolin von Orvieto († 1373) als Schüler Augustins

CHRISTOPH BURGER

Vrije Universiteit, Amsterdam

Der unbedingte Anspruch Gottes auf den Menschen wird im Alten Testament außer im ersten Gebot des mosaischen Dekalogs auch in der Aufforderung "Höre, Israel ..." erhoben: "Höre, Israel: der Herr, unser Gott, ist *ein* Herr. Und du sollst den Herrn, deinen Gott, lieben von ganzem Herzen, von ganzer Seele und mit aller deiner Kraft."[1] Nach dem übereinstimmenden Bericht der synoptischen Evangelien hat Jesus dieses Gebot als das größte und erste bezeichnet.[2] Er hat es mit dem Gebot der Nächstenliebe verknüpft: "Du sollst deinen Nächsten lieben wie dich selbst."[3]

Diese doppelte Forderung der Gottes- und Nächstenliebe beschäftigte den Gelehrten aus dem Orden der Augustiner-Eremiten Hugolin von Orvieto (um 1300-1373) intensiv.[4] Im Rahmen seiner Auslegung der Sentenzen des Petrus Lombardus 1348/49 in Paris behandelte er zweimal ausführlich die Frage, ob ein Mensch nach dem Sündenfall diese Doppelforderung Gottes aus bloß natürlichen Kräften erfüllen könne oder ob er dazu auf die Gnade Gottes angewiesen sei—und wenn ja, welcher Art die Gnade Gottes dann sein müsse.[5]

---

[1] Dtn 6,4 f.

[2] Vgl. Mt 22,37 f. par Mk 12,29 f. und Lk 10,27.

[3] Mt 22,39 par Mk 12,31 und Lk 10,27.

[4] Über Leben und Lehre Hugolins informiert Adolar Zumkeller, *Hugolin von Orvieto und seine theologische Erkenntnislehre* (Cassiciacum Band IX), Würzburg 1941.—Eine knappe Einführung in die wichtigste Literatur bietet das Vorwort des Editors Willigis Eckermann zum ersten Band der kritischen Ausgabe des Sentenzenkommentars: *Hugolini de Urbe Veteri OESA Commentarius in quattuor libros Sententiarum. Tomus primus* (Cassiciacum Supplement-Band VIII), Würzburg 1980, S. V-IX.—Die Edition erschien in vier Bänden 1980-1988. Von Band III an trat Venício Marcolino als Mitherausgeber dem Hauptherausgeber Eckermann zur Seite.

[5] Hugolin: In 2 *Sent.* d 26 q unica: Utrum viator possit dilectione finita ex puris naturalibus frui deo? (ed. Eckermann/Marcolino III, 397-422), und: In 3 *Sent.* d 27 q unica: Utrum praeceptum de dilectione dei possit implere viator carens caritate? (ed. Eckermann/Marcolino IV, 95-109).

Zwei Überblicksdarstellungen und ein Aufsatz über Hugolin, in dem auch dieses Thema behandelt wird, liegen bereits vor. Eine Übersicht über Äußerungen scholastischer Theologen zu der Frage, ob der Wille des gefallenen Menschen aus bloß natürlichen Kräften Gott über alles lieben und die Gebote befolgen könne, bot Heinrich Denifle. Freilich genügte es ihm, Zeugnisse dafür zusammenzustellen, daß Luthers Vorwurf in seiner Römerbriefvorlesung, die scholastischen Theologen behaupteten, der Mensch könne Gott aus seinen natürlichen Kräften über alles lieben, beileibe nicht ihnen allen gegenüber angebracht ist. Er konnte darauf verzichten, die Differenzen zwischen den Positionen herauszuarbeiten, die er als Gegenbeweise ins Feld führte.[6] Einen Überblick ohne polemische Zuspitzung gab Johann Auer.[7] Speziell über Hugolins Aussagen zum Thema unterrichtete Zumkeller in einem der beiden gehaltvollen Aufsätze, in denen er die Auffassungen des Augustinertheologen von Urstand, Sünde und Rechtfertigung darstellte.[8] Zumkeller hat auch in Thesen zusammengefaßt, in welchen Fragen sich Gregor von Rimini und Hugolin von Orvieto in ihren Sentenzenkommentaren an Augustins Gnadenlehre angeschlossen haben.[9]

Alistair E. McGrath hat bezweifelt, daß es eine mittelalterliche augustinistische Tradition in der Rechtfertigungslehre gebe.[10] Seine Herausforderung soll angenommen werden. Dieser Aufsatz möchte zeigen, daß Hugolin von Orvieto eine Position vertrat, die sich inhaltlich an Augustins antipelagianischen Erkenntnissen ori-

---

[6] Vgl. Heinrich Denifle, *Luther und Luthertum in der ersten Entwickelung*. Erster Band (Schluß-Abteilung). Zweite, durchgearbeitete Auflage. Ergänzt und hg. von P. Albert Maria Weiß O.P., Mainz 1906, 4.C.c. Dritter Vorwurf, betreffs der Liebe Gottes und der Erfüllung der Gebote, S. 541-575.

[7] Vgl. Johann Auer, *Die Entwicklung der Gnadenlehre in der Hochscholastik*. Zweiter Teil: Das Wirken der Gnade, Freiburg 1951, I. Abschnitt § 1.III. Kann der Mensch ohne Gnade Gott über alles lieben? S. 20-26.

[8] Vgl. Adolar Zumkeller, "Hugolin von Orvieto († 1373) über Urstand und Erbsünde," *Augustiniana* 3 (1953), S. 35-62.165-193 und 4 (1954), S. 25-46. Hier: 3 (1953), S. 189-193.—Ders., "Hugolin von Orvieto († 1373) über Prädestination, Rechtfertigung und Verdienst," *Augustiniana* 4 (1954), S. 109-156 und 5 (1955), S. 5-51.

[9] Vgl. Adolar Zumkeller, *Erbsünde, Gnade, Rechtfertigung und Verdienst nach der Lehre der Erfurter Augustinertheologen des Spätmittelalters*, Würzburg 1984. Hier: Einführung, § 1: Der 'Augustinismus' Gregors von Rimini und Hugolins von Orvieto, S. 2-9.

[10] Vgl. Alistair E. McGrath, "'Augustinianism'? A Critical Assessment of the So-called 'Medieval Augustinian Tradition' on Justification," *Augustiniana* 31 (1981), S. 247-267, besonders S. 255 f.

entierte und dabei wesentliche Aussagen des Augustinereremiten Gregor von Rimini nutzte, der fünf Jahre vor Hugolin in Paris die Sentenzen gelesen hatte. Gregor hatte betont, zu jedem moralisch guten Akt bedürfe der Mensch einer besonderen Hilfe Gottes.[11]

Die Frage nach den Fähigkeiten des menschlichen Willens zum Tun des Guten und nach der Art des Einflusses der Gnade Gottes auf den Willen spielte damals in dem Meinungsstreit, der an der theologischen Fakultät der Pariser Universität, der bedeutendsten theologischen Fakultät des festländischen Europa, ausgetragen wurde, eine wichtige Rolle. Das geht schon daraus hervor, daß Hugolin sie in seinen 'principia' wiederholt behandelte, den feierlichen Vorlesungen, mit denen jeweils die Kommentierung eines Buches der Sentenzen eröffnet wurde.[12] Hugolin hatte sich dabei mit den Positionen derer auseinanderzusetzen, die gleichzeitig mit ihm die Sentenzen erläuterten und in ihren 'principia' auch ihrerseits zum Verhältnis zwischen göttlicher Gnade und menschlichem Willen Stellung nahmen. Es waren nicht weniger als neun Ordens- und Weltkleriker, die gleichzeitig mit Hugolin die Sentenzen lasen![13] Wer wie der Augustinereremit Hugolin 1348/49 in Paris auf der Grundlage der antipelagianischen Schriften Augustins betonen wollte, daß alle Menschen seit dem Sündenfall zum Erkennen, Wollen und Tun der Gebote Gottes auf die Gnade Gottes angewiesen seien, der durfte sich nicht darauf beschränken, gegen die Überschätzung der Fähigkeiten des Sünders zu kämpfen. Er mußte vielmehr auch nach der anderen Seite deutlich machen, daß er nicht zu denen gehörte, die die Gnade Gottes als derart übermächtig ansahen, daß der Mensch durch sie geradezu genötigt würde. Die Forschung ist bei der Analyse der Beweggründe, die 1347 zur Verurteilung des Zisterziensers Mirecourt geführt haben, mittlerweile zu neuen Ergebnissen gelangt; Courtenay hat sie so zusammengefaßt: Die Untersuchungskommission, die Mirecourt

---

[11] Vgl. Christoph Peter Burger, "Der Augustinschüler gegen die modernen Pelagianer: Das 'auxilium speciale dei' in der Gnadenlehre Gregors von Rimini," in: Heiko A. Oberman (ed.), *Gregor von Rimini. Werk und Wirkung bis zur Reformation* (Spätmittelalter und Reformation Band 20), Berlin/New York 1981, S. 195-240. Zum 'actus moraliter bonus' vgl besonders S. 205-211.—Umfassend informiert seit kurzem Manuel Santos Noya, *Die Sünden- und Gnadenlehre des Gregor von Rimini*, Diss. (maschinenschriftlich), Tübingen 1988.

[12] Zu den 'principia' vgl Venício Marcolino, "Der Augustinertheologe an der Universität Paris," in: *Gregor von Rimini* (wie Anm.11), S. 127-194; hier: S. 174-183.

[13] Vgl. Zumkeller, *Hugolin ... Erkenntnislehre* (wie Anm. 4), S. 73.

verurteilte, setzte sich aus älteren, konservativ denkenden Theologen zusammen, die wohl in ihrer Mehrheit Weltkleriker waren und nicht eben die führenden Köpfe ihrer Zeit in ihrem Fach. Sie gedachten mit der Verurteilung Mirecourts nicht den geistigen Führer herauszugreifen, sondern einen typischen Vertreter derer, die zwischen 1340 und 1350 in Paris in ihren Sentenzenkommentaren hitzige Debatten darüber austrugen, ob nun Thomas Bradwardine im Recht sei, der im Kampf gegen pelagianisierende Tendenzen die Macht der Gnade Gottes über den menschlichen Willen stark betonte, oder Thomas Buckingham, der—wohl in Paris—Bradwardine eines theologischen Determinismus' bezichtigte und eine mittlere Position verfocht. Diese Auseinandersetzungen über das Verhältnis zwischen der Gnade Gottes und dem menschlichen Willen sollten durch Mirecourts Verurteilung beendet werden.[14]

Während er sich in Paris auf seine Sentenzenlesung vorbereitete, hatte Hugolin die Verurteilung Mirecourts miterlebt. Schon in seinem ersten 'principium' grenzt er sich gegen einen von dessen Sätzen ab: "Die Behauptung, daß der Wille kraft der Ersten Ursache so verursacht, wie auch immer er verursacht, ist ein Irrtum."[15] In dieser feierlichen Eröffnungsvorlesung macht er auch gegen Bradwardine deutlich, daß er keinesfalls anzunehmen bereit ist, Gott nötige den Willen des Menschen. Bradwardine ist zwar insofern ein Verbündeter, als er in seinem Werk "De Causa Dei contra Pelagium ..." scharf gegen die Überschätzung der Fähigkeiten des menschlichen Willens zum Guten polemisiert. Doch schießt er nach Hugolins Auffassung über das Ziel hinaus, wenn seine Aussagen als theologischer Determinismus verstanden werden können: "Zum dritten, gegen Bradwardine: Gott ist weder der,

---

[14] Vgl. William J. Courtenay, "John of Mirecourt and Gregory of Rimini on Whether God Can Undo the Past," RThAM 39 (1972), S. 224-256, und 40 (1973), S. 147-174. Hier: S. 150 und S. 173 f. mit Anm. 186.

[15] Hugolin: Principium primum. Quaestio, art. 1 (ed. Eckermann I, 13,77 f.): " 'Quod qualitercumque voluntas causat, causat taliter in virtute primae causae'; error."—Mirecourt selbst schreibt dazu in seiner zweiten Apologie: "Ein Verständnis (dieses Satzes) kann das sein, daß der Wille auch dann, wenn er böse handelt, die Kraft dazu von Gott hat, der schuldhaft mit ihm im Bösen zusammenwirkt. Dieses Verständnis habe ich nicht gehabt. Ein anderes Verständnis ist das, daß die Kraft zum Tun des Guten und des Bösen, wenn sie Kraft genannt werden muß, von Gott kommt." Die lateinische Formulierung bei Friedrich Stegmüller, "Die zwei Apologien des Jean de Mirecourt," RThAM 5 (1933), S. 40-78 und 192-204. Hier: S. 202, 15-19.

der schon im voraus nötigt zu guten Akten, die der freie Wille tut—denn daß er es für böse (Akte) nicht tut, ist ja bekannter—, noch bewirkt Gott immer zuvor verursachend, daß der Wille handelt, wie auch immer er dann handelt."[16] An dieser Stelle referiert er die verurteilte Position des Johannes von Mirecourt und die Bradwardines noch getrennt voneinander.

An späterer Stelle aber behauptet Hugolin, die Verurteilung des Mirecourt treffe Bradwardines Position mit. Fünf Sätze des Johannes von Mirecourt greift er nun besonders an: "Gott bewirkt, daß jemand sündigt und zum Sünder wird. Gott will (vult voluntate beneplaciti), daß er Sünder sei.—Gott ist in irgendeiner Weise Ursache des widerverdienstlichen Aktes, insofern als dieser widerverdienstlich ist.—Gott ist Ursache der Sünde, insofern als sie Sünde ist, oder des Übels der Schuld, insofern als es Übel der Schuld ist, und Urheber der Sünde, insofern als sie Sünde ist.—Wie auch immer der geschaffene Wille etwas verursacht oder wie auch immer er handelt, er tut es oder handelt so kraft der Ersten Ursache, die ihn bewegt und auf diese Weise verursacht.—Gott ist Ursache des Aktes jeder beliebigen Art—und jedes beliebigen Umstandes, der hervorgebracht oder hinzugefügt wird zu dem Akt, durch den jemand sündigt."[17] Während er in seinem ersten 'principium' die Positionen des verurteilten Mirecourt und Bradwardines noch nicht miteinander verknüpft hatte, behauptet er nun, die Verurtei-

[16] Hugolin ebd (ed. Eckermann I, 14,118-120): "Tertium contra Bradwardin, quod deus nec est necessitas antecedens ad actus liberi arbitrii bonos, quia de malis notius est, nec deus prius causaliter efficit voluntatem agere, qualitercumque agit."

[17] Vgl. Hugolin: In 2 *Sent.* d 25 q 1 art. 1 (ed. Eckermann/ Marcolino III, 338 f.). Es handelt sich um die Artikel 10,33,34,35 und 36 nach der Zählung in der systematisch geordneten Liste von Irrtümern, die Hugolin später selbst zusammengestellt hat, um zu verhindern, daß sie sich auch in der neu gegründeten theologischen Fakultät der Universität Bologna ausbreiteten. Sie liegt im Druck vor im *Chartularium Universitatis Parisiensis*, collegit ... Henricus Denifle, O.P., auxiliante Aemilio Chatelain. Tomus II, sectio prior, Paris 1891, Nr. 1147 (S. 610-614). Nach dieser Ausgabe wurde hier zitiert. In der kritischen Edition von Hugolins Sentenzenkommentar wird auch die Zählung derjenigen Liste geboten, die C. du Plessis d'Argentré im ersten Band seiner *Collectio iudiciorum de novis erroribus* 1728 ediert hat. Eine Synopse beider Zählungen bietet F. Stegmüller (wie Anm. 15); hier: S. 43, Anm. 11.

lung der Sätze des Johannes von Mirecourt treffe auch die Aussagen Bradwardines: "Und doch billigen alle Überlegungen Bradwardines den genannten verurteilten Artikel: 'Gott ist Ursache des Aktes (jeder beliebigen Art und jedes beliebigen Umstandes)...' "[18]

Die Abgrenzung gegenüber Bradwardine und Mirecourt, die nach seiner Auffassung Gott den Willen des Menschen geradezu gängeln lassen, ist für Hugolin beileibe kein bloßes Lippenbekenntnis. Als er viele Jahre später die Statuten der theologischen Fakultät von Bologna zu redigieren hat, fügt er ihnen eine Liste von Irrtümern ein, die in Paris bereits verurteilt worden sind. Zu ihnen gehören auch die Sätze, die er schon in seiner Sentenzenlesung als Irrtümer Mirecourts gebrandmarkt hatte.

Aber so sehr er auch einen theologischen Determinismus für einen Grundirrtum hält, der als Gefahr bekämpft werden muß, so deutlich ist doch andererseits, daß er mit noch mehr Engagement gegen die streitet, die die Fähigkeiten des menschlichen Willens zum Tun des von Gott Gebotenen überschätzen, als gegen die problematischen Bundesgenossen im antipelagianischen Kampf, die Gefahr laufen, Gottes Gnade übermächtig erscheinen zu lassen. Schon im 'principium' zum ersten Buch der Sentenzen macht er klar, wie seiner Auffassung nach Gottes Hilfe und menschlicher Wille beim Tun des Guten und beim Tun des Bösen zusammenwirken: Der Mensch ist zum Tun des Guten ungleich stärker auf Gottes Hilfe angewiesen als zum Tun des Bösen. Insofern ist er auch für seine bösen Taten ganz anders verantwortlich, als er sich der guten Taten rühmen kann. Hugolin wählt als Beispiel für das Gute die Liebe zu Gott, als Beispiel für das Böse den Wunsch, zu stehlen. Er bezeichnet Gott als Teilursache des Guten wie des Bösen, da er alles Tun überhaupt ermöglicht. Dieses generelle Einwirken Gottes nennt er andernorts 'communis influentia'.[19]

---

[18] Hugolin: In 2 *Sent.* d 25 q 1 art. 1 (ed. Eckermann/ Marcolino III, 338 f.,55-57). Den 36. Artikel zitiert Hugolin kurz zuvor etwas weniger verkürzt: S. 338,51 f. Kennzeichnend dafür, daß die Kenntnis der verurteilten Sätze bei den Hörern noch vorausgesetzt werden kann, ist, daß Hugolin es nicht für nötig hält, den Text ungekürzt zu zitieren.—Zur Einschätzung des Einflusses Bradwardines auf Mirecourt vgl Heiko A. Oberman, *Archbishop Thomas Bradwardine—a fourteenth century Augustinian,* Utrecht 1957, S. 206-209.

[19] Hugolin: In 2 *Sent.* d 26 q unica art. 1 (ed. Eckermann/Marcolino III, 402,161-163): "pura naturalia excludunt speciale auxilium, immo omne iuvamentum ultra communem influentiam ..."

Doch während der Wille des Menschen nach Hugolins Auffassung beim Tun des Guten lediglich halbe Teilmitursache ist (semiconcausa partialis) und für seine Teilmitursächlichkeit der Hilfe Gottes bedarf, ist er beim Tun des Bösen ganze und zureichende Teilursache (causa ... partialis, integra et sufficiens).[20]

Zur sechsundzwanzigsten Distinktion des zweiten Buches der Sentenzen wirft Hugolin dann die Frage auf: "Ob der Erdenpilger (viator) aus bloß natürlichen Kräften mit begrenzter Liebe Gott genießen könne?"[21] Wenn er von "bloß natürlichen Kräften" redet, dann will er ausdrücklich sowohl die besondere Gnadenhilfe Gottes ausschließen, die er für gute Taten für notwendig hält, als auch diejenige Gnade, durch die ein Mensch Gott für das ewige Leben angenehm wird.[22] Unter "Gott genießen" versteht Hugolin die Liebe, kraft derer ein Mensch Gott mehr liebt als alles andere: "unter 'Genießen' versteht man eine Liebe, bei der Gott über alles und um seiner selbst willen geliebt wird."[23]

Der Dozent scheint auf den ersten Blick nur das Verhältnis zwischen Gott und dem Menschen ins Auge zu fassen. Doch geht es ihm auch um die Nächstenliebe, um die Grundlegung der Ethik. Das wird daran deutlich, daß Hugolin nun auf die Intention zu sprechen kommt, aus der heraus ein Mensch handeln muß, der wirklich gut handeln will: 'Genießen' soll dasselbe bedeuten wie: in höchstem Maße ohne Nebengedanken und als das—aktuell oder habituell vorherbestimmte—Ziel aller Ziele lieben.[24] Nur wer auf solche Weise die Gottesliebe zum letzten Ziel all seines Tuns macht —und das kann ein Mensch nur kraft göttlicher Hilfe tun—, handelt wirklich gut, wie Hugolin schon im ersten Artikel andeutet und dann im zweiten Artikel ausführt. Wenn es anders wäre—wenn ein Mensch auf Erden aus bloß natürlichen Kräften Gott über alles lieben könnte—, dann könnte er aus bloß natürlichen Kräften die

---

[20] Vgl. Hugolin: Principium primum. Quaestio, art. 1 (ed. Eckermann I, 12,51-58).

[21] Hugolin: In 2 *Sent.* d 26 q unica (ed. Eckermann/Marcolino III, 397,2 f.): "Utrum viator possit dilectione finita ex puris naturalibus frui deo?"

[22] Hugolin ebd, art. 1 (ed. Eckermann/Marcolino III, 398,52-54): "Per quod dicitur 'ex puris naturalibus', excluditur gratia vel caritas infusa seu gratum reddens, quae est donum supernaturale, et excluditur speciale auxilium dei ..."

[23] Hugolin ebd, status quaestionis (ed. Eckermann/Marcolino III, 397,8 f.): "per fruitionem intelligitur dilectio dei super omnia et propter se dilecti ..."

[24] Hugolin ebd, art. 1 (ed. Eckermann/Marcolino III, 399,79-81): "'frui' idem sit sicut diligere summe gratis et tamquam finem omnium finium actu vel habitu praestitutum."

höchste erreichbare Stufe der Tugend erwerben und nicht bloß die erste Gnade, sondern sogar das ewige Leben verdienen.[25] Das aber kann er nicht. Als einen tugendhaften Akt anerkennt Hugolin nur den, der entweder selbst Liebe zu Gott über alles ist oder doch aktuell oder habituell darauf bezogen wird.[26] In seiner Beweisführung unterscheidet Hugolin zunächst zwischen einer uneigentlichen Liebe, die selbst dem Teufel das Dasein wünscht, und einer eigentlichen Liebe, die einem anderen wünscht, was ihm fehlt, oder sich mit ihm über das freut, was er hat. Gott aber kann man nichts wünschen. Ihm gegenüber ist allein angemessen, sich mit ihm über Sein, Willen und Güte zu freuen, die er in höchstem Maße besitzt.[27]

In drei Regeln der rechten Vernunft faßt Hugolin zusammen, wie Gott geliebt werden müßte: Der Mensch müßte Freude daran haben, daß Gott unendlich vollkommen ist. Er müßte aus Liebe zur Gerechtigkeit dem höchst gerechten Willen Gottes gehorchen. Er müßte mit keuscher Kindesliebe so an Gott hängen, daß ihm selbst sein eigenes Sein und sein Wohlergehen unwichtig würden, wenn sie sich dieser Liebe zu Gott nicht einordnen ließen.[28] Zwischen den drei Regeln der rechten Vernunft, wie Gott geliebt werden müßte, konstatiert Hugolin erhebliche Unterschiede. Auch der Todsünder kann sich immerhin daran freuen, daß Gott unendlich vollkommen ist, also Gottesliebe nach der ersten aufgestellten Regel empfinden. Das unterscheidet ihn vom Verdammten, der auch das nicht kann.[29]

Bei seinem zweiten Eingehen auf diese Frage unterscheidet Hugolin zwischen einem Menschen, der Gott zwar der ersten Regel

---

[25] Hugolin ebd, status quaestionis (ed. Eckermann/Marcolino III, 397,20-23): "Si quaestio esset vera, sequitur, quod viator posset ex puris naturalibus facere se habentem virtutem, qua nulla virtus est melior viatori, et sic posset facere se in caritate et mereri primam gratiam, immo mereri vitam aeternam."

[26] Hugolin: In 2 *Sent.* d 26 q unica art. 2 (ed. Eckermann/ Marcolino III, 406,296-298): "Sola dei dilectio super omnia, vel qua ad huiusmodi dilectionem refertur actu vel habitu operatio viatoris, est actus virtutis."

[27] Vgl. Hugolin ebd, art. 1 (ed. Eckermann/ Marcolino III, 399 f.,91-102).—Im zweiten Durchgang differenziert Hugolin noch feiner: In 3 *Sent.* d 27 q unica art. 1 (ed. Eckermann/Marcolino IV, 96,49-64).

[28] Vgl. Hugolin: In 2 *Sent.* d 26 q unica art. 1 (ed. Eckermann/Marcolino III, 400,103-120).—Im zweiten Durchgang arbeitet Hugolin schon an dieser Stelle die Aussage ein, die er im ersten Durchgang erst später entfaltet hatte: Die drei Regeln bezeichnen drei Stufen der Liebe zu Gott. Vgl. Hugolin: In 3 *Sent.* d 27 q unica art. 1 (ed. Eckermann/Marcolino IV, 97 f.,73-107).

[29] Vgl. Hugolin: In 2 *Sent.* d 26 q unica art. 1 (ed. Eckermann/Marcolino III, 404,217-235).

entsprechend liebt, aber auf eine so unverbindliche Weise, daß ihm Vergängliches gleich wichtig ist, und einem Menschen, der wirklich dieser ersten Regel entsprechend Gott liebt. Erst der, der nicht nur Wohlgefallen an Gottes Güte hat, sondern auch an Gottes Gerechtigkeit, empfindet auch echtes Wohlgefallen an Gottes Güte.[30] Mit der später als unverbindlich gekennzeichneten Art von Liebe zu Gott nach der ersten Regel verträgt sich noch Haß gegenüber dem Mitmenschen.[31] Diese Art von Gottesliebe ist also nicht die, die Jesus geboten hat. Sie kann nicht Liebe zu Gott über alles sein, denn solche Liebe schließt Todsünde aus. Liebe zu Gott nach der ersten aufgestellten Regel, die noch mit Todsünde vereinbar ist, entspricht also nicht der Intention Gottes, der geboten hat, ihn zu lieben.[32] Liebe zu Gott über alles verträgt sich nicht mit Todsünde, wenn nicht Gott kraft seiner Souveränität (de potentia absoluta) eine Ausnahme macht.[33]

Als er die Frage nach der Fähigkeit des Menschen nach dem Sündenfall zur Gottesliebe zum zweiten Male behandelt, formuliert Hugolin klarer. Nun postuliert er, daß die Gottesliebe, wie Gott sie gefordert hat, in dem, der sie empfindet, zum beherrschenden Gefühl werden muß: "Doch Gott 'von ganzer Seele' lieben, wie es geboten ist, eignet sich alle Gefühle der Seele zu. Wenn irgendein (Gefühl dieser Liebe noch) entgegengesetzt bleibt, handelt es sich bei ihr nicht um (Liebe) von ganzer Seele ..."[34]

Wirkliche Liebe zu Gott räumt ja die Begehrlichkeit aus, die der Erfüllung der göttlichen Gebote im Wege steht: "Daraus wird klar, daß die ganze Schwierigkeit, ein gerechtes Werk zu tun, aus der Begehrlichkeit herrührt, die sich widersetzt und den Willen dazu

---

[30] Hugolin: In 3 *Sent.* d 27 q unica art. 2 (ed. Eckermann/ Marcolino IV, 98 f.,121-123.143 f.,149-152): "Contingit carentem caritate infusa diligere deum super omnia primae regulae superficialiter se conformando." "Sed tunc non magis vult deum habere, quam temporalibus perfrui et cetera." "Nam quicumque ex vera complacentia acceptat deum esse summam bonitatem et iustitiam, igitur prae ceteris diligendam, utique consequenter acceptat, id est debet se non malle in alio, quam in deo complacere seu non aliud plus, quam dei voluntatem diligere."

[31] Vgl. Hugolin: In 2 *Sent.* d 26 q unica art. 1 (ed. Eckermann/ Marcolino III, 404,236-240).

[32] Hugolin ebd (ed. Eckermann/Marcolino III, 406,293 f.): "qua praeceptum de diligendo deum ex toto corde servatur ad intentionem praecipientis ..."

[33] Hugolin: In 2 *Sent.* d 26 q unica art. 2 (ed. Eckermann/ Marcolino III, 409,384 f.): "Impossibile est viatorem, scilicet de lege ordinata, diligentem deum super omnia actualiter peccare mortaliter ..."

[34] Hugolin: In 3 *Sent.* d 27 q unica art. 2 (ed. Eckermann/Marcolino IV, 100,182-184).

herabzieht, einen Vorteil zu erreichen oder einen Nachteil zu fliehen. Die Liebe zu Gott aber ist unmittelbar (der Begehrlichkeit) entgegen und erhebt den Sinn zu Gott, Vorteil und Nachteil werden verschmäht, also nimmt sie (die Liebe zu Gott) unmittelbar die Ursache weg, die (ein gerechtes Werk) erschwert."[35] Hier wird einmal mehr deutlich, daß Augustin für Hugolin der normative Theologe schlechthin ist. Augustins Unterscheidung zwischen dem unwandelbaren Gott, dem gegenüber das einzig angemessene Verhalten ist, ihn zu genießen, und den wandelbaren Geschöpfen, die der Mensch gebrauchen darf, ist für Hugolin der Maßstab für die Definition von Todsünde. Wer 'genießt', wem gegenüber 'gebrauchen' das angemessene Verhalten wäre, und wer 'gebraucht', wen er allein 'genießen' dürfte, der verstößt gegen Gottes Gebot oder gegen das ewige Gesetz.[36] Liebe zu Gottes Gerechtigkeit, die Hugolin in seiner zweiten Regel charakterisiert hat, ist zwar nicht mit Todsünde vereinbar wie die in der ersten Regel genannte Liebe zu Gottes Vollkommenheit, aber immerhin noch mit läßlicher Sünde, mit einer ungeordneten Liebe zum Geschöpf, die aber doch keinesfalls diese Liebe zum Geschöpf über die Liebe zum Schöpfer stellt.[37]

Erst die in der dritten Regel charakterisierte Form der Kindesliebe zu Gott ist die der Vollkommenen und wird nach der Pilgerschaft auf Erden auch als einzige von den drei Formen der Liebe zu Gott bestehen bleiben.[38]

So wie er zwischen einer uneigentlichen und einer eigentlichen Liebe unterschieden hat, differenziert Hugolin ferner zwischen dem bloßen Wollen, mit dem ein Mensch Gott über alles lieben und sich mit Gott über dessen Vollkommenheit freuen möchte, und dem Sich-Freuen und Lieben, das zur Tat wird.[39]

Er zieht einen Augustintext heran, aus dessen Kontext schon der

---

[35] Hugolin: In 3 *Sent.* d 27 q unica art. 4 (ed. Eckermann/ Marcolino IV, 108,426-431).

[36] Vgl. Hugolin: In 2 *Sent.* d 26 q unica art. 2 (ed. Eckermann/ Marcolino III, 409 f.,387-394).

[37] Vgl. Hugolin: In 2 *Sent.* d 26 q unica art. 1 (ed. Eckermann/ Marcolino III, 405,275-277).

[38] Vgl. Hugolin ebd (ed. Eckermann/Marcolino III, 406, 282290).—Im zweiten Durchgang legt Hugolin den Akzent darauf, daß die Liebe zu Gott nach der dritten Regel die Begehrlichkeit schon fast völlig ausschließt: In 3 *Sent.* d 27 q unica art. 1 (ed. Eckermann/Marcolino IV, 98,102-105). Er verweist dafür auf seine Äußerungen In 1 *Sent.* d 14-18 q 1 art. 2 (ed. Eckermann II, 236-238,1-40).

[39] Vgl. Hugolin: In 2 *Sent.* d 26 q unica art. 1 (ed. Eckermann/Marcolino III, 401,132-136). - Bei der zweiten Behandlung des Themas nennt Hugolin das bloße

Lombarde zu Beginn der sechsundzwanzigsten Distinktion seines zweiten Sentenzenbuches zitiert hatte, die Hugolin hier ja kommentiert, um auf die Differenz zwischen einem kraftlosen und einem kraftvollen Willen hinzuweisen. Hatte Augustin doch in seiner antipelagianischen Schrift "Von Gnade und freiem Willen" geschrieben: "Wer Gottes Gebot befolgen will und es nicht vermag, hat freilich bereits einen guten Willen, aber noch einen geringen und kraftlosen."[40] Kennzeichnend für Hugolins entschlossene Orientierung an Augustins antipelagianischen Schriften ist es, daß er dessen Aussage noch verschärft, während der Lombarde Augustin ein wenig entschärft hatte. Augustin hatte den eben zitierten Satz so fortgesetzt: "Daß wir also wollen, wirkt er ohne uns. Wenn wir aber wollen und es so wollen, daß wir es auch tun, wirkt er mit uns zusammen."[41]

Der Magister Sententiarum hatte Augustin beim Zitieren ein wenig entschärft: "Daß wir also wollen, wirkt er." Das "ohne uns" hatte er weggelassen.[42] Was Augustin verbal beschrieben hatte (Gott wirkt zuerst ohne uns und dann mit uns zusammen), das hatte der Lombarde substantiviert und war so zu seiner Unterscheidung zwischen einer 'gratia operans' und einer 'gratia cooperans' gelangt. Faßt man seine Sprache ins Auge, so sieht man, wie sehr er den Willen des Menschen ins Zentrum seiner Aussage stellt: Auf ihn zielt im ersten von drei Sätzen Gottes wirkende Gnade. Er steht als Subjekt im Mittelpunkt des mittleren Satzes. Er ist Objekt des dritten Satzes, der das Handeln der mitwirkenden Gnade beschreibt. Der Lombarde läßt an keiner Stelle einen Zweifel daran, daß der Wille des Menschen der Hilfe der Gnade Gottes bedarf. Der Satzbau aber stellt den Willen ins Zentrum wie den Streiter, der zwar auf die 'Waffenrüstung' nach Eph 6,11-17 angewiesen ist, von dem aber erwartet wird, daß er, so gerüstet, den Streit auch besteht.

Worauf schon der Satzbau hinweist, das kennzeichnet auch inhaltlich die Position des Lombarden. Nach seiner Aussage bedarf der menschliche Wille der wirkenden Gnade Gottes, die ihn befreit

---

Wollen unvollkommener: In 3 *Sent.* d 27 q unica art. 1 (ed. Eckermann/Marcolino IV, 98,109 f.): "In primo genere et in genere imperfectiori ..."

[40] Augustin: De gratia et libero arbitrio 17,33 (MPL 44, 901); zitiert bei Hugolin: In 2 *Sent.* d 26 q unica art. 1 (ed. Eckermann/Marcolino III, 401,146-148).

[41] Augustin ebd (MPL 44, 901): "Ut ergo velimus, sine nobis operatur; cum autem volumus, et sic volumus ut faciamus, nobiscum cooperatur ..."

[42] Petrus Lombardus: Sententiae in IV libris distinctae. Liber 2 d 26 cap. 1,1 (ed. Grottaferrata 1971, I/II, 470,8): "Ut ergo velimus, operatur ..."

und vorbereitet. Aber kraft ihrer Hilfe ist er auch gut und zum Tun des Guten fähig. Er kann nun souverän handeln. Die mitwirkende Gnade Gottes muß ihm bloß noch helfend folgen.[43] Der Lombarde hatte Augustins Aussage mit einer winzigen Verkürzung korrekt zitiert. Doch seine Auslegung war darauf ausgerichtet, den Willen des Menschen als durch Gottes Gnade zum Tun des Guten befähigt herauszustellen und eben nicht seine bleibende Angewiesenheit auf Gottes Gnade.

Hugolin dagegen betont die bleibende Angewiesenheit des menschlichen Willens auf Gottes Gnade ungleich stärker. Er hält Gottes besondere Hilfe für erforderlich, wann immer der Mensch fähig sein soll, gut zu handeln. Folgerichtig hat er ja auch schon im ersten 'principium' seiner Sentenzenlesung den Willen des Menschen nur als "halbe Teilmitursache" (semiconcausa partialis) bezeichnet, wenn es um das Tun des Guten geht.[44] Während der Lombarde den zentralen Satz Augustins aus dessen antipelagianischer Schrift "Von Gnade und freiem Willen", den er zitiert, durch das Weglassen des "ohne uns (Menschen)" etwas entschärft hatte, verschärft Hugolin Augustins Aussage dadurch noch, daß er aus dem "(deus) cooperatur" ein "deus operatur" macht. Gott wirkt also seiner Meinung nach nicht bloß mit dem Menschen zusammen, um es ihm zu ermöglichen, sein Gebot zu befolgen, sondern Gott wirkt das gute Werk eigentlich.[45] Hugolin will mit dieser Zuspitzung freilich den Willen des Menschen nicht etwa ausschalten. Er will nur dessen Mitwirkung als gering darstellen. Gott ist die entscheidende Ursache, der Wille des Menschen die "halbe Teilmitursache".

---

[43] Petrus Lombardus ebd cap. 1,2 (ed. Grottaferrata 1971, I/II, 470,13-16): "Operans enim est, quae praevenit voluntatem bonam: ea enim liberatur et praeparatur hominis voluntas ut sit bona, bonumque efficaciter velit; cooperans vero gratia voluntatem iam bonam sequitur adiuvando."

[44] Siehe oben bei Anm. 20.

[45]

Augustin: De gratia et libero arbitrio 17,33 (MPL 44,901)	Petrus Lombardus: *Sent.* in IV libris distinctae. Liber 2 d 26 cap.1,1 (ed. Grottaferrata 1971, I/II, 470,8 f.)	Hugolin: In 2 *Sent.* d 26 q unica art. 1 (ed. Eckermann/ Marcolino III,401,149 f.)
Ut ergo velimus,	Ut ergo velimus,	
sine nobis operatur;	operatur;	
cum autem volumus,	cum autem volumus,	cum volumus
et sic volumus	et sic volumus	et sic volumus,
ut faciamus,	ut faciamus,	ut faciamus,
nobiscum cooperatur.	nobis cooperatur.	deus operatur.

Deshalb kann Hugolin, Augustin überbietend, sagen: "Wenn wir wollen und so wollen, daß wir es auch tun, wirkt Gott." Der Wille, Gott zu lieben, die bloße Absicht, genügt nach Hugolins Überzeugung nicht: "Es ist etwas anderes, Gott lieben zu wollen, als Gott zu lieben, denn 'lieben wollen' läßt sich mit Todsünde vereinbaren."[46]

Hugolin begnügt sich nicht damit, wie der Lombarde eine wirkende Gnade Gottes von einer mitwirkenden zu unterscheiden. Er fordert vielmehr wie sein Ordensbruder Gregor von Rimini, der fünf Jahre vor ihm in Paris seine Sentenzenlesung gehalten hat, eine spezielle Hilfe Gottes, die den Menschen jeweils neu befähigen soll, Gott über alles zu lieben. Seine erste Konklusion im ersten Artikel seiner Quästion zur distinctio 26 des zweiten Buches lautet: "Aus bloß natürlichen Kräften—unter Ausschluß einer besonderen Hilfe (Gottes)—kann der Erdenpilger auch nicht einer von den drei (eben aufgezählten) Vorschriften oder Regeln zustimmen."[47] Damit bezieht er Stellung gegen eine Aussage des Wilhelm von Ockham OFM (um 1285-1349) aus dessen Kommentar zum ersten Buch der Sentenzen. Er nennt den Namen dessen, an dem er Kritik übt, nicht, was doch in seiner Zeit die Regel ist.[48] Er spricht von dieser Aussage Ockhams nur als von einer allgemein anerkannten[49]: "Aus bloß natürlichen Kräften kann der Mensch vorschreiben, daß Gott über alles geliebt werden soll."[50] Hugolin hat Ockham hier ange

---

[46] Hugolin ebd (ed. Eckermann/Marcolino III, 401,150 f.): "aliud est velle diligere deum, aliud diligere deum, quia velle diligere stat cum peccato mortali."

[47] Hugolin ebd (ed. Eckermann/Marcolino III, 401,154-156): "Ex puris naturalibus excludendo auxilium speciale non potest viator dictamini alicui trium vel regulae de praedictis tribus assentire."

[48] Manfred Schulze, " 'Via Gregorii' in Forschung und Quellen," in: Heiko A. Oberman (ed.), *Gregor von Rimini* (wie Anm 11), S. 1-126; hier: S. 26: "Anderes konstatieren wir hingegen im Falle von Kritik und Ablehnung. Hier wird im 14. Jahrhundert mit auffallender Akribie zitiert und der im Text meist als *quidam* bezeichnete Opponent in der Regel vom Autor selbst am Rande der Textkolumne mit Name und Fundort angegeben."

[49] Hugolin: In 2 *Sent.* d 26 q unica art. 1 (ed. Eckermann/Marcolino III, 401,156 f.): "propositionem communiter assumptam"; vgl. auch 402,171: "propositio communiter *sumpta*".—Einen Überblick über Adam Wodehams und Robert Holcots Aussagen, die Hugolin im Auge haben mag, wenn er davon spricht, Ockhams Meinung sei "allgemein anerkannt" oder "allgemein angenommen", bietet Carl Feckes, *Die Rechtfertigungslehre des Gabriel Biel und ihre Stellung innerhalb der nominalistischen Schule*, Münster 1925, S. 124 f.

[50] Hugolin ebd, art.1 (ed. Eckermann/Marcolino III, 401 f.,157 f.): "Ex puris naturalibus potest homo dictare, quod deus est super omnia diligendus."

messen wiedergegeben. Der englische Franziskaner hat dem Willen des Menschen wirklich zugebilligt, Gott genießen zu können.[51] Auch im Verständnis dessen, was mit 'Genießen Gottes' gemeint sein soll, liegt kein Dissens vor. Auch Ockham versteht unter 'Genießen': aufs höchste und über alles lieben.[52] Wenn der Mensch nach Ockhams Auffassung aus bloß natürlichen Kräften Gott über alles lieben kann, dann kann er die wichtigste Bedingung dafür erfüllen, daß sein Tun gut ist. Denn dann kann er aus Liebe zu Gott und um Gottes willen handeln, ohne dafür jeweils auf Gottes Hilfe angewiesen zu sein. Dieser Konzeption widerspricht Hugolin vehement und stützt sich dabei auf Augustin.

Er hält Ockhams These zuerst entgegen: Im irdischen Leben kann in aller Regel kein Mensch ohne spezielle Hilfe Gottes auch nur erkennen, was er denn wollen sollte.[53] Welches Gewicht Augustin als Schriftausleger für Hugolin hat, zeigt sich daran, daß ein Satz Augustins aus "De praedestinatione sanctorum" nach einer (von Augustin maßgeblich mitbestimmten) Konzilsentscheidung und zwei Bibelzitaten an dieser Stelle das gesamte Beweismaterial zur Entscheidung liefert. Das 15. Konzil von Karthago hatte 418 beschlossen: "Beides ist Gottes Gabe: Wissen, was wir tun müssen, und lieben, es zu tun."[54] Biblische Belegstelle ist für Hugolin außer Weish 9,13: "Wer ... wird zu bedenken vermögen, was Gott will?" das Wort des Paulus 2Kor 3,5: "Nicht, daß wir von uns selbst aus tüchtig wären, etwas zu denken als aus uns selbst heraus, sondern unsere Tüchtigkeit stammt von Gott." Diesen Satz hat Augustin kommentiert, und der Sammlung von Exegesen der Paulusbriefe, die der Lombarde zusammengestellt hat, entnimmt Hugolin den nicht ganz wörtlich aus Augustin zitierten Satz: "Gutes denken stammt nicht aus unserer Kraft, sondern aus Gottes Gnade."[55]

Seinen nächsten Schlag gegen Ockhams These führt Hugolin mit

---

[51] Ockham: In 1 *Sent.* d 1 q 2 (ed. Gál/Brown I, 397,7-10): "dico primo quod obiecto fruibili ostenso voluntati per intellectum ... potest voluntas active elicere actum fruitionis, et hoc ex puris naturalibus, circa illud obiectum."

[52] Ockham ebd, concl. 1 (ed. Gál/Brown I, 397,15-17): "potest voluntas elicere actum fruitionis, hoc est summe diligere illud et ultra omnia."

[53] Hugolin: In 2 *Sent.* d 26 q unica art. 1 (ed. Eckermann/ Marcolino III, 402,158-160): "nullus in hac vita de lege communi potest cognoscere, quid recte volendum quoad vitam virtuosam sine speciali auxilio dei ..."

[54] Hugolin ebd (ed. Eckermann/Marcolino III, 402,166 f.) mit Quellenbeleg.

[55] Hugolin ebd (ed. Eckermann/Marcolino III, 402,170).

den Aussagen: Gott über alles zu lieben bedarf der Zustimmung des Glaubens. Diese Zustimmung aber kann niemand aus bloß natürlichen Kräften besitzen. Sonst wäre der Glaube, den ein erwachsener Christ haben soll, kein Geschenk Gottes. Auch zum Beweis dieser Sätze stützt sich Hugolin wieder auf die schon herangezogene Stelle aus Augustins Schrift "De praedestinatione sanctorum".[56]

Schon an der Wahl der Vokabeln merkt man, daß Hugolin Augustin nicht nach dem Lombarden zitiert, sondern aus eigener Lektüre schöpft. Bei der Definition des Willens wählt er als Gegenstück zu 'erlangen' wie Augustin 'verlieren' und nicht wie der Lombarde 'zulassen'. Augustin hatte den Willen als eine Bewegung des animus definiert, der etwas nicht verlieren (amittere) oder erlangen (adipisci) will.[57] Der Lombarde hatte dieses Zitat, das er aus Augustins 'Retractationes' in seine distinctio 26 des zweiten Buches übernahm, charakteristisch verändert: Für ihn war das Gegenstück zu 'erlangen' (adipisci) nicht 'nicht verlieren' (amittere), sondern 'nicht zulassen' (admittere).[58] Darauf ruht seine Definition der Gnade Gottes: "Ihm aber (dem Willen) kommt Gottes Gnade zuvor und bereitet ihn vor, damit er das Böse nicht zuläßt und das Gute erlangt."[59] Während Augustins Definition davon ausgegangen war, daß der Wille des Menschen ein Gut nicht verlieren oder erlangen wolle, hatte der Lombarde durch die Wahl des Verbs '(nicht) zulassen' anstelle von '(nicht) verlieren' an die Stelle des Gutes den guten oder bösen Akt gesetzt. Nebenbei sei bemerkt, daß auch hier wieder der Wille des Menschen beim Lombarden syntaktisch im Mittelpunkt steht. Die Gnade Gottes kommt ihm zuvor und bereitet ihn vor. Er aber handelt.

Hugolin spricht vom Willen wie Augustin, nicht wie der Lombarde. Er formuliert: "Die Gerechtigkeit oder der Gehorsam Gott

---

[56] Vgl. Hugolin ebd (ed. Eckermann/Marcolino III, 402 f., 177-187).

[57] Augustin: De duabus animabus contra Manichaeos 10,14 (MPL 42, 104; CSEL 25/1, 68,23-25): "Voluntas est animi motus cogente nullo ad aliquid vel non amittendum vel adipiscendum."

[58] Vgl. Petrus Lombardus: *Sententiae in IV libris distinctae.* Liber 2 d 26 cap. 2,1 (ed. Grottaferrata 1971, I/II, 471,16 f.): "Voluntas est animi motus, cogente nullo, ad aliquid non admittendum vel adipiscendum."

[59] Petrus Lombardus ebd cap. 2,2 (ed. Grottaferrata 1971, I/II, 471,19 f.): "Haec autem (sc. voluntas), ut non admittat malum et adipiscatur bonum, praevenitur et praeparatur Dei gratia."

gegenüber darf nicht aufgegeben werden, um irgendetwas zu erhalten (assequi) oder nicht zu verlieren (amittere)."[60]

Um zu beweisen, daß wahre Liebe zu Gott über alles ihrerseits göttliches Geschenk ist, setzt er dasselbe Augustinzitat doppelt ein. Beim ersten Mal kommt es ihm nur darauf an, daß Augustin verbürgt, daß man durch Liebe zu Gott zu Gott hingelangt. Er stützt sich also nur auf die erste Hälfte des Zitats: "Die Liebe zu Gott, durch die man zu Gott gelangt ..." Doch trägt er schon jetzt den ganzen Satz vor, den Augustin so fortsetzt: "kommt nur von Gott, dem Vater, durch Jesus Christus mit dem Heiligen Geist."[61] Beim zweiten Mal zieht Hugolin diesen Satz Augustins heran, um zu belegen, daß diese Liebe zu Gott dem Menschen während seines irdischen Lebens nur kraft der eingegossenen Gnade als Habitus oder als Akt erreichbar ist. Die These, die er nun belegen will, lautet: "Die zweite Konklusion ist, daß die habituelle (Liebe) nicht empfunden werden und daß deren Akt, die oft erwähnte Liebe, nicht erweckt werden kann ohne die eingegossene Liebe."[62]

Die Gottesliebe, wie sie auf Erden möglich ist, kann der Mensch nur dadurch empfinden, daß ihm Gott die Gnade schenkt, die vor ihm angenehm macht, nicht aber aus bloß natürlichen Kräften.[63] Das schließt nach Hugolins Verständnis freilich nicht aus, daß ein Mensch, der aus solcher Liebe zu Gott heraus, die ihm von Gott geschenkt worden ist, tätig wird, durch sein Handeln Verdienst vor Gott erwirbt: "Die oben genannte tätige Liebe zu Gott, die von einem Erdenpilger erweckt wird, ist verdienstlich für das ewige Leben, das heißt auf jene angemessene Weise, wie ein wirklich verdienstlicher Akt für das ewige Leben verdienstlich genannt wird."[64] Liebe zu Gott über alles, die zum Habitus wird, ist caritas, ist gratia gratum faciens.[65] Gott ist nach Hugolins Ansicht freilich

---

[60] Hugolin: In 2 *Sent.* d 26 q unica art. 1 (ed. Eckermann/Marcolino III, 405,265 f.): "pro nulla re assequenda vel amittenda ... deserenda est iustitia seu oboedientia dei ..."

[61] Augustin: Contra Iulianum 4,3,33 (MPL 44, 756); zitiert bei Hugolin: In 2 *Sent.* d 26 q unica art. 2 (ed. Eckermann/Marcolino III, 407,310-312).

[62] Hugolin ebd art. 2 (ed. Eckermann/Marcolino III, 411,429 f.): "Secunda conclusio est, quod non habetur nisi a solo deo habitualis et eius actus, scilicet amor saepe dictus, non potest elici sine caritate infusa."—Das oben bereits angeführte Zitat aus Contra Iulianum 4,3,33 steht hier erneut in den Zeilen 432 f.

[63] Hugolin ebd (ed. Eckermann/Marcolino III, 412,445-447): "non ex puris naturalibus, immo nec sine dono gratum reddente, potest viator dilectione finita frui deo."

[64] Hugolin ebd (ed. Eckermann/Marcolino III, 408,355-357): "Dei dilectio su-

nicht an die Eingießung des vor ihm angenehm machenden Gnadenhabitus gebunden. Es steht ihm frei, die Gnade, die vor ihm angenehm macht, auf andere Weise zu schenken.[66] Unentbehrlich ist, daß Gott immer von neuem dem Menschen mit seiner speziellen Gnade zu Hilfe kommt. Es ist gerade nicht so, wie Zumkeller es in seinem sonst grundlegenden Aufsatz darstellt, daß Gottes besondere Gnadenhilfe zwar hinreicht, Gott über alles entsprechend der ersten formulierten Regel zu lieben, nicht aber entsprechend der zweiten und dritten Regel.[67] Die besondere Gnadenhilfe Gottes ermöglicht eben gerade nicht nur die erste, noch unvollkommenere Art der Gottesliebe, während die beiden vollkommeneren Arten der Gottesliebe dadurch geschenkt würden, daß Gott die rechtfertigende Gnade gibt. Hugolin betont vielmehr: Ohne besondere Hilfe Gottes kann ein auf Erden lebender Mensch Gott nicht lieben. Gerade durch die Behauptung, der Mensch bleibe stets auf Gottes je neue Hilfe angewiesen, will Hugolin wie Gregor von Rimini und Thomas Bradwardine, die beide auch von Gottes besonderer Hilfe sprechen, wie diese Augustins Anliegen wahren.

Die Auseinandersetzung an der theologischen Fakultät der Universität Paris in der Mitte des vierzehnten Jahrhunderts war im Kern auch ein Streit darum, wie Augustins Aussagen im Streit mit Pelagius und dessen Anhängern in der eigenen Zeit angemessen zum Ausdruck gebracht werden könnten. Augustin hatte den Menschen einerseits als gänzlich von seinem Schöpfer abhängig und andererseits doch als für sein Tun verantwortlich betrachtet. Er hatte jeden Menschen nach dem Sündenfall als durch vererbte und

---

pradicta actualis a viatore elicita est meritoria vitae aeternae, illo scilicet modo de congruo, quo actus vere meritorius dicitur meritorius vitae aeternae."

[65] Hugolin ebd (ed. Eckermann/Marcolino III, 410,413-415): "Habitualis dilectio praedictis regulis conformis est caritas seu gratia gratum faciens."

[66] Hugolin: In 2 *Sent.* d 26 q unica art. 3 (ed. Eckermann/Marcolino III, 417,610-613): "complacentia de deo ... illa, ad quam non sufficit libertas arbitrii sine habitu infuso vel sine *coefficientia dei supplentis vicem habitus* ..."

[67] Vgl. Zumkeller, "Hugolin...Urstand" (wie Anm. 8) S.191 f.: "Anders aber steht es nach unserem Theologen, wenn der Mensch von Gottes besonderer Gnadenhilfe unterstützt wird. Dann vermöge er auch unter der Sünde Gott über alles zu lieben, freilich nur im Sinne der ersten Art, indem er Gott über alles hochschätzt. Eine solche Liebe wäre noch sehr unvollkommen ... Erst wenn der Mensch die rechtfertigende Gnade empfangen hat—Hugolin bezeichnet sie als gratia gratum faciens oder caritas—wird er dieses eigentlichen Liebesaktes fähig."—Eine solche Abstufung zwischen auxilium speciale und gratia gratum faciens macht Hugolin nicht.

verübte Schuld belastet angesehen. Erst die Gnade befähigte nach seiner Auffassung den freien Willen, das Gute zu wollen.[68]

Diese Grundpositionen sollten gewahrt bleiben, wenn es galt, die Fragen zu beantworten, wie man sich das Einwirken der Gnade Gottes auf den freien Willen des Menschen vorzustellen habe: Ob Gottes Gnade den freien Willen nötige, ob der gefallene Mensch im Gegenteil aus natürlichen Kräften Gott über alles zu lieben vermöge, oder welche Lösung sonst gefunden werden könne.

Verehrung Augustins verbindet alle Kontrahenten in dieser Auseinandersetzung miteinander. Wilhelm von Ockham, der Vertreter der Position, gegen die sich Thomas Bradwardine, Gregor von Rimini und Hugolin von Orvieto erbittert wehren, interpretiert in dem Zusammenhang, aus dem Hugolin den angegriffenen Satz nimmt, Augustins Satz: " 'Genießen' bedeutet: einem in Liebe um seiner selbst willen anhängen."[69] Als getreuer Schüler Augustins versteht sich Bradwardine. So wenig Hugolin ihm zu folgen bereit ist, wenn seine Sätze den Eindruck erwecken, Gott nötige den Willen des Menschen, so bereitwillig könnte er dem Satz zustimmen: "Kein Erdenpilger vermag, gestützt auf eine noch so große geschaffene Gnade, allein durch die Kräfte des freien Willens oder auch kraft der Gnadenhilfe bis zum Ende zu beharren ohne eine andere spezielle Hilfe Gottes."[70] Hugolin möchte Augustins Anliegen dadurch wahren, daß er den Willen des Menschen beim Tun des Guten lediglich zur halben Teilmitursache erklärt und versichert, um Gott auf Erden lieben zu können, bedürfe der Mensch der besonderen Gnadenhilfe Gottes. Die Nähe zu Gregor von Rimini, im zweiten genannten Punkt aber auch zu Thomas Bradwardine, ist—gegen Alistair McGrath' Behauptung—offenkundig. Es gibt eine mittelalterliche augustinistische Tradition in der Rechtfertigungslehre.

Hugolin von Orvieto hätte sich wohl wiedererkannt in der Position, die Erasmus von Rotterdam 1524 in seinem Werk "De libero arbitrio"

---

[68] Vgl. Alfred Schindler, "Gnade und Freiheit. Zum Vergleich zwischen den griechischen und lateinischen Kirchenvätern," ZThK 62 (1965), S. 178-195; hier: S. 186-190.

[69] Ockham: In 1 *Sent.* d 1 q 2 ad oppos. (ed. Gál/Brown I,395, 2 f.): "frui est amore inhaerere alicui propter se." Er zitiert damit Augustin: De doctrina christiana 1,4,4 (MPL 34,20).

[70] Thomas Bradwardine, *De Causa Dei contra Pelagium*..., hier übersetzt nach dem bei Oberman, *Archbishop Thomas Bradwardine*... (wie Anm. 18) auf S. 69 in Anm. 4 zitierten Text.

als seine eigene bezeichnet, die er aber durch eine pelagianisch klingende Definition des freien Willens zu Beginn und durch die Art seiner Argumentation zu verschiedenen Schriftstellen entwertet hatte: "Es bestand nach meiner Meinung die Möglichkeit, den freien Willen so zu definieren, daß dennoch jenes Vertrauen vermieden würde auf unsere Verdienste ... Das scheint mir die Meinung jener zu leisten, die den Anstoß, durch den der Geist allererst angeregt wird, ganz der Gnade zuschreiben. Nur im weiteren Verlauf schreiben sie einiges dem Willen des Menschen zu, der sich nicht der Gnade Gottes entzogen hat. Weil es aber bei allen Verläufen drei Abschnitte gibt: Anfang, Fortschritt und Vollendung, schreiben sie den ersten und den letzten der Gnade zu, nur beim Fortschritt, behaupten sie, richte der freie Wille etwas aus, doch (nur) in der Weise, daß zu(m Vollbringen) desselben unteilbaren Werkes zwei Ursachen zusammenträfen, die Gnade Gottes und der Wille des Menschen, doch nur in der Weise, daß die Gnade Erstursache ist, der Wille Zweitursache, die ohne die Erstursache nichts vermöge, während die Erstursache sich selbst genüge ... Es ist ganz wenig, was der freie Wille hier (nach dieser Auffassung) ausrichtet, und was er ausrichten kann, ist gerade (Wirkung) der göttlichen Gnade ..."[71]

SUMMARY

Translated by Michael Zamzow

The Theological Faculty of the University of Paris in the 1348/49 academic year lives up to its reputation as the most important faculty on the continent: ten ordinary and secular clergy expound on Peter Lombard's *Sentences* at the same time.

In order to put an end to the debates about the relationship between the divine and human will, which were held for several years in lectures on the *Sentences*, a faculty commission in 1347 has condemned the Cistercian, John of Mirecourt. The commission has

[71] Erasmus von Rotterdam, *De libero arbitrio diatribe...* IV,8 (ed. Welzig IV,170/172), hier übersetzt im Anschluß an die Übersetzung von Manfred Hoffmann, "Erasmus im Streit mit Luther", in: Otto Hermann Pesch (Hg.), *Humanismus und Reformation—Martin Luther und Erasmus von Rotterdam in den Konflikten ihrer Zeit*, München/Zürich 1985, S. 91-118; hier: S. 109 f.

accused him of asserting that God coerces the human free will. This assertion would lead to the conclusion that God is perceived as the cause of sin as well as of merit.

These debates are more than an attempt to gain glory through originality for one's own person or for one's order or for the secular clergy. There is a serious attempt to correct false opinions of past and contemporary theology through exegesis of Holy Scripture, counseled by statements of teachers, fathers of the Church and scholastic authorities. The conflicts which were to be stilled by the condemnation of John of Mirecourt revolve around Augustine's concern to view the human being on the one hand as being totally dependent on his Creator and on the other hand still responsible for his actions.

Hugolin of Orvieto unreservedly adopts the condemnation of Mirecourt, which he considers also applicable to Bradwardine. He is convinced that God does not force the human free will. The human will is the complete and sufficient partial cause in doing evil; in doing good, it is the partial co-cause. Along with Bradwardine and influenced by his fellow Augustinian, Gregory of Rimini, who had expounded on the *Sentences* in Paris five years prior to this, Hugolin of Orvieto emphasizes that only God's special aid can enable a human being to love God above all else and, empowered by this love, to love one's neighbor.

JACOB PEREZ OF VALENCIA'S 'TRACTATUS CONTRA JUDEOS' (1484) IN THE LIGHT OF MEDIEVAL ANTI-JUDAIC TRADITIONS

TARALD RASMUSSEN

University of Oslo

Augustine's theology was of great importance for medieval views on the Jews and their place in history. In *De civitate Dei*, he had shown how on the one hand the Jewish people, because they were guilty of crucifying Christ, were damned to live in exile, dispersed all over the world, for the rest of history. During this dispersion they were to suffer many hardships, but they were, on the other hand, not to be killed. This was granted to them as it was granted to Cain, their ancestor, and like him, they were also to bear a sign of this protection of God: "And the Lord set a mark upon Cain, lest any finding him should kill him" (Gen. 4,15).[1] This protection was given them in order to let them stand forth with their unbelief as a living witness of God's mercy towards the Christians until the end of history. In the medieval tradition, two elements of this Augustinian view were particularly accentuated. In the first place the Augustinian insistence on the protection of the Jews, in spite of their grave sin, was repeated again and again during the Middle Ages as a theological and ecclesiastical answer to the growing hostility to the Jews.[2] In the second place, the theological accusations against the Jews were concentrated on their responsibility for the crucifixion of Christ;[3] a motive which had been of special importance to Augustine.[4] Characteristic of the medieval reception of the Augustinian treatment of the Jews was the tendency to focus *either* on the one *or* on the other of

---

[1] See Augustine, *De civitate Dei* XVI, 10.

[2] See for instance Willehad Paul Eckert: *Hoch- und Spätmittelalter. Katholischer Humanismus*, II, 1 on the *Sicut Iudeis*-bulls, in: K. H. Rengstorf and S. von Kortzfleisch (ed.): *Kirche und Synagoge*, Vol. I, Stuttgart 1968, p. 215 f.

[3] See Jeremy Cohen, "The Jews as the Killers of Christ in the Latin Tradition", *Traditio* 40 (1983), pp. 1-32.

[4] See Bernhard Blumenkranz: *Die Judenpredigt Augustins. Ein Beitrag zur Geschichte der jüdisch-christlichen Beziehungen in den ersten Jahrhunderten.* Basel 1946, pp. 190-195.

these two motifs. By Augustine, the motifs stood side by side and kept each other in a kind of balance, defining the status of the Jews as unsecure, but not fatal. In high and especially in late medieval theology, Augustine was often appealed to *either* in the interest of protecting *or* in the interest of attacking the Jews and their religion.

A complicating factor in this picture is the attempt of the friars from the late thirteenth century on to define the status of the late medieval Jews in a new way; in a way which would make Augustine's argument quite irrelevant. According to this new perspective, which was propagated especially among the Dominicans, the Jews were not to be looked upon as real Jews any more because they had betrayed original Judaism. They had, especially through their Talmud, become heretics to their own religion and deserved nothing else than being treated like heretics: that is, nothing else than being persecuted and forced to conversion, or—if this proved impossible—to be forced to leave Christian society. From this point of view, the Jews had no more right to the Augustinian protection because this was a protection granted only to the genuine adherents of the Jewish religion and not to the followers of the Talmudic tradition. The major crime of the former was their *blindness*; they crucified Christ, but did not understand what they were doing. The Talmudic Jews, however, did not act out of blindness. They were aware of what they did; they had rejected God and thereby distorted classical Judaism so that it was no longer open—as Pre-Talmudic Judaism had been—to the recognition of Christ.[5]

These two perspectives, the classical Augustinian and the 'modern' dominican—here only very briefly outlined—, were the main theological traditions to relate oneself to and to build upon for theologians treating the problem of the Jews in the fourteenth and the fifteenth centuries. For, even though the new way of looking at the Jews, represented in the first place by the Spanish and French friars, was quickly spread throughout Europe, it did not totally *replace* the traditional Augustinian perspective of thinking about the Jews and their place in society.[6]

[5] See Jeremy Cohen: *The Friars and the Jews. The Evolution of Medieval Anti-Judaism*, Ithaca and London 1982, pp. 122 ff., 145.

[6] See Tarald Rasmussen: *Inimici Ecclesiae. Das ekklesiologische Feindbild in Luthers "Dictata super Psalterium" (1513-1515) im Horizont der theologischen Tradition* (= Studies in Medieval and Reformation Thought, Vol. 44), Leiden 1989, p. 137 ff.

The question of theological models and patterns active in or dominating anti-Judaic discourse in the fourteenth and fifteenth centuries is, however, in several respects still open. If it can be stated as evident, that the new Dominican discourse did not simply replace traditional Augustinian discourse, it is far from evident what kind of discourse or what "Types of Christian Anti-Jewish Polemics"[7] really prevailed in these late medieval centuries as alternative or alternatives to the perspective of the friars.

In this article, I am going to look a little more closely into the anti-Judaic thought of a fifteenth century theologian who is of particular interest because he was, in quite a special way, standing so to speak in the middle between the two main traditions of anti-Judaism mentioned above: Jacob Perez of Valencia (1408-1490) on the one hand lived his life as an academic theologian in Spain and was confronted with and had to relate himself to the Dominican anti-Judaism which had its most important stronghold precisely in Eastern Spain (in Cataluñia, with men like Raymond de Peñaforte, Raymond Martini and Raymond Lull).[8] On the other hand, Perez was an Augustinian friar, Prior of the Augustinian convent in Valencia, evidently occupied with Augustine's theology,[9]—and on account of this, he is looked upon in our days as a representative of late medieval Augustine renaissance.[10]

The main questions of the following argument are: In what sense does Perez' theological treatment of the Jews bear witness to this tension between different traditions or different perspectives which were characteristic of his situation? And: What is the significance of the fact that Perez is an Augustinian—standing in an Augustinian tradition—, for his theological treatment of the Jews?

These questions are to be discussed on the basis of his *Tractatus contra Iudaeos*. This is a text which Perez published towards the end of his life (1484) and which has been printed and spread as an appendix to the best known and most read text of Perez: his commentary

---

[7] See Amos Funkenstein: "Basic Types of Christian Anti-Jewish Polemics in the Later Middle Ages," *Viator* 2 (1971), pp. 373-382.

[8] See Jeremy Cohen (above, note 5), pp. 103 ff.

[9] On the life of Perez, see Wilfried Werbeck: *Jacob Perez von Valencia. Untersuchungen zu seinem Psalmenkommentar* (= Beiträge zur historischen Theologie, Vol. 28), Tübingen 1959, pp. 1-15.

[10] See for instance Manfred Schulze: *Von der 'Via Gregorii' zur 'Via Reformationis'. Der Streit um Augustin im späten Mittelalter*. Diss. Theol. Tübingen 1981.

on the Psalms. As it is stated in the text, Perez does not find it "inappropriate" to publish the two works together,[11]—and it is easy to see why. Also in the commentary on the Psalms, Perez again and again takes up the theme of the Jews and their condemnation. Of special relevance are two extensive excurses to Ps. 81 and to Ps. 108, both of which are exclusively devoted to the problem of the Jews.[12]

With the situation in Spain at the end of the fifteenth century in mind, this interest in the problem of the Jews should be no surprise. First, it is to be remembered that Aragon, to which Valencia had belonged since 1250, had been the central area of Jewish culture in Spain since the thirteenth century. Barcelona had taken over after Cordoba as their spiritual capital, the center of Jewish learning and culture. And Valencia, too, had its own Jewish academy since the thirteenth century.[13]

During the fifteenth century, after the massacres in 1391 and the anti-Judaic offensive of the fanatical Vincente Ferrer 20 years later,[14] the situation of the Spanish Jews had become increasingly threatening. Many, especially among the Jews of higher social standing, converted to Christianity. After 1469, the new, united kingdom of Ferdinand and Isabella took further steps on the way towards making the once so tolerant Spain a Christian society with no religious minorities within its boundaries. The Spanish inquisition was established in 1481, and one of its tasks was to find and judge "judaizing" Christians among the *conversi*, the new Christians who had come over from Judaism. The first *Autos da Fé* against the *conversi* took place in Sevilla already in 1481. In the same year, the *Reconquista* against the Moslems was taken up again. The final result of this development: the victory over the Moslem kingdom of Granada and the expulsion of the Moslems as well as the Jews from Spain in the year of 1492—8 years after the publication of Perez' *Tractatus*—is well known.

---

[11] *Centum ac quinquaginti Psalmi Davidici cum diligentissima eorum titulorum omnium expositione...*, Ed. Parrhisiis 1509. The *Tractatus contra Iudaeos* is printed at the end of the volume with its own pagination.

[12] For an analysis of these two texts, see Tarald Rasmussen (note 6 above), pp. 67-75.

[13] See for instance Abraham A. Neuman: *The Jews in Spain. Their Social, Political and Cultural Life during the Middle Ages*, Reprint ed. New York 1980, p. 77.

[14] On Vincente Ferrer, see for instance in the *Encyclopaedia Judaica* Vol. 6, 1235 f.

The argument of the Tractatus contra Iudaeos

In the introduction to his *Tractatus*, Perez tells his readers that he has been urged by friends to write against the Jews, in order to give an answer to their most important arguments in favor of their own Judaism, against Christianity. Perez lists six opinions held by the Jews which he is going to discuss:

1. The law of Moses has its end in itself and does not point to an external end.
2. The law of Moses is going to last forever.
3. The land of Canaan and the city of Jerusalem is to be given to the Jews as a reward for following the law of Moses.
4. The Messiah is going to liberate the Jews from their captivity and give them this reward.
5. Therefore, Christ is not the Messiah. The Jews are waiting for another one.
6. The evangelical law is imperfect and false and contrary to the law of Moses.[15]

Relating himself to these Jewish statements and arguments, Perez sets up the agenda of his discussion in five questions:

1. Whether all the regulations of the law should be finished and regarded as dead through the coming of Christ.
2. Whether one should look upon the Sabbath according to the law as having come to an end and celebrate the Day of the Lord.
3. Whether the material land of Canaan with all its fruits has been promised to the children of Israel without conditions as a reward for their obedience to the law.
4. Whether Jesus Christ, whom we have received, was the true Messiah promised and expected in the law of Moses and the Prophets.

---

[15] Perez (note 11 above), AAi, r.: "...est advertendum quod sex sunt quae detinent iudeos modernos in sua perfidia et obstinatione. Primo, quod putant legem moysi fuisse datam gratia sui non propter alium finem. Secundo, quod putant ipsam ineternum duraturam. Tertio, quod putant illam teram chanaan et hierusalem cum omnibus fructibus suis esse eis promissam et datam in premium precisum pro observantia legis. Quarto, quod putant quod messias in lege promissus debebat eos liberare ab omni captivitate temporali, et reducere eos in illam terram chanaan. Et ideo non credunt Iesum christum fuisse verum messiam, sed expectant alium qui debebat eos liberare. Sexto putant legem evangelicam esse imperfectam et omnino contrariam legi moysi, et esse sacrilegam et falsam, ideo eam nolunt sequi nec recipere".

5. Whether, when the law of Moses comes to an end, it should be replaced by the Evangelical law, which Christ has brought with him and preached.[16]

Generally speaking, these points were all part of the tradition of Christian-Jewish controversy during the Middle Ages. At the famous disputation in Barcelona in 1263, for instance, the key issue for Pablo Christiani, the Christian disputator, was to prove (1) that the Messiah had already come, (2) that he was at once divine and human, (3) that he had suffered and died to save humanity, and (4) that the Old Testament law was to come to an end after the coming of the Messiah.[17] This was an agenda set by the Christian disputator, and compared with that of Perez, one could probably say that Perez reveals a greater interest in the arguments of the Jews than is the case with Pablo Christiani. Perez' discourse is not—as it is so often the case in medieval anti-Jewish discourse—arrogant and aggressive towards the Jews from the outset; he tries to listen to the Jewish arguments and give them a theological *answer*.

Without going into a detailed comparison between the anti-Judaic argument of Perez and that of other late medieval theologians, I will suggest two topics that seem to be of special importance and significance to him in the *Tractatus*. The first is his treatment of the death of Christ, the second his treatment of the law of Christ.

1. The death of Christ

According to Augustinian tradition, the central issue in the Christian accusation against the Jews was their responsibility for the crucifixion of Christ. Perez himself had been taking up this classical argument in the Excursus to Ps. 81 in his Psalm Commentary and given it a radical anti-Judaic interpretation.[18] In the *Tractatus*, he

---

[16] *Ibid.*: "Prima Utrum omnia legalia debuerunt cessare tamquam mortua per adventum christi. Secunda utrum sabbatum legale debuerit cessare et celebrari dies dominica. Tertia utrum terra Chanaan materialis cum suis fructibus fuit precise promissa filiis israel premium precisum propter observantiam legis. Quarta utrum iesus christus quem nos recepimus fuerit verus messias in lege et prophetis promissus et exspectatus. Quinta utrum cessante lege moysi debuerit succedere lex euangelica quam christus tulit et predicavit".

[17] Jeremy Cohen: "The Friars and the Jews" (note 5 above), p. 111 f.

[18] See Rasmussen note 6 above.

focuses on another aspect of the death of Christ. His main concern here is to underline the *redemptive power of the death of Christ.*

Already in his discussion of the first of the six Jewish opinions (about the law of Moses being given for its sake), this is taken up as his main argument: The law is not, as the Jews say, a covenant which cannot be broken. The opposite is true: According to Jer. 31, God has promised to give a new law, written in the hearts of men. This is necessary because of original and actual sin which defines the situation of man. Man needs to be justified and to be cleaned from this sin, and the law of Moses has no remedies for that. As an answer to this criticism, the Jews of Valencia seem to have argued with the power of the *circumcision* and the power of the *sacrifices* according to the law of Moses. But Perez strictly refuses both these possibilities. None of them pay heed to the real condition of man under the reign of sin. With this real condition of man in view, salvation is only possible through the redemptive death of Christ; God and man in one.[19]

This radical insistence on the sinfulness of man can be interpreted as an expression of the Augustinian heritage, which is so important to Perez. In other words, it can be seen as an aspect of Late Medieval Augustinianism. The interesting point here is that not only the classical, specifically Augustinian argument about the Jews as the killers of Christ is taken up by Perez and given a radical interpretation (in the Psalm-commentary), but also he here takes up the fundamental Augustinian concern about the sinfulness of man and turns it against Judaism and the Jews as a main argument. In this way, he reveals that his anti-Judaic argument has roots in the center of his Christology.[20] The death of Christ is not just held up against the Jews as the only means of satisfaction for the sin of man. In addition, the death of Christ is decisive as the turning point

[19] Perez, AA i, v. "...sola passio christi fuit sufficiens precisum ad satisfaciendum pro peccato et ad iustificandum omnem hominem ad merendum vitam eternam". After this "conclusio" Perez brings the proof: "...Nam solum illud sacrificum erat sufficiens ad redimendum totum genus humanum..." For further comments on the teaching of Perez about the sin of man, see Werbeck (note 9 above), p. 214 ff.

[20] The Augustinian roots of Perez'argument in this question are confirmed by several explicit references to Augustine in the following discussion about the circumcision, fol. AAii, v. One of the references is to "...Augustinum in libro Cur deus homo"! Although erroneous, this connection between Augustine and Abaelard seems quite logical, since within the Augustinian framework of the thought of Perez, the importance of Christ's death as satisfaction is focused particularly.

of history from the old to the new era, from the time of *signum* to the time of *precisum* and clarity. Not the Resurrection and the Gospel, but the death of Christ is what matters most in the Christological argument of Perez. Much of the energy in his argument is directed towards showing the importance of just *this* event and its implications for the interpretation of Judaism: "Lex mosayca debuit cessare per mortem et passionem christi; hec conclusion probatur multiplici ratione et authoritate".[21]

In *Quaestio* 4 where Perez goes further into Christological issues, he concentrates on two themes: "In this *quaestio* there are primarily two things to be looked upon and proved: (1) how Jesus Christ *observavit et statuit et confirmavit et ratificavit* the law of Moses. This is investigated in the first *argumentum.* (2) how Jesus Christ executed and fulfilled the office of the true Messiah. This is investigated in the second *argumentum*".[22] Perez goes into detail to show how Christ has fulfilled the law in its moral as well as in its ceremonial aspects and brought it to an end. In the first place, he personally lived according to it, down to the smallest detail. In the second place, he interpreted the law and revealed its spiritual meaning. How he did this is demonstrated throughout the New Testament. And in the third place, in addition to declaring and explaining the law, Christ also in his own person verified it: "...christus tamquam verus magister non solum declaravit legem doctrinaliter quo ad verum sensum, sed etiam verificavit in se realiter et exemplariter totam legem et prophetas".[23]

Christ verified the law of the Old Testament through making its *figurae* come true, become real: All the *purgationes* and the *sacramenta purgativa* in the Old Testament are verified through the baptism of Christ and his *corpus mysticum*, the church. All the sacrifices of the Old Testament are *figurae* of the death and burial of Christ, and therefore have found their verification there.[24] The liberation of the

[21] Perez, AAiiii, r (nona conclusio).

[22] *Ibid.* CCvi, r. Perez does not want to go into a full discussion of the question of Jesus as the Messiah and refers for a more extensive treatment of this theme to others; first of all to "...dominus Johan. figuerola concivis noster Valentinus", who has written 3 volumes against the Jews. On Figuerola, see Werbeck (note 9 above), p. 20.

[23] *Ibid.* DDi, r.

[24] *Ibid.*: "Nam primo christus voluit baptizari in persona totius corporis mystici et suorum membrorum instituendo baptismum; et sic verificavit omnes locutiones et purgationes et cetera sacramenta purgativa que fiebant in lege in figura baptis-

sons of Israel from Egypt was verified by Christ when he brought up the Old Testament *fideles* from the *limbo inferni*. And, finally, through his resurrection he verified the words of the prophets by whom this event had been foreseen.[25] In conclusion, Perez says: "...Et in hoc lex moysi non destruitur nec violatur: immo verificatur et ratificatur: et observatur. Et per hoc patet miserabilis cecitas iudeorum".[26]

The law has come to an end not because it has been destroyed or put aside, but because it has found its true meaning, its verification and ratification. This is a point of great importance to Perez. His prophetic interpretation of Scripture is directed towards this spiritual, christological verification as the most important aim, as the proof of the validity of the interpretation. And this verification cannot be general and summarily. On the contrary, it has to be concrete and specific in order to prove itself as true. The truth is to be found in the Scripture on the basis of detailed, prophetic-christological exegesis. In this respect, Perez is close to Luther in his argument.[27] Next to the Augustinian insistence on the sin of man, and on Christ as the only way to salvation from this sin, Perez' second main attack on the Jews is based on this kind of prophetic exegesis, with the demonstration of Christ's verification of the law of Moses at the center.

The concept of 'verification' is a strategic point for understanding what is meant by this specific striving to find the truth of the Old Testament. Perez' use of the concept reveals—perhaps more than any other aspect of his argument—his indebtedness to "scientific" theological ideals in his writing against the Jews. The concept has no doubt changed its meaning quite a lot through the last 500 years, but its use by Perez is, like ours, related to and rooted in the general rules of procedure within science and learning. An interesting

---

mi. Secundo fuit passus et in cruce immolatus et oblatus. Et sic verificavit occisionem agni paschalis et omnia sacrificiaet holocausta et oblationes que fiebant in lege in figura seu passionis et sacramenti eucharistie...."

[25] *Ibid.* Perez goes on to show how Christ has verified not only the moral and the ceremonial precepts of the Old Testament, but also the *precepta iudicialia*. The logic of this proof is the same: the Old Testament *figurae* have become reality through Christ.

[26] *Ibid.* DDi, v, in the conclusion to the first *argumentum*.

[27] Cf. Rasmussen (note 6 above), p. 142 ff.

demonstration of this is found in the introduction to the second *argumentum* about Christ's verification of the law.

Here, Perez compares the position of Christ with the position of any *bonus et verus magister et doctor* of any faculty at the university: First, he has to read his text according to its letter, then to declare it by referring to reason and to authorities. And third, he has to verify the same text "...per exempla sensibilia et per effectum". This is the case with mathematicians and philosophers as well as with lawyers of the civil or the church law,—and similarly also with Christ.[28]—Christ's verification of the law is of the same kind, then, as the verification of knowledge at any faculty of a university. Learning and science prove their truth in practice and real life, and so does Christ as far as the law of Moses is concerned, letting its true interpretation come to its aim through his life. This interpretation and this practical verification of it is the proof which should have convinced the Jews, too.

2. *The law of Christ*

According to Perez, then, Christ has not only followed the law of Moses and explained its right meaning, he has also verified it "...in se realiter et exemplariter" "...per exempla sensibilia et per effectum". Accordingly, the law of Christ or the *lex evangelica* is now to be looked upon as the true law, the ratification and verification of the law of Moses, and has to be followed by everybody. Perez devotes the fifth *Quaestio* of the *Tractatus contra Iudaeos* to a defense of this status of the *lex evangelica* against attacks from the Jews in Valencia.

He refers four Jewish arguments against his own view: (1) Moses deserves more trust than Christ because he made more miracles. (2) It is not right to let the more certain be replaced by the less certain. (The law of Moses was received from God himself [Ex.20 and

---

[28] CCvi, v: "Nam doctor in scholis primo legit litteraliter textus. Secundo declarat ipsum textum littere per rationes et alias authoritates. Tertio verificat ipsum textum per exempla sensibilia et per effectum. Et istum modum servant magistri in legendo mathematicas et philosophi in scientia naturali. Et iuris periti in iure civili et canonico; et unusquisque in sua facultate. Ita ergo christus magister noster et interpres legis tenuit hunc modum nobiscum in declarando legem moysi. Nam primo ipse observavit legem moysi litteraliter quo ad omnia precepta moralia et ceremonialia. Secundo declaravit totam legem doctrinaliter eius verum sensum exponendo. Tertio verificavit in se realier et exemplariter totam legem et prophetas".

Deut.9], with Moses—who had spoken with God—as witness. Whereas the law of Christ was received from the four evangelists, who were just four ordinary inexperienced men.) (3) A law which is *possibilis* should not be replaced by one which is *impossibilis*, such as the law of Christ,—presupposing both the belief in the Trinity and in the Incarnation. (4) The law of Christ is to be regarded as blasphemous because of the sacrament of the Eucharist.[29]

Perez goes into a detailed discussion of these issues, and in his response, he wants to prove three points against the Jewish arguments: (1) that the "lex evangelica est dignior et maior lege moysi magnitudine miraculorum; et certior certitudine testium", (2) that the "lex evangelical est possibilis et rationabilis", and (3) that it is "pia et religiosa in suo cultu".

1. Concerning the first point, Perez wants to prove the authority of Christ (a) by arguing that the miracles of Moses could be explained according to nature, whereas the ones of Christ are "totaliter supra naturam". In support of the view that the miracles of Moses can be explained according to nature, Perez refers to *Rabi Moyses de egypto* (= Maimonides), who has said that "miracula que fecit moyses poterant naturaliter fieri". (b) In his second argument, he tries to show that the law of Christ is more certain and reliable because it was testified by a greater number of more reliable witnesses: the 4 evangelists, the 12 apostles and the 72 disciples,—as against the law of Moses, which was testified by him alone. Moses could not be controlled by anybody, and he could have deceived the people, like *Manicheus* or *Machometus*.[30]—This elaborated discussion of the reliability of the witnesses has a juridical tendency: it is the rational criteria, accepted by Jews as well as Christians, and not the spiritual evidence, which is important to Perez here. Only arguments of this kind can have a chance of making any impression on the Jews.

---

[29] *Ibid.* DDv, r.

[30] *Ibid.* DDv, r. Perez is taking over an argument from the *heretici et gentiles* directed against the reliability of Moses: "...nam ipsemet scripsit illos quinque libros qui narrando sua gesta dicit se fecisse illa miracula coram illo populo, et acepisse illam legem a deo. Sed nullus alius reperitur qui talia scripserit in illo tempore nec dixerit se vidisse. Unde eodem modo quis potest fingere...sicut fecit Manicheus nominans se decimumtertium apostolum christi. Et Machometus qui dixit se ascendisse celum cum angelo Gabriele, et aceppisse Alchoranum a deo...."

2. In order to prove the *possibilitas* and the *rationabilitas* of the law of Christ against the Jews, Perez has to go into an equally formal and rational discussion, above all of the Trinity and the Christology. The basis of his argument is the following consideration: The truths of Christian faith cannot during this life (*in via*) be demonstrated *de facto*, but their *possibilitas* can be demonstrated,—and demonstrated even in a logical order, based on the proof for the possibility of the Trinity, which is the *fundamentum* of all other truths of faith.

In this question, too, it is important to Perez to come down to a discussion based on rational criteria, accepted by Jews as well as Christians. He tries to achieve this by arguing that just as the proof of the *possibilitas* of the other truths of Christian faith are based on the proof of the *possibilitas* of the Trinity, so this proof of the *possibilitas* of the Trinity is based on philosophy: "...Sed possibilitas articuli trinitatis fundatur in quadam veritate infallibili et necessaria et demonstrabili per omnes philosophos; immo iam per eos demonstrata..."[31] And he goes on to refer to arguments not only from Aristotle and his Metaphysics but also from Avicenna and Algazal and their metaphysical works as authorities behind the philosophical proof of the possibility of the Trinity. This proof is put forward in the terms of the "proprietates et perfectiones primi entis" and completed in a second turn with philosophical arguments from Augustine's *De trinitate*.

In addition to this discussion of the properties of the first being, Perez considers several other philosophical arguments supporting the rational possibility of the Trinity: from Plato (primarily from the *Timaios*), from Plotin, from Vergil, from the *pithagorici*, and even from Socrates. And the philosophical support thus collected seems to him at the end of his argument so overwhelming that he concludes by saying: "Ex supradictis patet non solum possibilitas, sed etiam veritas articuli trinitatis contra miseros et cecos iudeos qui hoc reputant impossibile. Sed non mirum quia non solum sunt ocecati in intelligentia sacre scripture; sed etiam sunt ignari vere philosophie".[32]

On the basis of this proof of the possibility of the Trinity, Perez

[31] *Ibid.* DDv, v.
[32] *Ibid.* DDvi, r.

goes on to demonstrate the possibility first of the trinitarian God as the Creator; and secondly, on the basis of the possibility of the Trinity and the Creation, he gives the proof of the possibility of the Incarnation.[33] This, too, is presented as a philosophical proof, and it cannot lead us to any article of faith. The article of faith is that God *de facto* has incarnated himself. This cannot be proved on the basis of philosophy; it is evident only on the basis of the Old and New Testament. But it is not, within this perspective, an invention of the New Testament only, Perez argues against the Jews. It is testified again and again also in the Old Testament.[34]

And finally, on the basis of the Trinity, the Creation and the Incarnation, the possibility of the other truths of faith can be deduced without too great an effort. Perez here concentrates on a discussion of the Eucharist, trying to demonstrate—again in philosophical terms—the "possibilitas...transsubstantiationis panis in corpus christi".[35] Only one of the specific arguments is to be mentioned here: Perez compares the...word of the Eucharist with the word of a temporal king or prince, who has the temporal *dominium absolutum* over his land. Through his word alone he is able to transfer the property of a piece of land from one man to another; from *Petrus* to *Martinus*, as Perez expresses himself. The *dominium absolutum* of the king goes out from his word alone. The same is *a fortiori* the case with Christ. He has the *dominium absolutum super naturas et essentias rerum*, and his word *Hoc est corpus meum* has the power to convert the substance of the bread to his body.[36]

3. The third proof against the Jewish attacks on the *lex evangelica* has to do with the religious value of Christianity. Perez has to give an answer to the Jewish pretension that the Christians show their adoration to created things as if they were God. In this sense, it is especially the practice of the Eucharist which they look upon as blasphemous.

---

[33] *Ibid.* EEi, r: "Ex quibus duobus articulis; scilicet trinitatis et creationis redditur possibilis et probabilis articulus incarnationis".

[34] *Ibid.* EEi, r-v: "Et sic patet quod articulus incarnationis est possibilis. Et sic deum posse incarnari non est articulus fidei; immo est probabile et quasi demonstrabile. Sed deum esse de facto incarnatum, et Jesum esse deum et verbum incarnatum: hoc est articulus fidei; Quia hoc non potest probari nec ostendi, nisi ex sola auctoritate sarce scripture utriusque testamenti".

[35] *Ibid.* EEi, v.

[36] *Ibid.*

In his answer to this, Perez again bases his argument on philosophy and on a comparison of theology with physics and mathematics,—evidently in order to argue as far as possible from a common rational foundation, and in this way—one may add—have a chance to come into a real discussion with the Jews. His argument deserves to be followed step by step on this point.

He starts out with a reference to Aristotle, the second book of the Physics and the sixth book of the Metaphysics, where it is stated that the sciences are to be distinguished according to the *modos considerandi et abstrahendi*.[37] A mathematician *considerat* a line which is real and material, but without being interested in these material aspects of the line. This is different from a philosopher, who also *considerat* the real and material line, but without abstracting from these material aspects.—A physicist *considerat* the substantial forms connected with matter through movement and generation, and the accidental forms connected with matter through changes, whereas the metaphysicist "considerat solas formas accidentialies, scilicet lineam et figuram abstrahendo a materia".

What does this have to do with theology and the question of blasphemy? God, too, can be considered in different perspectives and in different modes of abstraction. Physics includes a perspective on God, but not on God according to his substance and essence; only God as *primum movens*. The metaphysicist *considerat* God according to his essence and substance, "prout est unum tantum primum ens simplicissimum et actus purus et metrum et mensura et cause omnium entium in essendo". The theologian, finally, presupposes these results of metaphysics, but has a different perspective, including more: it "...considerat illam primam et summam essentiam divinam, prout est communicata a patre filio per eternam generationem. Et ab utroque spiritussancto per aspirationem. Et sic considerat unum solum deum simplicissimum in substantia et trinum in personis".[38] Perez goes on to show how not only the Trinity but also the two natures of Christ, the cross, and the humanity of Christ united with the word and with the Sacrament are material aspects included in the *consideratio theologica*.

In this way, Perez concludes, theology in a certain respect is parallel to physics: "Ex quibus omnibus patet, quod consideratio

---

[37] *Ibid.* EEii, r.

[38] *Ibid.* EEii, v.

theologica aliqua modo est substantialis phisice considerationi. Nam sicut phisicus considerat formas in materia et ut in materia sunt, et non preter materiam; Ita theologus considerat deum in tribus personis, et non preter tres personas..."[39]

Consideratio and *contemplatio* correspond to *belief*: Belief follows from consideration and contemplation and is a belief in that which is contemplated. And the adoration, finally, must take place according to the belief; otherwise, it would be *falsa adoratio*. Consequently, Christian adoration must include God as incarnated and Christ as crucified and consecrated in the elements of the Eucharist as well.[40]

Conclusions

Perez' discussion of the death of Christ and the law of Christ has been treated as the central issues in this analysis of the *Tractatus contra Iudaeos*. This does not mean that those are the only interesting parts of his argument in this work. They have been chosen because they seem to be issues that engage Perez in a special way, issues where the argument seems more intense and dynamic than elsewhere; where traditional topics and references are not only repeated, but evidently integrated into a coherent and creative discussion.

In a concluding attempt to characterize Perez' anti-Judaic argument in the *Tractatus* in view of the perspectives outlined in the first part of this article, it is tempting to start out underlining the *argumentative rationality* characteristic of his discussion of the two

---

[39] *Ibid.* Perez goes on, saying: "Et ita pariter considerat verbum in carne et humanitate et non preter illam humanitatem assumptam.... Et ita etiam considerat Christum consecrato in sacramento et non preter sacramentum et illa accidentia, ut inquit Augustinus.... Et ita pariter theologus et christianus considerat christum redemptorem et in cruce affixum et non preter crucem".

[40] *Ibid.* "Sed quia ex consideratione et contemplatione sequitur fides et credulitas in theologo christiano, quia fides presupponit considerationem, ideo christianus sicut considerat deum ita credit ipsum. ... Sed quia adoratio presupponit fidem in christiano; qua sicut credit deum, ita adorat, ergo sicut christianus credit deum trinum et unum, ita adorat. Aliter esset falsa adoratio, Et sicut credit deum incarnatum, et credit christum esse deum et hominem, scilicet deum incarnatum, ita adorat deum incarnatum, et ita adorat christum crucifixum in cruce, et consecratum sub accidentibus in altari etc."—Perez elaborates his argument to this theme through the following two pages (EEiii, r-v), directing it not only against the Jews but also against the *sarraceni*.

issues focused on in the analysis above. This is not an abstract and authoritarian rationality of the kind dominant in eleventh and twelfth century anti-Judaic polemics, which was mainly a reasoning by Christian theologians for Christian readers with the aim of showing the irrationality of Judaism as religion and without communication with Jews as an aim.[41] Different to this, the rationality of Perez is developed within a context of something like a real discussion with Jews. The aim of his rationality is not—as it was for Peter the Venerable 350 years earlier—to prove that the Jews lack rationality, and therefore humanity as well.[42]

Not the irrationality of Judaism, stated on an argumentative basis unacceptable to the Jews, but the rationality of Christianity, developed within a mutually acceptable framework of (juridical or philosophical) reason, is the main concern. Following his argument especially in the discussion of the law of Christ, one has, at least sometimes, the impression that Perez really wants to have the Jews listen to what he has to say and be convinced that he is right,—taking his point of departure in *their* arguments more than in statements of his own.

This argumentative rationality over against the Jews is neither typical of the Augustinian nor of the Dominican tradition of anti-Judaic theology. Rather, the rational type of argument was part of early scholastic heritage, but it was seldom developed into a rationality of the argumentative kind found in Perez. Most of the Christian-Jewish disputes of the thirteenth and fourteenth centuries were characterized by an inquisitorial way of reasoning on the side of the Christians (friars), less interested in convincing the Jews than in fighting them down. The agenda was set by the Christian disputators, and the role of the Jewish disputators was mainly to answer critical questions.[43]—In conclusion, then, one could perhaps say that Perez here develops possibilities latent in scholastic tradition, but not often cultivated within anti-Judaic theology in the era of the friars.

This conclusion cannot, however, stand alone. It sums up one

[41] See A. Funkenstein (note 7 above) and J. Cohen (note 5 above), p. 24 ff. on the rationalist polemic against the Jews by Anselm of Canterbury and his followers in the twelfth century.

[42] See Cohen (note 5 above), p. 24.

[43] Erwin I. J. Rosenthal: *Jüdische Antwort* IV, in *Kirche und Synagoge* Vol. I (see note 2 above), p. 336 ff. (*Der ungleiche Kampf der Disputationen*).

important and interesting aspect of Perez' argument. But parallel to this, there is in the first place, above all at the end of the *Tractatus*, a clear statement of the typical anti-Judaic argument of the friars. Having concluded his thorough discussion in defense of the Christian adoration of the Eucharist and of the crucified Christ, Perez devotes the last three pages of his *Tractatus* to a proof of the heretical character of modern Judaism in general. In the first place, he states that the Jews "...manent confusi et ceci in sua ignorantia. Quia occecavit eos malicia eorum; ne intelligerent sacramenta dei que latent in lege et prophetis". And the consequence of this, says Perez, is that they are heretics: "Et sic manent heretici, eo quod manifeste deviant a veritate legis et prophetarum".[44] Heresy is defined as departing from the truth of the Holy Scriptures, and the modern Jews and their predecessors do this very radically by being obstinate and refusing to accept Christ as the Messiah, promised by the Old Testament Prophets.

Perez goes on to ask for the origins of this Jewish heresy, and like the Dominicans, he finds the answer in the "false and heretic traditions of the Scribes and Pharisees". They have destroyed Judaism and changed its character from a spiritual matter to a matter of greed and profit.[45] In the interest of this greed, they have reinterpreted the whole Jewish religion, and they also have been able to establish their interpretation of Judaism as the right one, written down primarily in the Talmudic literature. And so it has been passed on to later Judaism "tanquam morbum pestiferum et hereditarium".[46]

This concluding statement of the Dominican view of the Jews as heretics to true Judaism is quite traditional. It is noteworthy, though, that Perez merely adds it as an appendix. It is not stated at the outset of the *Tractatus* as a premise of the whole argument, and not focused on throughout the discussion of the book as an important aspect of the argument. Rather, one could be tempted to say that there is a tension or an ambiguity in the relationship between

---

[44] Perez, *Tractatus*, EEiii, v - EEiiii, r.

[45] *Ibid.* EEiiii, r: "Conversi ergo totaliter scribe et pharisei ad avaritiam et augendas divitias et honores...." This interpretation of the change from Old Testament Judaism to the Judaism of the Pharisees and the Talmud in terms of the contrast between *spiritualia* and *temporalia* could also be seen as part of an Augustinian outlook.

[46] *Ibid.* EEv, r.

the intense efforts to prove the rationality of Christianity to the Jews on the one hand, and the massive negative conclusions about their general and obstinate heresy in the appendix on the other hand. And there is little doubt as to where the prime theological interest of Perez is to be found. He no doubt accepts and passes on the Dominican anti-Judaic ideology, but this is not the place where he shows his own theological creativity.[47]

Finally, it is necessary to return to the Augustinian roots of the anti-Judaic argument of Perez. They certainly seem to have been more important to him as theological fundament than the friars' view of the Jews and their heresy. The insistence on the sinfulness of man as a fundamental anti-Judaic argument, the interpretation of the contrast between Old Testament Judaism and the later blindness of the Jews in terms of the spirit and the letter can be seen as expressions of an Augustinian heritage.

And, perhaps most interesting of all: the double attitude or the ambiguity in dealing with the Jews can also be looked upon as part of the Augustinian heritage. It takes different forms by Perez and by Augustine. By Augustine it is an insistence on their protection on the one hand, a condemnation of their blindness and an accusation of their sin as killers of Christ on the other. Perez on the one hand argues with the Jews on a common basis of rationality; on the other hand, he accuses them of being blind and obstinate heretics, unaware of their own sinfulness. The double attitude had—as was already mentioned in the introduction—often been replaced by a totally negative and condemning attitude in late medieval anti-Judaic theology. This was at least the tendency within Dominican and Franciscan theology. Within a Spanish theological tradition of anti-Judaism, dominated by these two orders, and at the same time within a political context of radical anti-Judaism, the preservation of an (Augustinian) double attitude in dealing with the Jews could by no means be taken for granted, even by an Augustinian.

[47] A parallel conclusion about the importance of the Dominican anti-Judaism to Perez can be reached from an analysis of the anti-Judaic excurses in his Psalm commentary; cf. Rasmussen (note 6 above), p. 140 f.

ZUSAMMENFASSUNG

Die antijudaistische Theologie des spanischen Augustiners Jacob Perez von Valencia, so wie sie in seinem "Tractatus contra Judeos" (1484) zum Ausdruck kommt, wird in das Spannungsfeld zwischen einer 'klassischen', von Augustin geprägten, Tradition des Antijudaismus auf der einen Seite, und einer verschärften antijudaistischen Tradition vor allem der spanischen Bettelmönche des Spätmittelalters auf der anderen Seite eingeordnet, und im Rahmen von diesen Traditionen näher analysiert.—Dabei wird die eigenartige argumentative Rationalität der antijudaistischen Auseinandersetzungen des Perez hervorgehoben. Anders als die abstrakte rationalistische Polemik gegen die Juden im 12. Jahrhundert, und anders auch als die antijudaistische Argumentation der Disputationen des späteren Mittelalters, scheint die Polemik des Perez—jedenfalls ein Stück weit—vom Interesse an einem wirklichen Gespräch mit den jüdischen Gegnern geprägt zu sein.—Ausserdem wird als Ergebnis der Analysen festgehalten, dass Perez in seiner Argumentation gegen die Juden vom Erbe Augustins—obwohl 'gebrochen' aufgenommen—stärker bestimmt zu sein scheint als vom neuen Antijudaismus der spätmittelalterlichen Bettelmönche seines eigenen Landes.

DER HIOB-PREDIGER

Johannes von Staupitz auf der Kanzel der Tübinger Augustinerkirche

MANFRED SCHULZE
Privatdozent

Über den jungen Johannes von Staupitz († 1524) sind Daten und Fakten zur Herkunft, Ausbildung und Ordenszugehörigkeit bekannt,[1] doch inhaltlich Wesentliches, das über bloße Tatsachen hinausführen könnte, ist nicht zu erfahren. Greifbar wird seine Person erst, als er Prior des Tübinger Augustinerkonventes wurde und dort drei Jahre lang verblieb, so lange, wie sein Studium an der theologischen Fakultät währte. In Tübingen ist er theologischer Doktor geworden (7. Juli 1500), hat dort sein erstes Buch—einen kurzen theologisch-kirchenrechtlichen Traktat[2]—veröffentlicht, und vor allem: Er hat in seinem Kloster, heute das 'Tübinger Stift', gepredigt, wohl in der Zeit um 1497/98. Es ist ein umfangreiches, von eigener Hand geschriebenes Manuskript,[3] in das diese Predigten eingegangen sind, die er über den Anfang des Buches Hiob[4] gehalten hatte. Seinen Konvolut mit 34 lateinischen Sermonen bewahrte Staupitz zwar auf, doch sollte er dieses Tübinger Frühwerk nie vollenden, geschweige denn veröffentlichen.[5] So blieben

[1] Die Vita des Johannes von Staupitz ist am besten greifbar bei David C. Steinmetz, *Misericordia Dei. The Theology of Johannes von Staupitz in its Late Medieval Setting*, Leiden 1968, pp. 1-15.

[2] Es handelt sich um die *Decisio quaestionis de audientia Missae in parochiali ecclesia dominicis et festivis diebus*, s.l.e.a. (Tübingen 1500 [Johann Otmar]). Vgl. Karl Steiff, *Der erste Buchdruck in Tübingen (1498-1534). Ein Beitrag zur Geschichte der Universität*, Tübingen 1881 (Nieuwkoop 1963), p. 71 Nr. 9.

[3] Der Münchener Codex Clm 18760, beschrieben in der Einleitung zur Edition der Tübinger Predigten: *Johannes von Staupitz. Sämtliche Schriften. Lateinische Schriften I: Tübinger Predigten*, ed. R. Wetzel, Berlin 1987, pp. 20-23.

[4] Hiob 1,1-2,10.

[5] Richard Wetzel geht davon aus, daß es sich bei den Predigten, wie sie jetzt vorliegen, eher um "thematische Buch- oder Lesepredigten" handelt—genauer wohl: Buch- oder Lesepredigten sollten es möglicherweise werden. Staupitz, *Tübinger Predigten*, p. 8 f.

die Predigten verborgen, bis sie in diesem Jahrhundert zunächst durch Georg Buchwald und Ernst Wolf, sodann in einer zweiten Edition durch Richard Wetzel der wissenschaftlichen Öffentlichkeit zugänglich gemacht wurden.[6]

Über dieses Quellenkorpus vermochte in der Forschung bislang keine Freude aufzukommen, denn der Prediger macht es sogar dem erfahrenen Leser schwer, ihm zu folgen. Bis zur völligen Erschöpfung übt er den homiletischen Dreisprung, wenn er ohne Rücksicht auf den Sinn jedem der Bibeltexte ein und dasselbe Ordnungsschema abpreßt. Da ist keine Predigt, in der man nicht auf die drei gleichen Hauptthemen stößt, von denen jedes wiederum in drei gleiche Teilthemen untergliedert ist.[7] So, wie sie Staupitz aufgezeichnet hat, sind diese Predigten weit vom Bibeltext und vom erzählten Hiobgeschehen entfernt. Der mündliche Vortrag in der Klosterkirche muß zwar nicht identisch sein mit der schriftlichen Fassung, doch was man zu lesen bekommt, zeigt, daß Staupitz den Text vielfach bis in seine Bestandteile hinein zerlegt, statt ihn auszulegen.

Dennoch, aller berechtigten Klage zum Trotz: Auch wenn diese Sermone nicht zu den bedeutenden Leistungen spätmittelalterlicher Predigtkunst gehören, ist pragmatisch zu verfahren. Das überlieferte Corpus ist neben dem kleinen Kirchenrechtstraktat die einzige und dazu die einzig ausführlich redende Quelle, die über den Johannes von Staupitz der Tübinger Zeit Auskunft zu geben vermag. Endlich kann man mehr erfahren als nur Daten und Orte. Es gilt, die Predigten zunächst einmal daraufhin zu sichten, was sie über die Person des Predigers aussagen können.

Wir wissen, daß Staupitz Augustinerobservant war. Läßt sich über dieses bloße Faktum hinaus nicht mehr erfahren über seine Stellung zu den Problemen der Kirchen- und Klosterreform?

Ferner: Staupitz berichtet in der Widmung, die er seinem Manuskript vorangestellt hatte, daß er erst nach reiflicher Überlegung

---

[6] *Tübinger Predigten*, ed. G. Buchwald, E. Wolf, Leipzig 1927; sowie die veränderte und verbesserte Ausgabe des Jahres 1987 (wie Anm. 3).

[7] Beispiele für diese Ordnungswut liefert David C. Steinmetz, *Luther and Staupitz. An Essay in the Intellectual Origins of the Protestant Reformation*, Durham, NC 1980, p. 45 f.

zum Buche Hiob gegriffen habe, um dieses den Brüdern zu predigen.[8] Wenigstens darüber möchte man genaueres wissen, was er an Hiob gefunden haben mag und wie er mit ihm umgegangen ist.

Drittens: In der Forschung besteht Einigkeit darüber, daß der Student Staupitz in der thomistisch-aegidianischen Schultradition seines Ordens ausgebildet worden ist.[9] Den Konstitutionen der Augustiner war damit Genüge getan.[10] Doch angesichts der Tatsache, daß die akademische Tradition des Ordens de facto nicht einhellig durch Aegidius Romanus bestimmt war,[11] sollte man prüfen, ob er auch von anderen theologischen Schulen unter den Augustinern Kenntnis genommen hat oder gar beeinflußt worden ist.

Viertens: Es ist der Prior, der seinen Mönchen predigt. Man wird deshalb auch nach speziell monastischen Themen und Anliegen suchen müssen, die sich auf die Lebensführung der Mönche und die Zucht im Kloster beziehen.

Fünftens: "Die Hiobpredigten sind bemerkenswerter für ihre Orthodoxie als für ihre Originalität", hat David C. Steinmetz geurteilt.[12] Man könnte entgegenhalten: 'Originalität' ist keine Beurteilungskategorie für die theologischen Produkte des späten Mittelalters. Dennoch ist das Monitum des Interpreten gerade im Falle Johanns von Staupitz ernst zu nehmen. Sollte dieser umfangreiche Tübinger Torso tatsächlich nichts von jener theologischen Kreativität verraten, die den älteren Staupitz etwa zur Zeit der Nürnberger Predigten (1516) auszeichnet? Nach dem Neuen,

---

[8] "... post multam deliberationem coniectis oculis in Iob affectum firmius stabilivi ..." so Staupitz in seiner Widmung an Johannes Brüheim, Distriktsvikar der Observantenkongregation im südlichen und südwestlichen Deutschland, *Tübinger Predigten*, ed. Wetzel, Widmung, p. 45,7 f.

[9] Bereits Ernst Wolf hat das aufgrund seines Quellenmaterials belegen können. Vgl. Wolf, *Staupitz und Luther. Ein Beitrag zur Theologie des Johannes von Staupitz und deren Bedeutung für Luthers theologischen Werdegang*, Leipzig 1927, pp. 27-32.

[10] In ihren Konstitutionen haben die Augustiner gemäß dem Beschluß des Generalkapitels von Florenz (1287) Aegidius Romanus als 'Schulhaupt' benannt. Vgl. *Las primitivas Constituciones de los Agustinos (Ratisbonenses del año 1290)*, ed. J. Aramburu Cendoya OSA, Valladolid 1966, p. 139. Siehe auch die Beschlüsse des Generalkapitels 1287 in: *Analecta Augustiniana* 2 (1907/08), p. 275.

[11] Siehe dazu Adolar Zumkeller, *Erbsünde, Gnade, Rechtfertigung und Verdienst nach der Lehre der Erfurter Augustinertheologen des Spätmittelalters*, Würzburg 1984. Zumkeller weist nach, daß die Theologie des Erfurter Augustinerstudiums etwa von 1360 bis 1430 dem strengen Augustinismus eines Gregor von Rimini oder seines Schülers Hugolin von Orvieto verpflichtet war.

[12] Steinmetz, *Luther and Staupitz*, p. 71.

das sich nicht ohne weiteres in den Strom der Tradition eingliedern läßt, ist in den Anfängen seines theologischen Schaffens Umschau zu halten, soweit die Quellenlage das ermöglicht.

1. *Die Predigt des Reformers*

Den Brüdern im reformierten Kloster berichtet Staupitz, daß ihm Streitthesen eines nicht-reformierten Franziskanerdoktors in die Hände gefallen seien, die der Observanzbewegung in den Ordensverbänden den Kampf ansagen wollten. 'Unter anderem' stieß er dort auf jene Behauptungen, die er in ihrer Dreistigkeit nicht unerwidert lassen konnte. 'Wenn es', so gab er deren Wortlaut wieder, 'Mönche gibt, die gebildet sind, aber auch in Sünden leben, wie das bei unreformierten Konventualen der Fall ist, und wenn es andererseits Mönche gibt, die man für rechtschaffen halten muß, aber auch für dumm, dann sind die klugen Sünder der Kirche mehr von Nutzen als die frommen Dummen'. In diesem Tonfall leiht er dem Observantenkritiker seine Stimme auch für die nächste These: 'Die heilige Blödheit nützt nur sich selber. Soweit sie die Kirche Christi mit ihrem verdienstlichen Leben auferbaut, soweit schadet sie ihr auch, wenn sie dem Zerstörungswillen ihrer Feinde keinen Widerstand leistet'.[13]

Der Prediger war darüber so bestürzt, daß seine in der Regel ruhig dahinfließende Sprache in Bewegung geriet: "O insania", rief er aus und beschwor die Brüder dann mit Jesu Worten: 'Was hülfe es dem Menschen, wenn er die ganze Welt gewönne und nehme doch Schaden an seiner Seele' (Mt 16,26). Daß solche Gebildeten, die in Sünden leben, der Kirche je von Nutzen sein würden, konnte er nur zurückweisen: 'Niemand wird mit seiner Gelehrsamkeit

---

[13] " 'Si qui religiosi sunt scientes et peccatores, cuiusmodi sunt conventuales non reformati, alii vero iusti reputati et ignorantes, primi plus proficiunt ecclesiae dei quam secundi'. Et iterum 'Sancta rusticitas', inquit, 'sibi soli prodest et, quantum aedificat ex vitae merito ecclesiam Christi, tantum nocet, si destruentibus non resistat'." *Tübinger Predigten,* Sermo XI, p. 211,697-702. Der Vorwurf, der sich gegen die Observanten richtet, daß sie in ihrem Bildungsmangel der Kirche schaden, scheint nicht vereinzelt gewesen zu sein. Mein Kollege Manuel Santos hat mich auf eine spanische Parellele aus dem Jahre 1499 aufmerksam gemacht, die eine in Pamplona anonym veröffentlichte, volkssprachlich verfaßte 'Doctrina de religiosos ...' bietet. Siehe dazu: *Francisco de Osuna, Tercer Abecedario Espiritual, Estudio Histórico y Edición crítica,* ed. Melquiades Andres, Madrid 1972, p. 6 f.

Christus wirklich fruchtbringend lehren, der seinem Wandel nicht auch nachfolgt'.[14]

Es ist gewiß berechtigt, wenn man auf Staupitzens Mühen hinweist, Kontakt zu den Gebildeten seiner Zeit zu bekommen.[15] Zu den 'barbari' wollte er nicht gehören. Doch den tiefen Schaden der Kirche ortete er nicht im oft beklagten Bildungsmangel, sondern im verkommenen Lebenswandel vor allem der Weltgeistlichen und Mönche. Richard Wetzel, Herausgeber der Tübinger Predigten, hat die Distanz des Augustinerpredigers zu den Hoffnungen einer Erneuerung durch die Antike treffend auf den Satz gebracht: "Von einer Renaissance Roms, wie sie sich unter seinen Augen abspielt, verspricht er sich für die Reform der Kirche nichts."[16]

Man stößt in den Predigten auf überraschend heftige Ausfälle gegen die hohe Geistlichkeit, und man trifft auf bedrücktes Klagen über die Situation der Kirche. Staupitz betreibt eine ungeschminkte Schadensanalyse, für die er sich bei Gerson[17]—und in geringerem Maße auch bei Gregor dem Großen—wohl nicht nur 'Eloquenz geborgt',[18] sondern auch Rückhalt geschaffen hat. Die Kirche befindet sich nicht einfach nur in einer mißlichen Lage; sie ist vielmehr, wenn man Staupitz beim Wort nehmen darf, noch gefährdeter, als es Hiob dereinst war. Denn der Feind stößt 'heutzutage' nicht mehr auf Gestalten vom Format des gottesfürchtigen Dulders, nicht mehr auf treue Diener ihres Herrn, sondern auf pflichtvergessene Kirchenfürsten, die der Bibeltext entlarvend bloßstellt: 'Sie sitzen im Hause des Erstgeborenen und prassen',[19]—anstatt über die ihnen anvertraute Herde zu wachen.[20]

Die Situation, wie sie dieser Text anzeigt, ist für die Kirche

---

[14] Sermo XI, p. 211,702-704; 212,706 f.

[15] Siehe dazu Helmar Junghans, "Der Einfluß des Humanismus auf Luthers Entwicklung bis 1518," *LuJ* 37 (1970), pp. 37-101; zu Staupitz: pp. 86-89.

[16] Richard Wetzel, "Staupitz Antibarbarus. Beobachtungen zur Rezeption heidnischer Antike in seinen Tübinger Predigten," in: *Reformatio et reformationes. Festschrift für Lothar Graf zu Dohna*, ed. A. Mehl, W. Chr. Schneider, Darmstadt 1989, pp. 107-130, p. 125.

[17] Siehe die Einleitung zu den Tübinger Predigten, p. 18f.

[18] Das ist ein Begriff, den ich mir von Richard Wetzel 'geborgt' habe. Wetzel (wie Anm. 16), p. 117.

[19] Hiob 1,13.

[20] So hatte es Gregor d. Gr. vorgegeben: "Scriptum itaque est, nuntios tunc venisse, cum filii Iob in domo primogeniti epularentur, unde cum sancto Gregorio ... sumpsimus, quod 'contra nos hostis vehementius vires accipit, quando et ipsos qui pro custodia disciplinae praelati sunt' conviviis 'servire cognoscit'." Sermo XIX, p. 303,40-45.

Wirklichkeit geworden. Die Hirten sitzen bei den 'convivia' und gesellen sich nicht nur den weltlichen Herren zu, sondern verhalten sich auch wie diese.[21] Der Feind hat somit freie Bahn bekommen, auf die Christen einzuschlagen, kräftiger und härter als je zuvor, weil die Amtsträger keine Acht mehr darauf haben, ihm den Weg zu verlegen.[22]

Beruhigungsmittel, die geeignet wären, den Schaden in einem milderen Licht zu sehen, kennt der scharfe Kritiker nicht. So weit ist es—er, der Teufel—gekommen, daß die Hirten der Kirche, viele Bischöfe, Archidiakone, Chorherren, so offenkundig und ohne jede Strafe sündigen, daß niemand mehr den Mut hat, sie anzuklagen und ihre Sünden namhaft zu machen.[23] 'Satelliten' des Teufels nennt Staupitz diese pflichtvergessenen[24] Hirten, die wie kraftloses Salz zu nichts anderem mehr nütze sind, 'als daß man es ausschütte und lasse es die Leute zertreten' (Mt 5,13).[25]

So gefährdet die Christenheit im Innern ist, so gefährdet ist sie auch durch die äußere Unruhe, die den gemeinen Mann erfaßt hat. Nicht überraschend berichtet Staupitz von der harten Kritik am Hurenleben der Geistlichen. Überraschend aber ist, welche Gefahr er mit dieser Kritik einhergehen sieht. Die Wut über die geistliche Verkommenheit hat sich so weit gesteigert, daß Aufruhr zu befürchten ist. Staupitz warnt nachdrücklich: 'Das Feuer ist gezündet. Wenn wir Holz nachlegen, kann es zum Brand kommen'.[26] Und er mahnt zur Geduld, nicht um abzuwiegeln, sondern um den Blick zu wenden von den ungetreuen Dienern zum getreuen Herrn,

---

[21] —und wollen die 'saeculares' sogar übertreffen. Sermo XIX, p. 308,180-183.

[22] Zu Staupitzens Schadensanalyse ist Heiko A. Oberman einzusehen: "Duplex misericordia: Der Teufel und die Kirche in der Theologie des jungen Johann von Staupitz," *Festschrift für Martin Anton Schmidt, ThZ* 45 (1989), pp. 231-243, vor allem pp. 240-243. Staupitz selber faßt die Lagebeschreibung in folgende Worte: "... diabolus suscipit libertatem temptandi ex negligentia illorum qui sibi ingrediendi viam praecludere deberent ..." Sermo XXIII, p. 349,6-8.

[23] Vgl. Oberman, "Duplex misericordia," p. 241.

[24] Sermo XIX, p. 308,155 f.

[25] "... si sal infatuatum fuerit, in quo salietur? Ad nihilum valet ultra, nisi ut conculcetur ab hominibus. Videamus, si ne sal infatuatum sit in ecclesia. Episcopi namque multi, item archidiaconi, canonici, tanta libertate peccant, ut nemo audeat increpare eos, nemo culpam corrigere, nemo vitia inculpare." Sermo XIX, p. 307,141-146.

[26] "Ignis accensus est, si ligna apposuerimus, crescere magis potest". Sermo XIX, p. 312,261 f.

der die Kirche nicht zum Teufel gehen lassen will und sich ihre fällige Bestrafung deshalb selber vorbehalten hat.[27]

Die harte Kritik, die dringende Warnung vor dem Ausbruch der Empörung und die beschwörende Mahnung zur Geduld bedeuten nicht, daß Staupitz den Willen zur Besserung aufgegeben hätte. In der Klosterreform scheint er vielmehr eine aussichtsreiche Möglichkeit gesehen zu haben, der Bedrohung entgegenzutreten. Das wenigstens kann man erschließen, wenn er mit Nachdruck vor den Folgen der ausbleibenden Klosterreform warnt: 'Immer'(!), so ist er überzeugt, läßt das Volk in seiner Frömmigkeit und Lebensführung zu wünschen übrig, wo die Klöster nicht reformiert sind.[28] Die durchgeführte Reform würde umgekehrt dann bessernd auf das Volk einwirken können.

Der strenge Kritiker stellt einmal die Frage, wo Christen denn heute ihre—unausweichlichen—Anfechtungen[29] erleben. Mit den Worten des Paulus gibt er eine Antwort, die observante Reformerfahrungen nicht verleugnen kann: 'Falsche Brüder', die sind die Anfechtung heute. Unter vielen verschiedenartigen Gefahren droht als größte diese, die von falschen Brüdern ausgeht.[30] Eine solch allgemein gehaltene Klage kann er auch präzisieren: Die vielen Mönche, die das Privileg genießen, im Lande predigend umherzuziehen, um das Volk zu bessern, tatsächlich aber ungehindert sündigen, sind eine Last für Volk und Klerus.[31] Wahre Brüder sind für ihn die Observanten, weil sie im Eifer um den Herrn handeln und die Sitten des Volkes tatsächlich bessern, ganz im Gegensatz zu denen, die anderen Sittenbesserung predigen, ohne sich selber bessern zu lassen.[32]

---

[27] Vgl. Oberman, p. 241 f.

[28] "Vide et attende: mentior [scil. ego, Staupitz], si non semper sit populus minus devotus, ubi sunt monasteria non reformata." Sermo XX, p. 319,69 f. Die Überzeugung, daß die ausbleibende Klosterreform erhebliche Konsequenzen für die Kirche nach sich ziehen werde, wird von Adolar Zumkeller als 'typische Schwarz-Weißmalerei eines Predigers der damaligen Zeit' eingestuft. Adolar Zumkeller, "Johannes von Staupitz und die klösterliche Reformbewegung," *Analecta Augustiniana* 52 (1989), pp. 31-49, p. 33.

[29] Anfechtungen sind für Staupitz ein Zeichen der Prädestination und deshalb notwendig. Es gilt ihm der Satz Augustins aus den *Enarrationes in Psalmos*: "Si autem putas, te non habere tribulationes ... nondum coepisti esse christianus." Sermo XI, p. 201,433-435.

[30] P. 201,440-443.

[31] Sermo XX, p. 319,70-75.

[32] "... praedicator vitia corrigere ex zelo debet. Hinc est: Vitia inculpata ab illis qui communes in culpis sunt minime cessant, quia opere contrarium ostendunt ...

Der Augustinerprediger des Jahres 1498 fügt sich in die Reihen der vielen Kirchenkritiker des späten Mittelalters. Doch es ist mehr als nur Kritik, die er vorträgt. Die Lage, wie er sie beschreibt, ist bedrohlich: Der Teufel hat in die Kirche einbrechen können, derweil die 'Prälaten prassen'.[33] Empörung hat den gemeinen Mann derart ergriffen, daß den Aufruhr entfacht, wer jetzt 'Holz nachlegt'. Die Reform der Kirche ist also dringend notwendig—und sie ist auch möglich. Reformierte Mönche werden den Eifer um den Herrn über die Klostermauern hinaus in das Volk hineintragen. Die Reform der Klöster versteht schon der Tübinger Staupitz als Dienst an der ganzen Christenheit. Das ist nicht erst das Ergebnis von neuen Erfahrungen im Amt der Kongregationsleitung seit dem Jahre 1503.[34]

2. *Die Predigt des Sittenlehrers*

Ein kämpferischer Observanter, der vom Nutzen der Klosterreform für die Kirche überzeugt ist, predigt über das Buch Hiob. Man wird davon ausgehen können, daß die Wahl des Predigtthemas mit dem Reformanliegen des Predigers kongruent ist. Bereits damit war dem Anliegen einer Sittenreform entsprochen, daß Staupitz im Rahmen der Tradition verblieb und Hiob als das Vorbild des rechten Christenlebens verkündigte.[35] Die Gestalt des standhaften Dulders und

---

Sed e contrario reformati zelose agere consueverunt ..." P. 319,64-66; 75 f.

[33] Die Kirche ist keine nebensächliche Größe für Staupitz. An einer Stelle, wo er die Hilflosigkeit des Menschen ungewöhnlich direkt herausstellt, zeigt er zugleich die fundamentale Heilsbedeutung der Kirche auf: In den Schoß der Mutter Kirche, eben der vom Teufel schwer geschüttelten und geschlagenen, flüchtet sich der 'nackte', hilflose Mensch, damit sie ihn dem Herrn zur Rettung vorweise. Siehe Sermo XXIII, p. 360,326-335.

[34] Zum Reformanliegen Johanns von Staupitz siehe die kurzen zutreffenden Ausführungen bei Lothar Graf zu Dohna, "Staupitz und Luther. Kontinuität und Umbruch in den Anfängen der Reformation," *Werden und Wirkung der Reformation*, ed. L. Graf zu Dohna, R. Mokrosch, Darmstadt 1986, pp. 95-116, p. 97 f. Zu bedenken ist jedoch, ob der von Dohna vermutete Wandel der Reformauffassung von der Begrenzung auf das Kloster zum Wirken in der Welt bei den Bettelorden tatsächlich vorliegt. Es ist zu beobachten, daß längst vor Staupitz die Verbindung von Regelobservanz im Innern und 'Reform nach außen' konstitutiv ist sowohl für das Selbstverständnis der Observanten wie für die Obrigkeiten in Städten und Territorien, die nach der Reform der Klöster verlangen.

[35] Eine von Staupitz zitierte Passage aus den 'Moralia' Gregors d. Gr. nimmt für diese 'Vorbild-Theologie' die Schrift generell in Anspruch. Sie ist, so heißt es, wie ein Spiegel, der dem Menschen vorgehalten wird: Sie erzählt von den Taten der Tapferen und reizt zur Nachahmung, sie bringt in Erinnerung und macht die

die Ereignisse seiner Geschichte werden zum Spiegel, in den es 'heute' hineinzuschauen gilt. Denn das Hiobgeschehen wird in einer Zeit wieder aktuell, in der, wie Staupitz meint, die Gottesfürchtigen von der Schar der Bösen umzingelt sind. Hiobs Situation, daß er unter denen lebt, die sich nicht zu Gott halten,[36] ist genau die Situation der frommen Zeitgenossen. 'Jetzt' werden sie sich deshalb weisen lassen müssen, so im Frieden des Herzens leben zu können, wie einst Hiob lebte—mitten unter den Bösen im Frieden mit Gott.[37]

Als Vorbild des rechten Lebens erscheint Hiob in der Rolle des "athleta", des tapferen Helden, der mit dem Bösen ringt und dafür mit allen Tugenden eines Kämpfers um Gottes willen ausgestattet ist. So hatte es Gregor der Große in seinem Hiobkommentar formuliert, und so stellte es Staupitz seinen eigenen Aussagen voran.[38] Den Tugenden, über die 'unser Kämpfer gegen den Teufel' verfügt, widmet Staupitz in vier Predigten beträchtlichen Raum und viel Zeit. Im einzelnen wird dem Hörer—oder Leser—vorgeführt, was das bedeutet, wenn der Kämpfer "simplex" ist und "rectus", wenn er Gott fürchtet und sich vom Bösen fernhält.[39]

Der Prediger verbreitet Gelehrsamkeit und Belesenheit, um den Tugenden Hiobs die Überzeugungskraft der Tradition und die Denkkraft der wissenschaftlichen Theologie zu verleihen. Doch bleibt er in der Theorie allein nicht stecken. Jener Moral, die Hiob nach der Einsicht des scholastischen Predigers lebte, weiß er gerade 'heute in dieser Kirche', die zutiefst gefährdet ist, von neuem Ort und Gelegenheit zu geben. Im—reformierten—Kloster werden Hiobtugenden Wirklichkeit, wenn die Mönche mit ihren Regeln

---

Herzen stark, wenn es zu kämpfen gilt. Sermo XI, p. 186,9-21.

[36] Diese Auslegung ist bezogen auf Hiob 1,1: "Erat vir in terra Hus nomine Iob. Hus terra gentilium est ..." Die Annahme, daß es sich bei dem Lande 'Hus' um Heidenland handele, wird dann im Verlauf der Predigt so ausgedeutet, daß Hiob "inter malos" gelebt habe. Sermo I, p. 48,3 f.; p. 50,82 f.

[37] "Imaginem in speculo dixi [scil. ego, Staupitz] virtutem in Iob imitandam ... Paulo iam ante diximus, Iob pacifice inter malos habitasse. Nunc videndum est, unde in nobis fiat, ut etiam nos inter malos bene viventes pacem cordis habeamus ..." Pp. 50,81-51,85.

[38] "Quia ergo athleta noster contra diabolum fuerat certaturus, quasi ante spectaculum sacrae scriptor historiae in athleta hoc spirituales virtutes annumerans, mentis membra describit dicens: 'Erat vir ille simplex et rectus, timens deum et recedens a malo' " (Hiob 1,1). Sermo II, p. 55,9-13, von Staupitz den *Moralia* Gregor d. Gr. entnommen.

[39] Staupitz widmet dieser 'dispositio mentis' Hiobs (siehe Sermo VI, p. 101,4) die Sermones II-V.

und Konstitutionen die 'uniformitas actionum' herstellen, um auf diesem Wege die 'uniformitas animorum' zu suchen[40]: Der Gelehrte nimmt im Kloster den gleichen Rang ein wie der Lernende, der Herr ist wie der Knecht, und der Adlige unterweist beispielgebend den gemeinen Mann in den Werken der Knechtschaft.[41]

Am hohen Anspruch, auch die Herzen der Brüder zu erreichen, zeigt sich, daß der Klosterreformer Staupitz ein Ziel sichtet, das über die Herstellung der äußeren Observanz hinausgeht. Die Regelstrenge ist nicht Selbstzweck, sondern notwendiges Instrument, um die geistliche Einheit unter Brüdern herzustellen. Der Hinweis auf die 'uniformitas' gibt Staupitz auch die Gelegenheit zur Kritik: Die Einheit ist mißverstanden, wenn nicht ein jeder nach dem Seinen strebt, sondern alle das Gleiche für sich beanspruchen.[42] Von der Notwendigkeit, auch im Kloster die Hierarchie zu wahren, ist der Prediger Prior überzeugt.

Nicht nur Mönche, sondern alle Christen finden in Hiob ihr Vorbild, etwa im rechten Umgang mit den Gütern der Welt. Hiob kennt den Unterschied zwischen 'benutzen' und 'genießen',[43] und hat ihn auch in die Tat umgesetzt. Was er—sogar im Überfluß—besaß, hat er sich auf Distanz gehalten und so 'benutzt', daß er Gott allein 'genießen' und in ihm somit Glück und Seligkeit finden konnte.[44] Dieser Hiob war ein glücklicher Mensch; was ihm zu eigen war, das hatte er zu Recht besessen,[45] und so darf man von ihm behaupten, daß sein Besitz dem Lobe Gottes diente.[46] Auch für

---

[40] Die "regulae et statuta" sind deshalb geschrieben, "ut per uniformitatem actionum ad uniformitatem deveniant [scil. religiosi] animorum". Sermo II, p. 61,159-161.

[41] P. 61,161-167.

[42] Staupitz macht das am traditionellen Beispiel des Organismus deutlich: "Unitas autem corporis tunc perpenditur, quando quilibet actum sibi debitum temptat et exercet. Sed quia ista servari minus consueverunt, infinita mala in detrimentum sanctae et religiosae vitae subsecuta sunt." Sermo II, p. 62,203-206.

[43] Auch David C. Steinmetz hat gesehen, daß Staupitz diese in allen theologischen Schulen der Scholastik traktierte Unterscheidung zwischen 'uti' und 'frui' aufgreift. Siehe Steinmetz, *Luther and Staupitz*, p. 72. Daß Staupitz aber versucht, den Schulstoff ins Leben zu ziehen, kann man der Steinmetz-Interpretation nicht entnehmen.

[44] "Sed quia homines, victi potius stultitia sua, in bonis creatis ad praesentem vitam beatitudinem traxere, ideo exemplum tibi proponitur sanctus Iob qui, felicitate omni terrena spreta, quam tamen abundantius possedit, studuit omnibus sic uti, ut solo deo desideraret frui." Sermo VI, p. 104,98-102.

[45] Sermo VIII, p. 139,4 f.

[46] "... ipsa talis possessio est bona divinaeque laudis promotiva." Sermo VII, p. 122,28 f.

die Zeit des Friedens finden Christen in Hiob ihren Tugendspiegel. Erst recht wird er zum Lebenslehrer, wenn der Teufel Ernst macht und auch mit Schandtaten beweisen will, wie unzuverlässig die menschliche Treue und Gottesfurcht tatsächlich ist. Dann kann man an Hiob erkennen, wie wir mitten in Trübsalen Gott zu Lobe leben sollen.[47]

Die biblische Gestalt, die Staupitz in Tübingen predigt, wird somit in zweifacher Weise aktuell eingesetzt: Einmal dient Hiob als überindividuelles 'speculum ecclesiae', um der Kirche insgesamt die Brandgefahr vorzuführen, in der sie sich befindet. Das andere Mal fungiert seine Gestalt als Spiegel für die Lebensführung jedes einzelnen oder einer Klostergemeinschaft. An ihm lernt man zu leben, solange Glück und Wohlstand dauern, an ihm lernt man Bewährung, wenn Anfechtungen und Trübsale zur Plage werden.

3. *Die Predigt des 'Aegidianers'*

Staupitz steht vor einem homiletischen Problem, dessen Lösung an theologische Grundüberzeugungen rührt: Wie soll der Hörer umsetzen können, was ihm der Prediger an Tugenden, Tapferkeit und Frömmigkeit vorgestellt hat?

Der Lösungsweg, den Staupitz einschlägt, ist nicht neu: Es ist der Weg des Appells. Er beschwört die geistlichen Kräfte und das moralische Leistungsvermögen des Menschen. Dieser Aufruf ist ihm theologisch nahegelegt und abgesichert durch die Lehre vom 'facere quod in se est',[48] die eben auch zur thomistisch-aegidianischen Schultradition gehörte, wie Staupitz sie verstand. Es trifft nicht zu, daß die Rede vom strebenden Bemühen, das seines Lohnes nicht ermangele, zum Proprium nur der 'via moderna' zählt.

Bei der Verwendung dieses so wichtigen Lehrstückes der Anthropologie und der Gnadenlehre ist bei Staupitz ein eigentümliches Oszillieren festzustellen. Er greift auf den Appell an die freie menschliche Entscheidungskraft zurück, läßt seine Theologie im

---

[47] "Sed ecce speculum vivendi habemus, unde discere poterimus in medio tribulationum virtutem conservare." Sermo XVIII, p. 292,50 f. "Sic et tu, homo miselle, cogitare disce atque tuam, quam forte pateris, temptationem ad divinum honorem exemplo Iob ordinare stude." P. 293,80 f.

[48] Vgl. dazu David C. Steinmetz, *Misericordia Dei* (wie Anm. 1), vor allem pp. 93-97.

ganzen davon aber nicht lenken. Dort, wo Staupitz den Hörer bei seiner Verpflichtung behaftet, sich verdienstlich auf den Empfang der Gnade vorzubereiten, ist es nicht so, daß er selbstgewiß den moralischen Potenzen des menschlichen Wesens trauen würde. Zurückhaltend nur stellt Staupitz die Kräfte seines Helden im Kampf gegen den Satan heraus. Weil alle Tugenden, über die Hiob verfügt, Gottes Geschenke sind,[49] geht allem Vertrauen in die natürlichen Anlagen und Kräfte des Willens die Erkenntnis des Apostels voraus: 'Es liegt der Wille nicht in jemandes Wollen, sondern in Gottes Erbarmen' (Röm 9,16). Diesem apostolischen Vorsatz aber fügt Staupitz einen schulmäßigen Nachsatz hinzu: Gott verweigert sein Erbarmen niemandem, der in Lauterkeit sich bittend an ihm wendet. 'Wer bittet, dem wird gegeben, wer anklopft, dem wird aufgetan' (Mt 7,7f. par).[50] Wenn auch unsere Handlungsmöglichkeiten im Vergleich zu den tausend Weisen, wie Gott Herzen wenden kann, ärmlich sind, so besteht doch—Thomas von Aquin wird als Zeuge benannt—begründete Gnadenhoffnung für den, der seine Kräfte, die in ihm liegen, einsetzt, wie Staupitz mehrfach versichert.[51]

Er führt das Beispiel des Umgangs mit dem Bösen an: Wer das Böse zunächst nur aus nüchterner, rationaler Einsicht heraus meidet, darf sich dennoch beruhigen. 'Geh hin', hört er den Prediger lehren, 'sei ohne Sorge! Wenn dir das Gute auch noch keine Freude macht, so hast du doch getan, was in deinen Kräften stand, indem du dich von deiner vernünftigen Einsicht hast überwinden lassen. Das wird dir als vollgültige Entscheidung angerechnet'.[52]

---

[49] Weil sie Geschenk sind, sagt Staupitz, daß er darauf verzichtet habe, die Hiobtugenden im einzelnen zu entfalten. Denn diese sind nicht das Verdienst eines Menschen, sondern das Geschenk der Gnade Gottes: "... virtutum beatitudinibus decoratus fuerit [scil. Iob], non suis meritis, sed donis dei gratuitis." Sermo VI, p. 101,6-8.

[50] "Verum quia volentis non est velle sed dei miserentis, qui tamen misericordiam suam nemini negat qui in veritate postulat ... Omni petenti datur, pulsanti aperitur." Sermo V, p. 95,201-205.

[51] "Sed relictis mille modis quibus deus consuevit dare et generare bonam voluntatem ... nunc de illis modis loquendum est qui in nostra sunt potestate et quibus perfectis a nobis sperandum est, quoniam fecimus quod in nobis est: Sanctus Thomas non credit facienti quod in se est posse negari gratiam." Sermo V, p. 95,206-211. Der Herausgeber der Predigten ist an dieser Stelle sehr sorgfältig auch den Aussagen des Aegidius Romanus nachgegangen. Vgl. p. 95, Anm. 64.

[52] "Vade nunc securus, etiamsi non delectat [scil. bonum]: si quasi coactus [scil. ratione] ibis, fecisti quod in te est, pro perfecta tibi voluntate computabitur." Sermo V, p. 96,226-228.

Daß Gott so gnädig Lohn verteilt, ist eine Ermutigung zum guten Handeln: 'Du hast getan, was in dir ist, Gott wird nicht unterlassen, das Seine zu tun. Handele in diesem Vertrauen!'[53] Das ist die Verdienstlehre, wie sie nach Ansicht des Augustinerpredigers von Thomas—und Aegidius—gelehrt wurde. Diese Deutung gibt keine Auskunft über den späten Thomas oder über Aegidius, wohl aber darüber, wie beider Gnadentheologie im späten 15. Jahrhundert verstanden werden konnte.

Über die Erkenntnis, daß sich Staupitz, zwar immer mit Sicherungen, aber doch eindeutig auf die Lehre vom 'facere quod in se est' stützt, kann man noch hinausgelangen. Im Sermo XV greift er ausführlich das Problem auf, ob die Berufung auf die moralische Eigeninitiative des Menschen theologisch wirklich haltbar ist. Er bedient sich für die Klärung dieser Frage eines Kunstgriffs, der dem Hiobszenarium nachempfunden ist. Eine theologische Disputation findet statt—auf höchster Ebene: Im himmlischen Hörsaal sind Gott und der Teufel versammelt und streiten 'scholastice' miteinander, beweisen den Obersatz und behaupten die Eindeutigkeit der Konsequenz. Alle, die zuhören, sind überzeugt, daß Gott der Sieger ist, obgleich sie sich bänglich fragen sollten, mit welcher Art von Theologie er diesen Disput denn gewinnen will. Die Einwände des Teufels entstammen nämlich sowohl kluger Menschenkenntnis als auch fundierter theologischer Lehre. Er stellt zunächst die Aufrichtigkeit des 'tugendhaften' Hiob in Frage: Er ist nicht der selbstlose Knecht, wie Gott behauptet, sondern fürchtet seinen Herrn nur aus Gewinnsucht—"propter consecutionem boni temporalis, ergo male et invirtuose timet".[54] Mit gelehrter Ausführlichkeit widerspricht Gott diesem Verdacht und beweist, wie Staupitz meint, daß des Teufels Schlüsse falsch sind: "Male ergo concludit diabolus, quia Iob timet deum virtuose et exemplariter."[55]

Der zweite Einwand des Teufels ist theologisch vorzüglich begründet: Er stellt das Problem der Herkunft der von Gott so verteidigten Hiobtugenden zur Debatte.[56] Auf wen gehen solche Tugenden denn zurück? Es ist doch nicht Hiob, sondern Gott dafür die Ehre zu geben! Er ist es, der seinen Schützling, sein Haus und

---

[53] "Fecisti quod in te est, dominus suum facere non negliget, confidenter age." P. 96,241 f.

[54] Sermo XV, p. 266,70 f.

[55] P. 269,154 f.

[56] P. 269,160 f.

alles, was er hat, mit einem Wall von unverdienten Gnadengaben umgeben hat.[57] Alles hat er ihm verliehen: das Wollen, das Wissen und das Können.[58]

Der Hinweis auf das Wollen, Wissen und Können entspringt nicht dem zufälligen Formulierungseinfall des Predigers. Angespielt ist vielmehr auf jene Unterscheidung, die Pelagius zwischen 'posse', 'velle' und 'esse' vorgenommen hatte. Augustin zitiert in seiner Schrift 'De gratia Christi' einen Text des Pelagius, aus dem hervorgeht, daß dieser die Bereiche des göttlichen und des menschlichen Handelns exakt voneinander abzuheben suchte. Das 'posse', die Anlagen des Menschen, sind von Gott gegeben. Daß er dann aber umsetzt, was er kann, daß er entscheidet und handelt, liegt im Verantwortungsbereich des Menschen. Um es mit den Worten des Pelagius selber auszudrücken: 'Daß wir in der Lage sind, Gutes zu tun, zu sagen und zu denken, geht auf den zurück, der dieses Vermögen gegeben hat und unterstützt. Daß wir dann tatsächlich gut handeln, reden und denken, ist unsere Sache, weil wir das alles auch zum Bösen wenden können'.[59] Dieser Pelagiustext samt Augustins Widerspruch gehört zu den Grundtexten des spätmittelalterlichen Antipelagianismus, wie er von Gregor von Rimini († 1358) getragen und verbreitet worden ist.[60]

Der Augustiner Staupitz läßt pikanterweise den Teufel als strikten Antipelagianer auftreten, der solchen Behauptungen, wie Pelagius und seine Schüler sie vorbringen würden, widerspricht: Es ist nicht wahr, so hat man das Argument des Teufels auszuführen, daß Gott nur das Vermögen schenke, Wissen und Wollen hingegen dem Menschen in die Hände lege. Gott gibt vielmehr alles, beweist der Teufel im Himmel, alle Hiobtugenden, ohne Ausnahme.[61]

Ernst Wolf, dem das Verdienst gebührt, die erste Ausgabe der Tübinger Predigten zur kritischen Edition ausgearbeitet zu haben, ist in seiner Staupitz-Studie auf diesen Disput zwar gestoßen, hat

[57] P. 269,169: "... intendit [scil. diabolus] non Iob sed domino debere ascribi et dari laus virtutis."

[58] "... tu [scil. domine] ... dedisti sibi [scil. Iob!] velle, nosse et posse ..." P. 269,176 f.

[59] Pelagius, in: Augustin, *De gratia Christi et de peccato originali* 1, 4, 5 (MPL 44, 362).

[60] Siehe dazu die Einleitung zu Bd. 6 der Gregor von Rimini-Ausgabe: *Gregorii Ariminensis OESA Lectura super Primum et Secundum Sententiarum*, ed. A. D. Trapp, Bd. VI, Berlin 1980, p. VI.

[61] "Non ergo Iob poterit ista laus iuste dari, quod sit simplex, rectus, timens deum et recedens a malo." P. 269,179 f.

mit seinem Thema aber nichts Sicheres anzufangen gewußt. Staupitz versuche hier, so meint er, "einen vorgeblichen Gnadendeterminismus ... abzuweisen".[62] Man kann wesentlich genauer als Wolf den Gegenstand der Disputation benennen: Hier flammt der Streit um die legitime Form der antipelagianischen Theologie—wieder—auf. Die Themenstellung entspricht einer spätmittelalterlichen Schultradition, die eben jene Art von Antipelagianismus vertritt, die der Teufel gegen Gott ins Feld führt. Daß bei allem Guten, das geschieht, Gott—sei es unmittelbar oder mittelbar—allein der aktuell Handelnde ist, gehört zu den Grundüberzeugungen des Augustinermagisters Gregor von Rimini. Seine Theologie hatte durch Schüler und noch mehr durch Gegner weite Verbreitung im späten Mittelalter gefunden.[63]

Johannes von Staupitz gesellte auch Gott zu den Tübinger Gegnern dieser Theologie. Der Herr weist den Teufel darauf hin, daß er seine Gnadengaben umsonst zum rechten Gebrauch austeilt und viele dennoch mit diesen Gaben Mißbrauch treiben. Die Konsequenz daraus lautet: Nicht das, was alle empfangen, sondern wie ein jeder gebraucht, was er empfangen hat, macht tugendhaft und wert vor Gott.[64] Gott stellt seine Gnadengaben als "dispositiones praeviae" sowohl dem menschlichen Brauch als auch dem Mißbrauch anheim. Es hat jeder seine Gaben, also kann ein jeder mit ihnen nach Kräften haushalten, um—de congruo—die 'gratia gratum faciens' zu erlangen.[65]

Es ist der Teufel, der diesen Aufweichungen des Antipelagianismus "contra" geben muß: Auch der 'bonus usus', wendet er ein, ist Geschenk, nicht Werk.[66] Die Komposition dieses Arguments

---

[62] Ernst Wolf, *Staupitz und Luther* (wie Anm. 9), p. 36.

[63] Zur antipelagianischen Tradition siehe Heiko A. Oberman (ed.), *Gregor von Rimini. Werk und Wirkung bis zur Reformation*, Berlin 1981; ferner meine Untersuchung *Von der Via Gregorii zur Via Reformationis. Der Streit um Augustin im späten Mittelalter*, Diss. theol. Tübingen (masch.) 1980; und Adolar Zumkeller, *Erbsünde, Gnade, Rechtfertigung* (wie Anm. 11).

[64] "Ad hoc primum respondit dominus ad cor boni et sapientis dicens, quod argumentum diaboli non concludit, eo quod multis dederit dona gratuita qui tamen abusi sunt. Non enim faciunt dona recepta sed bonus eorundem usus virtuosum et laude dignum apud deum." Sermo XV, p. 269,181-184.

[65] "Quia vero dona gratuita ad gratiam gratum facientem ordinantur suntque eiusdem quasi quaedam dispositiones praeviae, quoniam per eadem facimus quod in nobis est." Sermo XV, p. 270,193-195.

[66] P. 270,200.

spricht für Staupitzens Kenntnis der antipelagianisch eingesetzten Akzeptationslehre, wenn er den Teufel deren Grundgedanken aufgreifen läßt: Das, was der Mensch Gutes bewirkt, ist nicht seinem Wesen nach gut, sondern nur, weil Gott es für gut ansieht. Konkret auf die Streitsituation übertragen, heißt das mit den Worten des Teufels: 'Gott, du hast bewirkt, daß Hiob tat, was dir gefiel. Denn dir gefallen Menschenwerke nicht deshalb, weil sie gut sind, sondern deshalb sind sie gut, weil sie dir gefallen'.[67]

Kennzeichnend für die Struktur des spätmittelalterlichen Augustinismus ist zudem die folgende Argumentationskette des Teufels: Gott verleiht die Tugenden der 'fides', 'spes' und 'caritas'. Das bedeutet zunächst einmal, daß die 'gratia quae gratum facit'[68] ein Geschenk ist, auf das man sich auch 'de congruo' keine begründeten Hoffnungen machen darf. In einem umfassenden Sinne heißt das zugleich, daß Gott grundsätzlich alles gibt, was ihm gefällt. Also muß er auch den 'bonus usus' geben. Weil das so ist, darf man den rechten Brauch der Gnadengabe nicht dem Empfänger zuerkennen, sondern nur dem Geber: "... nec ille bonus usus Iob ascribi iure possit".[69]

Gott konzediert die Wahrheit des Teufelsarguments -und schränkt sie zugleich ein. Die 'gratia gratum faciens' ist tatsächlich seine Gabe. Doch diese grenzt die Freiheit des Empfängers nicht ein. Freiheit bleibt Freiheit, wie die Natur sie gegeben hat, und deshalb ist der Mensch auch im Stande der Gnade befähigt, sich zum Guten wie zum Bösen zu entscheiden.[70]

So, wie Staupitz argumentiert, ist die Gnade nur ein freundliches Angebot, das der Begnadete jeweils auch ausschlagen kann. Damit ist dem Anliegen eines Gregor von Rimini grundsätzlich widersprochen. Denn dessen Theologie kennt nur jene 'Freiheit' der Natur, die unweigerlich das Böse wählt, und umgekehrt nur jene

---

67 "... fecisti [scil. tu, Domine] eum [scil. Iob] agere quae tibi placuerunt; neque enim tibi placent hominum facta, quia bona sunt, sed potius ideo sunt bona, quia tibi placent." P. 270,201 f.

68 P. 270,204 f.

69 P. 270,205 f.

70 Gott antwortet dem Teufel: "gratiam gratum facientem dedi, libertatem tamen eius non coegi; habet enim quandam libertatem quae sequitur naturam, quae se extendit ad bonum et ad malum, etiam post receptam gratiam." P. 270,209-212.

von Gott gnädig je neu zu schenkende Freiheit, die allein das Gute wählt.[71]

Staupitz hingegen hält sich an jene theologische Tradition, in der er ausgebildet worden ist, wenn er dazu anhalten will, daß der Mensch sich zu Gott bekehre, damit dieser ihm seine Barmherzigkeit austeilen kann. Gemeinscholastisch ist Sach 1,3 der biblische 'locus classicus' dieses Appells, den Staupitz in Erinnerung ruft: " 'Convertimini ad me', ait dominus omnipotens, 'et convertar ad vos'. "[72] Wer sich also nicht in freier Entscheidung zu Gott wendet, dem bleibt er fern mit seiner Gnade.[73] Auf der anderen Seite ist aber wahr, daß Gottes 'motio' der Bekehrung des Menschen immer zuvorkommt, so daß Staupitz zusammenfassend die Lösung des Aegidius vorträgt, die beiden Wahrheiten Rechnung tragen soll: 'Alles ist gottgewirkt und allem schließt der freie Wille sich an; in allem ist Gott der Ursprung und in allem handelt der freie Wille als sein Instrument'.[74]

Zu bedenken ist, welche Valenz dem Begriff 'motio dei' in Staupitzens Gnadentheologie zukommen könnte. Wenn man am Beginn der 'Disputation' auf die Behauptung sieht, daß Gott alle seine Gaben unterschiedslos zum Brauch wie zum Mißbrauch austeilt,[75] dann drängt sich der Eindruck auf, die 'motio dei' sei kaum mehr als sein allgemeiner Heilswille. In diesem gnädigen Willen geht Gott in der Tat allem Handeln voran und was er demzufolge an Heilsgnaden austeilt, kommt allen unterschiedslos als Geschenk zu Gute. Doch die Mehrung seiner allgemeinen Gnade hat er in das Verdienst jedes einzelnen gestellt.[76]

Dem Eindruck, Gottes 'motio' bedeute die allgemeine Ausstattung des Menschen zur Heilsbefähigung, wird an keiner Stelle widersprochen. Staupitz nennt ohne Unterscheidung in einem Zuge sowohl Adam als auch Salomo und Judas als Empfänger der

---

[71] Eine zusammenfassende Darstellung der Gnadenlehre Gregors von Rimini hat jetzt Manuel Santos Noya vorgelegt: *Die Sünden- und Gnadenlehre des Gregor von Rimini*, Diss. theol. Tübingen (masch.) 1988.

[72] P. 271,214 f.

[73] "... ita quod nisi convertamur ad deum per liberum arbitrium, non convertitur ad nos gratiam infundendo." P. 271,215-217.

[74] "Totum ergo est dei efficienter et totum liberi arbitrii consentienter [Der Aegidius-Druck Venedig 1581—Frankfurt 1968—liest: consequenter]; totum dei principaliter, totum arbitrii libri instrumentaliter." P. 271,223 f.

[75] Siehe oben Anm. 64.

[76] Siehe oben Anm. 65.

Heilsgaben. Sie dienen ihm als Zeugen, daß alle Menschen das Gleiche erhalten und dennoch ganz unterschiedlich davon Gebrauch machen.[77]

Zusammengefaßt: In den Tübinger Predigten ergreift Staupitz die Gelegenheit, sich mit der Tradition des strikten augustinischen Antipelagianismus auseinanderzusetzen. Welche Namen Staupitz mit dieser Tradition in Verbindung bringt, verrät er nicht. Daß ihm der eigene Ordensmagister Gregor von Rimini als hervorragender Vertreter dieser Form von Antipelagianismus zumindest in Umrissen bekannt war, ist wahrscheinlich. Gesichert ist in jedem Falle, daß Staupitz nicht nur einer anderen als der gregorischen Schultradition entstammte, sondern daß er deren Gnaden- und Verdienstheologie zur Zeit der Tübinger Predigten auch grundsätzlich abgelehnt hat. Er fand eine solche Art von Antipelagianismus gut genug, dem Teufel in den Mund gelegt zu werden.

4. *Die Predigt des Priors*

Nicht im Widerspruch, sondern in Entsprechung zu seiner Gnaden- und Verdienstlehre entwickelt Staupitz jene Theologie der Niedrigkeit, die den Menschen dazu anhalten will, sich seiner Kräfte nicht in Sünden zu überheben. Als 'monastische Humilitastheologie' spricht sie vor allem den Klosterbruder an, daß er alles aufbringe, was in ihm ist, um die Tugend der Demut einzuüben. Hiob ist das Beispiel der 'humilitas', denn er wird deshalb "vir ... rectus" genannt, weil er alle Ehre von sich weist und Gott allein als den Rechten und Gerechten anerkennt.[78] Der Gerechte ist der Demütige und umgekehrt, nur der Demütige ist gerecht, weil zur 'rectitudo' die Anerkenntnis der eigenen Niedrigkeit gehört.

Adolar Zumkeller ist in seinen Untersuchungen über "Das Ungenügen der menschlichen Werke bei den deutschen Predigern des

[77] Pp. 269,184-170,188. Wenn die motio divina tatsächlich nicht mehr ist als die allen—von Adam bis Judas—in gleicher Weise gnädig ausgeteilte Veranlagung zum Guten, dann schwindet der Unterschied des 'Aegidianers' Staupitz zu Gabriel Biel und seinen Schülern merklich dahin.

[78] "Conclude: Solus itaque honorare deum plena iustitia cernitur qui praeter eum nihil rectum esse sentire cognoscitur. Praedica deum tuum secundum rectitudinis normam, clama: Quoniam tu solus sanctus, tu solus dominus, tu solus rectus et bonus, tu solus misericors et pius, tu solus altissimus." Sermo III, p. 66,76-80.

Spätmittelalters" auch auf Johannes von Staupitz gestoßen.[79] In den Tübinger Predigten findet man mancherlei Bestätigung für seine Zusammenstellung der spätmittelalterlichen Humilitastheologie und ihrem Anliegen, dem eitlen Selbstvertrauen zu wehren.[80] Man findet aber auch zwei zusätzliche Argumente für die Forderung nach 'humilitas', die über das in der Tradition Gewohnte hinauszugehen scheinen. Es geht dabei neben der Erniedrigung des Menschen um die 'Rechtfertigung Gottes' und drittens um die Geborgenheit des Angefochtenen in Gott.

Dieser Dreischritt legt sich nahe, wenn man Staupitzens Tübinger Demutstheologie zu entfalten sucht.

a) Die menschliche Niedrigkeit

Hiob ist der wahrhaft Demütige, weil er seine Niedrigkeit eingesteht und sich zu eigen macht. Nackt ist er vom Mutterleibe gekommen und nackt wird ihn die Erde wieder nehmen (vgl. Hiob 1,21),[81] denn ohne Wert ist, was er war und was er tat. Das konstitutive Element der Humilitastheologie ist diese 'vilificatio' der eigenen Leistung. Biblischer Ausgangspunkt ist Jes 64,6, ebenfalls ein locus classicus: All unsere Gerechtigkeiten sind Schmutz und Dreck[82]—wenn sie ohne Gnade geschehen, wie Staupitz den Text glossiert gemäß der bei Gerson gefundenen Vorlage.[83]

Doch auch jene Werke, die, wie bei Hiob, in der Gnade geschehen, sind kein Grund zum Stolz. Wenn der Teufel darauf sieht, dann lacht er nur: Was hat Hiob denn Großes getan? Haut gab er für Haut (Hiob 2,4). Staupitz erläutert: Fremde Haut, die Haut seiner Kinder, gab er für seine eigene.[84] Die Gemeinheit des Teufels, daß er über den Tod von Hiobs Kindern noch zu spotten wagt, geschieht zur heilsamen Lehre, daß niemand sich seiner Werke rühme, sondern, auch wenn er alles getan hat, aus ganzem Herzen

---

[79] Vgl. Adolar Zumkeller OESA, "Das Ungenügen der menschlichen Werke bei den deutschen Predigern des Spätmittelalters," *ZKTh* 81 (1959), pp. 265-305, p. 300 f. Die Tübinger Predigten sind nicht ausgewertet.

[80] Passim, siehe etwa p. 267 f.

[81] Sermo XVIII, p. 298,225-228. Die Paraphrasierung des Hiobwortes nimmt Staupitz gemäß dem Kommentar Gregors d. Gr. vor.

[82] "Quasi pannus menstruatae universae iustitiae nostrae."

[83] Sermo XXIII, pp. 354,179-355,180.

[84] Sermo XXVIII, p. 410,158.

bekenne: "Inutilis servus sum" (Lk 17,10).[85] Es ist das traditionelle Ziel dieser Theologie, daß sie auch die geistliche Hochleistung vor geistlichem Hochmut zu schützen sucht. Deshalb ist der Mönch in der Demutspredigt besonders angesprochen.

b) Die Rechtfertigung Gottes

Johannes von Staupitz verbindet das Anliegen der Demütigung mit dem Bekenntnis zur Gerechtigkeit Gottes. Es geht darum, daß der Mensch das gerechte Strafurteil Gottes ins Recht setzt, die göttliche Gerechtigkeit also anerkennt, statt über sie zu murren und den Richter so ins Unrecht zu setzen. Die Anerkenntnis der Gerechtigkeit Gottes bezeichnet Staupitz als "divini iudicii rectificatio". Das ist ein Begriff, den er möglicherweise selber geprägt hat[86] und der an die spätere Formulierung von der 'Rechtfertigung Gottes' erinnert, die Luther in seiner ersten Psalmenvorlesung verwenden sollte.[87]

Die Predigt von der 'rectificatio dei' will einprägen, daß Gott gerecht ist, auch wenn er die scheinbar Gerechten straft, und sie will aufzeigen, daß sich noch mehr ins Unrecht setzt, wer mit ihm über seine Strafe hadert.[88]

Ein in seiner Härte wohl nur aus der monastischen Tradition zu begreifendes Moment dieser 'rectificatio' ist der Gedanke der selbstvollzogenen Strafverschärfung. 'Hiob', so heißt es im Text, 'saß im Dreck und schabte mit einem Tonscherben seinen Eiter' (Hiob 2,8). Darin entdeckt Staupitz den bewußten Vorsatz, der gerechten Strafe Gottes noch eigene Strafen hinzuzufügen.[89] Der

---

[85] P. 406,48-50.

[86] Der Abschnitt von der 'Rechtfertigung des göttlichen Urteils' ist stark von Gerson (De vita spirituali animae) geprägt, dieser Begriff aber findet sich bei ihm nicht. Vgl. Sermo XXIII, pp. 355-357.

[87] Siehe zB WA 3, 288,31 f.: "Iustus enim primo est accusator sui et damnator et iudex sui. Et ideo deum iustificat et vincere ac superare facit." 289,16 f.: Wenn man sich selbst anklagt und richtet, "tunc iustificatur Dominus ...". Vgl. 409,31; WA 4, 383,7; 496,23-25, hier mit der schönen Wendung: "solus deus iustus, iustificans et iustificandus".

[88] "Si ergo sic est, sicut utique est, scire possumus, quam iniustae sint nostrae murmurationes quas aliquando in poenis impositis evomere consuevimus." Gott ist gerecht, "... quoniam omnis offensa in deum potest iuste ab ipso iudice deo puniri poena mortis tam temporalis quam aeternae, immo annihilationis poena." Sermo XXIII, p. 356,212-216.

[89] Sermo XXXII, p. 449,44 f.

Büßer will Gottes Gerechtigkeit so uneingeschränkt ins Recht setzen, daß er sich selber Schmerzen zufügt und sich so als gottgefälliges Opfer darbringt.[90] Das ist weit mehr als eine nur formale Zustimmung zur Korrektheit des Gottesurteils. Schon in den Tübinger Predigten taucht der Gedanke auf, daß es mit einer bloßen Anerkennung der Gerechtigkeit des Richters nicht getan ist. Man muß, so heißt es in einem Nebensatz, dessen Gerechtigkeit 'vielmehr' ("immo") lieben, denn wer den strafenden Gott nicht liebt, der haßt ihn in Wahrheit.[91]

Der Blick des Predigers fällt vom Vorbild kritisch auf das Bild, das seine Mitbrüder, die Mönche, abgeben. Sie handeln nicht wie Hiob, sondern pflegen eifrig nach Entschuldigungen und Beweisen ihrer Unschuld zu suchen, wenn ihnen eine Geißelstrafe auferlegt werden soll.[92] Von der Kanzel spricht jetzt der Prior, der die Mönche zurechtweist: Das Murren setzt den gerechten Richter—doch wohl Gott, nicht nur den Klosteroberen—ins Unrecht, obwohl die Anzahl der Sünden sicher höher ist als die Zahl der Geißelhiebe.[93] Selbst beim Lesen hört man noch den Sarkasmus und den Unwillen des Vorgesetzten. Die Mönche sollen endlich die 'rectificatio iudicii' im Kloster Wirklichkeit werden lassen, sollen erkennen, wo sie stehen und danach handeln![94]

c) Geborgen in Gott

Als drittes Moment der Humilitastheologie in den Tübinger Predigten ist die Überzeugung herauszustellen, daß der Erniedrigte sich in Gottes Erbarmen wahrhaftig bergen kann. Staupitz erläutert, daß Anfechtungen und Trübsale dazu geeignet sind, die 'principia' des Lebens wieder vor Augen zu stellen. Wer wirklich niedrig geworden ist, der kann erkennen, daß einzig Gott es ist, von dem wir haben, was wir sind; er ist der Ursprung. Wer Gott nicht

[90] "Sed qui iustitiam dei magis rectificare voluit, innocentia quasi non considerata, punitum amplius puniendum deo domino suo hostiam placentem obtulit." P. 449,49-51.

[91] P. 449,58.

[92] "Quid dicemus ad haec [scil. zur Selbsterniedrigung Hiobs], fratres, aut quam excusationem quaerimus qui, ad modicum flagellum commoti, tanta opera innocentiam nostram ostendere curamus"? P. 449,51-54.

[93] P. 449,56 f.

[94] "Qui vero in pluribus deliquisse sese cognoverit, testa saniem radit ac se ipsum gravioribus poenis adaptare magis ac magis studebit." P. 449,59-61.

verloren hat, hat nichts von dem verloren, was das Leben trägt und gründet. Denn er, der alles gegeben hat, ist in Trübsalen so unverändert gegenwärtig wie im Glück, mit gleicher Macht und Güte.[95] Auch ist der Sinn des Lebens nicht aus den Angeln gehoben, wenn die Ziele der Welt zusammengebrochen sind. Was Gott dem Geschöpf verordnet hat, wird durch Anfechtungen nicht außer Kraft gesetzt: Den Schöpfer zu loben, ihm zu dienen und allein in ihm die Seligkeit zu finden, ist der Lebenssinn sowohl im Glück als auch im Leiden.[96] Das kann selbst der Teufel nicht ändern.

Die Humilitastheologie der Tübinger Predigten begnügt sich nicht damit, den frommen Christen und den eifrigen Klosterbruder von der Sünde der Überheblichkeit abzubringen. Sie erweitert vielmehr den Blick auf Gott hin: Ihn, den Gerechten, soll der Sünder nicht zum Unrechtstäter machen, vor allem dann nicht, wenn der Sünder Mönch ist. Und auf ihn, den Barmherzigen, soll gerade der Angefochtene zu hoffen wagen.[97] Hat er ihn nicht verloren, ist nichts verloren. Hier wird die Predigt der Demut zur Predigt des Trostes.

5. *Die Predigt des Seelsorgers*

Am Beispiel der Demut konnte bereits deutlich werden, daß die Predigten des observanten Augustinerpriors nicht einfach aufgehen im großen Strom der Tradition. Es läßt sich nun durchgehend für die gesamte Reihe zeigen, daß Staupitz in Tübingen bereits zu theologischen Auffassungen vorgedrungen ist, die über das Schema der Exemplum- und Tugendpredigten hinausweisen. Neues kommt bei ihm in der Regel dann zum Zuge, wenn er die Blickrichtung wechselt und nicht vom Menschen aus auf Gott blickt, sondern umgekehrt von Gott aus auf den Menschen schließt.

---

[95] "Deus unus et solus est a quo suscepimus, quod sumus. Illo ergo non amisso, nihil nostri principii perdidimus, et, quia etiam ista quorum flemus amissionem ex manu dei suscepimus, tolerabilis omnino dolor est, quando ille qui ante dederat adhuc nobiscum est, aequalis utique potestatis et benignitatis." Sermo XVIII, p. 299,276-280.

[96] "Et si quaeritur, ad quid creata sit rationalis creatura, respondetur: ad laudandum deum, ad serviendum ei et ad fruendum eo ..." P. 300,290-292. "His vidimus, quid in adversis pro nostra consolatione cogitare meditarique debeamus, ut eam viriliter vincere possimus temptationem quae nobis nec statum mutare essentialem potest, nec principium auferre nec finem nostrae creationis ..." P. 300,302-305.

[97] Sermo XXIII, p. 357,247-252.

Der 'Prolog im Himmel', als Satan sich den Söhnen Gottes zugesellte und vor den Herrn hintrat (Hiob 1,6), bot dem Prediger die Möglichkeit, dem Niedergedrückten mehr als nur die Verpflichtung auf die Tugenden mitzugeben. Das Geschehen vor Gottes Thron wird von ihm so eingebracht, daß der Angefochtene mit den Augen Gottes die Not auf Erden zu sehen lernt. Dann entdeckt der Leidende, daß er nicht allein auf sich gestellt der Wut des Teufels ausgesetzt ist, sondern daß der scheinbar unkontrolliert Wütende unter Kontrolle bleibt, unter Gottes Kontrolle nämlich. In seinem Wesen ist es gelegen, daß er um alles weiß, alles sorgend vorhersieht und bestimmend ordnet, was auch immer geschieht. Selbst der Teufel fällt aus Gottes Vorsehung nicht heraus.[98]

Wer diesen Perspektivwechsel vollzieht und von Gott aus zu verstehen lernt, der wird erkennen, daß der Ausgang des Teufelskampfes in keiner Weise offen ist. Die Geschehnisse im Himmel machen deutlich, daß der Kampf, der in der aktuellen Gegenwart so aussichtslos erscheint, schon gewonnen war, bevor er noch begonnen wurde.[99] An Gott den Barmherzigen soll der Mensch sich deshalb betend wenden, damit er, wie das sein göttliches Wesen ist, 'zuvorkomme' und denjenigen, der angefochten sein wird, 'zuvor' schon stärke mit Tapferkeit und Ausdauer gegen den Feind.[100] Wenn Staupitz diesen Wechsel der Perspektive vollzieht, wird aus einer unverbindlichen 'motio divina', wie sie in der speziellen Gna-

---

[98] Unter dem Stichwort 'dies divinus' behandelt Staupitz die Kennzeichen des göttlichen Wesens: "... divina scientia, divina providentia, divina insuper praedestinatio, non quod sint tres dies, sed est una tantum, divina scilicet essentia, a nobis tamen ob nostri intellectus imperfectionem sub quadam multiplicitate comprehensa." Sermo XI, p. 188,60-64. Vgl. ebenso p. 188,72-74.

[99] "In hac ... die [scil. divina essentia (s. Anm. zuvor)] lucidissima visibilis est victoria, priusquam certamen inchoatur, sed non nisi a mundis corde videtur; deus enim est, quem soli vident qui mundi corde sint, Matthaei 5." P. 188,64-67. "Ponat ergo se in custodia et protectione divinae scientiae, dicens corde et ore, omnia, etiam priusquam sunt, divinae scientiae manifesta esse." P. 188,78-80.

[100] Staupitz formuliert folgendes Gebet: "Te invoco homo temptandus, priusquam praesentem sentio temptationem, ut conferas mihi fortitudinem atque immutabilem perseverantiam, quibus inimicum vincere possum, gratiam augere mererique vitam aeternam. Haec, misericordissime domine et piissime salvator, iam tranquillo corde oro ..." P. 189,100-104. Die meritum-Theologie ist damit nicht falsifiziert, doch in den Mittelpunkt solcher Passagen rückt nicht das Verdienst, sondern Gottes lenkendes Vorherwissen und tätiges Vorherentscheiden. Ein echtes, gleichwertiges Verdienst des ewigen Lebens, wie das Bitten des Beters nahelegen könnte, lehnt Staupitz unzweideutig ab: "... hoc sciendum est, quod gratia ex condigno mereri non potest." Sermo XXIII, p. 359,311 f.

denlehre zu Tage tritt, ein verbindliches göttliches 'prae', auf das der Angefochtene sich konkret berufen kann.

Staupitzens Prädestinationspredigt der frühen Jahre ist noch vermischt mit einer meritorischen Gnadenlehre. Doch dort, wo er konzentriert die Vorhersehung Gottes verkündet, will er nicht den Verdienstwillen anstacheln, sondern die Furcht des Angefochtenen vor dem Teufel umlenken in begründetes Vertrauen auf Gott. Staupitz macht deutlich, daß die Not und das Leiden eben nicht dem blinden Schicksal entspringen, und daß der Dulder nicht aus Gottes Vorsehung und Fürsorge herausgefallen ist, wenn die Trübsale ihn treffen. Solches Vertrauen macht sogar das Gebet möglich: 'Nimm die Anfechtung nicht von mir'! Das klingt nach heroischem Selbstbehauptungswillen, entspringt tatsächlich aber der Gewißheit, daß gerade auch in Trübsalen Gottes Führung Wirklichkeit wird.[101] Denn Gott macht die Versuchung möglich, und er ist es, der dem Teufel die Gewalt überträgt, diese am Menschen zu vollziehen.[102] Doch Gott, nach dessen Willen der Versucher handelt, ist kein Willkürherrscher. Wenn er nehmen läßt, dann nicht aus Bosheit, sondern aus Barmherzigkeit, um wegzuräumen, was das Heil behindert.[103]

Der Versucher aber, der sich dem menschlichen Augenschein als siegreicher Autokrat aufdrängt, hat in Wirklichkeit keine Gewalt über jene Grenzen hinaus, die Gott ihm gesteckt hat. Durch Jesu Worte beim Verhör vor Pilatus läßt Staupitz sich die Grenzen des Teufels bestätigen: 'Du hättest keine Macht über mich, wenn sie dir nicht von oben gegeben wäre' (Joh 19,11).[104]

Als Zwischenergebnis ist festzuhalten, daß Staupitz bemüht ist, die praktische Bedeutung der Vorsehung für das Leben des angefochtenen Frommen zu predigen. Weil Gott in Wissen, Fürsorge

---

101 "Non rogo, dulcissime deus, non rogo, ut auferas a me temptationem quam sapientia tua determinasti, sed ut me confortes, me adiuves, ne succumbam." Sermo XI, p. 190,108-110.

102 Sermo XI, p. 193,222 f.

103 "... aufert hoc quod impeditivum est salutis; et ideo numquam aufert deus quod dedit, nisi fuerit impedimentum illius quod magis dare disponit." Sermo XXIV, p. 368,201-203.

104 "Non haberes adversum me potestatem ullam, nisi datum esset tibi desuper." Es folgt die Anwendung durch Staupitz: "Sic et nos, considerantes exemplum salvatoris, cum viderimus temptatorem atque temptationem passi fuerimus, dicamus cum fiducia: Non haberes potestatem ullam me temptandi, nisi desuper tibi data esset. Ideo recipio illam passionem, non sicut a te, sed sicut a domino mihi per te inflictam." Sermo XI, p. 194,225-231.

und Ordnung dem Geschöpf von Ewigkeit an zuvorkommt, kann auch der Bedrängte sich in seinem Schutz geborgen wissen.

Gerade seiner Prädestinationstheologie wegen hat der ältere Staupitz als Theologe Anerkennung erlangen können, obwohl die Lehre von der Prädestination so schwierig zu vermitteln ist. Dem einen erscheint sie spröde und fernliegend, dem anderen jagt sie Angst ein, wenn die bohrende Frage sich meldet, wer denn wohl zu den Prädestinierten gehöre. Staupitz aber predigte in der Nürnberger Augustinerkirche im Advent des Jahres 1516 das Geheimnis der ewigen Erwählung Gottes als Trost für das Leben des Menschen in Anfechtungen.[105] Diesen Versuch entdecke ich schon in seinen zwanzig Jahre jüngeren Tübinger Predigten. Auch hier hat er sich des Themas in jener Weise angenommen, daß er nicht Spekulationen verbreitet oder Ängste weckt, sondern Trost vermittelt. Und wie er später in den Nürnberger Predigten systemlenkend entfalten sollte, führt er schon in Tübingen den Gedanken ein, daß Christus als Zeuge für Gottes vorausgehende Heilsentscheidung in die Welt gekommen sei. Staupitz greift als Beleg eine Aussage Gregors des Großen auf: "... nequaquam nos in temptatione deserit qui creavit"—und führt sie christologisch weiter: "qui et natus est in mundo, in hoc et ad hoc venit in mundum, ut testimonium perhibeat veritati."[106] Den Trost, daß Christus als Zeuge für die Wahrheit in die Welt kommen würde, hat schon Hiob erfahren, dessen ist sich Staupitz sicher.[107]

In Sermo 26 gewinnt man den Eindruck, daß Staupitz die christologische Deutung des Hiobgeschehens intensiviert. Ganz ohne Beachtung dessen, was wir als Anselmische Satisfaktionslehre bezeichnen,[108] führt er aus, daß der Teufel mit vollem Recht die

---

[105] Zur Theologie der Nürnberger Predigten siehe meine Untersuchung *Von der Via Gregorii zur Via Reformationis* (wie Anm. 63), pp. 166-169.

[106] Sermo XI, p. 211,679-681; vgl. Joh 18,37.

[107] P. 211,681-686.

[108] Die Theorie vom Anrecht des Teufels auf die gefallene Kreatur und vom Verlust dieses Rechtes durch die Tötung des Unschuldigen hatte Anselm von Canterbury zurückgewiesen: Sie steht nicht in Übereinstimmung mit der von Gott gesetzten Gerechtigkeit. Vgl. Cur Deus Homo I, 7. *S. Anselmi Cantuariensis Archiepiscopi Opera Omnia*, Bd. 2, ed. F. S. Schmitt, Stuttgart 1968, p. 55-59. Was Staupitz vorträgt, ist die 'alte' Theorie, deren Vätertradition von F. S. Schmitt in den Anmerkungen zum entsprechenden Kapitel sorgfältig herausgearbeitet worden ist.

gefallene Kreatur besitzen könnte, dieses Recht aber verloren hat bei denen, die an Christus glauben, den er ohne jedes Recht getötet hat.[109]

Der Prediger verliert in diesem Zusammenhang kein Wort über Tugenden und Verdienste des Menschen, sondern konzentriert sich auf jene Erlösungstat Gottes, der keine menschliche Guttat mehr vorausging. Seine oftmals trockene Sprache schwingt sich jetzt zum Jubel auf: 'Wiedergeboren durch Christi Blut, sind wir nicht mehr Dreck der Erde, der dem Teufel zum Fraß vorgeworfen ist. Jetzt sind wir Besitzer des Himmels, auch wenn wir noch auf Erden wandeln'.[110] Also ist auch Hiob durch Christus dem Teufel entrissen und zählt zu den Söhnen Gottes. Und wiederum hört man den Prediger triumphieren: 'Deshalb Teufel, wenn du Hiob suchst, dann such ihn unter Gottes Söhnen, wo er jetzt "per spem" schon Wohnrecht hat. Man zählt ihn deshalb zu den Himmlischen'.[111]

Wie aber erklärt Staupitz die andauernde Gewalttätigkeit des Teufels? Seine Antwort lautet: Die Gewalt ist nicht der Ausweis überlegener Macht, sondern die Folge der Erbitterung über die schon erlittene Niederlage: 'In seiner Wut streckt der Teufel den

---

[109] "Sed cum sic iuste nos possederit diabolus, quando innocentem qui maledictioni non subiectus est occidit, iuste possessos iustitiae via amisit, utpote in eum credentes quem sine ullo debito occidit." Sermo XXVI p. 390,200-203. Die Prädestinationstheologie wird schon in den Tübinger Predigten mit Elementen einer christologisch begründeten mystischen Theologie verkoppelt. Was Staupitz 20 Jahre später in den Nürnberger Predigten verbreitert und vertieft, wird hier in den Anfängen sichtbar. Es ist eine Mystik, die er zum Trost bedrückter Seelen einsetzt. Der Grundgedanke ist folgender: Gott hat uns so hoch erhoben, daß er sich selbst dem Menschen gab. So sind wir nun in Gott und Gott in uns. An dieser Einung scheitert der Teufel, denn über Gott und das, was Gottes ist, hat er keine Gewalt. Sermo XXX, p. 433,222-228.

[110] "Sanguine itaque Christi renati, non sumus amplius terra ista diabolo tradita comedenda, sed possessores coeli sumus, etsi terram inhabitamus." Diese Aussage ist bezogen auf Gen 3,19 ("Terra es [scil. Adam] et in terram ibis"; die Vulgata hat einen anderen Text.) und Gen 3,14 ("... terram comedes [scil. serpens] cunctis diebus vitae tuae"). Deshalb die sonst unverständliche Wendung: 'Wir sind nicht mehr diese Erde ...' Sermo XXVI, p. 391, 211-213. Ohne die Verschlingung mit dem biblischen Wortlaut wird der Gedanke noch einmal wiederholt: "Non igitur esca diaboli est qui Christi sanguine renatus [est] et portat imaginem coelestis hominis in quo vivificamur ..." P. 391,218-220.

[111] "Ideo, diabole, si quaeris Iob, inter filios dei quaerere te oportebit, ubi iam per spem habitat, quare inter coelestes computandus est." P. 392,233-235.

zur Erde nieder, von dem Gott kundgetan hat, daß ihm der Himmel gehöre'.[112]

Fragt man nach der theologischen Mitte, die das Corpus der Tübinger Hiobpredigten zusammenhält, so findet man den Hinweis auf das durchgehende Thema der 'misericordia dei'.[113] Man wird das Recht dieser Antwort nicht in Frage stellen wollen, dennoch aber darauf verzichten müssen, den Predigten eine einheitliche, in sich geschlossene Theologie abzugewinnen. Es scheint mir eher so zu sein, daß man auf eine Theologie in Bewegung stößt und auf einen Prediger, der genauso wenig 'fertig' ist wie seine Predigtsammlung. Belegen kann man aber, daß Staupitzens kirchenpolitischer Standpunkt Festigkeit erlangt hat. Er fordert als überzeugter Anhänger der Klosterobservanz laut und dringend die Reform einer teuflisch gefährdeten Kirche ein. Dieser Kirche und den Mönchen vor allem predigt er 'unseren heiligen Hiob'[114] zum Exempel. Das war es wohl, was er an dieser Gestalt gefunden hat: Auch in Anfechtungen hielt er an seinen Tugenden fest. Einwände, daß eine solche Predigt zu Unrecht auf Menschenkräfte baue, weist er von sich. Er zeigt damit, daß ihm andere theologische Traditionen als die eigenen bewußt sind. Doch jene Form von Antipelagianismus, die wir bei Gregor von Rimini finden, legt er dem Teufel in den Mund, und damit ist seine Ablehnung wahrhaftig deutlich ausgefallen. Die Moralpredigt des 'facere quod in se est' läßt er sich nicht nehmen; hier verbleibt er im Rahmen dessen, was ihm überkommen ist.

Und dennoch, der Rahmen des Traditionellen steckt dem Prediger nicht die Grenze. Seine Prädestinationspredigt vollzieht den Perspektivwechsel von den Taten des Menschen zum Tun Gottes. Der Blick fällt dann vom Schöpfer aus auf das Geschöpf und deshalb von Gottes Vorsorge auf des Menschen Sorge. Dieses 'prae' Gottes hat Staupitz bereits in den Anfang seiner ersten Predigt hineingeschrieben, als er Hiobs und unser aller Gott[115] den Hörern

---

[112] "Violenter contra eum [scil. Iob] egisti [scil. tu, diabole] ... Ad quid? Ut prosterneres in terram quem deus coelum possessurum praedicaverat." Sermo XXVII, p. 396,34-37.

[113] Vgl. Oberman, "Duplex misericordia" (wie Anm. 22), p. 238. Siehe auch den Titel der Steinmetz-Studie: "Misericordia Dei".

[114] Sermo XXXIV, p. 472,24.

[115] An Hiob offenbart Gott seine Barmherzigkeit den—uns—Heiden gegenüber: "Magna utique misericordia dei nobis in Iob ostensa, ubi eo tempore quo legem Iudaeis dabat, gentibus per hoc misericordiam non negasse in Iob satis manifes-

bekannt zu machen suchte: Er ist der Gott der Heiden, heißt es dort, der geht mit seiner Barmherzigkeit uns voraus, wie in der Taufe sichtbar wird.[116]

Das gilt den Kindern und gewiß auch denen, die in der Fülle ihrer Jahre stehen.

SUMMARY

Translated by Michael Zamzow

Johannes von Staupitz has remained for the most part an unknown figure in his role as preacher in a Tübingen pulpit, though he himself had written down the sermons he composed around 1498 in the reformed Augustinian cloister, but he had never published the 34 extant sermons on Job 1:1–2:10. Two attempts were needed in this century to make the early work of Staupitz available in a critical edition for the scholarly public.

The rigid arrangement of the sermons, as Staupitz has written them down, has a forbidding affect at first. Nevertheless, the series of sermons is not, as one might fear, trivial. They provide considerably more bits of information about their author and his theological position than was to be expected.

Staupitz appears as a critic of the church and a reformer of monasteries who chastises a church which has sunk deeply. The text of Job is implemented as a mirror of the church ["Kirchenspiegel"], in order to point out how the devil has broken into the ranks of Christians and rages among the flock while the shepherds, unmindful of their duty, associate with secular rulers. This makes room for the devil who exploits it. But there is still hope for reform: the Observant movement in the monasteries. This movement will effect improvement in all Christendom.

The reform sermon is accompanied by the moral sermon. As is customary in the tradition, Staupitz sketches the figure of Job as an

tat." Sermo I, p. 48,26-28.

116 "Recogitemus, o fratres carissimi, quoniam gentilis hic erat [scil. Iob], et nos, aliquando inter gentes computati, in peccatis concepti sumus et nati, et praevenit nos divina misericordia institutione sacramentorum, ut gratiam reciperemus." P. 49,33-36.

example for proper Christian life. Job is the mirror of life ["Lebensspiegel"] for all the devout, whether they find themselves in fortunate circumstances or must tolerate tribulation.

The sermons also provide an insight into the disputed theme of proper anti-Pelagian theology. Staupitz decidedly turns against that tradition of late medieval anti-Pelagianism which Gregory of Rimini and his disciples expressed and disseminated. On the other hand, his own thomistic-aegidian tradition, as he understood it, is tenable for him.

A typical monastic theme is the theology of humility. From Job, the long-sufferer, one learns to recognize that even high spiritual achievement must be subjected to humility. Abasement of one's person and achievement is the traditional concern of the theology of humility. Staupitz adds two further aspects: the humble person is concerned about God's justification; the sinner must acknowledge the righteous verdict of God and may not make out of the judge a perverter of justice. The third concern: Only the one who has been humbled will recognize that in God he finds the only supporting foundation of his life. Comfort solidifies into pastoral care when Staupitz proclaims the power of God's providence. The afflicted one hears that he has not fallen out of God's care when the devil falls upon him. On the contrary, especially in trials, does God's gracious guidance get a chance.

The older Staupitz made a name for himself as a preacher of predestination who was able to administer comfort. But the concern of later years is already evident in the Tübingen sermons: Staupitz preaches God's providence in order to console and to create trust. He does not indulge in speculation nor does he arouse fears. The young prior already reveals some of the theological creativity in some of the so rigidly arranged Tübingen sermons—which seemed trivial—which would distinguish the future general vicar of the German Augustinian congregation.

ZUM WITTENBERGER AUGUSTINISMUS

Augustins Schrift De Spiritu et Littera in der Auslegung bei Staupitz, Luther und Karlstadt

BERNHARD LOHSE

Universität Hamburg

Daß Augustin an der Universität Wittenberg seit deren Gründung im Jahre 1502 von Bedeutung war und daß er insbesondere auf die Theologie Luthers, aber auch Karlstadts seit etwa 1515/1516 einen großen Einfluß ausgeübt hat, ist längst bekannt und häufig dargestellt worden.[1] Augustin war der Schutzpatron dieser Universität.[2] Auch wenn diese Tatsache noch nicht bedeutet, daß Augustins Sünden- und Gnadenlehre schon gleich seit der Gründung der Wittenberger Universität einen beherrschenden Einfluß dort ausübte, so kommt mit ihr doch die besondere Wertschätzung der schlechterdings überragenden Autorität des großen Afrikaners

[1] Siehe u. a. Karl Bauer, *Die Wittenberger Universitätstheologie und die Anfänge der Deutschen Reformation*, Tübingen 1928, besonders Kap. 2 bis 4; Kurt Aland, "Die Theologische Fakultät Wittenberg und ihre Stellung im Gesamtzusammenhang der Leucorea während des 16. Jahrhunderts," in (ders.): *Kirchengeschichtliche Entwürfe*, Gütersloh 1960, besonders 299-308. Wichtig ist die Kontroverse darüber, ob es in Wittenberg eine besondere Via Gregorii gegeben hat. Siehe hierzu vor allem Heiko A. Oberman, *Werden und Wertung der Reformation. Vom Wegestreit zum Glaubenskampf*, Tübingen 1977, 90 f. u. ö; Manfred Schulze, " 'Via Gregorii' in Forschung und Quellen," in: *Gregor von Rimini. Werk und Wirkung bis zur Reformation*, hg. von Heiko A. Oberman, (Spätmittelalter und Reformation. Texte und Untersuchungen Bd. 20), Berlin/New York 1981, 1-126. Kritisch dazu u. a. Leif Grane, ThLZ 108 (1983), 276-279; Markus Wriedt, "Via Guilelmi - Via Gregorii" (= Wilhelm von Ockham und Gregor von Rimini). Zur Frage einer Augustinerschule im Gefolge Gregors von Rimini unter besonderer Berücksichtigung Johannes von Staupitz, in: Ralph Melville (Hg.), *Deutschland und Europa in der Neuzeit.* FS Karl Otmar Frhr. v. Aretin, Stuttgart 1988, 111-131. Zum Problem des Augustinismus im frühen 16. Jahrhundert ist neuerdings ferner wichtig Helmut Feld, "Die theologischen Hauptthemen der Hebräerbrief-Vorlesung Wendelin Steinbachs. Zur Rezeption paulinischer und augustinischer Theologie im Spätmittelalter," in: Aug (L) 37 (1987), 187-252.

[2] Eine Beschreibung des Siegels der Theologischen Fakultät mit dem hl. Augustin als Schutzpatron der Wittenberger Universität siehe neuerdings in: *Katalog der Ausstellung Martin Luther 1483 bis 1546 in der Staatlichen Lutherhalle Wittenberg*, hg. von H.-J. Beeskow u.a., Wittenberg 1984, 132.

zum Ausdruck. Daß Johannes von Staupitz sowohl durch seine Mitwirkung bei der Entstehung der Universität Wittenberg als auch bei dem Lehrbetrieb in der Theologischen Fakultät auf die Anknüpfung an Augustin Wert legte, ist sicher,[3] obwohl Staupitz im strikten Sinne kaum als ein herausragender Vertreter eines profilierten Augustinismus angesehen werden kann.[4] Immerhin kommt Staupitz doch insofern auch für die Ausbildung der neuen theologischen Richtung bei Luther, Karlstadt und manchen anderen eine Schlüsselfunktion zu, als er selbst eben immer wieder auf Augustin hinwies und ganz offenbar hier wichtige Anstöße an seine jüngeren Kollegen vermittelte, welche dann allerdings in ihrer Augustin-Rezeption über ihn selbst hinausgingen. Die besondere Bedeutung von Staupitz gerade für die vertiefte Beschäftigung mit Augustin und insofern auch für die Ausbildung der neuen Theologie in Wittenberg tritt vor allem auch in Karlstadts Kommentar zu Augustins Schrift De Spiritu et Littera hervor, den Karlstadt 1517/1519 in Wittenberg drucken ließ und dem er eine Widmung an Staupitz voranstellte.[5]

In dieser Widmung an Staupitz sind besonders folgende Gedanken hervorzuheben. Karlstadt bezeichnet Staupitz als seinen "preceptor et patronus" (3,4), womit er sich selbst als dessen Schüler gesehen wissen will. Da Karlstadt 1505 als strenger Thomist nach Wittenberg kam und 1510 zum Doktor der Theologie promoviert wurde, ist ein gewisses Lehrer-Schüler-Verhältnis zwischen Staupitz und ihm allein schon von Karlstadts Vita her durchaus als möglich anzunehmen. Was freilich das Augustin-Interesse betrifft, so ist dieses bei Karlstadt auch durch Luther hervorgerufen: Luthers Kritik an der Echtheit der als augustinisch angesehenen Schrift De vera et falsa poenitentia sowie besonders Luthers häufige Berufung auf Augustin für seine eigene, neue Theologie veranlaßten Karlstadt zu seinem eigenen Augustin-Studium, um die Berechtigung von Luthers Argumenten zu überprüfen.[6]

---

[3] Zu Staupitzens Bedeutung für die Universität Wittenberg siehe Heiko A. Oberman, *Werden und Wertung*, 97-118.

[4] Hierzu siehe besonders David C. Steinmetz, *Luther and Staupitz*. An Essay in the Intellectual Origins of the Protestant Reformation, Durham, N.C., 1980.

[5] *Karlstadt und Augustin. Der Kommentar des Andreas Bodenstein von Karlstadt zu Augustins Schrift De Spiritu et Litera.* Einführung und Text von Ernst Kähler (HM Bd. 19), Halle 1952.

[6] Siehe Kähler, ebd, 3x-8x "Karlstadts Wendung zu Augustin".

Da freilich Luther seinerseits ebenfalls Staupitz Wesentliches verdankt, obwohl das genaue Ausmaß von Staupitzens Einfluß bislang nicht mit Sicherheit hat bestimmt werden können, ist im ganzen jedenfalls kein Zweifel möglich, daß Staupitz in gewisser Weise zumindest als Anreger und auch als Förderer der Beschäftigung mit Augustin in der neuen Wittenberger theologischen Richtung angesehen werden muß. Der Begriff "praeceptor" sollte dabei nicht gepreßt werden: ein direktes Lehrer-Schüler-Verhältnis läßt sich, wie es scheint, weder zwischen Staupitz und Karlstadt noch zwischen Staupitz und Luther nachweisen.

In seiner Widmung sagt Karlstadt weiter, daß er weg von den scholastischen Lehrern (3,12 ff.) und hin zu Christus gegangen sei, wobei Luther auch für ihn große Bedeutung gehabt habe (4,13-19). Augustin dient dabei als derjenige, der im Gegensatz zu den Scholastikern zu Christus führt (ebd). Karlstadt räumt zwar ein, daß auch die Scholastiker die Hl. Schrift und Augustin sowie andere "ähnliche" Autoren gelesen haben (4,22-24). Aber sie haben dabei eben nicht das rechte Verständnis erlangt. Weiter erzählt Karlstadt, daß er im Januar 1517 in Leipzig eine Ausgabe von Augustins Werken gekauft habe, um durch eigene Lektüre Argumente gegen Luthers Augustin-Deutung zu sammeln (5,4-7); aber dabei hat Karlstadt sich doch eines anderen belehren lassen müssen. Nicht zuletzt sei für ihn Staupitzens "Libellus de Executione eterne predestinationis" wichtig geworden, der im Februar 1517 erschien (5, 16-24): Staupitz habe hier die "dulcedo Christi"[7] in hervorragender Weise dargelegt, welche diejenigen, die mit reinem Herzen in der Hl. Schrift Christus sehen und nicht die Schrift gleichsam als verhüllt in jüdischer Weise äußerlich betrachten (extrospicientes), jetzt schon gleichsam im Vorwege kosten (pregustant). In dieser Situation sei ihm, Karlstadt, Augustins Buch De Spiritu et Littera in die Hände gekommen: dort habe er die rechte Hinführung zur ganzen Theologie gefunden ("Inveni illum librum ansam et limen ad totam prestare theologiam". 5, 34). Da er wisse, daß die Aufgabe zu lehren ihn auch selbst im Verständnis weiterbringe, habe er jenes Werk kommentiert (6, 1 f.). Die Widmung an Staupitz habe

---

[7] Zur "Süßigkeit" siehe das reiche Material bei Friedrich Ohly, "Süße Nägel der Passion. Ein Beitrag zur theologischen Semantik," in: Günther Heintz und Peter Schmitter (Hg.), *Collectanea Philologica*. FS für Helmut Gipper zum 65. Geburtstag, Baden-Baden, 1985, Bd. II, 403-613 mit reichen Literaturangaben.

nun in der Tatsache ihre Begründung, daß Staupitz "illius sincerioris Theologiae promotor...atque eximius Christi gratiae predicator, defensor quoque et assertor immobilis" sei (6,6-11). Deswegen wolle er sich mit seinem Kommentar dem Urteil Staupitzens unterwerfen (6,13-18). Karlstadt betont, daß er das, was in seinem Kommentar gut sei, Staupitz verdanke (6,14 f.). Am Schluß seiner Widmung nimmt Karlstadt Bezug auf Staupitzens Wahlspruch "Tuus sum ego, salvum me fac" (6,20-9,25).[8] Dabei legt er dieses Wort aus, ohne daß hier sachlich Neues für die Wittenberger Augustin-Renaissance zu entnehmen wäre.

Im Folgenden sollen der Libellus de exsecutione aeternae Praedestinationis von Staupitz, Luthers Römerbriefvorlesung und Karlstadts Kommentar zu Augustins Schrift De Spiritu et Littera auf die Stellung zu dieser wichtigen Augustin-Schrift hin verglichen werden. Diese drei Werke stehen zeitlich einander recht nahe, so daß ein solcher Vergleich manche Aufschlüsse über den Wittenberger Augustinismus um 1515 bis 1519 geben kann.

I

Was den Libellus de exsecutione aeternae Praedestinationis von Johannes von Staupitz betrifft, der hier als erstes betrachtet werden soll, so muß man sich vergegenwärtigen, daß Staupitz hier weder die Absicht hatte, Augustins Schrift De Spiritu et Littera auszulegen, noch auch überhaupt einen Beitrag zu dem Wittenberger Augustinismus zu liefern. Die Zielsetzung dieses Libellus ist also eine andere als diejenige von Karlstadts Kommentar. Und was Luther betrifft, so hat er zwar in seiner Römerbriefvorlesung von 1515/1516 ebenfalls nicht Augustins Schrift De Spiritu et Littera eigens auslegen wollen, aber er hat sie immerhin doch in starkem Maße herangezogen und ausgewertet.

Die kritische Ausgabe von Staupitzens Libellus,[9] die durch ihren

---

[8] Cf. Heiko A. Oberman, " 'Tuus sum, salvum me fac'. Augustinréveil zwischen Renaissance und Reformation," in: von Cornelius Petrus Mayer und Willigis Eckermann (Hg.), *Scientia Augustiniana. Studien über Augustinus, den Augustinismus und den Augustinerorden.* FS Adolar Zumkeller zum 60. Geburtstag, Würzburg 1975, 349-394.

[9] Johann von Staupitz, *Libellus de exsecutione aeternae Praedestinationis*, bearb. von Lothar Graf zu Dohna und Richard Wetzel, (Spätmittelalter und Reformation.

Apparat sowie durch den umfangreichen Nachweis von "Quellen und Autoritäten" die Untersuchung des Libellus erheblich erleichtert, führt bezüglich der Kirchenväter insofern leicht in die Irre, als sie eine außerordentlich große Zahl von Belegen nennt. Bedenkt man den nicht sehr großen Umfang und dazu den besonderen Charakter dieser Schrift als einer aus Adventspredigten des Jahres 1516 hervorgegangenen Erbauungsschrift, dann ist es von vornherein unwahrscheinlich, daß hier Hunderte von Bezugnahmen auf Augustin vorliegen sollen, wie es die "Quellen und Autoritäten" suggerieren. Nach dem Register der Ausgabe (386a) wird Augustin lediglich zweimal zitiert: IV,17 sagt Staupitz, daß selbst "unser Augustin", der in der Höhe der Erkenntnis wandelte, die geheimnisvolle Bedeutung der Menschwerdung des Wortes nicht habe erfassen können. Das ist ein fast wörtliches Zitat aus Conf. 7,19,25. Auch in V,28 ist von "unserem Augustin" die Rede: ihm werde der bekannte Spruch zugeschrieben, der im buchstäblichen Sinne nicht verteidigt werden könne: "Wenn du nicht vorherbestimmt bist (sc. zum Heil), dann 'mach', daß du vorherbestimmt werdest". Dies ist ein Wort, das sich vorzüglich in den Tenor von Staupitzens Libellus fügt, das aber kaum im Sinne des alten Augustin mit seiner schroffer werdenden Prädestinationslehre gewesen ist.

Die übrigen, mehrere Hundert umfassenden Referenzstellen, die in der Edition genannt werden, können nicht als Zitate oder auch nur als bewußte Bezugnahmen gewertet werden. An vielen dieser Stellen legt sich vielleicht der Gedanke an die im Apparat angegebenen Augustin-Stellen nahe; aber nachweisen läßt sich eine auch nur irgendwie beabsichtigte Bezugnahme auf Augustin in der Regel nicht.

Nach dem Register (340b/341a) liegen an 13 Stellen Bezugnahman auf De Spiritu et Littera vor. In den meisten dieser Fälle ist jedoch die Ähnlichkeit zwischen der betreffenden Augustin-Aussage und dem Staupitz-Text derart allgemein und unspezifisch, daß offen bleiben muß, ob hier auch nur von einer gedanklichen Parallele gesprochen werden kann. Einige wenige Stellen verdienen es jedoch, etwas näher untersucht zu werden, um zumindest die Aussage-Intention bei Augustin mit derjenigen bei Staupitz zu

---

Texte und Untersuchungen Bd. 14), Berlin/New York 1979.

vergleichen und damit auch eine Grundlage für den weiteren Vergleich mit Luther und Karlstadt zu erhalten.

In De Spir. et Litt. 9,15 hatte Augustin dargelegt, daß nach Paulus das Gesetz lediglich zeigt, was zu tun oder zu meiden ist, daß aber die Gerechtigkeit Gottes nunmehr unabhängig vom Gesetz offenbar geworden ist. Dabei meine Paulus mit der Gerechtigkeit Gottes nicht die "iustitia Dei,... qua Deus iustus est, sed qua induit hominem, cum iustificat impium". Weiter weist Augustin darauf hin, daß in dem Paulus-Wort "Die Gerechtigkeit Gottes auf Grund des Glaubens Jesu Christi" (Röm 3,22) nicht der Glaube, mit dem Christus glaubt, sondern der Glaube, mit dem man an ihn glaubt, gemeint sei. Schließlich findet sich hier aber auch die Aussage, daß Gerechtigkeit und Geist zusammengehören: "...iustitia Dei sine lege est, quam Deus per Spiritum gratiae credenti confert sine adiutorio legis..."—Nach Meinung der Herausgeber bezieht sich Staupitz in XI,71 auf diese Stelle. Hier heißt es: "Nondum 'misericordiae domini' (cf. Ps 88,2) satisfactum putes, quod nos sua iustitia iustos fecit, quod coniugium cum peccatrice non horruit. Accedit aliud, quod nostra peccata sua facit, quatenus sicut christianus 'Christi iustitia' (cf. Röm 3,22) iustus, Christus christiani culpa iniustus sit et peccator". Der Vergleich zwischen Augustin und Staupitz zeigt freilich, daß Staupitz weder die prononcierte Auslegung der iustitia Dei von Augustin aufnimmt noch auch an die Verbindung von Gerechtigkeit und Geist anknüpft. Vielmehr betont Staupitz, daß es auf das "iustum facere" durch Gott ankommt; hierin stimmt er allerdings mit Augustin überein.

Interessant ist eine zweite Stelle, wo Staupitz nach Meinung der Herausgeber auf De Spir. et Litt. Bezug nimmt. Augustin hatte in De Spir. et Litt. 17,30 gesagt, daß der Buchstabe des Gesetzes niemanden rechtfertigt, da beim Lesen des Alten Testaments gleichsam eine Hülle über den Augen liegt, bis man sich zur Gnade wendet und erkennt, daß von Christus selbst unsere Rechtfertigung kommt. Hierbei klingt auch die für Augustin so wichtige Unterscheidung zwischen der Furcht vor Strafe und der Liebe zur Gerechtigkeit an: nur die letztere ist das rechte Motiv für den Gehorsam gegen Gottes Gesetz.—In XVI,130 findet sich bei Staupitz eigentlich überhaupt kein auch nur mittelbarer Bezug auf die genannte Augustin-Stelle. Lediglich insofern eignet sich die von den Herausgebern angegebene Stelle zum Vergleich, als Staupitz die Begriffe "Furcht" und "Liebe" aufgreift und wie Augustin sagt, daß die Liebe zur Erfüllung des Gesetzes führt. Er sagt dies aber in ganz neuer Weise: "Sic (nämlich durch die Anrührung des Geistes der Liebe) timor transit in amorem, et fit onus Christi levissimum, iugum suavissimum". Das Besondere besteht hier in der Vorstellung der "Umwandlung" (transit): eine solche Vorstellung ist bei Augustin hier überhaupt nicht angedeutet.

Eine dritte Stelle verdient eine kurze Betrachtung. Augustin hatte in De Spir. et Litt. 32,56 die Unterscheidung zwischen Furcht und Liebe mit dem Glauben verbunden: man kann gegebenenfalls mit Furcht, also knechtisch, an Gott glauben; doch die Kinder rufen: "Abba, Vater". Nur dieser Glaube sei erlösender Glaube.—In IV,14 findet sich bei Staupitz von den Gedanken der Augustin-Stelle im Grunde nichts. Nur dies ist wichtig, daß Staupitz den Glauben betont. Er tut dies jedoch ganz anders als Augustin: wo das Wissen aufhört und die Erfahrung versagt, da bleiben nur Glaube, Hoffnung und Liebe. Daß Staupitz gerade hier diese Trias erwähnt, macht es unwahrscheinlich, daß er sich auf die von den Herausgebern angegebene Augustin-Stelle bezieht.

Schließlich sei eine Stelle erörtert, wo bei Staupitz zwar ebenfalls keine Bezugnahme auf De Spir. et Litt. vorliegen dürfte, wo aber der Vergleich doch lehrreich ist. In De Spir. et Litt. 32,56 (Ende) hatte Augustin eine Definition der caritas gegeben, die seiner Definition der iustitia Dei entspricht: die Liebe, die nach Röm 5,5 in unsere Herzen gegossen ist, ist die "caritas..., non qua nos ipse diligit, sed qua nos facit dilectores suos, sicut iustitia Dei, qua iusti eius munere efficimur, et Domini salus, qua nos salvos facit, et fides Iesu Christi, qua nos fideles facit".—Staupitz äußert in VI,36, daß mit dem Glauben der durch die Liebe wirksame Glaube gemeint sei. Von diesem Glauben sagt er: "Haec est gratia gratum faciens: non hominem deo, sicut multi exponunt—quia 'hoc ipsa electio fecit' (cf. Eph 1,4.6)—, sed solum deum facit placere et gratum esse hominem per caritatem, quae restituit quam rapuit concupiscentia oboedientiam, qua deo, non nobis, et recte et iuste sumus et vivimus". Der Sache nach äußert sich Staupitz hier durchaus ähnlich wie Augustin, sofern auch er hier das kausative Verständnis des göttlichen Heilshandelns vertritt. Nur: einmal fehlt die Anwendung auf die caritas; sodann bedient Staupitz sich mit der Formel "gratia gratum faciens" scholastischer Terminologie. Eine direkte Bezugnahme auf die genannte Stelle in De Spir. et Litt. dürfte darum hier nicht vorliegen.

Im ganzen läßt sich feststellen, daß Staupitz zwar Gedanken vorträgt, die den zentralen Themen von Augustins Schrift De Spir. et Litt. nahestehen oder auch entsprechen. Eine direkte Heranziehung von De Spir. et Litt. läßt sich jedoch nicht nachweisen. Dabei hätte das Thema—eben die ewige Erwählung—für Staupitz durchaus Veranlassung geben können, sich ausführlicher auf diese Augustin-Schrift zu beziehen, zumal Staupitz selbst eben in sachlicher Hinsicht Augustins Gedankengängen nahesteht. Allerdings hat er von den zentralen Themen Augustins in De Spir. et Litt. im wesentlichen wohl die Unterscheidung zwischen Furcht vor Strafe und Liebe zur Gerechtigkeit sowie die Betonung des Glaubens aufgenommen; jedoch findet sich bei Staupitz weder die prononcierte Definition der iustitia Dei noch die besondere Betonung des Geistes, wie sie in der Augustin-Schrift begegneten. Immerhin läßt die Tatsache, daß Karlstadt seinen Kommentar zu De Spir. et Litt. dem kritischen Urteil von Staupitz unterbreitet, darauf schließen, daß man in den Kreisen der neuen Wittenberger Theologie in Staupitzens Theologie eine sachliche Wiederaufnahme von Augustins Schrift De Spir. et Litt. erblickte. Dabei hatte man sicher insofern nicht Unrecht, als bei Staupitz eine ganz andere Atmosphäre vorhanden ist als in der Spätscholastik.

Tatsächlich finden sich in dem Libellus von Staupitz allenthalben Gedanken, die seine eigentümliche Stellung "zwischen den Zeiten" deutlich machen, die also weder im Sinne der Scholastik oder gar der Spätscholastik noch auch im Sinne der reformatorischen Theologie interpretiert werden können. Einige wenige Beispiele dafür seien genannt. In XI,77 läßt Staupitz den Christen im Gebet zu dem "allersüßesten Jesus" (XI,75) sagen: "Sum igitur sic ego tua iustitia iustus et mea culpa peccator; tu es mea culpa peccator et tua iustitia iustus". Es ist der "selige Wechsel", der hier ausgedrückt wird. Gleichwohl ist Staupitz hier weit entfernt von dem "simul peccator et iustus", wie Luther es zuerst in seiner Römerbriefvorlesung vertrat (WA 56,272,3-273,3). Oder, Staupitz äußert die Ansicht, daß der Sünder durch die Wiedergeburt gerechtfertigt wird (VI,34). Oder, wiederholt führt Staupitz aus, daß es auf den Glauben ankommt, der durch die Liebe geformt ist und durch die Liebe wirkt (VII,40). Bei Staupitz gibt es auch nicht die geringste Spur einer Reserve gegenüber dem scholastischen Gedanken, daß der Glaube durch die Liebe "geformt" werden muß. Luther hingegen hat fast zur gleichen Zeit in seiner Römerbriefvorlesung das scharfe Wort gesagt: "Maledictum vocabulum illud 'formatum', quod cogit intelligere animam esse velut eandem post et ante charitatem ac velut accedente forma in actu operari, cum sit necesse ipsam totam mortificari et aliam fieri, antequam charitatem induat et operetur" (WA 56,337,18-21). Oder es findet sich bei Staupitz die Aussage, daß die Rechtfertigung "gratia, ...non natura sei" (VIII,52). Luther würde dem sicher nicht widersprochen haben; aber was Staupitz hier sagt, ist doch eine ihm ganz fremde Ausdrucksweise.

II

Luther hat seine Römerbriefvorlesung 1515/1516 gehalten und kann infolgedessen nicht durch den Libellus von Staupitz beeinflußt worden sein. In dieser Vorlesung ist Luther ausführlich auf Augustins Schrift De Spir. et Litt. eingegangen,[10] wie auch sonst die Zahl der Augustin-Zitate diejenigen aus irgendeinem anderen Kirchenvater bei weitem übertrifft. Die Edition in der WA führt bekanntlich nur eigentliche Zitate an.

Was die Bezugnahmen auf De Spir. et Litt. betrifft, so finden sich 27 Zitate, die sich der Sache nach in vier Gruppen einteilen lassen.

(1) Eine erste Gruppe von 7 Zitaten greift die zentralen Gedanken von De Spir. et Litt. auf, wie sie eben durch die Unterscheidung zwischen Furcht vor Strafe oder Liebe zur Gerechtigkeit als Motiv des Gehorsams gegen Gott oder durch die radikale Sünden- und Gnadenlehre und die Ausführungen über den Glauben oder schließlich durch die Gegenüberstellung von Buchstaben und Geist gekennzeichnet sind.

In WA 56, 67,18-22 (RGl.7,6) sagt Luther: "Unter 'Buchstabe'

---

[10] Siehe Bernhard Lohse, "Die Bedeutung Augustins für den jungen Luther (1965)," in (Lohse): *Evangelium in der Geschichte. Studien zu Luther und der Reformation*, Göttingen 1988, 11-30, besonders 22-26. Siehe auch Dorothea Demmer, *Lutherus Interpres. Der theologische Neuansatz in seiner Römerbriefexegese*, Witten 1968. Demmer hat (besonders 148 ff.) gegen meinen Aufsatz von 1965 vereinzelt Kritik vorbringen wollen, kommt dann aber doch zu ähnlichen Ergebnissen wie ich. Siehe auch Otto Hermann Pesch, "Neuere Beiträge zur Frage nach Luthers 'Reformatorischer Wende'" (1983), in: Bernhard Lohse (Hg.) *Der Durchbruch der reformatorischen Erkenntnis bei Luther—Neuere Untersuchungen* (VIEG Abt. Religionsgeschichte Beih. 25), Stuttgart 1988, 245-341, hier 249 Anm. 8. Die von mir 1965 getroffene Unterscheidung von vier Gruppen von Zitaten ist hier beibehalten.

darf man hier nicht nur das Bildliche verstehen, wie Augustin De Spir. et Litt. 4,6 ausführlich darlegt. Lyra irrt also, wenn er sagt, Christus habe das Gesetz aufgehoben, soweit es sich um richterliche und zeremonielle, nicht jedoch, soweit es sich um moralische Vorschriften handelt. Vielmehr sagt er (sc. Paulus), soweit es sich um die moralischen Vorschriften handelt, deutlich, daß es ein Gesetz des Todes und des Buchstabens ist". Oder Luther hebt hervor, daß es des helfenden Geistes bedarf, um statt der bösen die gute Begierde zu verleihen (WA 56, 70,18 f. ZGl.R.7,18; cf. De Spir. et Litt. 4,6). Auch die Unterscheidung zwischen dem timor poenae und dem amor iustitiae wird von Luther wiederholt aufgegriffen und mit Zitaten aus De Spir. et Litt. belegt. Siehe WA 56, 191,22-27 (Sch.R.2,3); cf. De Spir. et Litt. 8,13. WA 56, 200,20-26 (Sch.R.2,12); cf. De Spir. et Litt. 8,13). In diesen Fällen bleibt Luther ganz im Rahmen des augustinischen Gedankenganges, ohne daß sich auch nur eine Akzentverschiebung feststellen ließe.

(2) Was die zweite Gruppe von Zitaten betrifft, so werden hier in 8 Fällen bestimmte einzelne Gedanken aufgenommen, die ebenfalls durchgehend dem Duktus von De Spir. et Litt. entsprechen. Abgesehen von bestimmten polemischen Bemerkungen gegen Hochmütige oder auch gegen den Selbstruhm der Juden, sind es hier die paulinischen/augustinischen Worte über das Gesetz und die Sünde, die von Luther aufgenommen werden. So sagt Luther WA 56, 56,17-24 (RGl.R.5,20) zu Röm 5,20 "Wo aber die Sünde überhand genommen hat": "Nach einem Wort des seligen Augustin De Spir. et Litt. 6,9, daß das Gesetz die sündhafte Begierde größer mache durch das Verbot und dadurch, daß es Abscheu davor befiehlt. Es ist die Antwort dafür, wenn einer auf Grund des vorher Gesagten fragen möchte: wenn die Sünde bis zum Gesetz und der Tod bis zu Mose herrschte, was dann? Hat das Gesetz Tod und Sünde aufgehoben? Er antwortet: Nein, vielmehr hat es die Sünde größer gemacht und den verdienten Lohn des Todes. Doch da wollte er nur von jener Ursünde sagen, daß sie bis auf Mose nicht angerechnet wurde und der Tod (sc. als Strafe der Sünde) nicht erkannt wurde". Hier dürfte keine Verschiebung der augustinischen Aussageintention vorliegen, allenfalls eine leichte Weiterführung von Augustins Gedankengang. Ebenfalls kann hier außer Betracht bleiben, daß Luther unter der "Begierde" nicht mehr ganz das Gleiche versteht wie Augustin.[11] Die stärker personale, ganzheitliche Auffassung der concupiscentia gegenüber der bekannten

augustinischen Engführung änderte jedenfalls nichts daran, daß der Zusammenhang zwischen Sünde, Begierde, Gesetz/Gebot und Tod bei Augustin und bei Luther im Grunde der gleiche ist.

(3) Eine dritte Gruppe von Zitaten aus De Spir. et Litt. in der Römerbriefvorlesung ist dadurch gekennzeichnet, daß hier zwar von Luther die augustinische Unterscheidung zwischen "lex operum" und "lex fidei" aufgenommen, aber doch zugleich in einer Richtung zugespitzt wird, die nicht mehr voll als augustinisch angesehen werden kann. In De Spir. et Litt. 13,22 hatte Augustin dargelegt, daß die eigentliche Erfüllung des Gesetzes erst durch den Glauben möglich wird: "Quod operum lex minando imperat, hoc fidei lex credendo impetrat". Änlich heißt es in De Spir. et Litt. 19,34: "Lex ergo data est, ut gratia quareretur, gratia data est, ut lex impleretur". Was die Zuordnung und Entgegensetzung von Gesetz und Glaube betrifft, so bleibt Luther zwar zunächst im Rahmen des augustinischen Gedankenganges, wendet sich aber dann mit allem Nachdruck dagegen, daß man durch Anmaßung und Überheblichkeit Werke der Gnade wieder in Werke des Gesetzes und damit die Gerechtigkeit Gottes in die Gerechtigkeit der Menschen verwandelt. Der Grund für diese Perversion besteht nach Luther in dem falschen Selbstruhm (WA 56, 256,29-259,14; Sch.R.3,21). Luther hat hier zumindest Augustins Aussagen auf die Situation seiner eigenen Zeit hin angewandt und sie damit auf das Thema von Gottesgerechtigkeit/Menschengerechtigkeit hin zugespitzt. In ähnlicher Weise hat Luther auch an einer anderen Stelle die gleichen Augustin-Aussagen verschärft. Aus der Entgegensetzung von Gesetz der Werke und Gesetz des Glaubens folgert Luther hier, daß das ganze Leben des neuen Volkes, des glaubenden Volkes, darin besteht, daß es zu Gott bittet und fleht, es möge ständig bis zum Tode gerechtfertigt werden (WA 56, 264,5-21; Sch.R.3,27).

(4) Am aufschlußreichsten für Luthers Verhältnis zu Augustin ist die vierte Gruppe von Zitaten, wo Augustins Wort von der Iustitia Dei als der schenkenden und gerechtmachenden Gerechtigkeit von Luther aufgenommen wird. Luther hat diese Aussage zweifellos in seinem Sinne überinterpretiert. Während die Stellen in De Spir. et Litt. über die "Iustitia Dei, non qua Deus iustus est, sed

---

[11] Siehe hierzu Bernhard Lohse, *Mönchtum und Reformation. Luthers Auseinandersetzung mit dem Mönchsideal des Mittelalters* (FKDG Bd 12), Göttingen 1963, 288-294.

qua induit hominem, cum iustificat impium" (9,15) zwar nicht am Rande stehen, aber doch dem Grundthema der Schrift eingefügt sind, hat Luther nicht nur diese Stellen stärker akzentuiert, sondern sie auch im Sinne der "Für-Gerecht-Erklärung" gedeutet.[12] Von einer Zurechnung der Gerechtigkeit Christi an den glaubenden Menschen hatte Augustin jedoch nicht gesprochen. In dieser vierten Gruppe von Zitaten geht Luther also eindeutig über den Duktus von Augustins Schrift hinaus.

Vergleicht man das Verhältnis von Staupitzens Libellus zu De Spir. et Litt. mit demjenigen von Luthers Römerbriefvorlesung zu dieser Augustin-Schrift, so ist deutlich, daß Staupitz und Luther zwar manches gemeinsam haben, sich aber doch zugleich erheblich voneinander unterscheiden. Auch wenn Staupitz in seinem Libellus Augustins Schrift offenkundig nicht zitierte, so hat er doch im ganzen Gedanken vertreten, die dem zentralen Thema von De Spir. et Litt. entsprechen, obwohl er sich dabei scholastischer Vorstellungsweise bediente. Luther steht Augustins Schrift De Spir. et Litt. zugleich näher und ferner: auf der einen Seite ist er an etlichen Stellen sehr sorgfältig im Zitieren und Auslegen darum bemüht, Augustins Gedankengang gerecht zu werden; auf der anderen Seite hat er sich aber vor allem mit seinen Aussagen zur Iustitia Dei, zur Rechtfertigung, aber auch zu der Unterscheidung zwischen lex operum und lex fidei teilweise erheblich von Augustins Leitgedanken entfernt.

Eine andere Frage ist freilich, ob Luther in seiner Römerbriefvorlesung womöglich bestimmte Grundgedanken von De Spir. et Litt. gar nicht oder nur ganz am Rande aufgenommen hat. Diese Frage kann hier jedoch nicht untersucht werden.

III

Wenn nunmehr Karlstadts Kommentar zu Augustins Schrift De Spir. et Litt. untersucht wird, so muß selbstverständlich bedacht werden, daß diese Schrift von ihrem genus her mit dem Libellus von Staupitz und mit der Römerbriefvorlesung Luthers nicht ohne weiteres vergleichbar ist: in einem Kommentar können naturgemäß auch solche Stellen des zu kommentierenden Textes nicht

---

[12] Zu dieser Stelle siehe B. Lohse, *Evangelium...*, 25 f.

übergangen werden, welche dem Interpreten ferner stehen. Gleichwohl können die tragenden Motive bei der Heranziehung von Augustins Schrift De Spir. et Litt. sowie vor allem die bei Staupitz und bei Luther besonders wichtigen Augustin-Stellen durchaus für einen Vergleich, wie er hier beabsichtigt ist, herangezogen werden.

In seiner kommentierten Ausgabe hat Ernst Kähler dargelegt, daß die "Grundfrage, um die es Karlstadt wie stets so auch hier geht,...die (sc. ist): Wie kann der Mensch das Gesetz Gottes erfüllen?" Dabei führe Karlstadt in engem Anschluß an Augustin immer wieder aus, daß der Mensch von sich aus dazu nicht in der Lage sei (37x). Ebenfalls stimmt Karlstadt mit Augustin darin überein, daß er betont, daß erst die Gnade den Menschen dazu befähigt, das Gesetz zu erfüllen. Einen eigenen Akzent erhält Karlstadts Kommentar jedoch insofern, als er den Glauben mit der Gnade gleichsetzt. Damit ergibt sich für ihn zugleich die Verbindung mit der neuen reformatorischen Theologie seines jüngeren Kollegen Luther.

Es lohnt sich, die Grundgedanken von Karlstadts Augustin-Kommentar an einigen Punkten etwas näher zu betrachten.

(1) In dem besonders wichtigen Kapitel De Spir. et Litt. 9, 15, das unten noch in anderem Zusammenhang mit Karlstadts Kommentar verglichen werden muß (s. 104-106), hatte Augustin unter anderem dargelegt, daß nicht die Gerechtigkeit des Menschen oder diejenige des eigenen Willens, sondern nur die Gerechtigkeit Gottes den Menschen rechtfertige und ihn in die Lage versetze, dem Gesetz zu gehorchen; eben dazu verleihe Gott dem Gerechtfertigten seinen Geist. Nach Augustin und letztlich natürlich auch nach Paulus wird dies durch das Gesetz und die Propheten bezeugt. "Denn beide legen dafür Zeugnis ab: das Gesetz durch Gebot und Drohung sowie dadurch, daß es niemanden rechtfertigt und somit hinreichend deutlich macht, daß Gottes Gnadengeschenk den Menschen durch die Hilfe des Geistes rechtfertigt; die Propheten aber, weil Christi Ankunft das, was sie geweissagt hatten, erfüllte" (Augustin, ebd).—Karlstadt hebt in seinem Kommentar zu diesen Aussagen Augustins Folgendes hervor: das Gesetz gibt somit selbst Zeugnis von der Gerechtigkeit Gottes. Indem das Gesetz befiehlt und droht, dabei aber niemanden rechtfertigt, wohl aber die Erfüllung der Gebote einschärft, zeigt es, daß der Mensch nicht durch das Gesetz, nicht durch seinen freien Willen, "sed adiutorio spiritus donoque dei" gerechtfertigt wird (70,22-27). Das ist weithin ganz

der augustinische Gedankengang. Allerdings spitzt Karlstadt, wie es scheint, die Ausführungen Augustins letztlich zu auf das Gegenüber von Gesetz und Geist. Wer unter dem Gesetz bleibt, steht damit unter dem Fluch, von dem jedoch Christus die, die wir in den Werken des Gesetzes sind, befreit (71,11-14). "So hilft uns allein die Gnade Gottes durch Jesus Christus, unseren Herrn" (71,14 f.).

Daß Karlstadt tatsächlich die augustinischen Aussagen über Gesetz und Gnade/Geist zuspitzt auf die Relation zwischen Gesetz und Geist, zeigt sich besonders deutlich in seiner Auslegung zu De Spir. et Litt. 10,16. In diesem Kapitel hatte Augustin ausgeführt, daß das Gesetz nicht für den Gerechten da sei, daß aber das Gesetz trotzdem dann gut sei, wenn man es richtig anwende. Die Auflösung dieses Paradoxes findet Augustin in folgendem Argument: "Wenn in ihnen (sc. in den Ungerechten) die Krankheit der ihnen angeborenen Begierlichkeit durch den Reiz des Verbotes und ihre Krönung in der Übertretung wächst, dann sollen sie durch den Glauben zur rechtfertigenden Gnade ihre Zuflucht nehmen und durch das Geschenk des Geistes gelockt der Strafe des drohenden Gerichtes entrinnen" (De Spir. et Litt. 10,16 Ende).—Hierzu sagt Karlstadt unter Berufung auf Ambrosiaster (MPL 17,368 A/B): "Wenn ihr durch den Geist geführt werdet, seid ihr nicht unter dem Gesetz... Denn wer den Hl. Geist als Führer hat, der irrt nicht" (74,20 f.). Und besonders pointiert sagt Karlstadt noch im Anschluß an Augustin (MPL 35, 2116): "Der Gerechte lebt gewissermaßen selbst das Gesetz" (...ut ita dicam, ipsam quodammodo legem vivit, qui cum dilectione iusticiae iuste vivit. 75,1 f.). Weiter stellt Karlstadt die Frage, ob nicht dem Voraufgehenden die Bitte des Psalmisten widerspreche, Gott möge ihm sein Gesetz geben, "den Weg deiner Rechtfertigungen" (Ps 118(119),33). Die Antwort auf diese Frage findet Karlstadt in folgendem Gedankengang: "Commendat gratiam dei, qui 'sibi legem poni poscit' " (75,7-10). Zusammenfassend heißt es schließlich bei Karlstadt zu der Frage, ob dem Gerechten noch das Gesetz gilt: "Der Ungerechte gebraucht das Gesetz zu Recht, damit er gerecht werde, damit er durch das Gesetz als einen Lehrmeister (tanquam pedagogo) zur Gnade geführt werde" (83,29 f.). Freilich wird hier dieser Gedanke mit dem Problem des rechten Schriftverständnisses verbunden (84,4-7).

(2) Damit ist ein weiterer Problembereich angesprochen, der in Karlstadts Kommentar von erheblicher Bedeutung ist. Kähler hat

treffend formuliert: "Das Problem von Gesetz und Gnade ist kein anderes als das von Schrift und Geist" (40x). Kähler hat dabei zu Recht betont, daß diese Gleichsetzung bei Karlstadt bereits in seinen 151 Thesen vom 26. April 1517 begegnet (25xf; 28xf.). Siehe besonders These 84, wo Karlstadt unter Heranziehung von Augustin sagt: " 'Lex' 'sine gratia est littera occidens, in gratia' 'spiritus vivificans' " (Augustin, De gratia et lib. arb. 18,37. Kähler 25x).

Diese Gleichsetzung der beiden Begriffspaare Gesetz/Gnade und Buchstabe/Geist ist im Grunde schon in der Darlegung oben (s. 101 f.) mit enthalten, sofern Karlstadt wiederholt dazu neigte, Gnade und Geist zu identifizieren. Ferner hatte Karlstadt, wie dargelegt, immer wieder bestritten, daß das Gesetz ein "adiutorium" für den Glauben und die Gerechtigkeit Gottes sei. Sowohl das Gesetz als auch der Buchstabe sind letztlich etwas "Äußerliches", und da gilt, was Karlstadt kommentierend sagt: "Quae foris sunt non salvant" (84k).

Gleichwohl fällt auf, in welch starkem Maße Karlstadt in seinem Kommentar Wert darauf legt, daß das Gesetz dann von dem Gerechtfertigten, der unter der Führung des Hl. Geistes steht, erfüllt wird. Zwar wehrt Karlstadt dabei jeden Verdienstgedanken ab, da es eben weder Verdienste noch Vorbereitungen auf die Gnade geben könne (84,7-9); hier steht Karlstadt ja ganz an der Seite Luthers gegen alte und neue Pelagianer. Aber das Gesetz bleibt eben in Kraft, nur daß es unter der Gnade bzw. dem Geist seine richtende Funktion verliert. Im Gegenteil, der Geist führt zur Erfüllung des Gesetzes.

Dabei betont Karlstadt, daß die umsonst gegebene göttliche Gnade gerade dazu dient, die auf diese Weise Gerechtfertigten durch die Hilfe des Geistes zur Gerechtigkeit und zur Frömmigkeit zu führen. Zu Augustins Satz (De Spir. et Litt. 7,11) "Nicht weil sie ihn erkennen, sondern auch damit sie ihn kennenlernen, schenkt er im voraus seine Barmherzigkeit" bemerkt Karlstadt: "Das heißt, nicht deswegen gibt Gott seine Barmherzigkeit, weil sie ihn erkennen, sondern damit sie ihn kennenlernen, das heißt, die Gnade bewirkt, daß sie ihn in Wahrheit erkennen; nicht weil sie schon in ihrem Herzen recht sind, schenkt er im voraus die Barmherzigkeit, sondern damit sie rechten Herzens werden, deshalb schenkt er die Barmherzigkeit ... So tut niemand Werke der Gerechtigkeit, damit er gerecht werde, sondern weil er gerechtfertigt ist, deshalb tut er

Rechtes. Er tut also gerechte Werke, weil Gott in ihm die Gerechtigkeit in gutem Willen wirkt" (55,24-56,2). An anderer Stelle kann Karlstadt ganz ähnlich Rechtfertigung und Heiligung vollkommen einander gleichsetzen: "...quandoque iustificantur et ita salvantur, hoc est sanctificantur" (58,10).

(3) Neben dieser selbständigen Aufnahme der augustinischen Gedanken von De Spir. et Litt. ist nun aber ein Vergleich derjenigen Stellen von De Spir. et Litt. von Interesse, die von Luther ganz bewußt im Sinne seiner Rechtfertigungsauffassung gedeutet worden sind: wie sind diese Stellen von Karlstadt ausgelegt worden?

Besonders wichtig ist hier De Spir. et Litt. 9,15 mit der Aussage über die "iustitia Dei, non qua Deus iustus est, sed qua induit hominem, cum iustificat impium". Auch bei Karlstadt nimmt dieses Kapitel in seiner Auslegung einen besonderen Rang ein. Das kommt schon in seinen einleitenden Bemerkungen zum Ausdruck.

Karlstadt führt die Exegese dieses Kapitels mit den Worten ein: "Im Namen unseres Herrn Jesu Christi wollen wir zu den letzten Dingen voranschreiten und das neunte Kapitel in Angriff nehmen. Dieses Kapitel entfaltet die Autorität des Apostels, der sagt, daß 'die Gerechtigkeit Gottes ohne das Gesetz offenbar geworden ist, bezeugt jedoch durch das Gesetz und die Propheten' (Röm 3,21), und widerlegt zugleich den Rückhalt der schlechten und elenden Pelagianer—widerlegt, beseitigt und zerbricht ihn, indem er sich auf Grund seines Nutzens hinreichend selbst empfiehlt. Es wird so zusammengefaßt. Die Gerechtigkeit Gottes, durch welche er den Gottlosen rechtfertigt, wird durch das Gesetz bezeugt und den freien Willen, indem Gott sich in wahrer Freigebigkeit erbarmt, geschenkt..." (65, 18-29).

Zunächst setzt Karlstadt sich dann im Einzelnen mit der Werkgerechtigkeit auseinander und betont, daß die Rechtfertigung "umsonst durch die Gnade Gottes" geschieht (67,22). Auf diese Weise wird der Eigenruhm des Menschen widerlegt (68, 9 ff u. ö.). Sodann geht Karlstadt auf die Iustitia Dei ein. Nach einer Paraphrase des paulinischen Textes (Röm 3,21) und der augustinischen Auslegung geht er endlich auf die für Luther so wichtigen Kernaussagen ein: "Im Text heißt es da: 'Die Gerechtigkeit Gottes, nicht durch welche Gott gerecht usw. Der Sinn ist nicht, daß jene Gerechtigkeit Gottes durch das Gesetz bezeugt ist, durch welche Gott in sich gerecht ist, sondern jene, durch welche er den Gottlosen rechtfertigt, mit der er den Menschen bekleidet, mit der er das Bild Gottes im Menschen erneuert; von dieser Gerechtigkeit handeln wir, durch welche Gott seine Erwählten gerecht und fromm macht. Dies ist jene Gerechtigkeit, 'welche dem Menschen von Gott zuteil wird' (de gratia et lib. arb. 12,24)" (69,27-32). Weiter verweist Karlstadt auf ähnliche Aussagen: das Heil meint nicht jenes Heil, durch welches Gott selbst "salvus" ist, sondern durch welches diejenigen "salvi" sind, "quos ipse salvos fecit" (69,33-70,1).

Karlstadt rekurriert hier also durchaus auf das kausative Verständnis der iustitia sowie der salus. Insoweit läßt sich zwischen Luthers und Karlstadts Bezugnahme auf dieses Kapitel von De Spir. et Litt. eine beträchtliche Ähnlichkeit feststellen. Höchstens insofern besteht ein Unterschied, als Luther in seiner Römerbriefvorlesung vergleichsweise oft auf die Aussagen über die Iustitia Dei in De Spir. et Litt. zurückgreift. Auch bezüglich der Aussagen über den Glauben besteht eine gewisse Ähnlichkeit zwischen Luther und Karlstadt: Karlstadt betont in seinen Erläuterungen zu De Spir. et Litt. 9,15 sogar die Gleichsetzung von Iustitia und Fides Christi: "In textu ibi: 'utrumque nostrum est', scilicet iusticia et fides Christi, sed ideo dei et Christi dicitur, quod eius largitate nobis donatur" (71,26 f.).

Gleichwohl besteht insofern ein Unterschied, als Karlstadt letztlich auch hier sein Geistverständnis einträgt und im Grunde den Glauben mit der Gabe des Geistes identifiziert. Er sagt: "Es wird gesagt, daß sie (sc. die Gerechtigkeit Gottes) ohne das Gesetz geoffenbart ist, weil Gott sie durch den Geist der Gnade dem Glaubenden ohne die Hilfe des Gesetzes zuteil werden läßt" (72,14-16).

Allerdings ist noch ein anderer Unterschied zwischen Luther und Karlstadt von Bedeutung. Luther hat bei seinen Bezugnahmen in der Römerbriefvorlesung auf die augustinischen Äußerungen über die iustitia Dei auch davon gesprochen, daß bereits Augustin hier gemeint habe, sie würden für gerecht angesehen. Es handelt sich hier um die Stelle De Spir. et Litt. 26,45, wo Augustin gesagt hatte: "Das Wort 'Die das Gesetz erfüllen, werden gerechtfertigt werden' (Röm 2,13) meint, 'Gerechte werden gerechtfertigt werden'". Daneben hatte Augustin dieses Wort an derselben Stelle aber noch in einem zweiten Sinne interpretiert: "'Sie werden gerechtfertigt werden' ist nur so gebraucht, als wenn gesagt worden wäre: Sie werden als gerecht gelten, und: Sie werden für gerecht gehalten werden (iusti habebuntur, iusti deputabuntur)". Der Kontext von Augustins Ausführungen macht deutlich, daß Augustin diese Aussage nicht in dem Sinne getan hat, als würde dem Menschen die fremde Gerechtigkeit Christi zugerechnet. Vielmehr dachte Augustin, wie sich aus dem Zusammenhang seiner Darlegungen ergibt, hier an die Heiligen, daß nämlich Gott seine Heiligen heiligt. Immerhin hatte Augustin davon gesprochen, daß Gott die Menschen für gerecht hält. Luther hat nun aber diese Augustin-Aussage umgedeutet: das "Für-Gerecht-Gehalten-Werden" bezieht sich nicht auf die Heiligung, sondern auf die Rechtfertigung. Zudem steht bei Luther im Hintergrund die von ihm in seiner Römerbriefvorlesung schon zu Beginn vorgetragene Auffassung von der Zurechnung der fremden Gerechtigkeit Christi (WA 56, 201,9-22; Sch.R.2,13. Zur "fremden Gerechtigkeit Christi" s. WA 56, 158, 6-14; Sch.R.1,1). Mit seiner Auffassung ist Luther zweifellos weit über Augustins Meinung hinausgegangen. Bei Karlstadt findet sich keine irgend vergleichbare Deutung des Augustin-Textes. Zwar ist Karlstadt ja in seiner Kommentierung von De Spir. et Litt. nur bis cap. 12,20 gekommen; doch hätte er gegebenenfalls die Iustitia Dei-Aussagen etwa in De Spir. et Litt. 9,15 leicht zum Anlaß nehmen können, eine solche imputative Deutung vorzutragen—wenn er sie selbst vertreten hätte. Zu Luthers Auffassung über das "Iustum reputari" gibt es jedoch in Karlstadts Kommentar keine Parallele.

IV

Der Vergleich der Augustin-Rezeption bei Staupitz, Luther und Karlstadt zeigt, daß ungefähr gleichzeitig für alle drei Theologen Augustins Schrift De Spir. et Litt. besondere Bedeutung hat, daß aber ein jeder diese Schrift anders auslegt oder in seiner Verwertung dieser Schrift andere Akzente setzt als die beiden anderen.

Staupitz, der De Spir. et Litt. nur indirekt heranzog, ist dabei am ehesten noch der Scholastik verhaftet; jedenfalls bedient er sich scholastischer Termini und Vorstellungen, so daß von seinen Bemerkungen her nicht recht deutlich wird, welches Gewicht De Spir. et Litt. für die Ausbildung der reformatorischen Theologie haben konnte. Luther zieht De Spir. et Litt. ausgiebig heran, kann dabei die Grundgedanken dieser Schrift durchaus korrekt wiedergeben, aber zugleich doch sowohl bei der Frage der Iustitia Dei als auch bei der Rechtfertigung deutlich über Augustin hinausgehen und spezifisch reformatorische Gedanken in Augustin hineinlesen oder von Augustin her belegen. Karlstadt kann ebenfalls den Duktus von Augustins Schrift De Spir. et Litt. sorgfältig nachzeichnen, tendiert dann aber doch dahin, nicht sowohl die Aussagen über die Gerechtigkeit Gottes und die Rechtfertigung des Menschen als vielmehr den Geistgedanken in einer über Augustin hinausgehenden Weise zu entfalten.

Die Frage, ob Luther womöglich Karlstadts Augustin-Kommentierung in geringerem oder stärkerem Maße beeinflußt hat,[13] kann hier nicht weiter verfolgt werden. Ebenfalls muß das Problem außer Betracht bleiben, wer von den dreien am ehesten Augustins Schrift De Spir. et Litt. kongenial gewesen ist.[14] Es scheint, daß jeder der drei Augustin Wesentliches verdankt, daß aber jeder von ihnen in bestimmter Weise auch von Augustin abweicht. Wichtiger als die Feststellung, wer etwa Augustin am nächsten gestanden hat, dürfte die Beobachtung sein, daß an der Schwelle der Ausbildung der reformatorischen Theologie diejenige Schrift Augustins, die der Reformation stärkere Impulse vermittelt hat als irgendeine andere Schrift der ganzen alten und mittelalterlichen Kirche, in unterschiedlicher Weise rezipiert worden ist. Freilich zeigen sich die unterschiedlichen Ansätze und Akzente der Augustin-Rezeption erst aus der Rückschau; die Zeitgenossen haben diese nicht bemerkt und vielleicht auch noch nicht bemerken können.

Das Bild von der Bedeutung Augustins für die frühe Wittenberger Theologie wird nun noch bunter, wenn man hinzunimmt, daß auch die damalige Scholastik Augustins Autorität in stärkstem Maße herausstellen konnte. Als Luther auf dem Rückweg von der Heidelberger Disputation in Erfurt seinen früheren Lehrer Jodokus Trutfetter im Mai 1518 aufsuchen wollte, ist er bekanntlich von diesem nicht empfangen worden. Trutfetter war vor allem über Luthers Thesen gegen die scholastische Theologie vom 4. September 1517, aber auch über Luthers 95 Thesen über den Ablaß vom 31. Oktober 1517 aufgebracht. Luther hat dann aber noch auf der

---

[13] Siehe hierzu vor allem Ronald J. Sider, *Andreas Bodenstein von Karlstadt. The Development of his Thought 1517-1525* (SMRT XI), Leiden 1974, besonders 34-43.

[14] Sider, a.a.O., betont, daß Karlstadt trotz des erkennbaren Einflusses von Staupitz und vor allem von Luther letztlich doch seine "Augustinian theology" auf Grund seines eigenen Augustin-Studiums ausgebildet habe (a.a.O., 44).

Durchreise in Erfurt am 9. Mai 1518 an Trutfetter einen Brief geschrieben und in diesem darauf hingewiesen, daß kein anderer als Trutfetter seine Studenten dahin belehrt habe, daß letztlich allein der Hl. Schrift zu glauben sei, daß nach ihr aber vor allem Augustin als Autorität anzusehen sei.[15]

Augustin konnte also zur gleichen Zeit für ganz unterschiedliche Auffassungen herangezogen werden. Ob man deswegen den Begriff des Augustinismus in verschiedene Einzel-Bedeutungen aufgliedern sollte[16] oder stärker die jeweilige Verbindung von Augustin mit anderen Traditionen betonen sollte, bleibt sich im Grunde gleich: Augustin war schließlich seit Jahrhunderten die bedeutendste theologische Autorität und wurde dies seit ca. 1515/1516 in neuer Weise für die reformatorische Theologie; aber wie schon im Mittelalter, so konnte Augustin auch jetzt von den Vertretern der reformatorischen Theologie in unterschiedlicher Weise herangezogen werden.[17] Gemeinsam war ihnen allen lediglich, daß sie sich je für ihre Theologie auf Augustin beriefen.

SUMMARY

Translated by Michael Zamzow

As is well known, the study of Augustine was of considerable importance for efforts beginning in 1516 to reform the course of study and the university at Wittenberg, as well as for the formation of reformation theology. Since the founding of the university in 1502, Augustine's theology had substantial influence in Wittenberg. It was above all Johannes von Staupitz who imparted to the study of Augustine his own particular encouragement. However,

---

[15] WABr 1 Nr. 74,70-74 vom 9.5.1518: "Non potui negare homini iudicium meum tam obnixe postulanti; sed si pateris discipuli tui et obsequentissimi famuli tui, id est meam confidentiam, ex te primo omnium didici, solis canonicis libris deberi fidem, caeteris omnibus iudicium, ut B. Augustinus, imo Paulus et Johannes praecipiunt."

[16] Siehe David C. Steinmetz, "Luther and the late medieval Augustinians: Another look," CTM 44 (1973), 245-260.

[17] Siehe Berndt Hamm, *Frömmigkeitstheologie am Anfang des 16. Jahrhunderts* (BHTh Bd. 65), Tübingen 1982, 330: "*Die* Augustinerschule des Mittelalters gibt es nicht."

proper attention has not been given to many important differences among the Wittenberg theologians in their concern for Augustine.

These differences are examined in this article by focusing on the citations of Augustine's work *De Spiritu et Littera* in the period between 1515 and 1519. Besides this, closer examination will be given to the *Libellus de exsecutione aeternae Praedestinationis*, Luther's lectures on Romans as well as Karlstadt's commentary on Augustine's work *De Spiritu et Littera*; the focal point of the examination is the central themes of *De Spiritu et Littera.*

It becomes evident that Staupitz on the whole was most likely rooted in Scholasticism; that Luther in the last analysis interprets Augustine following his own reformation themes; and that while Karlstadt remains more faithful to the basic theme of *De Spiritu et Littera*, he nevertheless develops his understanding of spirit in a manner which goes beyond Augustine. Thus we find the same differences with regard to the Augustine Renaissance as we do with regard to the early Reformation theology.

DID PETER ERR? THE TEXT IS THE BEST JUDGE

Luther on Galatians (1519-1538)

KENNETH HAGEN
Marquette University

Gal. 2.11 caused a controversy between Jerome and Augustine. Erasmus followed Jerome and Luther Augustine. Gal. 2.11 reports that when Peter came to Antioch, Paul opposed him to his face, since Peter was manifestly in the wrong. Jerome attributed deception to Paul, whereas Augustine attributed error to Peter.

Luther takes up the battle between Jerome and Augustine.[1] Jerome thought that Paul acted similarly to Peter in Galatians as he did to Timothy in Acts 16 (when he circumcised him because of Jews in the area). In Acts 18 and 21, reports Jerome, Paul had an offering for the temple. Jerome further cites Acts 18, 21, and 1 Cor. 12 (where Paul says that he is a Jew when he is among Jews). The net effect of the Jerome collection of texts is that Paul continued to be very Jewish, and Peter is protected from any wrongdoing. Furthermore, Peter was an apostle to the Jews and Paul to the Gentiles. So Jerome asks, by what authority would Paul dare to reprehend this in Peter when Peter was the apostle of circumcision and Paul of the Gentiles? Jerome's conclusion is that Paul faked a rebuke or reprehension, which, unbelievable to Luther, Jerome calls a "new art of fighting."

Next, Luther turns to Erasmus and the Greek text of Galatians, which, temporarily, Luther thinks supports Jerome and Erasmus. The Greek has "on the face of it" in place of "to his face." The effect of the argument from Jerome and the Greek is that Paul simulated a rebuke.

From the Greek, Erasmus points out that the text does not say that Peter was reprehensible or worthy of rebuke; but that he was rebuked or reprehended. Erasmus concludes that Peter, who was

---

[1] Luther, *In epistolam Pauli ad Galatas, F. Martini Lutheri Augustiniani commentarius*, Leipzig, 1519, [WA 2.438."A"], 1519, f. 15 v. (The Luther citations are from the original prints and cited by year and page/folio reference).

not reprehensible, was rebuked for the sake of the weak and ignorant.

The net effect of Jerome's interpretation is to go all over Scripture to protect Peter.

The Greek and Erasmus seem to support Jerome: Paul could not and did not rebuke Peter.

Luther turns to Augustine.

Augustine, reports Luther, keys on "PAUL." Paul said, "I write before God ... I do not lie." Augustine's argument is that if Jerome is correct Paul is not telling the truth; he is lying. Thus (Luther adds to Augustine) the authority of the whole of Scripture vacillates if in one place it says one thing but means another (cf. 2 Pet. 3.16). Luther consistently maintained that the text says what it means and means what it says, as he did in the lectures on Hebrews (1.5) when dealing with the so-called double-literal sense. Luther might come across as a literalist in the modern sense; no, he attacked the "Buchstabilisten" who actually did violence to the text.[2] Luther operated with a single or simple grammatical sense (the simplest sense). When the text says that Paul reprehended someone, it means that the someone was reprehensible.

Augustine's line of argument is that it is necessary that Peter was reprehensible and was truly corrected, otherwise Paul is a liar. Strongly opposed to Jerome's argument, Augustine holds that Paul acted out of humility and corrected Peter appropriately, openly, and directly. He did so with the same concern that the Lord had about Peter's steadfastness when the Lord said three times, Do you love me? Feed my sheep.

One way to reconstruct the difference between Jerome-Erasmus and Augustine-Luther is to say that theologians Augustine and Luther have their eyes on the whole "page," (the whole context of what has come before and what is soon to come), whereas grammarians Jerome and Erasmus have their eyes fixed on one word (κατά). The problem is not with the κατά but with the next word and whether in Latin it should be in the accusative or ablative. And to anyone or for anyone who knows Latin the difference is enormous. Luther is unconvinced by the word-argument because of the whole, that is, all the words, the style, and the theology of Paul.

---

[2] Bernhard Lohse, "Die Aktualisierung der christlichen Botschaft in Luthers Bibelübersetzung," *Luther*, Zeitschrift der Luthergesellschaft, 51 (1980), 9-25.

The next paragraph in Luther begins, "The text in this case is the best judge."[3] The text says what it means and means what it says. The "text" in this case is both the preposition and the whole "page."

Throughout the whole argument one cannot forget what happened to Peter; he denied the Lord. And one cannot forget the potential for church polemic of "saint" Peter as the first Pope. There might be such a polemic in Luther's phrase: "the holy man made an error." What is on Luther's mind concerning this text are the questions: What is a saint? Can saints err?[4]

Luther's point thus far is that Paul is fighting for freedom.[5]

Next, Luther entertains a medieval question, did Peter sin mortally? Initially Luther is not interested in the question because it contains a scholastic distinction about mortal and venial sin, which would be an abstraction superimposed on the "text" of Scripture. The more Luther thinks about the distinction the more angry his argument becomes. Luther does not care about the distinction between mortal and venial sin. In Luther's mind, sin is sin. It was a very serious situation. Paul does not act lightly (or venially). Peter offered an occasion for a scandal of faith.

As Luther thinks through the various positions, one can almost feel his blood pressure go up and up as the argument becomes clear. Jerome and others have missed the very point of the text. Any attempt to protect Peter is misguided and contrary to the text.

Luther's conclusion is that Augustine is right; Jerome and Erasmus are wrong; the final judge is the gospel; and the text is the best judge.

---

[3] 1519, f. 16 r.

[4] In the paragraph, Luther states his textual argument against Jerome and Erasmus; the WA breaks the paragraph in the wrong place. In the 1519 print, PAUL is capitalized throughout this section and Peter is not. Only rarely does the WA follow the original in capitalizing words. The capitalization of PAUL supports the very point of the text, namely, that Paul was right and Peter committed an error.

[5] Peter erred out of fear and not out of ignorance, and what is necessary, contra Jerome, is the "faith of Christ" (1519, f. 16 v). In response to Jerome, Luther says, on the basis of the Greek, that "reprehended" refers to those who accused Peter for withdrawing reprehensibly which then moved Paul to reprehend Peter who was reprehensible. There is no warrant to offer excuses for the saints, and especially if they deviate from the power of Scripture to offer them praise. It would be better, as the text says, if Peter AND PAUL were damned than "one iota of the gospel perish" (1519, f. 16 v).

Interesting that Erasmus gives the title "BEATI" to Peter in the title of his first Epistle, never to Paul, and only to the "Apocalypsis Beati Ioannis Theologi." Is some editing of the original going on? Of course. Erasmus refers to a dispute between Jerome and Augustine concerning "mendacio." Jerome has the peace of the faithful and the faith of the church in mind. At stake for him is the blasphemy of the Neo-Platonic Bishop of Gaza.[6]

A review of some of the medieval discussion of the passage would be helpful to clarify Luther's context and position.

The *Glossa ordinaria* refers to Jerome's commentary on Galatians. The Gloss comes out on Jerome's side.[7]

Lyra thinks that the whole issue is about the force of the law, that is, whether and when the law was in force—or not.[8] Augustine, cited approvingly by Lyra, distinguishes three times. One is before the passion when the law had its course. Another time is after the publication of the gospel when the law is dead and deadly. The third time is between the passion and the publication when the law is dead but not deadly. During this third time, in the in-between situation, there were varieties of practice depending on the Jew and Gentile situation. This explains why Paul circumcised Timothy (Acts 16).[9] The effect of Lyra's argument is that Augustine is upheld and Jerome opposed. The text of Scripture is kept as is and thus no lying has taken place. And Peter is saved by the distinction between venial and mortal sin.

Augustine's differentiation of "time" clarifies Luther's distinction between the Word (the person of Christ), the words (the oral preaching about Christ), and the written, published text.

---

[6] Jerome, *Opera*, edited by Erasmus and Amerbach, Basel, 1516, 83 H.

[7] "Paul is not able to reprehend in Peter what he himself did nor accuse him of hypocrisy of which he himself was guilty" ([Biblia Lat.] *Cum postiliis Nicolai de Lyra*, Basel, 1508, p. 80 F).

[8] Jerome, reports Lyra, distinguishes between the time before the passion when the law was in force, and the time after the passion of Christ when the law was not in force, and thus to serve it would be deadly (mortal). Furthermore Jerome's position is that Peter, the "principal apostle," never served the law as though it were the truth, but only with a certain kind of pious hypocrisy so as not to scandalize those converted (1508, p. 81 B).

[9] Lyra asserts that on the basis of "catholic Scripture" Paul could not lie, and on the basis of the canonical I John 1 Peter could sin. Lyra's conclusion is that Peter sinned venially because, according to Augustine's differentiation of "times," observance of the law by a Jew was not deadly (thus it was venial) (1508, p. 81 C).

Erasmus offers a different and Humanist reason why the text should read, "on the face of it," rather than "to his face."[10]

From Luther's point of view, Augustine and Lyra are right to hold on to the text that Peter was reprehensible. On the way to folio 15 verso on Gal. 2.11 in his 1519 "Commentary" on Galatians, the marginal has "Divinatio Lutherii," which calls attention to Luther's statement, "if my divining [of divina] is worth anything, what we have here is ...." Luther is concerned about "correctly understanding Scripture" in contrast to the "the schools."[11] The importance of the text (Gal. 2.11) and the question of Paul's reprimand of "Peter's error" (Luther) is the "definition of the gospel."[12]

Luther distances himself from Lyra and the distinction between venial and mortal sin. Sin is sin, period, not sort of. Peter sinned, period. The whole point of Galatians for Luther is to glorify God, not Peter or Paul. Since "Peter offered an occasion for a scandal of faith," it should be remembered what Luther remembered from the "rule of faith": sin and forgiveness. The "rule" (*regula* in Latin, *kanon* in Greek) of faith is expressed in the Creed. The Creed is structured around the Trinity. As is often the case with Luther, what seems to be an insignificant discussion of a little preposition turns out to be most significant because the whole sacred page and, thus, God himself is involved.

---

[10] It is his first of two reasons. It would have been "ugly" for Paul to confront him to the face. The second reason is the Greek text (Erasmus *Novum Instrumentum omne diligenter ab Erasmo Roterodamo*, Basel, 1516, Vol. II, p. 512). Manners before grammar??!!

[11] Whether Luther correctly reports on "Personam" as subjection (ὑποταγή) or not is difficult to tell; he contrasts the way "Personam" was understood long ago and the way it is now used in the schools: in the schools, rationalem individuamque substantiam. For Luther and longe aliter accipi: externam qualitatem vitae .... Et quicquid non fuerit in spiritu iuxta illud, i. e. Rho (1519, f. 14 r).

[12] *In epistolam S. Pauli ad Galatas commentarius ex praelectione D. Mart. Luth. collectus. Iam denuo diligenter recognitus, castigatus etc.*, Vittebergae, 1538 [WA 2.40.1.14."C"], f. 45 v. The evangelium is the revelatio, doctrina de Christo. In the many places in the Old and New Testament de operibus, the theologicam grammaticam [1519, *Operationes*, grammatica] equals nova vocabularis. While the humanist editors and printers were concerned with the study of 3 languages, Christian philosophy, and Christian piety, Luther offers a "testimonium" of the healthy faith in solum Iesum Christum (1519, f. 1 r; *In epistolam Pauli ad Galatas, D. Martini Lutheri Augustiniani commentarius*, Basel, 1523 [WA 2.439."G"], f. 1 r). Luther knew three languages, testimonium, marturian, Zeugnis (Rev. 1.2), but the difference is the translation of the Hebraica (cf. PAULUS COMMODUS, BRETTANUS, LECTORI S., CR col. 125).

The seriousness of the situation with Peter was that he was in danger of losing the freedom of the Gospel and slipping into slavery under the law, says Luther. Forgiveness, freedom, giving glory to God is the way of faith, trust in God the Father, Son, and Holy Spirit.[13]

In 1535, already in his treatment ("*enarratio*") of chapter one, Luther is very concerned about this passage in chapter two: Peter erred. In response to the debates about the passage, the conclusion Luther draws is as earlier, namely, that he will listen only to those who assert and teach "the pure Word of God" (Christ). Neither the church, the fathers, nor the Apostles will Luther hear except and insofar as they affirm Christ.[14]

Also in 1535 the rhetoric is sharp. Everything is at stake, namely, the point of Galatians and the point of the chief article of the Christian faith. At stake is the defense of the truth of the gospel. If the dignity of Peter is what is to be magnified, then both the text and the praise of God is lost.

Luther's "*enarratio*" on Galatians is clearly not exegesis of an ancient text. As Augustine stipulated in his well-used book *On Christian Doctrine*, with which Luther is familiar, the final goal of studying Scripture is not correct interpretation. Luther is engaged in a life and death battle. Ditto Augustine, who reminiscent of Rom. 3.4, had commented on Romans before Galatians. Both Augustine and Luther key on PAULUS, and the Psalter, Paul, and Luther are praising God. The reason Luther keeps publishing Pauline theology over and over in the form of a printed *enarratio*, it seems to me, is that the truth of the gospel must continually be defended; otherwise, the opposition gains ground.

An interesting question is how good Jerome's Hebrew was. It may be that, according to Luther, Hieronymus has distorted Hieremias and the problem is with inaquosa (Vulg. Ps. 62 [.3]), because

---

[13] In the 1523 edition the same points are emphasized. Jerome is dismissed. The text is the judge. The situation is serious. The "force" of Scripture is at stake. Luther has no time for excusing Peter. "Better Peter and Paul having lapsed into infidelity indeed be anathematized, than one iota of the gospel perish" (*In Epistolam Pauli ad Galatas Martini Lutheri commentarius*, Wittembergae, 1523 [WA 2.439."H"], f. Eiii r). The urgency is in the "force of sacred Scripture" (1523, f. Eiiii v). There is "power" in the words of Scripture because they come from the Creating-Redeeming-Sanctifying Lord God Almighty, Creator of heaven and earth.

[14] *In Epistolam S. Pauli ad Galatas Commentarius, ex praelectione D. Martini Lutheri collectus*, Vitebergae, 1535 [WA 40.1.13."A"], f. 59 v.

Luther's translation has "da Kein Wasser ist" (Luther 63 [2]), and Hieronymus ends up with Kein Sünde. Knowing that there is a slight difference between water and sin in anybody's vocabulary, after checking out a half doxen texts in about as many languages, my answer to the question of Jerome's Hebrew is that the LXX is wrong and he follows it. Or, in the language of Augustine and the Psalter:

> We saw him in the temple. Perfect love is his name. Strange. He had no form. The form he had was "unworthy" of the King of kings and Lord of lords. So we sing on and see that we do not see with our (meta)physics but with our faith.

The argument is that Moses is to be preferred to Aristotle. You can go to school and learn a lot of Aristotle. Or, "as it is written,"[15] you can hear the Angels. And, never to any angel did he say, "Today I have begotten thee." The God of gods and King of kings says "I am who I am," and Hermes, who has to explain Method, is in jail. And so I ask, who speaks the liberating word? Paul, Habakkuk, and David.

With texts from Isaiah, Habakkuk, Romans, Galatians, Hebrews, and the Psalter, and from the perspective of Augustine and Luther, the difference between some philosophy of history and theology is the difference between eros and חסד (ḥesed).[16]

What infuriates Luther is that those who think they know Aristo-

---

[15] The "as it is written" is Scripture's way of nailing down an assertion. The New Testament's citation of an Old Testament passage is equivalent to the modern footnote. In contrast to the modern footnote, however, it need not be complete. It is often elliptical. Paul's style of citing the Old Testament elliptically is imitated by Luther. Luther is so intent on promoting Pauline theology that he adopts the style of Paul. The basic assumption of "as it is written" is the unity of Scripture. The Epistle to the Hebrews shows the Christological core to both Testaments for Luther. The unity of Scripture is grounded in the unity of God, or another way of saying the same thing is that Scripture is a whole piece (a sacred page), that Scripture sees itself as a whole piece—of faith in and for God. The idea that Scripture interprets itself is not unique to Luther, it seems to me. In trying to be the faithful student of Scripture he was, Luther acquired the idea from the Bible itself by simply seeing the echo of Scripture in Scripture. Consider, for example, how the Psalms echo throughout Scripture. Scripture comments on Scripture. According to Luke (4.16-21), Jesus cited and commented on Isa. 61.1-2 when he began to teach in the synagogues. For Paul, the Hebrew Scriptures were written to provide "us" example, lesson, and teaching (Rom. 15.4; 1 Cor. 10.11).

[16] Heiko A. Oberman, "Der reformatorische Durchbruch," *Luther. Mensch zwischen Gott und Teufel*, Berlin, 1982, p. 172.

telian theology do not know the difference between Moses and Aristotle. Moses spoke Hebrew; the disgruntled student of Plato spoke a different dialect. The noises, the squiggles, and the wiggles are all different. Put in Greek, the assertion of Paul is simply that Christ is God and not Eros.[17]

What Luther says he is after is the *res* (the reality of the Word of God) that Paul is after. That reality is that the prophets erred and Peter sinned gravely. Luther goes on to list the sins of the saints. If the church is made up of saints, then the church is "simultaneously holy and sinful. Christ is our complete holiness."[18]

Luther takes up the text that Jerome had to twist here and turn there, namely, 1 Cor. 9 (to the Jews I am as a Jew). Luther attacks and corrects Jerome on the basis of freedom from the law. Paul is free to eat this or that. And he is free not to eat this or that. Jerome has not understood the text of Galatians.

Peter's problem was hypocrisy. Peter's problem, which Jerome cannot see, is the difference between eating and the meaning of eating. Peter needed to be recalled to the freedom in Christ.

Everything is at stake and it is contained in the "etc."! What is in danger of being lost is the "Gospel and Christ etc." Contained in the "etc." is the "blood of the cross, the Holy Spirit, God, and all *divina*."[19] The Trinity, or the "HOLY TRINITY" as Luther says,[20] is implicit and explicit in all of Luther's theology. One has to keep track of the material contained in the etc.'s.

Luther was a passionate theologian and a passionate Saxon. Seldom is the connection so clearly seen as in Luther's assertion about the relation of God to "friend and brother man." If the greater danger is to lose "friend and brother man" rather than God, the opposite will happen. If Father God is lost, brother man will not remain for long.[21]

Luther's passionate plea to the Mayors to support education becomes a little clearer in the light of this theology. The Greeks lost it; the Romans lost it; and now the Saxons are in danger of losing the

---

[17] 1519, f. 20 r; *In epistolam Pauli ad Galatas, F. Martini Lutheri Augustiniani commentarius*, Basel, 1520 [WA 2.439."F"], p. 63; 1523 p. 88.

[18] 1535, f. 95 r-96 r.

[19] 1535, f. 97 v.

[20] In chapter 4 of Galatians, the SANCTAM TRINITATAM (one God) is highlighted (1519, f. 39 v).

[21] 1535, f. 97 v.

Word of God. To lose God is to lose everything. The source of faith and life is God the Creator, Redeemer, and Sustainer.

Interesting would be to suggest that continuity exists in Luther's head from 1516 to 1535 *even* to 1543. The continuity is the devil, that is, the devil's hatred of the gospel.[22] God, Christ, Evangelium do not have a beginning or an ending vis-à-vis the devil until "that day."[23] The battle is continuous "until that day which will be the end of his tyranny."[24]

The text of Scripture must not be distorted. Peter erred. There is a power in the words that mediate the Word. Not one iota of the gospel of freedom should perish. God is to be praised and not brother Peter. Brother Peter is dependent on God for life, forgiveness, and freedom. If "friend and brother man" is placed above God, everything is lost.

In the middle of his comments on Gal. 2.16, Luther says, "now let us return to the text." What is the "text"? The text of Scripture is the sacred page.

On the force of the Latin Vulgate, Luther can equate covenant (*pactum*) and testament (*testamentum*)—because of both the theology and the Latin. The Latin Vulgate translates b'rith (*pactum*) as testament. In both cases—the theology and the Latin—the key, it seems to me, is the giftedness of the sacred page.

Luther's theology is that salvation is *ex nihilo*; so was Creation; God created from null and void. Everything came from God at the beginning and in the Incarnation. Christ is a gift. Christ is the Word; the Word is the promise of the testament of Christ which includes the promise, death, and inheritance. The testament is all from God.

The linguistics on *pactum* connect it to page.[25] The sacred page has the smudge and finger prints of God on it.

---

[22] Heiko A. Oberman, "Die Juden als Wegweiser zur Reformation," *Wurzeln des Antisemitismus. Christenangst und Judenplage im Zeitalter von Humanismus und Reformation*, Berlin, 1981, pp. 135-143.

[23] 1543, qui finis erit tyrannidis eius. The devil works through the plurality and variety of sects; he attacks the Ecclesiam et religionem of the one Christ from the beginning of the church to now (f. iiii r).

[24] 1543, f. iii v.

[25] Derivatives from page in Latin are as follows: *pago*, *pango*, *pax*, *pagina*. *Pax* (peace) as well as *pagina* (page) all come from God. The page is directly from God and of God. The page is the pango bango of God on stone—hence pactum, covenant/testament, are all from God.

Both covenant and testament are from God. They are both human and legal. What God does leaves a permanent imprint. The covenant bore the imprint on stone of God's fingers. Covenant is both a legal contract and a human agreement. The handling of inheritance in a testament and will in Hebrew culture was a family matter. The testament of Christ was validated and sealed by the human blood of Christ.

For Luther there is no dichotomy between human and legal in God's way of doing something. The only dichotomy is what is from God and what is not from God.

Luther sought to revive the earlier, patristic, early medieval, and monastic way of understanding theology as the discipline of the sacred page (*sacra pagina*). Among the Scholastics, theology concerned sacred doctrine. Among the Humanists, at the end of the Middle Ages theology concerned classical, sacred literature. The distinctive feature of *sacra pagina* is that it sees sacred matters (*divina*) as a *pagina*, a page, not as doctrine and not as literature. Sacred doctrine and literature have their place, but their status or place is derivative and secondary. Sacred doctrine is derived from Scripture but it is not *sacra pagina*. Sacred literature is a view of Scripture that is far from the primary purpose of the sacred page. Sacred doctrine and sacred literature do not bear the imprint of God. Sacred page is directly and immediately of God. It is *divina* and not *humana*.

To cast Luther's view of Scripture in terms of *sacra pagina* and not in terms of the later problems of Scripture and tradition, inspiration, and hermeneutics is historically more accurate and helpful. One is thus able to see why Luther was so concerned about faith and faith alone, not doctrine or literature. The primary form of the grammar of faith is from faith, to faith, about faith, for faith in God.

I love Michael Beyer's sentence, "Whoever talks foolishly in the pulpit (wer auf der Kanzel wesschet), should not have entered it in the first place."[26]

Scripture as sacred page is Luther's view of the "text" as a gift. The works of God—Creation, Incarnation, and Sanctification—are all gifts of God. Luther's work on the sacred page is theologically aimed at promoting Pauline theology. Luther is concerned about

---

[26] Michael Beyer, "Luthers Ekklesiolgie," *Leben und Werk Martin Luthers von 1526 bis 1546. Festgabe zu seinem 500. Geburtstag*, ed. by H. Junghans, Göttingen, 1983, pp. 93-117.

what he sees to be the demise of Paul among the Scholastics. The "fall" of Paul was due to the fact that the Scholastics did not see any difference between the grammars of Aristotle and Paul or Christ. The grammar of Aristotle is different from the grammar of Paul.

"It is no wonder that Pauline theology fell so quickly when people, who knew neither Aristotle nor Paul and Christ, taught (lied) that the moralia of Aristotle agrees with the teaching of Christ and Paul. Thus PAUL stands firmly."[27]

The "moralia" (Ethics) of Aristotle teach about good habits in the area of morals and ethics. If one does just deeds habitually one becomes just, one acquires the virtue, according to Aristotle. Paul teaches otherwise. Justice comes from God; it is a gift and not a human habit. Paul teaches *divina* and Aristotle *humana*. What a difference!

Those who hold that Paul and Aristotle are arguing from the same grammar make Luther absolutely furious. Paul is to be promoted in his area of theology and Aristotle passed off as a theologian is to be attacked. It is Paul who gives God all the glory for justice, goodness, righteousness, wisdom, holiness.

Different grammars require different disciplines. Theology as the discipline of the sacred page has a unique discipline. Luther learned his theology from Paul and, along with all other medieval theologians, from Augustine. Thanks to the rotting dijk (Erasmus of) Augustine was edited and PAUL stands firm.

In his comments on this section in Gal. 2, Luther makes reference to the famous work of Augustine *On the City of God against the Pagans*. The full title as well as the content of Augustine's work indicates that it is a work of theology and not a book about the writing of history as is commonly thought.

On the City of God against the Pagans is an "*enarratio*" on Ps. 87, Isa. 53, Hab. 2, Rom. 1, Heb. 10, and so on. It is theology in praise of the most glorious city of God. Those who see Augustine's work as Christian philosophy take it out of its own tradition of *sacra pagina* and place it in the nineteenth century, where theology, as in Scholasticism, was heavily influenced by philosophy.

I see Augustine's work as a "commentary" on Romans and

[27] 1519, f. 20 r.

Romans as a commentary on Isa. 53. The message of both is the same—in praise of the city, and the city is feminine.[28]

To state the argument succinctly: Paul is not Aristotle; Scripture is not philosophy; Augustine is not philosophy. Luther seeks to follow Isaiah, Paul, and Augustine.

For Luther theology has to do with God. Its text is the sacred page. The sacred page is a gift from the Creator, Redeemer, and Sanctifier. It is the sacred page against the pagans and their pagan gods.

Gal. 4.12-13 uses language about the weakness of the flesh. For Luther, the "infirmity of the flesh" is a peculiar Pauline trope, figure of speech.[29] Jerome had said, reports Luther, that Paul adapted his language about weakness to accommodate himself to the weak Galatians. Luther argues vehemently against Jerome and Erasmus throughout chapter 4. To Luther's way of understanding the "art of translating," Jerome, followed by Erasmus, is wrong to accuse Paul of HYBERBOLEN (hyperbole), that is, excessive speaking. Luther says that Paul's examples are "most beautiful examples" for teaching the truth.[30]

A typical pattern in Luther's dealing with a problematical ("obscure") text in Galatians emerges again with regard to 4.12.[31] The pattern is that Luther finds Jerome's reporting of multiple opinions itself problematical; Augustine in the process is slighted (by Jerome); Luther says 'no' to Jerome; Luther avoids variety of opinions if they lead to "obscurity" and confusion; Luther pays close attention to Paul's vocabulary in the "obscure" text and elsewhere; and the end of the pattern is that Luther concludes that the text (4.12) in the context of other Pauline writings and the whole sacred page makes an important and basic theological point about the Christian faith so that what might seem like a technical, grammatical matter in Greek for Luther is very important precisely because all technical, grammatical matters in Greek and Latin are the very essence of Pauline theology.

The basic theological point in 4.12 (as also found in 1 Cor. 2.3, 2

[28] As Luther Augustine went from Romans to Galatians; CSEL (ad Gal. 4.1): gloriosissimam civitatem Dei.

[29] 1523, f. M.

[30] 1519, f. 43 v, 44 r; 1520, p. 145.

[31] 1516, WA 57,II.91.7-92.14; 1519, f. 42 r; 1520, pp. 135-138.

Cor. 11 and 12, and Ps. 67.10) is that we are weak and God is strong. Paul and Luther glory in the weakness of their flesh so that the power of Christ may dwell within them. Furthermore, the flesh for Paul is in relation to the Holy Spirit; thus it is theological and Trinitarian and not anthropological. Luther cites Rom. 1 where Jesus Christ is born of the flesh and declared Son in the power of the Spirit of sanctity "etc." By triggering the memory of Rom. 1, the work of God the creator, redeemer, and sanctifier readily comes to focus. For Luther 1 Pet. 3 also shows the character of flesh in relation to Spirit (put to death physically, made alive in the Spirit).[32]

Luther has arrived at his resolution of the problematical text with the use of stark contrast (Luther's familiar contrast of "Every Man is a Liar, God Alone is True" readily comes to mind).[33] As Luther sees Paul, the more "Man" is put down (lowered) the higher Christ is elevated. A consistent point that Luther makes is that Paul is never singled out for praise—just the opposite is the case in order to praise the only one worthy of praise.

The kind of faith that Luther sees Paul evangelizing (4.12) is not an inarticulate or irrational faith. It is solid, reasonable, and healthy.[34] Luther has been charged with fideism—an old Roman Catholic problem with Protestantism. But for Luther the faith principle—the "main article" of justification by faith and not by works—is not itself salvific. Only Christ saves; articles and doctrines do not. Plus, for Luther, Paul not only has a consistent vocabulary and grammar, but he also has a logic that he adheres to strictly. For example, on the meaning of Arabia (Gal. 4.25), Luther says that in Scripture it "always" means desert.[35] Why? Because law is always law; in this case it signifies the rigid and frigid Synagogue.[36]

To understand both Paul and Luther a modern interpreter needs as much language and logic as can be attained. Heiko A. Oberman taught a generation of us how to read a text in the original language,

---

[32] 1523, f. M.

[33] On Gal. 4.27 (regarding the sterilis ... multi filii) Luther says haec scripta sunt [Isa. 54], miraque antithesi et antilogia (1520, p. 155; 1523, f. Nii v).

[34] 1535 (with marginal Fructus sanae doctrinae), f. 50 v; 1538, f. 247 r.

[35] 1519, f. 47 v.

[36] Arabia means desert (law) ut significet sterilem et desertam Synagogam (1519, f. 47 v; 1520, p. 153).

print, and context. He also emphasized in the 1960's that the history of Christian thought is not church history, a discipline perhaps more appropriately taught in a history department. The history of Christian thought is divinity.

For Paul and Luther only a healthy faith can say, 'I am weak,' because it is a strong faith statement to say that 'whatever strength I possess' is Christ's. It would be interesting to compare the relation between "'Reagan's revolution' and Bush's evolution"[37] with the relation between Luther and Melanchthon. A common suggestion today is that Lutherans and Catholics could live together with Melanchthon's moderation but not with the excesses of Luther. The comparison might also work with Jerome and Augustine, but that would be a tougher play to call [pun intended]. My preference will always be with the excesses, or as Paul says, the σκάνδαλον of the εὐαγγέλιον.

The logic of this kind of faith proceeds along the following lines: if God saves, God *alone* saves; to praise Paul does not give glory to God; the law is not the gospel; God works in ways contrary to ours; and so on.

Conclusions

Gal. 2.11 caused a controversy between Jerome and Augustine: Did Peter err? Jerome's conclusion is that Paul faked a rebuke or reprehension. The Greek and Erasmus seem to support Jerome: Paul could not and did not rebuke Peter. Augustine's argument is that if Jerome is correct Paul is not telling the truth; he is lying. For Luther the authority of the whole of Scripture vacillates if in one place it says one thing but means another. Luther operated with a single or simple grammatical sense (the simplest sense).

"The text in this case is the best judge" (Luther) means the text says what it means and means what it says. The "text" in this case is both the preposition and the whole "page." Luther's conclusion is that Augustine is right; Jerome and Erasmus are wrong; the final judge is the gospel; and the text is the best judge.

From Luther's point of view, Augustine and Lyra are right to hold on to the text that Peter was reprehensible. Peter sinned, period. The whole point of Galatians for Luther is to glorify God,

---

[37] THE MILWAUKEE JOURNAL, Sunday, 7-23-89.

not Peter or Paul. As is often the case with Luther, what seems to be an insignificant discussion of a little preposition turns out to be most significant because the whole sacred page and, thus, God himself is involved. In 1535, the conclusion Luther draws is as earlier, namely, that he will listen only to those who assert and teach "the pure Word of God" (Christ).

The reason Luther keeps publishing Pauline theology over and over in the form of a printed *enarratio* is that the truth of the gospel must continually be defended; otherwise, the opposition gains ground.

Luther attacks and corrects Jerome on the basis of freedom from the law. What is in danger of being lost is the "Gospel and Christ etc." Contained in the "etc." is the "blood of the cross, the Holy Spirit, God, and all *divina*."[38]

The Trinity is implicit and explicit in all of Luther's theology.

One has to keep track of the use of the etc.

God is to be praised and not brother Peter. If "friend and brother man [Peter]" is placed above God, everything is lost.

Scripture as sacred page is Luther's view of the "text" as a gift from God.

Luther is concerned about what he sees to be the demise of Paul among the Scholastics. The "fall" of Paul was due to the fact that the Scholastics did not see any difference between the grammars of Aristotle and Paul or Christ.

On the City of God against the Pagans is theology ("*enarratio*"), not philosophy, in praise of the most glorious city of God.

A typical pattern in Luther's dealing with an "obscure" text is as follows:

> Jerome's reporting of multiple opinions is problematical;
> Augustine in the process is slighted (by Jerome);
> Luther says 'no' to Jerome;
> Luther avoids variety of opinions if they lead to "obscurity" and confusion;
> Paul's vocabulary is to be attended to carefully; the text makes a basic theological point.

What might seem like a technical, grammatical matter in Greek for Luther is very important precisely because all technical, grammat-

[38] 1535, f. 97 v.

ical matters in Greek and Latin are the very essence of Pauline theology.

Paul and Luther glory in the weakness of their flesh so that the power of Christ may dwell within them.

The kind of faith that Luther sees Paul evangelizing is solid, reasonable, and healthy. The faith principle is not itself salvific; only Christ saves. For Luther, Paul not only has a consistent vocabulary and grammar, but he also has a logic that he adheres to strictly.

The logic of this kind of faith proceeds along the following lines:

> if God saves, God and God *alone* saves;
> to praise Paul does not give glory to God; babies are not adults;
> the heir will receive an inheritance because God is faithful to his promise;
> the law is not the gospel;
> God works in ways contrary to ours;
> and so on.

For Paul and Luther only a healthy faith can say, 'I am weak,' because it is a strong faith statement to say that 'whatever strength I possess' is Christ's.

ZUSAMMENFASSUNG

Übersetzt von Michael Zamzow

Der Streit zwischen Hieronymus und Augustin um Galater 2,11 und die Frage nach dem Fehltritt des Petrus wurden durch Erasmus und Luther fortgeführt. Nach Luther "ist in diesem Fall der Text der beste Richter", d.h. daß Augustin recht hatte, indem er die Wahrheit der Schrift und die Zurechtweisung des Petrus durch Paulus verfochten hatte. Petrus hat gesündigt. Nach Luther ist die ganze Absicht des Galaterbriefes, Gott die Ehre zu geben, nicht dem Petrus oder dem Paulus. Wenn "Freund und Brudermensch [Petrus]" über Gott gestellt wird, ist eben alles verloren. Der Text ist die ganze "Schriftseite". Die Schrift als heilige Schriftseite ist Luther's Auffassung des "Textes" als Geschenk Gottes. Die Dreieinigkeit ist zugleich unausgesprochen und ausdrücklich im ganzen der Theologie Luthers. Der "Sündenfall" des Paulus ist darauf zurückzuführen, daß die Scholastiker die Grammatik des Aristoteles von der Grammatik Paulus und Christus nicht zu unterscheiden vermochten. Eine scheinbar bloß formale und grammatische Sache im griechischen Text (*kata*) ist von großer Bedeutung für Luther. Eben sind alle formalen und grammatischen Sachen im griechischen und lateinischen Text das Wesentliche der paulinischen Theologie. Paulus und Luther rühmen sich der Schwachheit ihres Fleisches, damit sie Christus die Ehre geben möchten, der alleine heil machen kann.

HIERONYMUS-BEGEISTERUNG UND AUGUSTINISMUS VOR DER REFORMATION

Beobachtungen zur Beziehung zwischen Humanismus und Frömmigkeitstheologie (am Beispiel Nürnbergs)

BERNDT HAMM

Universität Erlangen-Nürnberg

Inhalt:

1. *Hieronymus als 'Mode-Heiliger' des Spätmittelalters*

Wer nach dem dominierenden Kirchenvater in der spätmittelalterlichen Frömmigkeit fragt, stößt auf die übermächtige Gestalt des um 347 (wenige Jahre vor Augustin) in Dalmatien geborenen und 419 oder 420 im palästinischen Bethlehem gestorbenen Hieronymus.

Die Dominanz dieses Kirchenvaters zeigt sich vordergründig bereits in der Vornamengebung zwischen 1350 und 1520. In Nürnberg beispielsweise begegnet man vor der Reformation häufig dem Namen Hieronymus und damit der Bedeutung des hl. Hieronymus als Patron und Fürsprecher, während die Namen der drei anderen großen Kirchenlehrer des Westens, Augustin, Ambrosius und Gregor, nur selten Verwendung finden. Es sei im Übergangsbereich vom Spätmittelalter zur Reformation nur an prominente Nürnberger erinnert wie den Humanistenarzt Hieronymus Münzer, den Drucker Hieronymus Hölzel oder die Ratsherren Hieronymus Holzschuher, Hieronymus Ebner und Hieronymus Baumgartner[1]. Die Namensangaben der Nürnberger Totengeläutbücher und Ehebücher lassen vermuten, daß die Nennung von Neugeborenen nach dem Kirchenvater im Zeitraum 1500-1520 deutlich anstieg, und zwar offensichtlich besonders unter vornehmen und gebildeten Bürgern[2]. Dies wäre ein interessanter Hinweis auf die wachsende und unmittelbar vor der Reformation kulminierende Hochschätzung des hl. Hieronymus, wie man sie auch aufgrund anderer Indizien annehmen muß.

Ein Blick auf die erhaltenen Kirchenväter-Darstellungen in der Bildenden Kunst des Spätmittelalters, Tafelbilder, Zeichnungen, Holzschnitte, Kupferstiche, Fresken, Buch- und Glasmalereien, Holz- und Steinplastiken, weist ebenfalls auf eine überragende

---

[1] Hieronymus Münzer (ca. 1437-1508) hatte eine Tochter Dorothea, die 1499 Hieronymus Holzschuher (1469-1529) heiratete. Einer der Söhne, die aus dieser Ehe hervorgingen, wurde wieder Hieronymus genannt. Vgl. Arnold Reimann: *Die älteren Pirckheimer. Geschichte eines Nürnberger Patriziergeschlechtes im Zeitalter des Frühhumanismus (bis 1501)*, hg. von Hans Rupprich, Leipzig 1944, S. 169.

[2] Die Nürnberger Totengeläutbücher (Zeitraum: 1439-1572), die jene Verstorbenen verzeichnen, für die feierlich geläutet wurde, nennen insgesamt Hieronymus 130mal (davon: 116 ab 1495), Augustin 19mal, Gregor 14mal und Ambrosius 13mal. Die Ehebücher (Zeitraum: 1524-1543) nennen insgesamt Hieronymus 78mal, Augustin 19mal, Ambrosius 16mal und Gregor 10mal. Bei den Totengeläutbüchern muß man selbstverständlich vom Todesjahr einen durchschnittlichen Zeitabschnitt (vermutlich etwa 45-50 Jahre) zurückrechnen, um den mittleren Zeitraum der Namensnennung zu erschließen. (Die Kindersterblichkeit darf nicht mit in die Berechnung eingehen, da für Kinder nicht geläutet wurde). Ein um 1550 verstorbener Hieronymus wird, so vermute ich,—dem Durchschnitt entsprechend—etwa 1500-1505 seinen Namen erhalten haben. Man kann nun die interessante Beobachtung machen, daß die Zahl der Hieronymus-Namensträger bei den nach 1545 Verstorbenen (also nach 1495-1500 Geborenen) stark ansteigt. Nach Jahrzehnten ergeben sich folgende Zahlen: 1515-1524: 6, 1525-1534: 8, 1535-1544: 12, 1545-1554: 22, 1555-1564: 20, 1565-1572: 24. Auch wenn man dabei die ebenfalls wachsende Gesamtzahl der Eintragungen berücksichtigt, zeigt sich ein überproportionales Zunehmen der Hieronymus-Namensgebung. Es läßt sich also ein Höhepunkt der Hieronymus-Namensgebung für die Jahre 1495/1500-1520/25 erschließen (wobei ein Vergleich mit den zeitlich anschließenden Totenbüchern interessant wäre). Die seit 1524 geführten Nürnberger Ehebücher bestätigen diesen Befund, wenn man voraussetzt, daß die heiratenden Männer zwischen 25 und 30 Jahre alt gewesen sind. Auch diese Jahresangaben mit ihrem hohen Prozentsatz von Hieronymi führen uns in den Zeitraum der Namensgebung zwischen 1495/1500 und 1515/20. Vgl. Helene Burger (Hg.): *Nürnberger Totengeläutbücher I: St. Sebald 1439-1517, II: St. Lorenz 1454-1517, III: St. Sebald 1517-1572*, Neustadt/ Aisch 1961.1967.1972 (= Freie Schriftenfolge der Gesellschaft für Familienforschung in Franken 13.16.19); Karl Schornbaum (Hg.): Das älteste Ehebuch der Pfarrei St. Sebald in Nürnberg 1524-1543, Helene Burger (Hg.): Das älteste Ehebuch der Pfarrei St. Lorenz in Nürnberg 1524-1542, Neustadt/Aisch 1949.1951 (= Freie Schriftenfolge ... 1.2); im Anhang zum St. Lorenzer Ehebuch, S. 225-252: Otto Puchner: Die Namenwelt der ältesten Ehebücher von St. Sebald und St. Lorenz (Zahlenstatistik der Vornamen: S. 227-231).

Sonderstellung des Hieronymus[3]. Er löst sich aus der Gruppe der vier Kirchenlehrer und erobert sich eine ikonographische Führungsposition, neben der selbst ein Augustinus in den Hintergrund tritt. Einen ihrer Höhepunkte erreicht die Hieronymus-Bilderflut in den elf Darstellungen des Kirchenvaters, die der Nürnberger Albrecht Dürer zwischen 1492 und 1521, sieben davon ab 1511, geschaffen hat, unter ihnen das wohl bekannteste spätmittelalterliche Hieronymus-Bild überhaupt, der Kupferstich "Hieronymus im Gehäus" von 1514[4]. Keinen anderen Heiligen hat Dürer so oft dargestellt.

Die Situation auf dem Büchermarkt bestätigt diesen Befund, und

---

[3] Vgl. besonders sechs Arbeiten: Adolfo Venturi: *L'Arte a San Girolamo*, Mailand 1924; Renate Jungblut: *Hieronymus. Darstellung und Verehrung eines Kirchenvaters*, Diss. phil. Tübingen 1967; Bernhard Ridderbos: *Saint and Symbol. Images of Saint Jerome in early Italian Art*, Groningen 1984; Eugene F. Rice, Jr.: *Saint Jerome in the Renaissance*, 2. Aufl., Baltimore-London 1988 (Erstauflage: 1985); Daniel Russo: *Saint Jérôme en Italie. Etude d'iconographie et de la spiritualité* (XIIIe-XVe siècle), Paris-Rom 1987 (Russo hat die grundlegenden Arbeiten von Venturi, Jungblut, Ridderbos und Rice nicht berücksichtigt); Christiane Wiebel: *Askese und Endlichkeitsdemut in der italienischen Renaissance. Ikonologische Studien zum Bild des heiligen Hieronymus*, Weinheim 1988 (Wiebel hat die Arbeiten von Venturi, Ridderbos, Rice und Russo nicht berücksichtigt).

[4] Die Hieronymus-Bilder Dürers in chronologischer Reihenfolge: 1. Hieronymus (Kardinalstracht, im Studierzimmer) zieht dem Löwen den Dorn heraus, Titelholzschnitt einer Ausgabe der Hieronymus-Briefe: Epistolare Beati Hieronymi, Basel: Nikolaus Keßler, 8. Aug. 1492; *Albrecht Dürer 1471 bis 1528. Das gesamte graphische Werk, Bd 2: Druckgraphik*, 4. Aufl., München (Rogner & Bernhard) 1971, S. 1146/47 (zitiert: R&B 2). 2. Büßender Hieronymus in der Wüste (halbentblößt vor Kruzifix knieend und sich mit einem Stein kasteiend), Kupferstich um 1496/97; R&B 2, S. 1868. 3. Büßender Hieronymus in der Wüste (halbentblößt vor Kruzifix knieend, mit Stein in der linken und Buch in der rechten Hand), Gemälde: Cambridge, Fitzwilliam Museum, durch die Forschung Dürer zugeschrieben, um 1497/98(?); Ausstellungskatalog: *Albrecht Dürer 1471/1971*, München 1971, Nr. 569 (mit farbiger Abb.). 4. Büßender Hieronymus in der Wüste (halbentblößt vor Kruzifix knieend und sich mit Stein kasteiend), Holzschnitt um 1506 (?); R&B 2, S. 1698. 5. Hieronymus in der Studierstube (Kardinalstracht, sitzt schreibend am Pult), Federzeichnung: Mailand, Biblioteca Ambrosiana, 1511; *Albrecht Dürer 1471 bis 1528. Das gesamte graphische Werk, Bd 1: Handzeichnungen*, 4. Aufl., München (Rogner & Bernhard) 1971, S. 663 (zitiert: R&B 1). 6. Hieronymus in der Studierstube (Kardinalstracht, sitzt schreibend am Pult—große Nähe zu Nr. 5), Holzschnitt 1511; R&B 2, S. 1700. 7. Hieronymus neben dem Weidenbaum (in der Wüste am Schreibpult mit Buch und Schreibzeug, im Büßergewand, zT entblößt, dem Kruzifix im Gebet zugewandt), Kaltnadel 1512; R&B 2, S. 1876. 8. Hieronymus in der Felsgrotte (mit Aussicht auf die Landschaft unter einem Felsbogen sitzend, einen abgeschrägten Stein als Pult benutzend, vor ihm Tintenfaß und Skriptoral, in einem Buch schreibend, Büßergewand mit entblößten Beinen, den Blick empor zum Kruzifix gerichtet), Holzschnitt 1512; R&B 2, S. 1703. 9. Hieronymus im Gehäus (im Mönchsgewand am Tisch seiner Studierstube schreibend,

zwar mit einer Verzögerung, die wohl der allmählichen Schwergewichtsverlagerung von der Spätscholastik zum Humanismus entsprechen dürfte[5]. War noch in der zweiten Hälfte des 15. Jahrhunderts Augustin mit 211 Druckausgaben gegenüber 134 Hieronymus-Drucken der weitaus am häufigsten gedruckte (wie auch zitierte) Kirchenvater[6], so verschiebt sich das Zahlenverhältnis seit dem Ende des 15. Jahrhunderts deutlich: Hieronymus zieht mit Augustin gleich; beide sind in der vorreformatorischen Druckproduktion von 1501-1521 im deutschen Sprachbereich mit jeweils 30 Ausgaben vertreten (gegenüber 12 Ambrosius- und nur 3 Gregor-Drucken), wobei sich im zweiten Jahrzehnt (1511-1521) das Schwergewicht auf Hieronymus verlagert: 22 Hieronymus-Druk-

---

in der Blickachse Kruzifix und Totenschädel), Kupferstich 1514; R&B 2, S. 1877; vgl. auch Ausstellungskatalog: *Nürnberg 1300-1550: Kunst der Gotik und der Renaissance*, München 1986, Nr. 133 (Literatur und ausgezeichnete Abb.). 10. Hieronymus in der Studierstube/Klosterzelle (im Büßergewand, halbentblößt, den Kopf auf die Hand gestützt und den Blick nachdenklich auf Totenschädel und Kruzifix gerichtet), Federzeichnung: Berlin, Kupferstichkabinett, Datierung unsicher (vor 1521); R&B 1, S. 662. 11. Hieronymus mit Totenschädel (in bürgerlicher Kleidung am Schreibtisch vor einem aufgeschlagenen Buch, den Kopf nachdenklich auf die rechte Hand gestützt, mit dem Zeigefinger der linken Hand nach unten auf einen Totenschädel weisend, diagonal dem Schädel gegenüber Kruzifix links oben), Gemälde: Lissabon, Museo de Arte Antigua, 1521; Ausstellungskatalog: *Albrecht Dürer 1471/1971*, München 1971, Nr. 208 (Abb.). Zu Nr. 11 vgl. auch fünf vorbereitende Pinselzeichnungen von 1521, alle Wien, Albertina: a) Der dreiundneunzigjährige Alte, R&B 1, S. 928f; b) Kopf des dreiundneunzigjährigen Alten, ebd S. 930; c) Studien zum linken Arm des heiligen Hieronymus, ebd S. 931; d) Lesepult mit Büchern, ebd S. 932; e) Ein Totenkopf, ebd S. 933.

[5] Augustin blieb auf der Ebene der scholastischen Hochtheologie bis zum Ende des Mittelalters die wichtigste Kirchenväter-Autorität, und auch auf der Ebene der halbakademischen Frömmigkeitstheologie, die durchaus kräftig von der Scholastik beeinflußt war, behielt er seine Vorrangstellung als am häufigsten zitierte Autorität. Wie dieser Befund zu beurteilen ist, wird unten darzustellen sein. Warum ein wachsender Einfluß des Humanismus die Zahl der Hieronymus-Drucke stärker als die der Augustin-Drucke ansteigen ließ, obwohl auch Augustin eine sehr hohe Geltung bei Humanisten hatte, wird ebenfalls aus den weiteren Ausführungen verständlich.

[6] Die Zahlen (bis einschließlich 1500) ergeben sich aus der Addition von Hain und Copinger: Ludovicus Hain: *Repertorium bibliographicum*, 4 Bde, Stuttgart-Tübingen 1826-1838: 169 Augustin-, 108 Hieronymus-, 69 Gregor d.Gr.-, 22 Ambrosius-Ausgaben; dazu die Ergänzung von W. A. Copinger: *Supplement to Hain's Repertorium bibliographicum*, 3 Bde, London 1895-1902: 42 Augustin-, 26 Hieronymus-, 4 Gregor-, 4 Ambrosius-Ausgaben; Summe: 211 Augustin-, 134 Hieronymus-, 73 Gregor d.Gr.-, 26 Ambrosius-Ausgaben. Da der *Gesamtkatalog der Wiegendrucke* (ebenfalls einschließlich 1500) erst bis zum Buchstaben Ga fortgeschritten ist, bietet er nur die Zahlen für Augustin und Ambrosius: 187 Augustin-Ausgaben (davon 116 Pseudo-Augustiniana) und 15 Ambrosius-Ausgaben.

ken stehen 17 Augustins gegenüber. Der Schwergewichtsverlagerung entspricht die Erscheinungsfolge der großen Baseler Werkausgaben: Augustin 1504-1506 (bei Amerbach) und Hieronymus 1516 (bei Froben). Legt man der Zählung nur die echten Schriften der Kirchenväter zugrunde, dann liegt Hieronymus mit 25 Ausgaben (1501-1521) gegenüber 12 Augustin-Ausgaben sogar mit deutlichem Vorsprung an der Spitze[7]. Augustin ist sowohl im Inkunabeldruck bis 1500 als auch in der Postinkunabelzeit bis 1521 ganz dominierend als Pseudo-Augustin präsent[8], während bei Hieronymus immer der Druck der authentischen Schriften stark überwiegt.

Nimmt man diese Zahlenverhältnisse mit den Beobachtungen zur Vornamengebung und Bildenden Kunst zusammen, so zeichnet sich bereits ab, was die folgende Untersuchung von verschiedenen Seiten her untermauern soll und was ich im Vorgriff thesenartig (nicht als Behauptung, sondern als Vermutung) so formulieren möchte: Die Reformation wird nicht etwa durch einen gesteigerten Augustinismus vorbereitet, sondern die Jahrzehnte vor der Reformation sind, bedingt durch den Einfluß des Humanismus und die Entwicklungen auf dem Gebiet der Frömmigkeit und Frömmigkeitstheologie, gekennzeichnet durch eine zurückgehende Geltung Augustins und durch eine gesteigerte Bedeutung des Hieronymus, der zum dominierenden Kirchenvater und bevorzugten Heiligen der Gebildeten wird. Das ist wohl die Regel. Nur in Ausnahmesituationen, vor allem aufgrund der besonderen Initiati-

---

[7] So die Auszählung nach dem (freilich lückenhaften) *VD 16: Verzeichnis der im deutschen Sprachbereich erschienenen Drucke des XVI. Jahrhunderts*. Bei der Zählung wurde berücksichtigt, daß im VD 16 Sammeldrucke (zB einiger Hieronymus-Briefe) oft mehrfach unter den jeweiligen Einzeltiteln genannt werden. Auch Einzelausgaben kommen gelegentlich doppelt vor. In all diesen Fällen habe ich selbstverständlich nur eine Ausgabe gezählt.—Man müßte die vorliegende Untersuchung ergänzen durch genaue Recherchen, in welchem Umfang in den alten Nürnberger Bibliothekskatalogen bzw. -beständen Hieronymus-Handschriften und -Drucke nachweisbar sind (im Verhältnis zu den anderen Kirchenvätern). Man würde wohl sicher den Satz bestätigt finden: "Im gelehrten Nürnberg stand gerade damals Hieronymus in allerhöchstem Ansehen; seine Briefe sind in jeder Bibliothek nachgewiesen." Adolf Weis: "... diese lächerliche Kürbisfrage ...". Christlicher Humanismus in Dürers Hieronymusbild, in: *Zeitschrift für Kunstgeschichte* 45 (1982) S. 195-201: 199 f. Ich beschränke meine Untersuchung auf die literarisch nachweisbare (bzw. ikonographisch dokumentierte) Hieronymus-Benützung und -Verehrung.

[8] Vgl. die Angabe im *Gesamtkatalog der Wiegendrucke*: 71 Ausgaben des echten, 116 Ausgaben des unechten Augustin.

ve von herausragenden Theologen-Gestalten des Augustiner-Eremiten-Ordens, schiebt sich an bestimmten Orten zwischen die Phase der vorreformatorischen Hieronymus-Begeisterung und die reformatorische Umorientierung der Theologie eine kurze Phase des wiederentdeckten Augustin: so in Nürnberg durch das Wirken Johanns von Staupitz und so in Wittenberg durch das Wirken des Staupitzschülers Luther. Diese folgenreichen Ausnahmen ändern aber nichts am Gesamtbild einer bis unmittelbar an die Reformation heranführenden Hochblüte der Hieronymus-Verehrung[9]. Ein auflebendes Interesse am genuinen Augustin (auch auf altgläubiger Seite) war wohl in der Regel erst die Folge des reformatorischen Umbruchs.

So ist es nicht überraschend, daß nach 1521 die Zahl der Augustin-Drucke, und zwar nun gerade der authentischen Schriften Augustins, rapid ansteigt und die Zahl der Hieronymus-Drucke wieder bei weitem überflügelt. Im gesamten Zeitraum von 1501-1600 ergibt sich daher für den deutschen Sprachbereich ein Zahlenverhältnis von 172 Augustin-Drucken (davon 70 Pseudo-Augustiniana) gegenüber 111 Hieronymus-Ausgaben (davon 12 Pseudo-Hieronymiana)[10]. Die Jahrzehnte vor der Reformation boten offensichtlich eine besondere, einmalige Konstellation für die Hochschätzung gerade des Hieronymus—eine Zwischenphase, der eine starke Dominanz Augustins vorausgeht und nachfolgt.

Hieronymus ist geradezu ein Mode-Heiliger des späten Mittelalters, vergleichbar der Bedeutung, die die hl. Anna, die Mutter Marias, in den Jahrzehnten vor der Reformation neben besonders populären und häufig abgebildeten Heiligen wie Johannes, Petrus,

---

[9] Interessant wäre in diesem Zusammenhang eine Klärung der Bedeutung Hieronymus' und Augustins für den jungen Zwingli. Die neueren Forschungsergebnisse Schindlers münden in den Satz, es scheine "schlechterdings unmöglich, die Formung der reformatorischen Theologie Zwinglis, die wir Anfang 1523 als abgeschlossen ansehen dürfen, auf einen irgendwie besonders gearteten Einfluss Augustins zurückzuführen". Alfred Schindler: *Zwingli und die Kirchenväter*, Zürich 1984 (= 147. Neujahrsblatt zum Besten des Waisenhauses Zürich), Zürich 1984, S. 38. Welche überragende Bedeutung Hieronymus für Zwingli besaß, zurückgehend auf intensive Lektüre schon in den frühen erasmianischen Jahren vor Zürich (vgl. Sämtl. Werke II,145,5-21), läßt allein die Zahl der Nennungen im Gesamt-Corpus der Zwingli-Schriften erkennen: 873 Belege gegenüber 512 Nennungen Augustins (Schindler, ebd S. 94 f und 92). Für den Reformator Zwingli war Hieronymus dann freilich anders als Augustin weniger als Theologe, sondern vor allem als philologisch-exegetischer Informant wichtig (ebd S. 15).

[10] Zahlenangaben nach VD 16.

Andreas, Katharina, Barbara, Ursula, Georg, Sebastian, Laurentius oder Johannes dem Täufer gewann[11]. Freilich scheint der Kirchenvater, wie wir sehen werden, kein Volksheiliger des 'Gemeinen Manns', sondern der Patron bestimmter spiritueller und sozialer Eliten gewesen zu sein. Auffallend an der Sonderstellung der Hieronymus-Gestalt ist die Integrationskraft, mit der sie verschiedene Strömungen der Zeit in sich aufnehmen und zusammenführen konnte, und die Anwendungsvielfalt, mit der sie zur paradigmatischen Identifikationsfigur für zentrale Impulse spätmittelalterlicher Laienfrömmigkeit, Ordensspiritualität und Gelehrtenkultur werden konnte. Wesentliche Brennpunkte der kirchlichen, kirchenkritischen und reformerischen Devotion des 14. und 15. Jahrhunderts, dh die Brennpunkte des Heiligenkultes, der Passions- und Imitatio-Frömmigkeit, der Endgerichtserwartungen, der monastischen Ideale, der Frömmigkeitstheologie und des humanistischen Reformstrebens vor der Reformation sind zugleich die Brennpunkte der geradezu überschwengliche Züge annehmenden Hieronymus-Begeisterung. Und es ist daher nur konsequent, daß—dem Umschlagen der Bilderverehrung in die Bilderstürme entsprechend—die spätmittelalterliche Hieronymus-Verehrung in eine tiefe reformatorische Abneigung gegen den Theologen und Asketen Hieronymus umschlug. Eine auch weiterhin andauernde Hochschätzung des Bibelphilologen Hieronymus war damit nicht ausgeschlossen[12].

2. *Augustin als überragende Autorität der mittelalterlichen Hochtheologie*

Kommt man von der traditionellen Perspektive der Theologiegeschichtsforschung her, deren Interesse vornehmlich der scholastischen Hochtheologie gilt, dann ist diese Ausstrahlungskraft des Hieronymus, neben der Augustin in manchen Bereichen zu einem Stern geringerer Leuchtkraft verblaßt, überraschend und irritierend. Tatsächlich ist ja Augustin die überragende Kirchenväter-Autorität der scholastischen Theologie vom 12. Jahrhundert bis zum Tridentinum und darüber hinaus. Die gesamte Lehrbildung der mittelalterlichen Theologen kann man als Variationen Augu-

---

[11] Vgl. Stephan Beissel: *Die Verehrung der Heiligen und ihrer Reliquien in Deutschland während der zweiten Hälfte des Mittelalters*, Freiburg i.Br. 1892 (= Ergänzungshefte zu den 'Stimmen aus Maria-Laach' 54), besonders S. 56-72.

[12] Vgl. Anm. 9.

stins und als Kampf um das augustinische Erbe darstellen. Es ist symptomatisch, daß der grundlegende und offizielle, durch das Laterankonzil von 1215 als rechtgläubig approbierte Vorlesungstext der zum Doktorat strebenden Universitätstheologen seit der ersten Hälfte des 13. Jahrhunderts die Sentenzen des Petrus Lombardus waren—ein Text, der überwiegend nichts anderes ist als ein geschickt zusammengestelltes, mit ergänzenden Autoritäten angereichertes Augustin-Florilegium. Die großen schulbildenden Theologen des 13. Jahrhunderts, besonders der Dominikaner Thomas von Aquin und der Franziskaner Bonaventura, zeigen ihre Eigenart—etwa in der Gnadenlehre oder Erkenntnistheorie—gerade in der spezifischen Verwendung Augustins. Dies gilt erst recht für die theologische Lehrentwicklung im Orden der Augustinereremiten, bereits für die ältere Schulrichtung des Aegidius Romanus († 1316) und in herausgehobener Weise für die jüngere Schule des Gregor von Rimini († 1358), deren Programm es war, gegen die abmildernde Augustin-Rezeption ihres scholastischen Umfeldes den 'authentischen Augustin' in seiner radikal antipelagianischen Spättheologie neu zum Sprechen zu bringen. Es ist eines der großen Verdienste Heiko A. Obermans, der Forschung vor Augen gestellt zu haben, wie sehr man den jungen Augustinermönch Luther mit seiner Begeisterung für den antipelagianischen Augustin auch von dieser Traditionslinie seines Ordens her verstehen muß[13].

Nicht zu vergessen ist dabei, daß auch die spätscholastischen Gegner dieses 'exzessiven' gnadentheologischen Augustinismus, also auch ein Johannes Gerson, Pierre d'Ailly oder Gabriel Biel, in ihrer Weise gute Schüler Augustins sein wollten, die ihren Augustin nach seiner vermeintlich wahren, jenseits der 'situationsbedingten Überakzentuierungen' gültigen Intention besser zu verstehen glaubten[14]. Tatsächlich zeigen ja die Schriften Augustins—den wechseln-

---

[13] Dies gilt auch dann, wenn man mit guten Gründen eine direkte literarische Abhängigkeit des jungen Luther von Gregor von Rimini oder Hugolin von Orvieto bestreitet. Allein schon die prägenden Begegnungen mit seinem Ordensvorgesetzten, akademischen Lehrer und Seelsorger Staupitz haben Luther dieses radikal-augustinische Traditionsgut seines Ordens vergegenwärtigt, sicher nicht in der Weise von Autoritäten-Ketten, aber auf substantiell-inhaltliche Weise. Die etwas verfahrene, die Forschung bisweilen in Scheinalternativen hineinmanövrierende Diskussion um die Bedeutung einer "Via Gregorii" für Luther hat diesen Gesichtspunkt zu wenig beachtet.

[14] Vgl. zB auch die Augustin-Deutung des Biel-Schülers Wendelin Steinbach († 1519); dazu Heiko A. Oberman: *Werden und Wertung der Reformation. Vom Wegestreit zum Glaubenskampf*, 1. Aufl., Tübingen 1977, S. 119-140.

den Lebensphasen und Frontstellungen entsprechend—starke Wandlungen und Brüche seines Denkens, gerade auch im Verständnis von Gnade und Freiheit. Schließlich stand auch der breite Strom der romanischen und deutschen Mystik auf dem Boden der Vorherrschaft Augustins. Ebenso, wie sich unter der Autorität Augustins mit dem Nominalismus eine radikale Gnadentheologie verbinden konnte (wie bei Gregor von Rimini), so konnten sich im Namen Augustins auch Scholastik und Mystik zusammenfinden (wie bei den Viktorinern und Bonaventura). Die Geschichte der mittelalterlichen Hochtheologie ist die wechselvolle Geschichte verschiedenartiger Augustin-Bilder, dh variierender Rezeptionsweisen, die sich miteinander verbanden und gegeneinander stellten, bis auch die Reformatoren den 'genuinen', 'authentischen' Augustin zum Kronzeugen ihrer biblischen Theologie machten.

3. *Die Grenzen der Geltung Augustins*

Die Selbstverständlichkeit, mit der die abendländische Theologie als Variationen des Augustinismus—in seiner Verbindung mit Platonismus, Aristotelismus, Nominalismus, Biblizismus—gelten kann, verdeckte freilich der Forschung nur allzu leicht die Begrenztheit der Augustin-Rezeption, die reduzierte Leitfunktion der Gestalt Augustins besonders im 14. und 15. Jahrhundert. Es ist auffallend, daß—von Ausnahmen abgesehen—überall dort, wo Augustin über den engeren Bereich der scholastischen und mystischen Hochtheologie hinauswirkt, das Profil seiner Theologie und Gestalt eigenartig verblaßt und ins Unspezifische verschwimmt. Man kann das am Beispiel der Gnadentheologie Augustins verdeutlichen. Sie hat in ihrer reifen, die unfehlbar effektive Prädestination hervorhebenden, eine menschliche Entscheidungsfreiheit gegenüber der Gnade bestreitenden, auch den Glauben und die guten Werke als Geschenk interpretierenden, die Verdienstmöglichkeit des Menschen extrem einschränkenden und die christologische Verankerung des Heils hervorhebenden Gestalt (nach 396) zwar immer wieder Schüler in der scholastischen Theologie gefunden, von der Porretanerschule des 12. Jahrhunderts über den Thomas der Summa theologiae bis zur Schulrichtung Gregors von Rimini und Hugolins von Orvieto im 14. und 15. Jahrhundert, ja bis zur duplex-iustitia-Lehre der Vertreter einer vortridentinischen, katholischen Reformtheologie. Doch dieser gnadentheologisch pointierte Augustinismus ging kaum über den Raum der Studien hinaus.

Dies gilt selbst für den Bereich des Augustinereremiten-Ordens. Theologen wie die Erfurter Augustinereremiten Johannes Klenkok († 1374), Angelus Dobelinus († nach 1420) und Johannes Zachariae († 1428), die sich in der Gnadenlehre an Gregor von Rimini und Hugolin von Orvieto und damit am antipelagianischen Augustin orientierten[15], hatten so gut wie keine Ausstrahlung über den akademischen Bereich hinaus. Umgekehrt verliert Augustin bei den beiden Erfurter Augustinertheologen, die sich zwischen 1465 und 1511 um eine Frömmigkeitstheologie für den einfachen Priester, Mönch und Laien bemühten und tatsächlich einen großen Einfluß auf die Frömmigkeit ihrer Zeit ausübten, sein gnadentheologisches Profil. Auch für diese beiden, Johannes (Bauer) von Dorsten (1465 in Erfurt zum Doktor promoviert, † 1481) und Johannes (Jeuser) von Paltz († 1511), bleibt Augustin die am häufigsten zitierte Autorität. Doch geht es ihnen nicht um einen qualifizierten Augustin, vor allem nicht um den antipelagianischen Augustin der Spätzeit[16]. Statt dessen benützen sie Augustin zu allen möglichen Themen als unerschöpfliches Reservoir für dicta probantia, zB als Autorität für die Jurisdiktionsgewalt des Papstes über die Seelen im Fegfeuer[17]. Wo wirklich einmal der antipelagianische Augustin mit seiner 'harten' Prädestinations- und Gnadenlehre in den Blick kommt, bezichtigen ihn Dorsten und Paltz in traditioneller Manier der überspitzten Redeweise: Extreme (excessive) locutus est[18].

Was auch in den Lehrschriften der scholastischen Theologie des 14. und 15. Jahrhunderts oft genug zu beobachten ist, wird in der seelsorgerlich orientierten Frömmigkeitstheologie des Jahrhunderts vor der Reformation fast zur Regel ohne Ausnahme: Augustin wird zwar als anerkannter Lehrer der göttlichen Gnade, des geistli-

---

[15] Vgl. Adolar Zumkeller: *Erbsünde, Gnade, Rechtfertigung und Verdienst nach der Lehre der Erfurter Augustinertheologen des Spätmittelalters*, Würzburg 1984 (= Cassiciacum 35), S. 19-302.

[16] Vgl. Berndt Hamm: *Frömmigkeitstheologie am Anfang des 16. Jahrhunderts. Studien zu Johannes von Paltz und seinem Umkreis*, Tübingen 1982 (= BHTh 65), S. 313-322.

[17] Siehe ebd S. 319 mit Anm. 105.

[18] "Intelligendus est plus ad extremum locutus propter errorem eorum [sc. Pelagianorum]." Dorsten-Zitat bei Johannes von Paltz: Supplementum Coelifodinae (1504), hg. von Berndt Hamm, Berlin - New York 1983 (= Spätmittelalter und Reformation 3), S. 316,13. Vgl. dazu Hamm: Frömmigkeitstheologie (wie Anm. 16), S. 319.

chen Lebens, der Gesetzeserfüllung durch Liebe, der Früchte eines erneuerten Lebens, der Versenkung in das Leiden Christi, der spirituellen Schriftauslegung usw. auf Schritt und Tritt zitiert (aus echten und unechten Schriften); er ist zweifellos die am häufigsten zitierte Autorität. Doch ist er als Fundgrube geistlicher Wahrheiten für das gnadengeleitete Leben beliebig austauschbar und ergänzungsfähig. Er fügt sich als eine Stimme neben anderen in eine Kette von Autoritäten ein, zusammen mit Hieronymus, Gregor d.Gr., Chrysostomus, Basilius und—aus dem Mittelalter—Bernhard, Thomas, Bonaventura, Gerson und vielen anderen. Das Eigentümliche und Außergewöhnliche seiner Theologie tritt zurück. So ist es auch bezeichnend, daß, wie wir anfangs sahen, bis zur Reformation die weit überwiegende Mehrzahl der unter Augustins Namen gedruckten Schriften Pseudo-Augustiniana sind. Sie schleifen die Kanten seiner Theologie ab und vertreten nicht selten, etwa im Freiheits-, Gnaden- und Verdienstverständnis, gänzlich unaugustinische Lehren.

Augustin, wie er im 15. und beginnenden 16. Jahrhundert außerhalb der Hörsäle auf halbakademischem und erbaulichem Niveau zur Wirkung kommt, ist nicht—wie für einige unter den scholastischen Theologen, einige Humanisten (wie Francesco Petrarca[19] oder Marsilio Ficino[20]) und dann am Übergang zur Reformation besonders für Johannes von Staupitz—Kronzeuge, Leitfigur und

---

[19] Doch gilt auch hier die Einschränkung, die Buck: Der Rückgriff (wie Anm. 24) S. 173 macht: "Was Petrarca nicht sehen konnte oder wollte, blieb dem kritischen Scharfblick des Erasmus nicht verborgen: die prinzipielle Unvereinbarkeit von Augustins Lehre mit den Anschauungen des Humanismus." Störend an diesem Satz (und den weiteren Ausführungen Bucks) ist freilich, wie *die* Lehre Augustins und *der* Humanismus als feste, geschlossene Größen kontrastiert werden. Zur Korrektur vgl. William J. Bouwsma: The Two Faces of Humanism. Stoicism and Augustinianism in Renaissance Thought, in: *Itinerarium Italicum* (= Festschrift für Paul Oskar Kristeller), hg. von Heiko A. Oberman/Thomas A. Brady Jr., Leiden 1975, S. 3-60; vgl. auch die kritischen Bemerkungen zu Buck unten Anm. 24.

[20] Auch hier wieder ist (mit Kristeller) einzuschränken: "Doch ist wieder typisch, daß Ficino Augustin hauptsächlich aufgrund wohlbekannter Werke, wie der *Confessiones*, des *Gottesstaats* und *De Trinitate* zu kennen scheint sowie aufgrund jener frühen philosophischen und platonisierenden Schriften, die die theologischen Bewunderer des großen Kirchenvaters geringschätzen, während er sich an Augustins späteren theologischen Schriften offensichtlich weniger interessiert zeigt." Paul Oskar Kristeller: *Humanismus und Renaissance I*, hg. von Eckhard Keßler, München 1974 (= Humanistische Bibliothek I/21), S. 82.—Zur besonderen religiös-humanistischen Bedeutung, die Augustin für die Augustiner-Eremiten von S. Spirito in Florenz und—in symbiotischer Nähe zu ihnen—für Florentiner Humanisten des Tre- und Quattrocento hatte, vgl. Kaspar Elm: Mendikanten und

Identifikationsgestalt[21]. In dieser über den normalen Horizont der Lieblingsautoritäten herausgehobenen Leitfunktion, geradezu als Paradigma der Lehre und des Lebens, begegnet uns in der Frömmigkeit, Frömmigkeitstheologie und im Humanismus vor der Reformation vor allem Hieronymus.

Um das verständlich zu machen, seien zunächst Begriff und Phänomen der 'Frömmigkeitstheologie' erläutert, dann etwas zur Anziehungskraft des Hieronymus bemerkt, wobei auch die Eigenart der humanistischen Hieronymus-Begeisterung gedeutet werden soll. Von da aus ergibt sich der Zugang zu den Nürnberger Zeugnissen der Hieronymus-Verehrung.

4. *Das Phänomen der 'Frömmigkeitstheologie' - Ethisierung und Vermenschlichung der Theologie*

Unter der spätmittelalterlichen 'Frömmigkeitstheologie'[22] verstehe ich eine für Predigt und Seelsorge konzipierte und in Predigt und Seelsorge umgesetzte Theologie, die dem rechten Vollzug eines christlichen Lebens, seiner geistlichen Vertiefung und ordnenden Gestaltung, dienen will. Sie kann stark verinnerlichende, aus mystischen Traditionen schöpfende Impulse haben (wie etwa bei Theologen der Devotio moderna), sich aber andererseits auch zum Fürsprecher einer eher institutionsorientierten Kirchlichkeit machen und die Segnungen der Sakramente, Ablässe, des observanten Klosterlebens und der kirchlichen Heiligenverehrung hervorheben (wie es die erwähnten Augustinereremiten Dorsten und Paltz tun). Hinter dieser zur Lebensformung anleitenden, praktisch-seelsorgerlichen Theologie verbirgt sich als treibende Kraft ein reformerisches Bemühen, wie es programmatisch und wegweisend vor allem von Johannes Gerson am Anfang des 15. Jahrhunderts formuliert worden ist: die Zielsetzung nämlich, die Distanz zwischen einer

---

Humanisten im Florenz des Tre- und Quattrocento. Zum Problem der Legitimierung humanistischer Studien in den Bettelorden, in: Otto Herding/Robert Stupperich (Hgg.): *die humanisten in ihrer politischen und sozialen umwelt*, Boppard 1976 (= Kommission für Humanismusforschung, Mitteilung 3), S. 51-85: 81-83.

[21] Bei Staupitz allerdings in einer völlig modifizierten Weise: siehe unten S. 229.

[22] Zum Begriff vgl. Berndt Hamm: Frömmigkeit als Gegenstand theologiegeschichtlicher Forschung. Methodisch-historische Überlegungen am Beispiel von Spätmittelalter und Reformation, in: ZThK 74 (1977), S. 464-497; ders.: Frömmigkeitstheologie (wie Anm. 16), S. 132-138.

hochabstrakten, sich im Kreise ihrer rationalen Spekulationen und logisch-dialektischen Begriffszergliederungen bewegenden Scholastik und einer elitären, den Weg zu contemplatio und unio weisenden Mystik einerseits und einer Frömmigkeit des Alltags und der einfachen Christen andererseits zu überwinden. Diese 'halbakademische' oder gar unakademisch-popularisierende Theologie verläßt daher in der Regel das Kampffeld der akademischen Lehrrichtungen oder auch spezifischer Ordenstheologien und die hochgeschraubten Ansprüche mystischer Aufstiegsprogramme. Alles konzentriert sich hier auf die Einfachheit (simplicitas), die das für die Seelen Notwendige sucht, auf Erbauung (aedificatio), auf affektive Aneignung, auf den geistlichen Nutzen (utilitas) und das Fruchtbringen (fructificatio) im Alltag des Klosters und der Weltgeschäfte[23]. Die Polemik richtet sich gegen geistliche und intellektuelle Verstiegenheiten, gegen das spekulative Eindringen in die göttlichen Geheimnisse, gegen philosophische Überfrachtung der Theologie, gegen hybride, sterile und überflüssige Gedankenspiele, Subtilitäten und Sophismen. Statt theologischer Spekulation Konzentration auf die christliche Lebensführung!—so lautet die frömmigkeitstheologische Devise.

Kennzeichnend für die Frömmigkeitstheologie ist, daß die Theologie ganz und gar einmündet in den moralisch-praktischen Appell. Jede theologische Reflexion ist bezogen auf moralisch-praktische Anwendung. Die Mitte der doctrina christiana ist die rechte vita christiana, Frömmigkeit als konkreter Lebensvollzug durch eine bestimmte Lebensgestaltung. Diese Zielsetzung kann sich als spezifisch monastische Theologie artikulieren, vor allem als Theologie mönchischer Observanz, aber auch zB als reichsstädtische Laientheologie. Wichtig erscheint mir dabei die Beobachtung, daß die gesamte Frömmigkeitstheologie in ihren verschiedenartigen Zweigen einen starken Zug zum Menschlichen, zur Vermenschlichung des theologischen Denkens zeigt. Thematisiert wird—anders als in der patristischen und scholastischen Gotteslehre—das transzendente Wesen Gottes nur noch, sofern es für Gnaden- und Heilszueignung bzw. -erwerb des Menschen unmittelbar wesentlich ist. Alles dreht sich um das Ineinandergreifen des menschlichen und göttlichen Wirkens und um die Gnaden- und Heilssicherheiten für

[23] Vgl. Christoph Burger: *Aedificatio, fructus, utilitas. Johannes Gerson als Professor der Theologie und Kanzler der Universität Paris*, Tübingen 1986 (= BHTh 70).

den geängstigten Menschen und seine praxis pietatis. Die neuzeitliche Umorientierung auf eine Zentralstellung des Menschen und seines Erfahrungs-Ich hin deutet sich somit nicht nur im Humanismus, sondern auch in der gleichzeitigen Frömmigkeitstheologie an[24].

---

[24] Eine wichtige Unterscheidung sollte freilich beachtet werden: Es ist nicht dasselbe, ob 1.) das Göttliche—der Bewegung der Inkarnation entsprechend—konsequent auf menschliche Erfahrung und auf Alltäglichkeit, Konkretheit, Individualität und Kontextualität menschlicher Lebensvollzüge hin ausgelegt wird (wie vermutlich bei vielen spätmittelalterlichen Frömmigkeitstheologen und Humanisten) oder ob 2.) das Humanum bestimmt, was am Divinum gültig sei, und ob so Gott zu einer Funktion menschlicher Würde wird (wie vielleicht bei manchen Humanisten). Nicht die Tatsache allein, daß das menschliche Subjekt mit seiner Individualität und seinem Erfahrungshunger sich in der frühneuzeitlichen Theologie oder Philosophie in den Vordergrund schiebt, ist dann letztlich für die weitere Entwicklung das Entscheidende, sondern vor allem auch die Frage, wer die normative Auslegungsinstanz bei der Auslegung dieses neuzeitlichen Erfahrungs-Ich ist: die christliche Offenbarungsautorität, die den Menschen auslegt, oder der Mensch als Maß der Dinge, der das Göttliche auslegt.

Man wird an diesem Punkt nicht generell *den* Humanismus gegen *die* Frömmigkeitstheologie stellen können, sondern stark differenzierend die Möglichkeiten einer intensiven wechselseitigen Durchdringung mit verschiedenen Konsequenzen wahrnehmen müssen. Leider zeigen sich in der Spätmittelalter-Forschung gelegentlich recht monolithische Vorstellungen von *dem* Humanismus und *dem* Christentum (*der* Theologie und Frömmigkeit)—eindimensionale Begriffsbildungen, aus denen dann vorschnelle Gegensatz- oder Verschmelzungsmodelle abgeleitet werden. Vgl. zB den Forschungsansatz von August Buck, etwa in seinem Aufsatz: Der Rückgriff des Renaissance-Humanismus auf die Patristik, in: Kurt Baldinger (Hg.): *Festschrift Walther von Wartburg zum 80. Geburtstag*, Bd 1, Tübingen 1968, S. 153-175: Das Verhältnis der Humanisten zur Patristik versucht er mit seltsam starren Begriffen von *dem* Humanismus (*den* Humanisten) und *dem* Christentum zu beschreiben, so daß er der tatsächlichen Vielfalt der Beziehungsmöglichkeiten zwischen bestimmten Humanisten und bestimmten patristischen Traditionen nicht gerecht werden kann. Ein wirkliches, konkret unter bestimmten Umständen realisiertes Zusammenfallen von genuinem, authentischem Humanismus und genuiner, ernsthaft von der biblischen Überlieferung ausgehender christlicher Theologie erscheint hier von vornherein als unmöglich: "die Humanisten ... waren weder Philosophen noch Theologen" (S. 174). Vgl. auch Buck: *Humanismus: seine europäische Entwicklung in Dokumenten und Darstellungen*, Freiburg/München 1987 (= Orbis academicus I/16), S. 251, wo es pauschal von *der* humanistischen Christologie heißt: "Demgegenüber verblaßt der spezifisch religiöse Aspekt in der Christologie, die Passion und der Kreuzestod Christi und die dadurch bewirkte Erlösung der Menschheit." "Dementsprechend waren die Begriffe von Sünde und Erlösung 'fast völlig verduftet'." (S. 253) Im Unterschied zu solchen ärgerlichen (weil längst widerlegten, aber doch immer wieder nachgesprochenen) Pauschalurteilen will ich im folgenden die Begriffe 'Humanismus' und 'Frömmigkeitstheologie' so offen handhaben, daß sie die tatsächlichen Verhältnismöglichkeiten von kirchlichem Christentum und humanistischer Orientierung an der Antike, sowohl die partiellen Gegensätze wie auch die partiellen Verschmelzungen, in sich aufnehmen können.

Man kann dieses Phänomen auch als Ethisierung von Theologie beschreiben: wie sich Theologie als Anleitungstheologie präsentiert und wie sich alle Anleitung auf den geistlichen Nutzen und Gewinn des neu gestalteten Lebens bezieht. Diese Ethisierung *muß* nicht unbedingt etwas mit dem zu tun haben, was in traditioneller protestantischer Polemik als Werkgerechtigkeit und Verdienstfrömmigkeit bezeichnet wird. Völlig fern steht ihr jedenfalls das, was man für spätere kirchengeschichtliche Epochen (beginnend mit der Aufklärungstheologie) als Verdiesseitigung oder Horizontalisierung von Theologie beschreiben kann. Es geht ja dieser Frömmigkeitstheologie des späten Mittelalters in einer eminenten Jenseitsbezogenheit gerade um den Spannungsbogen zwischen Gott und Mensch, vor allem um die Polarität von göttlicher Barmherzigkeit und menschlicher Buße. Bemerkenswert aber ist, wie allgemein auf der Ebene der Frömmigkeitstheologie die starken gnadentheologischen Impulse, die vor allem von Augustin her in die mittelalterliche Theologie des Westens geflossen sind, abgeschwächt werden, wie der Primat der Gnade zurücktritt gegenüber der Betonung der menschlichen Entscheidungsfähigkeit, der Satisfaktions- und Verdienstmöglichkeiten durch innere geistliche Aktivität und entsprechende äußere gute Werke, der stufenweise gestaffelten Wege des Gnaden- und Heilserwerbs und der Perfektionierbarkeit des frommen Lebens in der Gebotserfüllung und Christusnachfolge.

5. *Prädestinations- und Gnadenverständnis in der Frömmigkeitstheologie*

Aufschlußreich ist, wie—falls überhaupt noch von der göttlichen Prädestination die Rede ist—eine Lösung des Prädestinationsproblems gesucht wird. Eine für den Trend der Frömmigkeitstheologie insgesamt charakteristische, geradezu klassische, längst von der franziskanisch orientierten Richtung der Scholastik vorgeprägte Antwort gibt der Nürnberger Arzt Ulrich Pinder in seinem 1507 gedruckten 'Speculum passionis domini nostri Jesu Christi', einem stark kompilatorischen Werk[25]. Gottes Prädestination zum Heil, sagt Pinder, geschieht konditional, dh unter der Bedin-

[25] Speculum passionis domini nostri Ihesu christi. In quo relucent hec omnia singulariter, vere et absolute, puta Omnis perfectio yerarchie, Omnium fidelium beatitudo, Omnes virtutes, Dona, Fructus Et spiritualium bonorum omnium efficacia. Nürnberg: Ulrich Pinder (auch im Besitz der Druckerwerkstätte, die von seinem Schwiegersohn Friedrich Peypus geleitet wurde), 30. Aug. 1507. Exemplar:

gung, daß der Mensch in freier Entscheidung den Weg der Gesetzeserfüllung und guten Werke geht. Gott bestimmt daher nur diejenigen zum Heil, von denen er vorherweiß, daß sie diese Bedingung erfüllen werden: "Keiner sage also, daß er [da ja alles prädestiniert sei] umsonst zu Gott bete und andere gute Werke tue, denn die göttliche Prädestination, die die Bereitstellung der Gnade für die Gegenwart und der Herrlichkeit für die Zukunft ist, hat, da sie ewig ist, von Ewigkeit her einen bestimmten Menschen zur Seligkeit bestimmt, dh durch [unter Berücksichtigung, in Anbetracht] seine[r] Verdienste und sein[es] Gebet[s]. Die Prädestination ist nämlich so eingerichtet worden, daß sie durch Bitten und Werke erlangt wird. Daher sagt Augustinus: 'Wenn du nicht prädestiniert bist, dann mach, daß du prädestiniert wirst.' "[26]

Es ist bezeichnend für den Umgang mit Augustin, wie Pinder dieses pseudoaugustinische "dictum vulgare"[27] als Augustin-Wort fraglos anerkennt und als passenden Beleg in seine völlig unaugustinische Argumentation einfügt. Überhaupt zitiert er in seiner Passionsschrift Augustin sehr oft. Er ist mit 54 Zitaten (durchaus aus gnadentheologisch ausgereiften Schriften) die am häufigsten genannte Autorität (gegenüber 19 Hieronymus-Zitaten). Bruchstücke augustinischer Gedanken werden in eine augustinfremde Konzeption eingebaut.

Meine Hypothese ist, daß dieser Befund den durchschnittlichen Zustand der Frömmigkeitstheologie vor der Reformation mit wenigen Ausnahmen widerspiegelt. Man kann hier nur Vermutungen anstellen, weil das breite erbauliche, halbakademische bis populartheologische Frömmigkeitsschrifttum des 15. und beginnenden 16.

Nürnberg, Germanisches Nationalmuseum, 4 Rl. 2341^{m} Postinc.—Zur Person Dr. Ulrich Pinders vgl. Berndt Hamm: Humanistische Ethik und reichsstädtische Ehrbarkeit in Nürnberg, in: *Mitteilungen des Vereins für Geschichte der Stadt Nürnberg* 76 (1989) S. 65-148: 92 Anm. 106 (Literatur).

[26] "Nullus ergo dicat se frustra orare deum et alia bona facere, quia praedestinatio divina, quae est praeparatio gratiae in praesenti et gloriae in futuro, cum sit aeterna, sic ab aeterno praedestinavit aliquem ad beatitudinem, scilicet per merita sua et orationem. Praedestinatio enim est taliter instituta, ut precibus et laboribus obtineatur. Unde Augustinus: 'Si non es praedestinatus, fac, ut praedestineris.'" Ebd fol. 76r (De praedestinatione).

[27] Mit dieser Bezeichnung wird es Augustin abgesprochen und zurückgewiesen von Johann von Staupitz: De exsecutione aeternae praedestinationis (verfaßt Ende 1516, erschienen Anfang 1517), § 28; Ausgabe von Lothar Graf zu Dohna/Richard Wetzel, Berlin - New York 1979 (= Spätmittelalter und Reformation 14), S. 104 mit Anm. 23 (zur sonstigen Zitation des Dictums im Mittelalter).

Jahrhunderts bisher nur sehr sporadisch die Aufmerksamkeit der theologiegeschichtlichen Forschung gefunden hat. Was vor Ort in den Klöstern und von den Kanzeln der Städte gepredigt wurde, ist zwar—vor allem in handschriftlich erhaltenen Predigtnachschriften—gut dokumentiert[28], aber in seinem theologischen Gehalt so gut wie nicht untersucht. Stichproben aus der Predigt- und Briefliteratur in Nürnberg zwischen 1450 und 1517 lassen folgenden, vorsichtig verallgemeinernden Schluß zu, der noch der weiteren Überprüfung bedarf[29]: Eine konsequente, am reifen Augustin orientierte Gnadentheologie kam in Nürnberg vor der wirkungsreichen Predigttätigkeit des Johannes von Staupitz (also vor 1516/17) nicht zur Geltung.

Vorherrschend war eine auf die Entscheidungsfreiheit vor Gott und das geistliche Leistungsvermögen des frommen Menschen und seiner virtutes zugespitzte Theologie, eine popularisierende Vereinfachung jener Gedanken, wie man sie aus der Gnaden-, Tugend-, Buß- und Verdienstlehre der skotistischen und ockhamistischen Tradition—etwa von Gabriel Biel her—kennt. Das starke Interesse daran, die Unbedingtheit der göttlichen Souveränität und Gnade gewahrt zu wissen, wie man es in der scholastischen Theologie immer wieder quer durch die Schulen antrifft, zB in lehrhaften Aussagen über die völlige Inkommensurabilität von natürlichem Tun des Menschen und göttlicher Gnade oder von gnadenhaftem Wirken des Menschen und himmlischer Glorie[30] und in größten Bedenken, von einem wirklichen Verdienen des Menschen vor Gott im eigentlichen Sinne des Wortes zu sprechen[31] —solche Intentionen

---

[28] Vgl. für das deutschsprachige Schrifttum bis 1500 als wichtigste Fundgrube das ausgezeichnete (allerdings noch nicht abgeschlossene) Lexikon: *Die deutsche Literatur des Mittelalters. Verfasserlexikon*, 2. Aufl., hg. von Kurt Ruh, Berlin - New York 1977 ff. Vgl. auch das Verzeichnis veröffentlichter Predigten von Karin Morvay/Dagmar Grube: *Bibliographie der deutschen Predigt des Mittelalters*, München 1974 (= Münchener Texte und Untersuchungen 47).

[29] Ich muß die folgenden Bemerkungen der gebotenen Kürze halber thesenartig vortragen. Eine gesonderte Darstellung der in Nürnberg gepredigten bzw. in Erbauungsschriften vorgetragenen Theologie der guten Werke wird von mir vorbereitet. Sie wird die Quellenbelege zu Vertretern der verschiedenen Orden, der Weltpriester und Laien bieten.

[30] Vgl. den besonders in der franziskanischen Scholastik akzentuierten Gedanken der freien Selbstbindung Gottes, die als Gegengewicht zur Insuffizienz menschlicher Werke überhaupt erst eine (uneigentliche oder vollgültige) Verdienstmöglichkeit begründen soll; dazu Berndt Hamm: *Promissio, pactum, ordinatio. Freiheit und Selbstbindung Gottes in der scholastischen Gnadenlehre*, Tübingen 1977 (= BHTh 54).

und Hemmungen treten in der gepredigten und seelsorgerlichen Theologie Nürnbergs eher zurück. Zwar—so wird betont—hat der Mensch vor Gott immer die Haltung der Demut (humilitas), des Sündenbekenntnisses und der Bußgesinnung einzunehmen. Er darf nicht auf seine guten Werke bauen; er darf in der *subjektiven Perspektive* der Selbstbeurteilung und des Gebets nicht selbstgerecht auf seine Qualität und Aktivität verweisen, sondern kann angesichts des drohenden Gerichts und einer bleibenden Ungewißheit über den eigenen Status nur vertrauensvoll an Gottes Erbarmen, das stellvertretende Leiden Christi und die Fürsprache Mariens und der Heiligen appellieren. Doch *de facto* (in objektiver Bewertung) sind es nach Auffassung der Prediger gerade die geistliche Qualität des Menschen und die aus der Demutshaltung heraus geschehenden Werke, die den Menschen trotz aller bleibenden Sündhaftigkeit, Unreinheit und Labilität des himmlischen Lohnes würdig machen—und sei es auch nur ein Minimum an Bußgesinnung und -werken. Es ist gerade das Viele, das, gemessen an der Vollkommenheit, immer noch zu wenig ist; und es ist gerade das Wenige, das, wenn sich der Mensch dabei nach Kräften bemüht, den Himmel erobern kann.

Diese stark gesetzes-, leistungs- und verdienstorientierten Züge der Nürnberger Theologie mit ihren dominierenden Kategorien des Erwerbens und Vermehrens, der graduellen geistlichen Vervollkommnung und äußeren Kumulation, des minimal Ausreichenden und des maximal Erstrebten dürften wohl—so ist zu vermuten—über Nürnberg hinaus charakteristisch für die Situation der gängigen, vor Ort gepredigten Frömmigkeitstheologie im Jahrhundert vor der Reformation sein[32]. Augustin, der doctor gratiae, konnte für diese Art von Religiosität zwar eine Autorität, aber nicht

[31] Man denke an die enormen Schwierigkeiten, die vor allem die frühscholastische Theologie unter dem Eindruck der augustinischen Gnadentheologie damit hatte, überhaupt eine Verdienstmöglichkeit des Menschen anzuerkennen. Vgl. Hamm ebd S. 26-103.

[32] Selbst die von Adolar Zumkeller dargestellten Aussagen über "Das Ungenügen der menschlichen Werke bei den deutschen Predigern des Spätmittelalters" (ZKTh 81 [1959] S. 265-305) fügen sich ohne weiteres in das beschriebene Bild, obwohl Zumkeller seine Aufmerksamkeit vor allem herausragenden Predigerpersönlichkeiten quer durch Deutschland (und nicht dem Predigtdurchschnitt an einem Ort) und dabei besonders denjenigen sporadischen Aussagen schenkt, die, meist in der Auslegung der Perikope vom Pharisäer und Zöllner (Lk 18,9-14), das Defizitäre an den menschlichen Werken hervorheben. Die meisten dieser Aussagen fallen aber nicht aus der gängigen Verdienstfrömmigkeit heraus, dh sie

gerade ein Paradigma sein. Augustin spielt daher auch in den frömmigkeitstheologischen Schriften der Nürnberger generell nur eine völlig unspezifische, in die Normalität der gängigen Buß-, Tugend- und Verdienstfrömmigkeit eingeebnete Rolle[33]. Für eine paradigmatische Leitfunktion kam unter den klassischen Autoritäten nur der Kirchenvater Hieronymus in Frage. Tatsächlich befindet sich Nürnberg in den zwei Jahrzehnten vor der Reformation in einer Phase ausgesprochener Hieronymus-Begeisterung.

Nürnberg steht dabei stellvertretend für viele Städte, in denen die Verbindung von frömmigkeitstheologischen Impulsen und gesteigerter literarischer Bildung Hieronymus zur Leitgestalt, zum Paradigma für gepredigte und gelebte Frömmigkeit werden ließ. Welchen Rang Hieronymus in der gepredigten Frömmigkeitstheologie vor der Reformation einnehmen konnte, zeigt sich—wie ich meine: exemplarisch—in einem Brief des Humanisten Johannes Rhagius Aesticampianus an seinen Vetter Fabianus Judicis aus dem Jahre 1508[34]. Dieser Vetter ist für Rhagius anspornendes Vorbild der Hieronymus-Verehrung. Nachdem Fabianus als Magister artium einst in den Schulen die "menschliche Torheit" gelehrt habe, widme er sich nun als Geistlicher in der Stadt Guben (Niederlausitz)

---

akzentuieren die—prinzipiell von allen spätmittelalterlichen Theologen geforderte—Demutshaltung des seines Heils ungewissen, seiner dauernden Sündhaftigkeit bewußten und seine kreatürliche Niedrigkeit vor Gott anerkennenden Menschen. Es wäre höchst irritierend, würde man nicht auf solche Aussagen stoßen. Sie sind mit einem anspruchsvollen, ungebrochenen religiösen Leistungs- und Verdienstdenken völlig vereinbar.

[33] Ein Beispiel aus der Bußlehre bietet der 'Poenitentiarius', eine Kurzfassung der Bußtheologie, die der Priester Johannes Rom(m)ing, von 1509 bis 1516 Schulmeister an St. Sebald in Nürnberg, für seine Schüler verfaßte: Penitentiarius Magistri Ioannis Rommingii Paratini, in tres parteis, contritionem, confessionem et satisfactionem, discretus, multiiugis sacrae scripturae et doctorum ecclesiae sententiis vtcunque desumptis redolens, cuique veram ac plenariam poenitentiam agere gestienti non minus vtilis quam necessarius. Nürnberg: Friedrich Peypus s.a.; Exemplar: Erlangen UB, Inc. 1154 (2) [beigebunden].—In dieser relativ kurzen Schrift werden Augustin und Hieronymus sehr häufig—jeweils 33mal—zitiert. Zur Person Rommings (aus Bayreuth) vgl. Hamm (wie Anm. 25) S. 86 Anm. 69 (Literatur).

[34] Rhagius hat diesen Brief seiner Druckausgabe von sieben Hieronymus-Briefen vorangestellt: Septem diui Hieronymi epistole ad vitam mortalium instituendam accomodatissime, cum Johannis Aesticampiani Rhetoris ac poete Laureati et Epistola et Sapphico carmine, aliorumque eruditissimorum virorum Epigrammatibus, Hoc libello continentur. Leipzig: Melchior Lotter d.Ä. 1508, Exemplar: London, British Museum, C. 107.bb.14. Für den Hinweis auf diese Quelle und eine Kopie danke ich Herrn Kollegen Ulrich Bubenheimer (Heidelberg).—Zu Rhagius' eigener Hieronymus-Verehrung vgl. den gesamten Brief und unten Anm. 291.

den heiligen Geheimnissen des christlichen Glaubens[35]. Leitstern sei ihm dabei Hieronymus. Mit Eifer sei er bemüht, den "reinsten Nektar der göttlichen Schriften aus den heiligen Bechern des Hieronymus zu trinken": "Fast keine Predigt hältst du vor deiner Gemeinde, ohne die Sentenzen und Anleitungen dieses heiligsten Mannes heranzuziehen. Niemals führst du mit deinen Freunden und Vertrauten ein Gespräch, ohne ihn zu nennen. Ihn hast du ständig in Händen, ihn führst du im Munde, ihn liebst du und ihm huldigst du mit leidenschaftlicher Verehrung wie einer himmlischen Gottheit."[36]

6. *Entstehung und Verbreitung der Hieronymus-Verehrung in der Frömmigkeit des 14. und 15. Jahrhunderts*

Warum gerade Hieronymus? Um dies zu verstehen, muß man in das 14. Jahrhundert zurückblicken, denn es war das Trecento, das—zunächst in Italien, dann mit einiger zeitlicher Verzögerung nach Deutschland und in die Niederlande hinüberwirkend—jenen Aufstieg des Hieronymus bewirkte, der ihn aus dem Vierer-Kollegium der großen westlichen Kirchenlehrer zu einzigartiger Verehrung und Vorbildlichkeit emporhob. Einer der frühesten und einflußreichsten Hieronymus-Verehrer in Italien war der berühmte Bologneser Rechtsgelehrte Johannes Andreae (Giovanni d'Andrea, um 1270-1348)[37]. Die wichtigste literarische Frucht der Hieronymus-Begeisterung Andreaes war sein 'Hieronymianus', eine zwischen 1334 und 1346/47 verfaßte Kompilation von biographischem Material, Zeugnissen und Wunderberichten über Hieronymus und Exzerpten aus seinen Schriften[38]. Im Vorwort blickt Andreae auf den

---

[35] Ebd. fol. A2v.

[36] "Quod [coelum] si intrare conaremur, in lege nobis domini meditandum die ac nocte profecto censeremus neglectisque saecularium authorum faecibus purissimum divinorum scriptorum nectar plenis, ut aiunt, labris tum ex aliis tum ex sanctis Hieronymi poculis fideliter et assidue hauriremus. Quod tu quidem, Fabiane carissime, divinitus quasi afflatus sedulo contendis, cum nullam fere contionem sine illius sanctissimi viri sententiis ac praeceptis unquam ad populum tuum habes, nunquam cum amicis ac familiaribus tuis sermonem aliquem sine illo conseris. Illum semper in manibus versas, illum in ore tuo geris, illum amas illumque ut numen quoddam coeleste, ut certe est, vehementer et colis et veneraris, ita ut et alios multos et me potissimum ad eius lectionem interpretationemque, licet non invitum—semper enim eius studiosus fui—, familiariter alliceres." Ebd fol. A3r.

[37] Zur Person vgl. LThK[2] Bd 5 (1960) Sp. 998; *Verfasserlexikon*[2] (wie Anm. 28), Bd 1 (1978), Sp. 336 f; *Dictionnaire de Droit Canonique*, Bd 6 (1957), Sp. 89-92.

Zeitpunkt seiner 'Bekehrung' zu Hieronymus—um 1310—zurück und berichtet, daß er damals bestürzt gewesen sei über den Mangel an Hieronymus-Verehrung in Italien[39]. Er sah sich, so berichtet er weiter, durch diesen Zustand zu einer regelrechten Hieronymus-Kampagne veranlaßt. Dazu gehörten außer der literarischen Propaganda in Prosa und Versen nicht nur Kirchen- und Altarstiftungen zu Ehren des Heiligen und der Entwurf eines ikonographischen Programms für würdige Darstellungen des Kirchenvaters, sondern auch die Aufforderung an die Eltern, ihre Söhne Hieronymus (Girolamo) zu nennen, sowie an künftige Mönche, beim Eintritt in einen Orden diesen Namen zu wählen[40].

Daß die Verehrung des Hieronymus seit der Mitte des 14. Jahrhunderts tatsächlich in Italien eine bis ins 17. Jahrhundert andauernde Hochblüte erlebte, daß er zum beliebtesten Kirchenpatron unter den altkirchlichen Vätern wurde, daß es in der zweiten Hälfte des 14. und am Anfang des 15. Jahrhunderts in Italien und Spanien auch zu einer Welle der Gründung von Laien- und Klosterkongregationen kam, die sich nach Hieronymus benannten und seiner Verehrung und Nachfolge weihten[41], daß seit 1350 auch in der frommen Bildenden Kunst südlich und nördlich der Alpen Hieronymus zu einer Zentralgestalt wurde[42]—all dies und mancherlei andere Erscheinungsformen des grassierenden Hieronymus-Kultes sind freilich nicht allein auf die Initiative des großen Kanonisten Andreae zurückzuführen. Seine Kampagne war zwar, auch durch die bedeutende literarische Nachwirkung seines 'Hieronymianus', sehr einflußreich[43], doch insgesamt nur ein Faktor unter vielen. Er griff etwas auf, was im Zug der Zeit lag und, aus vielerlei Wurzeln gespeist, den einzigartigen Schub in der Hieronymus-Verehrung bewirkte.

Eine einflußreiche Rolle unter diesen Wurzeln spielten die mit-

---

[38] Vgl. Joseph Klapper: Aus der Frühzeit des Humanismus. Dichtungen zu Ehren des heiligen Hieronymus, in: *Bausteine, Festschrift f. Max Koch*, hg. von Ernst Boehlich/Hans Heckel, Breslau 1926, S. 255-281: 255-262; Rice (wie Anm. 3) S. 64.

[39] Beginn des Vorworts zit. bei Klapper ebd S. 257-259.

[40] Vgl. ebd S. 261; Ridderbos (wie Anm. 3) S. 16-24; Rice (wie Anm. 3) S. 64-67; Wiebel (wie Anm. 3) S. 5-9.

[41] Vgl. Rice ebd S. 68-75; vgl. auch Ridderbos ebd S. 73-88.

[42] Vgl. außer der in Anm. 3 genannten Literatur den Art. 'Hieronymus' in: *Lexikon der christl. Ikonographie*, Bd 6 (1974), Sp. 519-529.

[43] Vgl. Klapper (wie Anm. 38) passim.

telalterlichen Legendare, vor allem die besonders verbreitete 'Legenda aurea' des Dominikaners Jacobus de Voragine aus der zweiten Hälfte des 13. Jahrhunderts. Sie reihten die legendenhaften Episoden aus dem Leben des Hieronymus aneinander—darunter die märchenhafte Geschichte von der Heilung des Löwen, der dem Kirchenvater die Entfernung des Dorns aus der Pfote mit treuen Diensten dankte[44]. Doch die Wirkungsgeschichte der 'Legenda aurea' und anderer Legendensammlungen, die ähnliches Wunderbare von vielen anderen Heiligen erzählten, erklärt nicht den besonderen Aufstieg einer exzeptionellen Hieronymus-Verehrung, auch wenn die Legendare dann innerhalb dieser Verehrung ausgiebig verwendet wurden. Literarisch am Beginn der Sonderentwicklung standen vor allem drei lateinische Briefe, wahrscheinlich aus der Feder eines einzigen Autors, die um 1300 verfaßt worden sein dürften und sich als authentische Berichte dreier Zeitgenossen und Freunde des Hieronymus ausgeben: des Hieronymus-Schülers Eusebius von Cremona, Augustins und Cyrills von Jerusalem[45]. Diese Pseudepigraphen boten eine Fülle hagiographischer Details über den weltüberwindenden Eremiten, den in strenger Keuschheit lebenden Mönch, den asketischen Büßer, den großen Wundertäter und den mit besonderer himmlischer Glorie belohnten Heiligen. Eine Traumvision führt Augustin vor Augen, daß der verstorbene Hieronymus aufgrund seiner heiligen, durch Leidensbereitschaft überragenden Lebensführung in den höchsten Rang paradiesischer Herrlichkeit, den Menschen erreichen können, emporgestiegen sei, gleichgestellt dem asketischen Eremiten und Märtyrer Johannes dem Täufer und den zwölf Aposteln, gleicher Verehrung würdig und gleicher stellvertretender Hilfeleistung für die noch Lebenden und ihn Anrufenden fähig[46]. Augustin erscheint in der Rolle des

[44] Zur legendarischen Überlieferung und zu den antiken Vorbildern vgl. Rice (wie Anm. 3) S. 37-44.

[45] Text der drei Briefe in MPL 22,239-326; krit. ediert wurden die durch Johannes von Neumarkt geschaffene Überarbeitung des lat. Textes und seine Übertragung ins Deutsche (s. unten) von Joseph Klapper: *Schriften Johanns von Neumarkt, 2. Teil: Hieronymus. Die unechten Briefe des Eusebius, Augustin, Cyrill zum Lobe des Heiligen*, Berlin 1932 (= Vom Mittelalter zur Reformation 6,2). - Zur Datierung vgl. die unterschiedlichen Angaben bei Erika Bauer: Art. 'Hieronymus-Briefe', in: Verfasserlexikon (wie Anm. 28), Bd 3 (1981), Sp. 1233-1238: 1234; Rice ebd S. 218f Anm. 1; Wiebel (wie Anm. 3) S. 21.

[46] Epistola (Ps.-)Augustini: Klapper ebd S. 272,11-288,12; MPL 22,287-289.

demütig Bittenden, der die Überlegenheit des Hieronymus anerkennt[47].

Diese Stilisierung des heiligen Hieronymus zum höchstrangigen Heiligen unter allen Doktoren der Kirche, gleichsam zur kirchlich-gelehrten Version Johannes' des Täufers, wurde bestimmend für die Entwicklung des Hieronymus-Kults in den folgenden zwei Jahrhunderten[48]. Auch Johannes Andreae stand unter dem starken Eindruck der drei Episteln[49]. Sie entfalteten eine ungemein starke und reich verzweigte Wirkungsgeschichte. Fast 400 Handschriften der lateinischen Fassung sind erhalten, von denen die große Masse (ca. 300) Abschriften des 15. Jahrhunderts sind[50]. Johann von Neumarkt, Kanzler am böhmischen Hofe Kaiser Karls IV. und (seit 1364) Bischof von Olmütz, brachte von seiner zweiten Italienreise (1368/69) ein Manuskript der Briefe mit und übersetzte sie bald darauf ins Deutsche[51]. Man hat vielleicht Recht mit der Vorstellung, daß er damit dem neuen Hieronymus-Kult "die Schleuse nach Deutschland" geöffnet habe[52]. Allein von dieser Übertragung

[47] Im Bericht über eine andere Vision, in der ihm die Seele des gerade in Bethlehem verstorbenen Hieronymus erscheint, spricht Augustin die 'anima Jeronimi' mit den Worten an: "Utinam, virorum eximie, tui mererer fieri pedissequus! Sed, quaeso, tui servuli, quamquam vilissimi, quem dilexisti in mundo nimia caritatis affectione, recorderis, ut tuis interventionibus a peccatis emunder, tua gubernatione recto calle inoffenso pede procedam, tuis defensionibus assiduis ab inimicis continue insidiantibus protegar tuoque sancto ductu salutis attingam portum." Epistola (Ps.-)Augustini: Klapper ebd S. 263,5-17; MPL 22,285.

[48] Vgl. auch in der Bildenden Kunst die verbreitete gemeinsame Darstellung von Hieronymus und Johannes dem Täufer; dazu Wiebel (wie Anm. 3) Register s.v. 'Johannes der Täufer'; Paul Antin: L'apparition de S. Jérôme et S. Jean-Baptiste à S. Augustin par Mino de Fiesole, in: ders.: *Recueil sur saint Jérôme*, Brüssel 1968 (= Collection Latomus 95); Peter G. Bietenholz: Erasmus von Rotterdam und der Kult des Heiligen Hieronymus, in: *Poesis et Pictura, Festschr. f. Dieter Wuttke*, hg. von Stephan Füssel/Joachim Knape, Baden-Baden 1989 (= Saecula spiritalia, Sonderband), S. 191-221: 194 mit Anm. 19 und 206 mit Anm.43. Zu einem Nürnberger Glasgemälde von 1520 aus der Werkstatt Veit Hirsvogels, das Johannes d.T. und Hieronymus gegenüberstellt, vgl. Hartmut Scholz/Peter van Treeck: Die Glasmalereien in der Imhoffschen Grabkapelle St. Rochus in Nürnberg, in: *Mitteilungen des Vereins für Geschichte der Stadt Nürnberg 76 (1989) S. 265-297.*

[49] Vgl. Rice (wie Anm. 3) S. 219.

[50] Vgl. Bauer (wie Anm. 45) Sp. 1234.

[51] Vgl. Werner Höver: Art. 'Johann von Neumarkt', in: Verfasserlexikon (wie Anm. 28), Bd 4 (1983), Sp. 686-695: 688 f. Nach Bauer ebd Sp. 1235 hat Johann von Neumarkt die Briefe, von denen er zunächst eine lat. Neubearbeitung vorlegte, zwischen 1371 und 1375 ins Deutsche übersetzt.

[52] Heinz Otto Burger: *Renaissance, Humanismus, Reformation. Deutsche Literatur im europäischen Kontext*, Bad Homburg v.d.H. - Berlin - Zürich 1969 (= Frankfurter Beiträge zur Germanistik 7), S. 29.

sind 46 Abschriften (davon 41 aus dem 15. Jahrhundert) und zwei Inkunabeln von 1484 überliefert[53]. Auch niederländische und niederdeutsche Fassungen der drei Briefe, seit etwa 1400 entstanden, sind in zahlreichen Handschriften (besonders aus der zweiten Hälfte des 15. und dem ersten Viertel des 16. Jahrhunderts) verbreitet gewesen[54]. In viele andere europäische Sprachen wurden die Briefe im Laufe des 14. und 15. Jahrhunderts übersetzt[55]. Auch die Drucküberlieferung ist beeindruckend: Der Gesamtkatalog der Wiegendrucke zählt (vor 1501) 36 Ausgaben[56]. Hinzu kommen die Frühdrucke des 16. Jahrhunderts, unter ihnen eine vom Nürnberger Ratsschreiber Lazarus Spengler angefertige Übertragung des Pseudo-Eusebius-Briefs ins Frühneuhochdeutsche, die 1514 bei Hieronymus Hölzel erschien und die Kulmination der Nürnberger Hieronymus-Begeisterung unmittelbar vor der Reformation markiert[57].

Insgesamt weist die Überlieferungsgeschichte der lateinischen Briefe über Hieronymus und ihrer Übersetzungen offensichtlich auf eine im 15. Jahrhundert stark ansteigende Tendenz der Hieronymus-Verehrung, die ihre Blüte gegen Ende des 15. und in den ersten beiden Jahrzehnten des 16. Jahrhunderts erreicht.

7. *Anziehungskraft und paradigmatische Rolle des Hieronymus in Frömmigkeit und Frömmigkeitstheologie*

Warum erfreuten sich die Hieronymus-Briefe solcher Beliebtheit? Aus welchen Gründen und in welcher Hinsicht konnte Hieronymus —freilich nicht nur aufgrund dieser Legendenbildung, sondern vor allem auch durch die zunehmende Verbreitung, Übersetzung[58] und eifrige Lektüre seiner eigenen Schriften, besonders des Briefcor-

[53] Vgl. Bauer ebd; vgl. Höver ebd. Die meistverbreitete deutschsprachige Legendensammlung des Mittelalters und der frühen Neuzeit, 'Der Heiligen Leben', bediente sich der Hieronymus-Briefe in der Übertragung Johanns von Neumarkt; vgl. Kurt Ruh: Art. 'Hieronymus, Sophronius Eusebius', in: Verfasserlexikon (wie Anm. 28), Bd 3 (1981), Sp. 1221-1233: 1222.

[54] Vgl. Bauer ebd Sp. 1236 f.

[55] Vgl. Rice (wie Anm. 3) S. 49 und 219 Anm. 2.

[56] *Gesamtkatalog der Wiegendrucke* Nr. 3048, 9446-9481.

[57] Siehe unten S. 205-207.

[58] Zur reichen deutschsprachigen Überlieferung der Hieronymus im Mittelalter zugeschriebenen Schriften vgl. Ruh (wie Anm. 53) Sp. 1223-1231. Bemerkenswert ist eine Beobachtung Ruhs, die er (ebd Sp. 1231f) so formuliert: "die Popularität des H. betraf in erster Linie nicht sein literarisches Werk, sondern seine Persön-

pus[59]—zur Identifikationsfigur spätmittelalterlicher Devotion und Frömmigkeitstheologie werden? Welcher Hieronymus fand Aufnahme, Stilisierung und Nachahmung? Und mit welchen Zügen kam er den Bedürfnissen der Zeit entgegen?

Wie bereits die legendarische Typisierung der drei Episteln erkennen läßt, gewann Hieronymus eine dominierende Bedeutung als Inbegriff des rigorosen Gesetzes- und Tugendlehrers ("exemplar morum, detestator vitiorum"[60]), als asketischer Virtuose der Weltverachtung und -überwindung, als Idealbild des sich zermarternden Büßers ("exemplar poenitentiae"[61]), als Vorbild des eremitischen Lebens in der Wüste bzw. in der Einsamkeit der Klosterzelle, als Lehrer und gelebte Realisierung ungeteilter Hingabe an die Christusnachfolge und besonders eines dauerhaft jungfräulichen Lebens als des Zentrums geistlich-mönchischer Strenge. Seine Abtötung des Fleisches galt als vergeistigte Stufe des Märtyrertums. Er repräsentierte so die höchste Stufe des gottwohlgefälligen Lebens. In den Schriften des Kirchenvaters fand und bewunderte man den Prediger der Erfüllbarkeit des Gesetzes und eines sittlichen Vollkommenheitsideals, der an die Freiheit des Menschen, sein Leistungsvermögen und seine religiöse Verdienstfähigkeit appellierte, ohne die Notwendigkeit der helfenden, das menschliche Streben flankierenden Gnadenzuwendung Gottes und eine gewisse bleibende Sündhaftigkeit des Menschen zu leugnen. In Hieronymus hatte man den Typ des durch satisfaktorische und

---

lichkeit, und diese vermittelten in erster Linie die 'Hieronymusbriefe', die Vita sowie die von dieser inspirierte Ikonographie ..." Ich würde im Blick auf das Jahrhundert vor der Reformation—unter Einbeziehung der humanistischen Rezeption—etwas anders formulieren: Hieronymus wirkte besonders durch seine Persönlichkeit, wie sie sowohl durch die legendarische Überlieferung als auch durch bestimmte ihm zugeschriebene Schriften vermittelt wurde. Gefiltert durch sein Persönlichkeitsbild, war auch seine Lehre, dh seine Anleitungen zum frommen Leben, enorm wirksam. Die Wirkung Augustins war viel stärker von seiner Persönlichkeit gelöst und vollzog sich dementsprechend vorwiegend auf einer viel abstrakteren, (hoch)theologischeren Ebene.

[59] Eine Sonderrolle in der Rezeption der Hieronymus-Briefe spielt dabei der 22. Brief: Ad Eustochium (CSEL 54, S. 143-211) vor allem mit zwei Passagen: 22,7 über das Asketenleben des Hieronymus in der Wüste zwischen Skorpionen und fleischlichen Verlockungen; 22,30 über die Traumvision, in der Hieronymus wegen seiner Lektüre heidnischer Schriftsteller zur Rechenschaft gezogen wird (vgl. unten S. 166 f). Zur deutschsprachigen Überlieferung des Briefs vgl. Ruh ebd Sp. 1222 und 1227.

[60] Aus einer 1415 geschriebenen Handschrift: bei Klapper (wie Anm. 38) S. 266.

[61] Aus einer um 1460 geschriebenen Handschrift: ebd S. 279. In dieser "Oratio de sancto Jeronimo" wird Hieronymus auch als "normula vivendi" angerufen.

meritorische Askese und Gebetsmeditation den Himmel erobernden Heiligen vor Augen, den "doctor gloriosus"[62], der durch sein außergewöhnlich frommes Leben zu außergewöhnlicher Glorie emporgestiegen ist und daher unter allen Vätern der wirksamste Patron vor Gottes Richterstuhl ist. Schließlich sah man in Hieronymus den homo ecclesiasticus schlechthin, der all seine einzigartige Gelehrsamkeit in den Dienst der Verherrlichung des Papsttums und der Abwehr der Ketzer (der Origenisten und Pelagianer) gestellt und der Kirche das autoritative Instrument der lateinischen Bibel (Vulgata) geschenkt habe: in einer Person die ideale Verbindung von militanter Gläubigkeit und schärfster Sittenkritik einerseits und entsagungsvoller Demut und meditativer Verinnerlichung andererseits. Seine besondere Nähe zu Christus fand man verdichtet in der Vorstellung, daß er an der Geburtsstätte des Herrn in Bethlehem lebte und starb—wie es einem Heiligen gemäß ist, der als Lehrer, Asket und Wundertäter die höchste Stufe der imitatio Christi erreicht hat.

Dies war genau die Gestalt, die die Frömmigkeitsideale, Reformimpulse und religiösen Sehnsüchte des 14. und 15. Jahrhunderts auf sich ziehen und als Leitfigur bündeln konnte. Hieronymus konnte zum Idol der im Spätmittelalter so inbrünstig aufflammenden asketischen Impulse werden. Vor allem aber bot die Identifikation mit dem Kirchenvater, den man als Sekretär Damasus' I. von Rom und angeblichen Kardinal in engster Verbindung mit dem Papsttum sah[63], die Möglichkeit, die Ideale der radikalen, zT aus der institutionellen Kirche herausdrängenden asketischen Strömungen des ausgehenden 13. und 14. Jahrhunderts an die Papstkirche zu binden: das Armutsideal der Franziskanerspiritualen[64], das Absonderungsideal der vita solitaria des Eremitentums[65] und das Buß-

---

[62] Vgl. Rice (wie Anm. 3) S. 50.

[63] Vgl. ebd S. 35-37. Als presbyter cardinalis stellte man Hieronymus in der Hierarchie unter Papst Gregor d.Gr. und über die Bischöfe Ambrosius und Augustinus.

[64] Vgl. ebd S. 72 f.

[65] Wie das Ideal der Rückkehr in das Desertum und der Vita eremitica Eingang fand in die Reformprogramme der monastischen Orden und Kanoniker und so kirchlich-sozial eingebunden wurde, ist oft gezeigt worden. Vgl. die Erwähnung neuerer Literatur bei Kaspar Elm: Die Franziskanerobservanz als Bildungsreform, in: Hartmut Boockmann/Bernd Moeller/Karl Stackmann (Hgg.): *Lebenslehren und Weltentwürfe im Übergang vom Mittelalter zur Neuzeit: Politik - Bildung - Naturkunde - Theologie*, Göttingen 1989 (= Abhandlungen der Akademie der Wissenschaften in Göttingen, Phil.-hist. Klasse, 3. Folge Nr. 179), S. 201-213: 202-204.

und Reinigungsideal der Flagellanten. Entsprechend konnte Hieronymus im 15. Jahrhundert zur Vorbildgestalt der monastischen Observanzbewegungen mit ihrer Erneuerung asketischer Disziplin werden[66].

Es ist kein Widerspruch, sondern nur die Rückseite der gleichen asketischen Vorbildfunktion, daß sich an Hieronymus—den Mann, der Rom verließ, sich in die chalkidische Wüste bzw. in die klösterliche Stille Bethlehems zurückzog und sich hier, wie man meinte, seines Kardinalshutes und seiner kostbaren kurialen Gewänder entledigte—die antiklerikale (dabei durchaus kirchenfromme und klerusfixierte) Kritik an der Kurie, an Priester- und Mönchtum, an Machtbesessenheit, Gewinnstreben und Unkeuschheit des Klerus knüpfen konnte[67]. Es waren darum immer wieder Laiengemeinschaften und einzelne gebildete Laien, die in Hieronymus ihren Anwalt gegen eine verweltlichte Kirche und für einen Weg der Reform an Haupt und Gliedern der Kirche fanden[68]. Auch konnte der hieronymianische Weg der Christus-imitatio, der humilitas, Leidens-meditatio und compassio mit dem Gekreuzigten gerade auch den Laien als Inbegriff eines nachvollziehbaren, nicht auf den kirchlichen Stand beschränkten Frömmigkeitsideals dienen—ganz der Imitatio- und Passionsfrömmigkeit des Jahrhunderts vor der Reformation entsprechend. Jeder devotus konnte mit Hieronymus den Weg in die Stille seiner Kammer zur andächtigen, affektiven Betrachtung und zum Gebet vor dem Kruzifix gehen.

Gerade auch Frauen, vor allem gebildete[69] und unter ihnen besonders Nonnen, waren empfänglich für eine begeisterte Hier-

---

[66] Vgl. zB die Art und Weise, wie der Augustiner-Eremit Johannes von Paltz im Zusammenhang der monastischen Forderung nach 'observantia regularis' die Einhaltung des Keuschheitsgelübdes vorwiegend mit Zitaten aus Hieronymus-Briefen begründet: Supplementum Coelifodinae (wie Anm. 18), S. 119,23-129,28. Zur Rezeption des hieronymianischen virginitas- und castitas-Ideals im Rahmen der monastischen Observanz vgl. auch unten S. 176 (über die Hieronymus-Begeisterung der Nonne Caritas Pirckheimer).

[67] Man vergleiche die scharfen Ermahnungen an den Klerus, die sich im ersten der drei fingierten Briefe über Hieronymus (vgl. oben Anm. 45), im Ps.-Eusebius-Brief, finden; vgl. unten S. 210 mit Anm. 287 und 288 (zur Hieronymus-Rezeption des Nürnberger Ratsschreibers Lazarus Spengler). Vgl. auch (zur humanistischen Klerus-Kritik, in der Hieronymus als Norm des wahren Klerikers erscheint) John M. McManamon: Pier Paolo Vergerio (the Elder) and the Beginnings of the Humanist Cult of Jerome, in: *The Catholic Historical Review* 71 (1985) S. 353-371: 362.

[68] Vgl. Rice (wie Anm. 3) S. 83; Wiebel (wie Anm. 3) S. 52.

[69] Vgl. das Beispiel der Isotta Nogarola in Verona; dazu Rice ebd S. 96f.

onymus-Verehrung, denn Hieronymus war aufgrund seiner—in seinen Briefen überlieferten—intensiven seelsorgerlichen Bemühungen um vornehme römische Damen wie Paula und Eustochium berühmt als derjenige Kirchenvater, der am meisten für die Pflege einer Spiritualität von Frauen und die Verherrlichung ihrer jungfräulichen Enthaltsamkeit geleistet habe. Als der Humanist Konrad Celtis der Nonne und späteren Äbtissin des Nürnberger Klarissen-Klosters Caritas Pirckheimer einen Brief und ein Exemplar seiner Hrotsvitha-Ausgabe geschickt hatte, bedankte sie sich bei ihm Ende März 1502 mit einem Antwortbrief, in dem sie ihn mit Hieronymus verglich: "Ihr folgt dem göttlichen Hieronymus nach, der ebenfalls unser Geschlecht in keiner Weise verachtet hat und es auch nicht verschmäht hat, den Gott geweihten Jungfrauen auf ihr Begehren die Hl. Schrift auszulegen, was die trägen und nachlässigen Männer von ihm nicht erfahren wollten."[70] Auch später, 1513, als Caritas von ihrem Bruder Willibald Pirckheimer die Übersetzung einer Plutarch-Schrift aus dem Griechischen ins Lateinische gewidmet bekam, fand sie ganz ähnliche Dankesworte, indem sie auch ihn in die Hieronymus-Nachfolge stellte und offensichtlich kein höheres Lob als dieses aussprechen zu können meinte: "Du bist ein Nachfolger des Theophrastus [des göttlich redenden] Hieronymus geworden, der ebenfalls auf Bitten von Jungfrauen den größeren Teil der Hl. Schrift aus dem Hebräischen ins Lateinische übersetzte."[71] Der hier deutlich mitanklingende humanistische Ton der Hieronymus-Verehrung wird noch näher darzustellen sein[72].

Allgemein kann man sagen, daß die Hieronymus-Gestalt als Inbegriff des der Welt entsagenden Büßers genau jener beunruhig-

---

[70] "E regione vero vos, o sapientum sapientissime, imitamini divum Hieronymum, qui et ipse nostrum genus nequaquam sprevit nec horruit deo dicatis virginibus sacras edissere‹re› litteras ad earum requestam, quas viri inertes et desides ab eo investigare negligebant." Hans Rupprich (Hg.): *Der Briefwechsel des Konrad Celtis*, München 1934 (= Humanistenbriefe Bd 3), S. 479,70-74 Nr. 272.

[71] "Fecisti mihi rem gratissimam; sectator utique factus es Theophrasti Hieronymi, qui etiam ad instantiam virginum maiorem partem sacrarum scripturarum de Hebraeo transtulit in Latinum." Emil Reicke (Hg.): Willibald Pirckheimers Briefwechsel, Bd 2, München 1956 (= Humanistenbriefe Bd 5), S. 252,24-27 Nr. 246.

[72] Zur Vorbildfunktion der literarischen Beziehung zwischen Hieronymus und seinen Asketinnen für Caritas Pirckheimer und ihre Korrespondenz vgl. Ursula Hess: Oratrix humilis. Die Frau als Briefpartnerin von Humanisten, am Beispiel der Caritas Pirckheimer, in: Franz Josef Worstbrock (Hg.): *Der Brief im Zeitalter der Renaissance*, Weinheim 1983 (= Mitteilung IX der Kommission für Humanismusforschung), S. 173-203: 191-193.

ten, angstvollen, nach neuen Heilssicherheiten fragenden Frömmigkeit des ausgehenden Mittelalters entspricht, die das Streben nach "wahrer Buße" (vera poenitentia) sowohl für kirchliche Reformprogramme wie für persönliche Lebensentwürfe zentral werden läßt - Buße als die fundamentale Möglichkeit, sich der göttlichen Barmherzigkeit in Gestalt der zeitlichen Gnadenzuwendung und der ewigen Herrlichkeit zu versichern[73]. Hieronymus zeigt paradigmatisch die Leistungsfähigkeit der Buße im Aufstieg zu höchster himmlischer Würde. Er ist daher sowohl Vorbild effektiver Buße als auch effektiver Fürsprecher im Himmel, der in der communio sanctorum die ihn Anrufenden an der Wirksamkeit seines vollkommenen Bußlebens partizipieren läßt.

Noch allgemeiner kann man sagen, daß die Anziehungskraft des Hieronymus genau der verbreiteten Leistungsmentalität und Verdienstorientierung spätmittelalterlicher Frömmigkeit und Frömmigkeitstheologie entspricht; sie spiegelt eine gewisse Hemmungslosigkeit und Massivität, mit der sich auf dieser Ebene, verursacht durch gesteigerte Ängste und Unsicherheiten und Streben nach immer größerer Sicherheit, das religiöse Erwerbs- und Verdienstdenken in den Vordergrund schieben konnte[74]. In Hieronymus verkörpert sich für die Gläubigen die Mahnung an das drohende Gericht und der Appell an eine Lebensgestaltung in Konformität mit dem göttlichen Gesetz bzw. mit den die Gebote überbietenden, zur Vollkommenheit anleitenden 'evangelischen Räten', eine Lebensgestaltung, die am Jüngsten Tag vor dem Richterstuhl Gottes bestehen kann. Durchaus in Anknüpfung an Leben und Lehre des historischen Hieronymus und weiter forciert durch die legendari-

---

[73] Vgl. Hamm (wie Anm. 16) S. 169 f.

[74] So ist zB im Ps.-Augustin-Brief über Hieronymus der Verdienst-Aspekt der Lebensweise des Hieronymus mehrfach angesprochen, etwa wenn seine Gleichrangigkeit mit Johannes dem Täufer und den Aposteln im Grad himmlischer Glorie zu begründen ist: "... nullas video rationes, cur sit nephas dicere aequalem illis in gloria Jeronimus fore, dummodo illis in vitae sanctitate discors non fuerit, cum non sit personarum acceptor deus, sed singulorum merita discernens et reddens unicuique, quod meruit." Ausgabe von Klapper (wie Anm. 45) S. 273,9-17; MPL 22,287. Der Brief betont stark und ohne die in der scholastischen Theologie dieser Zeit durchaus üblichen Einschränkungen die Leistung-Lohn-Relation, in der einer größeren "vitae sanctitas" eine größere "gloriae quantitas" entspricht: Klapper S. 283,10-284,3; MPL 22,288 f. Man sieht deutlich, wie auf einer populäreren Frömmigkeitsebene, zu der die Hieronymus-Verehrung gehört, das Verdienstdenken an Massivität und Ungeschütztheit gewinnt. Das setzt sich in der Folgezeit fort.

sche Stilisierung wurde Hieronymus zur Identifikationsgestalt all jener Tendenzen vor der Reformation, die den Prozeß der Buße mit den Vorstellungen von menschlicher Freiheit, Verdienstfähigkeit und eschatologischer Letztgültigkeit menschlicher Moralität verknüpfen. Mit Hieronymus verbindet sich das Lebensmodell des sich durch tugendhaftes Wirken auf den Zielgewinn des himmlischen Lohnes hin verwirklichenden Menschen[75]. Dieser Hieronymus, der Lehrer der asketischen virtus, der Gesetzestreue und des Gerichts nach den Werken, verdrängte in der Sache (nicht als zitierte Autorität) Augustin, den Lehrer der Gnade und Barmherzigkeit. Wo—zB in der Nürnberger Frömmigkeitstheologie um 1500—Augustin als fraglos gültige Autorität zitiert wird, wird er in einen Interpretationsrahmen eingefügt, der sich am hieronymianischen Tugend-, Vollkommenheits-, Verdienst- und Lohnmodell oriëntiert bzw. ihm entspricht.

8. *Die humanistische Vorliebe für Hieronymus*

Die Frage, warum gerade Hieronymus zum Mode-Heiligen des ausgehenden Mittelalters geworden ist, bedarf freilich noch einer ganz anderen Antwort. Bisher war nur von der einen der beiden Hauptwurzeln der spätmittelalterlichen Hieronymusbegeisterung die Rede, von der Verwurzelung in einer sehr stark an Bußernst und asketisch-tugendhafte Leistung appellierenden Frömmigkeit. Die zweite Hauptwurzel ist der Humanismus des italienischen Trecento und, von hier ausstrahlend, der europäische Renaissance-Humanismus[76], der sich bekanntlicherweise nicht nur an der Norm der heidnischen Antike, sondern auch—und bei manchen Autoren dominierend—an der christlichen Antike in Gestalt der Kirchenväter und der biblischen Autoren orientierte[77]. Schon dem vorhumanistischen Mittelalter galt Hieronymus als Inbegriff des um-

[75] Zu den Gesichtspunkten der 'Letztgültigkeit' und 'Verwirklichung' vgl. die Erläuterung in meinem Aufsatz über 'Humanistische Ethik' (wie Anm. 25), S. 128-131 (das Menschenbild der Nürnberger Frömmigkeitstheologie um 1500).

[76] Mein Verständnis von 'Humanismus' im Zeitalter der Renaissance habe ich ebd entfaltet: S. 115 ff.

[77] Vgl. die Arbeiten von Charles Béné, vor allem den zusammenfassenden Aufsatz: Les Pères de l'Eglise et la réception des auteurs classiques, in: August Buck (Hg.): *Die Rezeption der Antike. Zum Problem der Kontinuität zwischen Mittelalter und Renaissance*, Hamburg 1981 (= Wolfenbütteler Abhandlungen zur Renaissanceforschung 1), S. 41-53.

fassend gebildeten, auch mit den heidnischen Bildungsschätzen der Antike vertrauten und durch einzigartige Sprachkunde und sprachliche Gestaltungskraft ausgezeichneten Gelehrten. Nur er, der "homo trilinguis", konnte ein Übersetzungswerk wie die Vulgata schaffen. Er war für das Mittelalter der Cicero der Kirchenväter. Und so ist es nur selbstverständlich, daß er am gotischen Schönen Brunnen des Nürnberger Marktplatzes in der zweiten Hälfte des 14. Jahrhunderts—lange vor dem ersten Eindringen des Renaissance-Humanismus in die Reichsstadt—zusammen mit Cicero als heidnisch-christliches Zwillingspaar dargestellt wurde[78].

Als dann der italienische Humanismus, beginnend mit Petrarca (1304-1374), das wohlgeformte, eloquente Reden nach dem Vorbild der antiken Rhetorik zum fundamentalen Ausgangspunkt seines Bildungs- und Erziehungsideals machte, gewann Hieronymus eine Sonderstellung gegenüber den anderen Kirchenvätern. Er galt als das Paradigma christlicher Eloquenz schlechthin, einer sprachlichen Eleganz, die sich ganz in den Dienst der Kirche, Rechtgläubigkeit und Christusnachfolge stellt. Insbesondere war er in den Augen der Humanisten der überragende Briefschreiber der christlichen Antike, auch darin ein zweiter Cicero. Und wer dabei berücksichtigt, was den Humanisten die Briefkultur als Form der Selbstfindung in dialogischer Existenz bedeutete, der kann ermessen, welcher Rang Hieronymus damit zuteil wurde. Wer ferner bedenkt, welche dominierende Rolle die Übersetzungstätigkeit im Humanismus spielte—aus dem Griechischen ins Lateinische und aus den antiken Sprachen in die jeweilige Landessprache—, der kann nachvollziehen, welche Bedeutung Hieronymus als der Inbegriff des wortgewandten Übersetzers gewinnen mußte[79].

Auch auf diesem humanistischen Felde, jedenfalls in der Geltung, die er bei vielen Humanisten vor der Reformation besaß, konnte er—wie auf dem Gebiet der kirchlich-kultischen Frömmigkeit—die Gestalt Augustins überflügeln[80]; und beide Entwick-

[78] Vgl. Helmut Häußler: *Brunnen, Denkmale und Freiplastiken in Nürnberg - eine Bestandsaufnahme*, Nürnberg 1977, S. 10-12 (mit Abbildung); *Ausstellungskatalog: Nürnberg 1300-1550: Kunst der Gotik und der Renaissance*, München 1986, Nr. 14 (Literatur).

[79] Man denke dabei auch an die Hieronymus-Abbildungen aus der Renaissance, die ihn als Übersetzer kennzeichnen, indem sie ihn mit verschiedensprachigen Büchern umgeben; vgl. zB Dürers Holzschnitt von 1492 (siehe Anm. 4 Nr. 1). Zum ganzen Phänomen vgl. Jungblut (wie Anm. 3) S. 118.

[80] Die Frage nach dem Vorrang von Augustin oder Hieronymus, wer von beiden

lungsströme, die humanistische Vorliebe für den wortmächtigen Gelehrten und die kirchlich-fromme Verehrung des Heiligen, liefen nicht etwa getrennt nebeneinander her, sondern verstärkten sich in vielfältiger Wechselbeziehung gegenseitig. Man hat dabei zu berücksichtigen, wie sehr das humanistische Bildungsideal auf Läuterung der Moralität, auf Erziehung zur Tugend (und damit auf die Frömmigkeit/frumkeit des recte vivere) zielte. Die sprachliche Formung sollte der Formgebung des ganzen Lebens dienen, die bonae litterae, dh die ästhetisch und inhaltlich edlen Schriften der Antike, sollten zum guten Leben anleiten[81]. Darum auch konnte Cicero zur dominierenden Leitgestalt der humanistischen Bewegung werden, denn bei ihm sah man sprachliche Brillanz und philosophisch-moralischen Ernst, eloquentia und virtus, vereint. Und genau in dieser Verbindung wurde auch Hieronymus, der christliche Cicero[82], zur humanistischen Leitfigur. Die Deutung der Humanisten

---

die höheren Fähigkeiten hatte und für die Christenheit mehr bedeutet, war ein Modethema der Humanisten, das unterschiedlich beantwortet und gelegentlich auch salomonisch in der Schwebe gelassen wurde; vgl. Rice (wie Anm. 3) S. 137 f; Bietenholz (wie Anm. 48) S. 196. Wägt man die Geltung der Kirchenväter bei den Humanisten ab, dann sind nicht nur solche Aussagen und auch nicht nur die Häufigkeit der Zitate, die Breite der zitierten Werke und die editorische Arbeit (zur Zahl der Drucke vgl. oben S. 131) zu berücksichtigen, sondern die inhaltliche Nähe bzw. Ferne zu Augustin und Hieronymus, etwa im Menschen- und Gottesbild. Man wird dann möglicherweise bei den deutschen Humanisten am Ende des Spätmittelalters von einem deutlichen Überwiegen des Hieronymismus über den Augustinismus sprechen können. Ob dies berechtigt ist, muß die weitere Forschung klären. Im Nürnberger Humanismus jedenfalls gewinnt eindeutig Hieronymus und ein Denken in hieronymianischen Kategorien das Übergewicht.

[81] Zu diesem Verständnis von Humanismus, das einerseits im humanistischen Programm der erneuerten Rhetorik den Zusammenhang von Sprachbildung und moralischer Integrität, von Gelehrsamkeit und rechtem Leben, von Eloquenz, Pädagogik und Ethik sieht, andererseits aber die Offenheit dieser fundamentalen, gemeinsamen Zielrichtung für verschiedene philosophische, theologische und politische Inhalte und damit für die unterschiedlichsten Erscheinungsformen von Renaissance-Humanismen wahrnimmt, vgl. neben den grundlegenden Arbeiten von Paul Oskar Kristeller zB Hanna H. Gray: Renaissance Humanism: the Pursuit of Eloquence, in: *Journal of History of Ideas* 24 (1963) S. 497-514. Zu den Definitionsproblemen von 'Humanismus' vgl. den Überblick bei Heiko A. Oberman: Quoscunque tulit foecunda vetustas: ad lectorem, in: *Itinerarium Italicum: the Profile of the Italian Renaissance in the Mirror of Its European Transformations, Festschr. f. Paul Oskar Kristeller*, hg. von Heiko A. Oberman/Thomas A. Brady jr., Leiden 1975 (= Studies in Medieval and Reformation Thought 14), S. IX-XXVIII. Vgl. auch Hamm (wie Anm. 25) S. 115-121 (Literatur).

[82] Als 'christlicher Cicero' galt den Humanisten neben Hieronymus vor allem Laktanz, doch ist seine Hochschätzung mit der Dominanz des Hieronymus überhaupt nicht zu vergleichen, weil die Laktanz-Bewunderung sich fast ganz auf das Stilistische beschränkte, während sich die Hieronymus-Verehrung auf die ver-

südlich und dann auch nördlich der Alpen streicht an der Askese und asketischen Lehre des Kirchenvaters häufig die Züge einer moderaten stoischen Weisheit, die man auch an Cicero bewunderte, heraus: den Sieg über die weltlichen Affekte, die Weltüberlegenheit und -überwindung des christlichen Weisen, der sich in die beschaulich-gelehrte Stille zurückzieht[83]. Die mit der Hieronymus-Gestalt charakteristisch verbundene Vorstellung des eremitischen Lebens, der vita solitaria[84], weckt bei Humanisten weniger das—in der kirchlichen bzw. kirchenkritischen Devotion übliche—Bild des sich in der Wüste zermarternden Büßers, sondern der von Büchern umgebenen, den niederen Geschäften und Leidenschaften der Welt entzogenen Gelehrtenexistenz, die in jedem Zug Ruhe und Versenkung atmet[85].

9. *Hieronymus in der Bildenden Kunst: der Büßer und der Gelehrte*

Die Entwicklung der Hieronymus-Darstellungen in der Bildenden Kunst[86] spiegelt diese beiden Stränge der Hieronymus-Begeiste-

schiedenen Felder von eloquentia, eruditio, theologia und vita sancta bezog.

[83] Zum stoischen Charakter des Rückzugs in die ruhige Abgeschiedenheit vgl. unten Anm. 193.

[84] Vgl. Paul Antin: Solitude et silence chez S. Jérôme, in: ders.: Recueil (wie Anm. 48), S. 291-304.

[85] Wie sich in diesem humanistischen Einsamkeits- und Ruhe-Ideal die monastische Vorstellung von der vita contemplativa mit dem wiederbelebten antikphilosophischen Postulat der zurückgezogenen Lebensweise des homo litteratus (vgl. zB Seneca: De otio) verbindet, zeigt sich grundlegend bei Francesco Petrarca, vor allem in seinen Schriften 'De vita solitaria' (1346) und 'De otio religiosorum' (1347). In der 4. Invektive 'Contra medicum' verteidigt er die Lebensform der vita solitaria gegen den Vorwurf der Gesellschaftsfeindlichkeit, indem er der selbstbezogenen "sancta rusticitas" die nutzbringende "studiosa solitudo" der litterati gegenüberstellt, wie sie für die Zurückgezogenheit des Hieronymus charakteristisch gewesen sei. Text bei: Antonietta Bufano (Hg.): *Opere Latine di Francesco Petrarca*, Bd 2, 2. Aufl., Turin 1977, S. 948-950. Vgl. Anna Maria Voci: *Petrarca e la vita religiosa: Il mito umanista della vita eremitica*, Rom 1983 (= Studi di Storia moderna e contemporanea 13), S. 13-110. Zur Verbindung des monastischen und humanistischen Vita-solitaria-Ideals ("wie die Wüste der Mönche und das Arkadien der Humanisten eins wurden, wie aus Plato und Seneca Eremiten und aus Propheten, Kirchen- und Wüstenvätern Humanisten wurden") vgl. die von Elm (wie Anm. 65) S. 204 f genannte Literatur; zur Unterscheidung zwischen dem Ziel der monastischen solitudo ("orationibus et ieiuniis vacare") und einer gewissen Tendenz der humanistischen solitudo ("soli sibi vacare") vgl. Michael Seidlmayer: *Wege und Wandlungen des Humanismus. Studien zu seinen politischen, ethischen, religiösen Problemen*, Göttingen 1965, S. 107-124.

[86] Zum folgenden Abschnitt vgl. die in Anm. 3 genannte Literatur und den ikonographischen Art. 'Hieronymus' (wie Anm. 42).

rung und die entsprechend unterschiedlichen Deutungen der eremitischen Lebensform deutlich wider. Die älteren Darstellungsweisen des—oft erhaben thronenden und stehenden—Kirchenlehrers und Kardinals (verbreitet besonders Autorenbilder und Abbildungen der Löwenheilung) werden im späten Mittelalter durch zwei neue beherrschende ikonographische Typen in den Hintergrund gedrängt: Zum einen finden wir seit etwa 1400 die Bilder des büßenden Hieronymus in der Fels- oder Waldwüste oder jedenfalls einsamen Landschaft (dem Desertum), die den halbentblößten Büßer meist knieend vor einem Kruzifix und seine Brust mit einem Stein schlagend darstellen. Andererseits gibt es den eher humanistischen Bildtypus des mit seinen Büchern beschäftigten Gelehrten in der Studierstube[87], eine Darstellungsform, die erstmals im Norditalien der zweiten Hälfte des 14. Jahrhunderts anzutreffen ist, um dann im 15. und frühen 16. Jahrhundert neben der Darstellung des Büßers in der Wüste eine wahre Blütezeit zu erleben[88]. Wie sehr der 'Hieronymus im Gehäus' auch nördlich der Alpen in Mode kam, zeigen exemplarisch zwei Bilder, durch deren Prägnanz und atmosphärische Dichte er besondere Berühmtheit erlangte: ein Jan van Eyck zugeschriebenes Tafelbild (um 1442)[89]

[87] Vgl. die ausgezeichnete Arbeit von Wolfgang Liebenwein: *Studiolo. Die Entstehung eines Raumtyps und seine Entwicklung bis um 1600*, Berlin 1977 (= Frankfurter Forschungen zur Kunst 6), zu 'Hieronymus im Gehäuse' besonders S. 53-55.76f.131-134. Ich verwende den Begriff 'Studierstube' (Studiolo, Scrittoio, Studio) im weitesten Sinn des Wortes, dh sowohl für einen besonders prächtig eingerichteten Raum als auch für eine einfache Kammer, die nur die notwendigsten Hilfsmittel für eine Gelehrtenexistenz wie Schreibpult, Schreibzeug und Bücher und dazu vielleicht Gegenstände für die fromme Betrachtung wie das Kruzifix enthält.

[88] Vgl. das Verzeichnis der Bilder des Hieronymus in der Studierstube ("im Gehäuse") bei Anna Strümpell: "Hieronymus im Gehäuse", in: *Marburger Jahrbuch für Kunstwissenschaft* 2 (1925/26), S. 173-252: 246-252.

[89] Detroit, Institute of Arts; Literatur bei Rice (wie Anm. 3) S. 239 Anm. 74; Abbildung in Kindlers Malerei Lexikon, Neuausg. 1985, Bd 4, S. 69. Das Bild (wohl von Petrus Christus, dem Schüler van Eycks, vollendet) ist wahrscheinlich identisch mit jenem Gemälde des Hieronymus im Studierzimmer von Jan van Eyck, das laut einem Inventar von 1492 bezeichnenderweise im Scrittoio des Palazzo Medici in Florenz hing. Es war bei reichen Adeligen und Bürgern offensichtlich besonders beliebt, sich ein Bild des schreibenden Hieronymus ("imaginem Hieronymi describentis") in das Studierzimmer zu hängen, "da es Einsamkeit und Stille in die Bibliothek bringe und damit die notwendige Studierstimmung verschaffe" ("per quam in bibliothecis solitudinem et silentium et studendi scribendique sedulitatem opportunam advertimus"); so die Worte des Humanisten Angelo Decembrio, die er seinem Fürsten Lionello d'Este in den Mund legt; zitiert bei Liebenwein ebd S. 69 f mit 198 Anm. 149; vgl. auch S. 76 f und 131.

und der erwähnte Kupferstich Dürers von 1514[90]. Der Bildtypus des Hieronymus im Studierzimmer entwickelte sich aus frühmittelalterlichen Bildern, die den Heiligen—ebenso wie die Evangelisten und andere Kirchenväter—als Autor mit Büchern und Schreibzeug darstellten. Die Wurzel liegt also im christlichen Ideal geistlicher Lesung und inspirierter Autorschaft. Und wie das humanistische Einsamkeitsideal aus dem monastischen hervorwuchs (man denke an Petrarca)[91], so kann man auch auf manchen dieser Renaissancebilder die Studierstube als Mönchszelle verstehen—ein Beispiel dafür, wie eng der Zusammenhang zwischen humanistischer Gelehrsamkeit und monastischem Bücherstudium war und wie wenig man die weltlichen Studia humanitatis von der lectio divina und den Formen geistlichen Lebensvollzugs trennen darf.

Trotzdem kann man sagen: Die beiden Bildtypen des Büßers in der Einöde und des Gelehrten im Studiolo können in bestimmten Ausprägungen die Zweipoligkeit der Hieronymus-Verehrung veranschaulichen, wie sie aus dem Gegenüber von Vertretern der Frömmigkeitstheologie und Exponenten der humanistischen Literatur bekannt ist[92].

10. *Humanistischer und humanismuskritischer Ansatz in der Beurteilung der Lektüre heidnischer Autoren*

Diese Zweiseitigkeit, die aus den Bildtypen spricht, konnte—zuerst im Trecento Italiens, nach der Mitte des 15. Jahrhunderts auch in Deutschland—zu einem regelrechten Kampf um Hieronymus führen. Es war der Kampf um Berechtigung, Ausmaß und Ziel der Lektüre der heidnischen Schriftsteller der Antike, insbesondere der

[90] Siehe Anm. 4 Nr. 9.

[91] Vgl. Anm. 85.

[92] Besonders ist an solche Bilder des Büßers in der Einöde zu denken, auf denen er zwar mit dem Attribut des Buches oder mehrerer Bücher dargestellt wird, doch das Buch unbeachtet vor oder neben sich liegen und den Blick in Gebetshaltung empor auf das Kruzifix gerichtet hat—andererseits an solche Studierstubenbilder, auf denen Hieronymus als Gelehrter ganz in die literarische Tätigkeit vertieft und nur von weltlichen Gegenständen umgeben ist. Im übrigen gibt es eine Fülle von Aspekten, die den Gegensatz zwischen den Bildtypen variieren und abmildern bis hin zu den Mischformen, die wir unten beschreiben werden (vgl. S. 221-224, 230-233). Dies entspricht den vielfältigen, mehr oder weniger intensiven Begegnungen zwischen einem Humanismus, der immer schon (und noch) als christlicher Humanismus zu verstehen ist, und einer monastischen oder nicht-monastischen Frömmigkeitstheologie.

paganen Poeten mit ihren für christliches Empfinden (falls man sich nicht auf den Ausweg der allegorischen Deutung einlassen wollte) lügnerischen Göttergeschichten und libidinös-lasziven Passagen[93]. Zwei grundsätzlich verschiedene Konzeptionen mit vielerlei Schattierungen und Kompromissen standen sich gegenüber, oft verbunden mit dem Gegensatz zwischen Klerikern, besonders Vertretern der Bettelorden, und Laien[94], zwischen einer gegenüber weltlicher Ästhetik distanzierten Jenseitsfrömmigkeit und einer der Schönheit des Irdischen, vor allem der Schönheit des sprachlichen Ausdrucks, zugewandten Haltung. Die humanismuskritische Konzeption betont das für den Heilsgewinn unmittelbar Notwendige (necessarium) und Nützliche (utile), das der "simplicitas fidei" entspreche und ohne Ablenkungen direkt den Weg zu Gnade und paradiesischer Herrlichkeit weise[95]. Das sind nur die sacrae litterae der Kirche, die geistliche Frucht bringen, während die Schriften der heidnischen Poeten wie die Blätterpracht von Bäumen ohne Frucht sind, überflüssig, durch eitlen Glanz blendend, ablenkend und verführend[96]. Die humanistische Konzeption dagegen, wie

---

[93] Zu dieser Problematik vgl. den Literaturüberblick bei Elm (wie Anm. 65) S. 201 Anm. 1.

[94] Daß dieser Gegensatz nicht prinzipiell bestand, sondern daß es durchaus auch enge Wechselbeziehungen zwischen humanistisch interessierten Mönchen (und Nonnen) und solchen Laien-Humanisten, die mit viel Sympathien der Lebensform eines gelehrten Mönchtums gegenüberstanden, gab, ist mittlerweile eine Grunderkenntnis der Forschung und wird im folgenden auch am Beispiel Nürnbergs deutlich.

[95] Man knüpft dabei an der alten Auseinandersetzung zwischen Amour des lettres und Désir de Dieu (libri gentilium und codices sacri) an, die bereits in der Früh- und Hochscholastik des 12. und 13. Jahrhunderts ausgetragen wurde. Schon damals zeigte sich, speziell gegenüber der neu eindringenden aristotelischen Philosophie, in den Orden die "Furcht vor dem Neuen, vor neuen Bildungsinhalten und Wertvorstellungen, durch die Selbstheiligung, Seelsorge und Gotteslob, kurzum Ordensleben und monastische Spiritualität gefährdet zu sein schienen"; Kaspar Elm: Mendikanten und Humanisten im Florenz des Tre- und Quattrocento. Zum Problem der Legitimierung humanistischer Studien in den Bettelorden, in: Otto Herding/Robert Stupperich (Hgg.): *die humanisten in ihrer politischen und sozialen umwelt*, Boppard 1976 (= DFG Kommission für Humanismusforschung, Mitteilung 3), S. 51-85: 57, auch 55 f (Literatur); vgl. Jean Leclercq: *L'amour des lettres et le désir de Dieu. Initiation aux auteurs monastiques du moyen âge*, Paris 1957. - Die Stichworte der "necessitas", des "utile", des "valere ad salutem", der "cura animae", der "simplicitas fidei" usw. finden sich alle bereits in einer später oft angeführten Passage des Decretum Gratiani, D. 37 c.1-8, Ausgabe von Aemilius Ludovicus Richter/Aemilius Friedberg: *Corpus iuris canonici*, Editio Lipsiensis secunda, Bd 1, Leipzig 1879, Nachdruck: Graz 1959, S. 135-138.

[96] Vgl. zB eine von Paltz überlieferte kritische Äußerung seines Lehrers, des bereits erwähnten Augustinereremiten Johannes von Dorsten (vgl. o. S. 137), über

sie von Petrarca und seinen Verehrern vertreten wird, knüpft an die antike Kunsttheorie des prodesse und delectare[97] an: Sie will in den studia humanitatis die delectatio oder voluptas des Schönen mit der utilitas und necessitas des Wahren und Guten verbinden. Die veredelte delectatio soll der Weg sein, auf dem der Mensch seine Gottesebenbildlichkeit verwirklicht.

Es ist also nicht der Gegensatz zwischen Paganismus und christlichem Glauben, der hier aufbricht, sondern der Konflikt zwischen einer—im Extremfall—rigorosen, weltverachtenden, der irdischen delectatio radikal entsagenden Askese und einer in das kirchliche Christentum integrierten weltlichen Frömmigkeit, die in gewissen Formen der Welt Spuren geistig-göttlicher Schönheit entdeckt und darum die innere Entsprechung von schöner Form und Anleitung zum tugendhaften, frommen Leben sucht. Sofern bei sehr vielen dieser Humanisten das antik-philosophische, vorwiegend stoisch orientierte Lebensmodell der Distanz zur Welt aufgenommen wird, zielt es nicht auf prinzipielle Abkehr von der Welt, nicht auf Weltverachtung, sondern auf Weltüberlegenheit, die in souveräner Freiheit bestimmte Züge der Welt, vor allem ihre ungeistigen, zügellosen Leidenschaften, abstößt, hingegen die Form- und Ord-

die "ars poetica" der heidnischen Poeten. Die conclusio Dorstens lautet: "Fabulae poeticae mendaces aut libidinosae fugiendae sunt a catholico velut pestiferae et infectivae." In der Begründung der conclusio heißt es u.a.: "Nonne melior est illa arbor, quae fructum fert cum foliis et floribus, quam ea, quae folia tantum habet? Doctrina veritatis habet fructum utilis instructionis et cum hoc decorem ornatae locutionis, poetria solum habet folia locutionis. Unde significatur per arborem maledictam, in qua dominus fructum quaesivit et solum folia invenit [Mt 21,19 par. kombiniert mit Lk 13,6 f]. Et quia ista folia solum onerant et non satiant, igitur etiam significatur per siliquas porcorum, quibus cupiebat ventrem suum replere filius prodigus [Lk 15,16]." Paltz: Supplementum Coelifodinae (wie Anm. 18), S. 436,5-11. Die humanismuskritische Deutung der Blätter des Feigenbaums und der Schweinetreber auf die 'poetae impudici' ist gängig. Johannes von Dorsten vertritt (in einer für gebildete Mönche der zweiten Hälfte des 15. Jahrhunderts sehr charakteristischen Weise) einen zwar humanismuskritischen, aber keineswegs generell humanismusfeindlichen Standpunkt. Er steht dem humanistischen Bemühen um "decor ornatae locutionis" oder "dulcedo locutionis", sofern es den "boni mores et veritas" dient (ebd S. 436,13f), durchaus mit Sympathie gegenüber. Ihm selbst freilich liegen, wie der Stil seiner Schriften zeigt, humanistische Ambitionen fern. Ästhetische Freude an der sprachlichen Schönheit der Poesie ist nicht seine Sache. So läßt er sich auch jene Geschichte über Hugo v. St. Viktor nicht entgehen, die erzählt, daß Hugo nicht habe schlafen können, solange eine Vergil-Handschrift unter seinem Bett lag—zur Strafe dafür, daß er in ihr habe lesen wollen (ebd S. 435,22-25).

[97] Vgl. als Hauptquelle für die Humanisten Horaz: De arte poetica (Epistula ad Pisones) 333 f (prodesse/delectare, iucunda/idonea).

nungselemente der Welt in der eigenen Existenz verwirklichen möchte, sowohl in der Formgebung eines bestimmten Sprachstils (eloquentia) als auch in der entsprechenden Ordnung und Formung eines maßvollen Lebensstils (virtus). Alles ist in diesem Ordnungszusammenhang, jedenfalls bei den Nürnberger Humanisten, bezogen auf das Ziel wahrer pietas und religio; doch das Besondere der humanistischen Konzeption besteht gerade darin, wie dabei weltlicher Schönheit und Ergötzung, vorrangig der wohlgeformten Sprache, eine fundamentale und notwendige Schlüsselrolle zukommt, während die Kritiker der studia humanitatis und ihrer Vorliebe für die Rhetorik und ars poetica der Römer darin etwas durchaus Entbehrliches und höchst Gefährliches sehen.

In geradezu klassischer Formulierung zeigt sich der humanistische Standpunkt zB bei dem Nürnberger Arzt Hermann Schedel[98], der 1463, damals noch in Augsburg, an seinen Vetter Hartmann Schedel[99] schreibt: "Was auch immer durch menschliche Geisteskraft aufzunehmen ist, sei es auf dem Gebiet der Religion oder der Gesetzeskunde, das klingt unseren Ohren verkehrt und verhaßt, wenn es nicht wohlgeschmückt (ornate), wortreich, glasklar und mit treffenden und ausreichenden Worten entfaltet wird." Nichts kann im Urteil der Menschen Glanz gewinnen, wenn es der Beredsamkeit entbehrt[100]. Mit den antiken Rednern und Poeten sei es wie mit der Grundierung eines Gemäldes: Wie die Maler den Untergrund vorbereiten, damit er die Farbe annehmen kann, und erst dann die Farbe auftragen, so diene nach dem Vorbild Hieronymus' und Augustins das Studium der heidnischen Autoren, besonders Ciceros, der Vorbereitung auf die sacrae litterae und auf ein christliches Leben[101].

---

[98] Zu Hermann Schedel (1410-1485), der im Juni 1467 von Augsburg in seine Heimatstadt Nürnberg zurückkehrte, vgl. Hamm (wie Anm. 25) S. 69 Anm. 11 (Literatur).

[99] Zu Hartmann Schedel (1440-1514), Verfasser der berühmten Schedelschen Weltchronik (1493), vgl. ebd Anm. 12 (Literatur). Zur alteingesessenen Nürnberger Familie Schedel vgl. ebd S. 89 Anm. 87.

[100] "... quicquid humano ingenio suscipiendum est, sive religiosum aliquid sive legibus comprehensum, nisi ornate, copiose et lucide et propriis verbis ac sufficientibus explicitum fuerit, in auribus quippe nostris absurdum odiosumque percipitur. Vere—ut paucis me absolvam—id dicere ausim, nullam vel facultatem vel scientiam vel vivendi ritum in oculis hominum splendere posse, qui eloquentia caruerit." Paul Joachimsohn (Hg.): *Hermann Schedels Briefwechsel (1452-1478)*, Tübingen 1893 (= Bibliothek des Litterarischen Vereins in Stuttgart 196), S. 100 Nr. 47.

11. *Hieronymus als Kronzeuge und Anti-Kronzeuge im Konflikt um die studia humanitatis*

Im Kampf um das Studium der heidnischen Schriftsteller wurde Hieronymus im späten Mittelalter zum wichtigsten Kronzeugen unter den Kirchenvätern für die Abkehr von den studia humanitatis, andererseits aber auch in der Verteidigung der Humanisten zum wichtigsten Anti-Kronzeugen für die Hochschätzung der römisch-heidnischen Poeten und Rhetoren. Schon im 12. Jahrhundert führt der Camaldulensermönch Gratian in seinem berühmten sog. 'Decretum Gratiani' Hieronymus als Hauptautorität gegen das Studium der litterae saeculares ins Feld. Seine Lösung nimmt den Gegensatz zwischen voluptas und utilitas auf und prägt damit eine zurückhaltend-gemäßigte monastische Linie der folgenden Jahrhunderte: Man dürfe die heidnischen Autoren nicht zum Genuß und Vergnügen an ihren Erfindungen und am Schmuck ihrer Worte lesen, jedoch zur eruditio, um ihre Irrtümer abzuweisen und das Nützliche, das in ihren Schriften zu finden sei, dem Studium der Heiligen Schrift zugute kommen zu lassen[102]. Die Abkehr von voluptas und delectatio findet Gratian paradigmatisch bei Hieronymus[103], in jener berühmten Traumvision, die der Kirchenvater im 22. Brief an Eustochium schildert und die—neben anderen abfälligen Äußerungen des Hieronymus über die heidnische Literatur[104]—zum Hauptargument gegen die Cicero-Begeisterung der Humanisten wurde. Hieronymus beschreibt, wie er, vor den himmlischen Richterstuhl geschleppt, gefragt wurde, welchen Standes er sei. Auf seine Antwort, er sei Christ, entgegnete ihm der Richter: "Du lügst, du bist ein Ciceronianer, kein Christ.

---

[101] Ebd. S. 135 f Nr. 63 (Hermann Schedel an Heinrich Lur, Augsburg 1465).

[102] "Sed saeculares litteras quidam legunt ad voluptatem, poetarum figmentis et verborum ornatu delectati; quidam vero ad eruditionem eas addiscunt, ut errores gentilium legendo detestentur et utilia, quae in eis invenerint, ad usum sacrae eruditionis devote invertant. Tales laudabiliter saeculares litteras addiscunt." Decretum Gratiani, D. 37 p. 1 Dictum Gratiani, Ausgabe Richter/Friedberg (wie Anm. 95) S. 138.

[103] Ebd D. 37 c. 7, S. 137.

[104] Vgl. zB im gleichen Brief Ad Eustochium die Schärfe, mit der Hieronymus, ausgehend von Paulus, die rhetorische Frage stellt: "'Was für eine Gemeinschaft hat das Licht mit der Finsternis? Was für ein Einklang besteht zwischen Christus und Belial?' (2Kor 6,14 f) Was hat Horaz mit dem Psalter, was Vergil mit den Evangelien, was Cicero mit Paulus zu tun?" Epist. 22,29 (CSEL 54, S. 188,16-189,3). Vgl. aber unten Anm. 116.

Wo nämlich dein Schatz ist, da ist auch dein Herz." Als er daraufhin auf Befehl des Richters ausgepeitscht wurde, schrie er um Erbarmen und schwor: "Herr, wenn ich jemals wieder weltliche Handschriften besitze oder aus ihnen lese, dann will ich dich verleugnet haben." Nach diesem heiligen Eide, so schließt die Vision, wurde Hieronymus entlassen und kehrte wieder zur Erde zurück[105].

Die Verteidiger der studia humanitatis mußten sich immer wieder diesem drastischen Bild des um seiner heidnischen Studien willen geschlagenen und ihrer abschwörenden Hieronymus auseinandersetzen. Man denke an Petrarca[106], an Coluccio Salutati (gegen die Angriffe des Camaldulensers Giovanni da San Miniato und des Dominikaners Giovanni Dominici)[107], Pier Paolo Vergerio[108], Lorenzo Valla[109] und Angelo Poliziano (gegen den Dominikaner Hieronymus Savonarola)[110], man denke in Deutschland an typische Auseinandersetzungen wie die zwischen Hermann Schedel und dem Dillinger Pfarrer Heinrich Lur[111] oder—am Ende des 15. Jahrhunderts in Nürnberg—die zwischen Heinrich Grieninger, dem Leiter der neu eingerichteten Nürnberger Poetenschule, und den Mönchen des Dominikanerklosters der Stadt[112]. Von seiten der

---

[105] Epist. 22,30 (CSEL 54, S. 189,9-191,15). Zur Einordnung und Rezeption der Traumvision vgl. die Übersicht bei Paul Antin: Autour du songe de S. Jérôme, in: ders.: Recueil (wie Anm. 48), S. 71-100; vgl. auch Rice (wie Anm. 3) S. 204 Anm. 13.

[106] Vgl. zB Petrarca: De sui ipsius et multorum ignorantia (1367), Ausgabe von Bufano (wie Anm. 85) Bd 2, S. 1120-1122, besonders folgende Stelle (1122), in der das humanistische delectari Ausdruck findet: "Non dissimulo equidem me Ciceronis ingenio et eloquentia delectari, quibus, ut innumeros sileam, Ieronimum ipsum usqueadeo delectatum video, ut nec visione illa terribili nec Ruphini iurgiis sic stilum inde dimoverit, quin Ciceronianum aliquid redoleret. Quod ipsemet sentiens de hoc ipso alicubi se excusat. Nec vero Cicero fideliter ac modeste lectus aut illi nocuit aut cuique alteri, cum ad eloquentiam cuntis, ad vitam multis valde profuerit ..." Vgl. Wiebel (wie Anm. 3) S. 66-69.

[107] Vgl. Wiebel ebd S. 69-72.

[108] Vgl. Wiebel ebd S. 72f; Rice (wie Anm. 3) S. 85 f; McManamon (wie Anm. 67) S. 357.363 f.

[109] Vgl. Wiebel ebd S. 73-77; Rice ebd S. 86.

[110] Vgl. Wiebel ebd S. 77; Rice ebd S. 86 f.

[111] Vgl. Hermann Schedels Briefwechsel (wie Anm. 100): S. 114-123 Nr. 59 (Lur an Leonhard Gessel, über Hieronymus: S. 115); S. 131-138 Nr. 63 (Schedel an Lur, über Hieronymus: S. 135); S. 142-145 Nr. 65 (Schedel an Lur); S. 148-156 Nr. 68 (Lur an Schedel, über Hieronymus: S. 152); S. 157-163 Nr. 69 (Schedel an Lur, über Hieronymus: S. 160, 162). Diese Briefe wurden 1465/66 geschrieben. Zu Hermann Schedel vgl. oben Anm. 98, zu Heinrich Lur vgl. Franz Josef Worstbrock: Art. 'Lur (Lür, Luer, Laur), Heinrich', in: Verfasserlexikon (wie Anm. 28), Bd 5 (1985), Sp. 1078-1082.

Humanisten[113] argumentierte man vor allem damit, daß Hieronymus nicht wegen seines Studiums der heidnischen Autoren an sich gestraft worden sei, sondern wegen des übermäßigen Eifers, mit dem er sie Tag und Nacht gelesen und darüber die Hl. Schrift vernachlässigt, ja sogar verachtet habe[114] (wie Hieronymus selbst in der Einleitung zum Ciceronianus-Traum berichtet[115]). Die späteren Werke des Hieronymus, die er nach dem Traum verfaßt hat, zeigen nach Meinung der Humanisten auf Schritt und Tritt, wie intensiv er sich auch weiterhin der klassischen Eloquenz Ciceros und der römischen Poesie, Rhetorik, Geschichtsschreibung und Philosophie, vor allem der stoischen Moralphilosophie, verpflichtet gefühlt und aus diesen heidnischen Quellen geschöpft habe[116]. Oh-

[112] Vgl. Gustav Bauch: Die Nürnberger Poetenschule 1496-1509, in: *Mitteilungen des Vereins für Geschichte der Stadt Nürnberg* 14 (1901) S. 1-64: 20-28.61-64; vgl. die von A. Ruland edierte Invektive Grieningers gegen einen der Dominikanerprediger, in: *Serapeum* 16 (1855) S. 168-170 (über die Vision des Hieronymus: S. 169, dabei wörtliche Übereinstimmungen mit dem Gebet 'De divo Hieronymo' des Pier Paolo Vergerio: MPL 22,231-236: 235).

[113] Zu Erasmus von Rotterdam, der ebenfalls dieses Lieblingsthema der italienischen Humanisten aufgriff, vgl. Antin (wie Anm. 105) S. 91 f.

[114] Vgl. Vergerio ebd: "Neque enim res ipsa damnata est, sed fortassis eius studium vehementius, sine qua profecto vix sacrae litterae, certe non tanta cum voluptate legerentur." (Man beachte wieder die Betonung der 'voluptas'!) Diese Passage ist wörtlich zitiert bei Grieninger ebd. Vgl. aus dem Kreis der Nürnberger Humanisten auch Christoph Scheurl d.J. (s. unten Anm. 218): Viertzig sendbriefe (wie Anm. 230), 40. Epistel (zwischen 1507 und 1515), fol. 61v = Pfanner S. 76,16-19 (Nr. 32): "... in dem heyligen Hieronymo nit das lesen der poetischen půcher vor dem gericht gots gestraft ist worden, sunder allein die zů vil ubermesige zunaiglikayt, wie er selbs vergicht [bekennt], das jm die hawt schawret, wenn er die propheten las, von wegen des stils unschicklikeyt." Vgl. aus dem Bereich des italienischen Quattrocento auch Lorenzo Valla: Elegantiarum linguae latinae libri sex, praefatio zu liber 4: "Quare non fuit illa accusatio, quod Ciceronianus esset Hieronymus, sed quod non christianus, qualem se falso esse praedicaverat, cum litteras sacras despiceret. Non studium huius artis, sed nimium studium, sive huius artis sive alterius, ita ut locus melioribus non relinquatur, reprehensum." Eugenio Garin (Hg.): *Prosatori latini del Quattrocento*, Mailand-Neapel 1952 (= La Letteratura italiana, Storia e Testi 13), S. 616/18. Vgl. auch bereits Petrarca, Zitat in Anm. 106 ("Cicero fideliter ac modeste lectus"); diese Passage übernommen von Hermann Schedel: Briefwechsel (wie Anm. 100): S. 160 Nr. 69.

[115] Epist. 22,30,2 (CSEL 54, S. 189,17 f).

[116] Auch auf positive Aussagen des Hieronymus über die Verwendung heidnischer Autoren konnten sich die Humanisten berufen, besonders auf Epistula 70 Ad Magnum, oratorem urbis Romae (CSEL 54, S. 700-708). Positiv rezipiert Hieronymus die pagane Literatur freilich nur als 'Sklavin', die durch rechten Gebrauch ganz dem christlichen Glauben und dem Umgang mit der Hl. Schrift dienstbar gemacht werden soll. Zum Verhältnis negativer (vgl. Anm. 104) und positiver Aussagen über die heidnischen Autoren vgl. Harald Hagendahl: *Latin Fathers and the Classics. A Study of the Apologists, Jerome and Other Christian Writers*, Göteborg 1958

ne sie hätte er nie seine einzigartige Meisterschaft der Bibelübersetzung und -auslegung erreichen können. Wer gegen die Verwendung paganer Literatur polemisiert, stellt sich damit gegen Arbeitsmethode, theologisches Lebenswerk und Geist des Hieronymus, ja aller großen antiken Kirchenväter, seien es die drei Kappadokier oder Chrysostomus im Osten[117] oder Laktanz, Augustin, Ambrosius, Gregor d.Gr., Boethius oder Beda im Westen[118]. Wer nicht die heidnischen Klassiker kennt, kann sich diese Väter der Kirche weder sprachlich noch inhaltlich erschließen. Die Abwehrhaltung der Humanismus-Gegner führt also in die theologische Barbarei, weil sie die kostbarsten Schätze der Kirche, die Lehre der Patristik, nicht mehr heben kann.

So die Argumentation der Humanisten. Hieronymus ist dabei für die Mehrzahl unter ihnen der überragende Kronzeuge und das leuchtende Vorbild dafür, wie die aus den heidnischen Autoren geschöpfte Sprachkunst, Hermeneutik, Realienkunde und Tugendlehre in den Dienst des Evangeliums und hingebungsvoller Arbeit an der Bibel gestellt werden kann und wie damit stilistische Eleganz und Frömmigkeit (eloquentia und pietas) oder ästhetische delectatio, intellektuell-lehrhafte scientia und geistliche utilitas eine ideale

---

(= Studia Graeca et Latina Gothoburgensia 6), S. 91-328.

[117] Zum Kronzeugen für die Bejahung der Lektüre der libri gentilium wurde besonders Basilius Magnus mit seiner Schrift 'Ad adolescentes de legendis antiquorum libris' in der lateinischen Übersetzung des Florentiner Humanisten Leonardo Bruni; zur Rezeption in Nürnberg vgl. Hamm (wie Anm. 25) S. 73 Anm. 22 und S. 129 f Anm. 261.

[118] So nennt Lorenzo Valla außer Hieronymus "Hilarius, Ambrosius, Augustinus, Laktanz, Basilius, Gregor, Chrysostomus und andere mehr, die in jeder Epoche die wertvollen Gemmen der göttlichen Rede mit dem Gold und Silber der Beredsamkeit ausgeschmückt haben"; zit. bei Wiebel (wie Anm. 3) S. 76. Der Benediktiner Sigismund Meisterlin, der erste humanistische Chronist Nürnbergs († nach 1489), führt in einem Brief, den er 1461 aus Padua an Sigismund Gossembrot schrieb, gegen das 'polemische Geschwätz' der italienischen Prediger die Autorität von Augustin, Ambrosius, Hieronymus, Gregor, Beda "et ceteri" ins Feld; dann hebt er hervor, was die Chronisten Hieronymus, Beda, Eusebius etc. aus den "egregii oratores" und "eximii historiographi" Cicero, Sallust, Livius und Valerius geschöpft haben; schließlich spricht er von der wahren eruditio, "quae litterarum peritiam cum rerum scientia coniungit, qualis in Lactancio Firmiano, qualis in Aurelio Augustino, qualis in Jeronimo fuit, summis profecto theologis ac perfectis in literatura viris". Der Brief ist ediert bei Paul Joachimsohn: *Die humanistische Geschichtsschreibung in Deutschland. Heft 1: Die Anfänge. Sigismund Meisterlin*, Bonn 1895, S. 263-265. Vgl. auch Grieningers Attacke auf die Nürnberger Dominikaner von 1499 (wie Anm. 112), in der er als Gewährsleute für die Legitimität der studia humanitatis folgende Kirchenväter mit Zitaten anführt: Cassiodor, Beda, Gregor, Ambrosius, Hieronymus, Augustinus.

Symbiose unter der Wegleitung Christi zum Heile bilden können[119]. Den Fußstapfen des Hieronymus nachfolgen, das heißt nach Heinrich Grieninger in Nürnberg, mit der eloquentia und sanctitas vitae zugleich begabt zu sein[120], das heißt, überhaupt erst richtigen Zugang finden zu können zu den sacrae litterae, ja sie "cum voluptate" lesen zu können[121].

12. *Spannungen zwischen frömmigkeitstheologischem und humanistischem Ansatz in Nürnberg: Georg Pirckheimer/Peter Danhauser, Caritas Pirckheimer/Konrad Celtis*

Wie einerseits im Hieronymus-Bild der Humanisten gebildete Beredsamkeit und weltüberlegene Frömmigkeit zu idealer Harmonie zusammenklingen (der Darstellung des in frommer Andacht und gelehrter Konzentration seinen Büchern zugewandten Hieronymus in der Studierstube entsprechend), so treten andererseits im Hieronymus-Bild einer bestimmten weltverneinenden Frömmigkeitshaltung eloquentia oder delectatio/voluptas und pietas/devotio in schriller Dissonanz gegeneinander (den Darstellungen des—meist in geistlicher Erregung befindlichen und den Blick nach oben auf den Gekreuzigten, nicht nach unten auf die Bücher gerichteten—Büßers in der Einöde entsprechend)[122]. In Nürnberg[123] begegnet

---

[119] Diese ideale Symbiose, daß bei Hieronymus alles verbunden war, was bei den anderen nur bruchstückhaft zu finden ist ("coniunctum fuit, eximium fuit, quicquid in aliis per parteis miramur"), wird besonders von Erasmus von Rotterdam betont: Widmungsepistel zur Ausgabe der Hieronymi Opera an Erzbischof William Warham vom 1. April 1516, P.S. Allen (Hg.): *Opus Epistolarum Des. Erasmi Roterodami*, Bd 2, Oxford 1910, Nr. 396 Z. 102-104; vgl. auch den ganzen Abschnitt bis Z. 141, vor allem die letzten Sätze: "Quis sic universam divinam scripturam edidicit, imbibit, concoxit, versavit, meditatus est? Quis aeque sudavit in omni doctrinae genere? Iam si morum sanctimoniam spectes, quis Christum spirat vividius? Quis docuit ardentius? Denique quis eum vita magis expressit? Poterat hic unus pro cunctis sufficere Latinis, vel ad vitae pietatem vel ad theologicae rei cognitionem."

[120] Grieninger (wie Anm. 112) S. 169: "Cuius [sc. Hieronymi] optarem qui vivunt omnes servarent (?) vestigia, sic enim eloquentia vitaeque sanctitate cuncti essemus praediti."

[121] Siehe das von Grieninger wörtlich aus Vergerio übernommene Zitat in Anm. 114.

[122] Vgl. die Beschreibung der beiden ikonographischen Typen oben S. 160-162 mit Anm. 86-92.

[123] Literatur zum Humanismus in Nürnberg ist zusammengestellt bei Hamm (wie Anm. 25) S. 69 Anm. 8.

uns diese Dissonanz um 1500 bisweilen in abgemildeter, wenn auch immer noch deutlicher Form bei solchen Vertretern der Orden, die sich den Bildungsidealen des Humanismus zT geöffnet haben, auch mit Humanisten freundschaftlich verkehren, zugleich aber den paganisierenden und weltzugewandten Tendenzen der studia humanitatis mit kritischer Skepsis gegenüberstehen und ihrer Sorge auch Ausdruck verschaffen—allerdings nicht wie die Dominikaner in bissigen Invektiven von den Kanzeln der Stadt[124], sondern in herzlich-freundschaftlichen Briefen, mit denen sie den Humanisten seelsorgerlich zureden. Man kann als Beispiele für eine solche Haltung zwei Angehörige des Pirckheimer-Geschlechts nennen, Georg Pirckheimer, seit 1477 Prior des Nürnberger Kartäuserklosters[125], und die bereits erwähnte Caritas Pirckheimer, die seit 1479 als Nonne, seit 1503 als Äbtissin in dem zur franziskanischen Observanz gehörenden Klarissen-Kloster Nürnbergs lebte[126].

Georg Pirckheimer redet in einem Brief von 14. Febr. 1494 dem jungen Humanisten Peter Danhauser, einem Freund des Konrad Celtis[127], ins Gewissen, er möge doch als Christ endlich vom Studium der heidnischen Dichter ablassen und sich ganz der himmlischen Wahrheit und den göttlichen Geboten zuwenden. Denn diese ewige Weisheit Gottes "ist viel besser, nützlicher und rühmlicher als jene hungrig lassenden und sich mit Erfundenem beschäftigenden Studien der Dichter, derentwegen der göttliche Hieronymus, wie man liest, mit Ruten geschlagen worden ist"[128]—jener

[124] Vgl. Bauch (wie Anm. 112) S. 20-22.26-28.

[125] Zur Person vgl. Hamm (wie Anm. 25) S. 92 Anm. 108 (Literatur). Georg Pirckheimer, der einer anderen Linie des Nürnberger Pirckheimergeschlechts entstammt als Willibald Pirckheimer, starb 1505.

[126] Vgl. oben S. 155; zur Person Caritas Pirckheimers (1467-1532), der Schwester Willibalds, vgl. Hess (wie Anm. 72) S. 178 Anm. 17 (Literatur); Hamm ebd S. 92 Anm. 111 (Literatur).

[127] Zur Person Dan(n)hausers (er verließ 1497 Nürnberg und folgte Celtis nach Wien) vgl. Hamm ebd S. 88 Anm. 83a.

[128] "Sed cum ego animadverto te, Petre, studiis poetarum et gentilium deditum, quibus iam multis annis tuae iuventutis primitias accomodasti, haud possum amplius ferre quin te ab his absterream. Indoleo enim vehementer tuam indolem his studiis acquiescere, praesertim cum christianum virum te profitearis, cui haec gentilicia minus honori quam commodo sunt et unicuique religioso viro dedecori. Quo respectu in mentem iam pridem mihi venit aggredi te, si morem gerere velles maturo consilio ac probo, te ab illis avocare et veram philosophiam, quae aeterna est sapientia, induere. Quae multo melior, utilior gloriosiorque est quam illa ieiuna fictaque poetarum studia, ob quae divus Hieronymus virgis caesus legitur. Cum plane eadem non ad virtutem, sed ad argutam malitiam te erudiunt, moneo itaque te, doctissime magister, rectius nunc iter intrare, quod tua aetate dignius, salubrius

vorbildhafte Hieronymus, der sich dann als "ecclesiae doctor facundissimus" ganz dem Studium der Wahrheit zugewandt habe[129]. So soll auch Danhauser die Lügengespinste der heidnischen Poeten, die nicht zur Tugend, sondern zur geist- und wortreichen Bosheit erziehen, fahren lassen—am besten so, daß er seine Begabung in den Dienst einer Druckausgabe der Werke des Thomas von Kempen stellt[130]. Er möge sich, so bittet ihn Pirckheimer, durch den gewöhnlichen und einfachen Stil (vulgaris ac simplex stilus) des Thomas nicht abschrecken lassen. Das eben sei nach Gottes Willen die Natur seiner Boten, daß sie ohne Lockmittel der Worte und Schmuck der Rede auskommen, damit die einfache und bloße Wahrheit um so mehr leuchte. Denn da die heilige Theologie durch sich selbst geschmückt ist, wird sie durch die Schminke äußerer Verschönerungsmittel nur verdorben. Anders die Lüge, die des äußeren Schmuckes bedarf, um ihre Verdorbenheit zu verbergen[131].

---

et felicius est futurum, de praeceptis caelestibus ac divinis, quibus mens tua ad cultum verae maiestatis instrui possit, cogitare." Den Brief (Überschrift: Georgius Pirckamer presbyter Carthusiae domus Nurmbergae humilis prior Magistro Petro Danhausser orationes suas quam devotissimas offert) hat Danhauser seiner Edition der Werke des Thomas von Kempen vorausgestellt (Blatt 3/4): Opera et libri vite fratris Thome de Kempis ordinis canonicorum regularium [...], Nürnberg: bei Caspar Hochfelder, 29. Nov. 1494; Exemplar: Nürnberg, Germanisches Nationalmuseum, Bibl. 102052 (160). Eine Abschrift des Briefes (nach dem Druck) hat der Nürnberger Humanisten-Mäzen Sebald Schreyer angefertigt: Germ. Nat. Mus., Hs. Merkel 1122, fol. 51v/52r. Ich zitiere nach dem Druck.

[129] "Magno itaque et excellenti ingenio viri cum sese doctrinae penitus dedissent, quicquid laboris poterat impendi contemptis omnibus et publicis et privatis actionibus ad inquirendae veritatis studium contulerunt. Quales fuere Hieronymus ecclesiae doctor facundissimus, Aurelius Augustinus philosophorum in utraque lingua doctissimus ac divus Ambrosius multarum scientiarum non tam ornatus quam sapientissimus, qui in divina imagine dies suos quam felicissimos finiere relinquentes monumenta et antidota multiplicium voluminum, quibus sacram religionem docent, aperiunt et pandunt." Ebd; an diese Passage schließt die in Anm. 128 zitierte unmittelbar an.

[130] Siehe Text in Anm. 128. Er findet folgende Fortsetzung: "Cogitabis autem, si iussibus meis haud difficilem te praebeas: Nulla prorsus salubrior tibi est medela, quae te in divinam mentem sanctae trinitatis provocare poterit, quam si libros vitae Thomae de Kempis legeris; leges autem eosdem cum voluptate, si curaveris, ut tua auctoritate aeneo opificio imprimentur."

[131] "Nec inficiaris, humanissime Petre, si vulgari ac simplici stilo sunt condita. Deus enim ipse optimus maximus hanc suorum apostolorum voluit esse naturam, ut lenocinio verborum et orationis ornatu carerent, simplex et nuda veritas quod esset luculentior. Cum sacra theologia satis per se ornata sit, ideoque ornamentis extrinsecus additis fucata corrumpitur. Mendacium vero specie placet aliena, quia per se corruptum vanescit ac defluit, nisi aliunde ornatu quaesito circumlitum fuerit ac politum. Verum venerabilis pater Thomas de Kempis non eloquentiae, sed veritatis fiducia haec opera condendo amplexus est et oratione, quae de tenui

Es gibt, so klagt Pirckheimer mit deutlich antihumanistischer Spitze, Leute (man denke an den Standpunkt Hermann Schedels[132]), die nichts lesen und hören wollen außer Erzeugnisse ausgefeilter Beredsamkeit. Und nur solches kann in ihren Herzen haften, was ihre Ohren durch schmeichelnden Klang ergötzt. Scharf karikierend bringt Pirckheimer den säkularen Zug des rhetorisch-ästhetischen Ideals der Humanisten auf den Begriff, wenn er fortfährt: "Die Beredsamkeit nämlich dient der Welt." Sie strebt nach Reichtum, Ehren und hohen Würden, die Hl. Schrift aber und die göttlich-ewigen Güter verachtet sie wegen ihres schlichten sprachlichen Gewandes als etwas Niederes (humilia)[133]. Der Kartäuser schließt mit einer Mahnung an den Humanisten, sich das andere, ewige Leben nach diesem Leben vor Augen zu halten und darum seine Arbeitskraft den "göttlichen Büchern" zuzuwenden und bei ihnen Ergötzung der Seele zu suchen, nicht aber bei den Fabeln der Poeten[134]. Es sei betont, daß die humanismuskritischen Spitzen Pirckheimers nichts mit einer generellen Humanismusfeindlichkeit zu tun haben, zumal sich auch innerhalb des Humanismus dem Bemühen um den stilus ornatus eine Sympathie für den stilus humilis, speziell im Blick auf die Volkssprache, beigesellen kann[135].

---

fonte emanat, lumine tamen suo clara et illustris apparet. Nam et in hoc philosophi et oratores poetaeque perniciosi sunt, quod incautos animos irritare possunt suavitate sermonis et carminum dulci modulatione currentium. Qua de re a quovis docto haec eadem divi Thomae de Kempis opuscula haud negligenda sunt, doctissime Petre!"

[132] Vgl. Zitat oben S. 165 mit Anm. 100.

[133] Fortsetzung des Textes von Anm. 131: "Hanc apud maiores nostros potissimam lego causam sacram scripturam contemni, quod communi et simplici sermone transeat. Sunt enim, qui nihil legere, audire nisi expolitum et disertum volunt. Nec quicquid haerere animis eorum potest nisi quae aures blandiori sono mulceant. Eloquentia enim saeculo servit. [...] Opes expetit, honores concupiscit, summum denique gradum dignitatis exposcit, ergo haec quasi humilia despicit, arcana tamquam contraria sibi fugit. Hinc est, quod nemo rem veritate, sed ornatu ponderat; non credunt ergo divinis, quia fuco carent."

[134] "Haec scribo ad te, doctissime Petre, ut tibi ipsi persuadeas aliam scilicet aeternam post hanc vitam futuram, ut velis operam dare in libris divinis animum tuum recreare voluptatemque illic petere et non poetarum fabulis, quae luxuriam ac turpissimam vitam edocent." Zu diesem Brief Georg Pirckheimers an Danhauser vgl. Arnold Reimann: *Die älteren Pirckheimer. Geschichte eines Nürnberger Patriziergeschlechtes im Zeitalter des Frühhumanismus (bis 1501)*, hg. von Hans Rupprich, Leipzig 1944, S. 182-185.

[135] Mit Recht betont Reimann (ebd), daß man im Brief Pirckheimers nicht einfach eine Absage an den Humanismus sehen darf. Dagegen spricht schon die stilistische Gestaltung des Briefes selbst. Andererseits zeigen die typisch antihu-

Tatsächlich ist Danhauser auf den Vorschlag seines Freundes Pirckheimer eingegangen und hat noch im gleichen Jahr (1494) die Schriften des Thomas von Kempen in den Druck gegeben[136]. Der Ausgabe stellte er den Brief Pirckheimers und seine eigene Antwortepistel[137] voran, in der er schreibt: "Ich habe die Schriften des frömmsten Vaters [Thomas von Kempen] gelesen und immer wieder gelesen. Mir gefiel die Frömmigkeit dieses Mannes und seine Reinheit, mir gefiel die Gesinnung, die auf die Gottheit hin ausgestreckt ist, mir gefiel die Weisheit und die Fülle der Hl. Schrift, so daß ich alle meine Studien, alle Mühe, Sorgfalt, Fleiß und Denkkraft und meinen ganzen Sinn diesen Schriften unter eurer Führung zuwandte und daran festmachte." Dabei sei es ihm nicht nur um eine Frucht dienstbeflissener Gefälligkeit gegangen, sondern auch um das Lob der Frömmigkeit (pietatis laus)[138].

Man sieht aus diesem Brief Danhausers und aus seiner Editionstätigkeit, die er auch noch einem anderen Vertreter der niederländischen Devotio moderna, Dionysius von Roermond (dem Kartäuser) widmete[139], wie sich in seinen Augen harmonisch zusammenfügt, was für Pirckheimers Empfinden auseinanderklafft: das humanistische, auch den heidnischen Poeten höchste Bewunderung zollende eloquentia-Ideal und das Ideal einer verinnerlichenden, in der Kontemplation göttlicher Geheimnisse lebenden[140] und die Christus-Nachfolge praktizierenden Frömmigkeit, wie es in der Devotio moderna gepflegt wurde. Danhauser kann beides mühelos

manistischen Angriffe auf die eloquentia und den ornatus verborum, daß man Pirckheimer auch nicht umgekehrt ohne weiteres für den Humanismus vereinnahmen kann. Er hatte, wie viele Mönche (zB auch Johann von Staupitz oder Martin Luther), gewisse humanistische Interessen, ohne deshalb schon Humanist zu sein. Zur humanismusfreundlichen Seite Georg Pirckheimers vgl. auch Franz Machilek: Klosterhumanismus in Nürnberg um 1500, in: *Mitteilungen des Vereins für Geschichte der Stadt Nürnberg* 64 (1977) S. 10-45: 25-27.

[136] Siehe oben Anm. 128.

[137] Auf Blatt 5: Reverendo a clementissimo in Christo patri domino Georgio Pirckamer (= Hs Merkel 1122, fol. 52v/53r).

[138] "Libros devotissimi patris legi ac relegi saepius. Placuit mihi eius viri religio et castitas, placuit mens in divinum numen erecta, placuit sapientia et copia sacrae scripturae, ut iam omnia studia mea, omnem operam, curam, industriam, cogitationem, mentem denique omnem in his libris vestro ductu fixi et locavi; statuique in eo non officii solum me fructum, sed etiam pietatis laudem quaerere debere." (wie Anm. 137).

[139] Vgl. Reimann (wie Anm. 134) S. 187-192.

[140] Zum kontemplativen Ideal Danhausers, wie er es in dem zitierten Brief an Georg Pirckheimer (wie Anm. 137) mit begeisterten Worten preist ("contemplatio divini numinis"), vgl. Reimann ebd S. 185 f.

verbinden, weil sich bei ihm eine bestimmte (mit Celtis übereinstimmende) platonisierende Weltfrömmigkeit, die Gottes Spuren in der Natur und in den Künsten wahrnimmt[141], mit einer sich zur Transzendenz der göttlichen Majestät emporhebenden Jenseitsfrömmigkeit zu einem fließenden Kontinuum zusammenfügt. Dieser Zusammenhang ermöglicht ihm die intensive freundschaftliche Zusammenarbeit mit dem Kartäuserprior, ohne daß er seiner Liebe zu den Poeten Roms untreu wird[142]. Dem Gegenüber von Pirckheimer und Danhauser, des Mönches und des Laien, entspricht das beschriebene Gegenüber der beiden Hieronymusbilder des 15. Jahrhunderts.

Auch im literarischen Austausch zwischen dem Poeten Konrad Celtis und der Klarissen-Nonne Caritas Pirckheimer spiegelt sich dieses Gegenüber, nur daß sich Caritas mit ihrer religiösen Hieronymus-Begeisterung wesentlich mehr auf die humanistische Position einläßt als ihr Verwandter im Kartäuser-Kloster, während Celtis keineswegs den frömmigkeitstheologischen Impetus eines Danhauser zeigt. Seine Bewunderung für den "divus Hieronymus"[143] scheint sich auf das Sprachlich-Stilistische und Allgemein-Moralische der Tugendlehre zu beschränken[144]; dagegen entspre-

---

[141] Vgl. die Worte Danhausers zu Beginn des gleichen Briefs: "Scripsere philosophi multa, scripsere mathematici excogitata, magnum fuit rimari secreta naturae, caelos scandere atque inde ad nos doctrinam et artem earum rerum traducere, ut, cum tantum ac tam perpetuum ordinem admirantes intueremur maiestatem divini numinis, merito in eadem mentem nostram collocaremus; per eam enim omnium mortalium vita salutiferis ac divinis praeceptis excolitur, cuius studio qui allecti atque incensi sunt, verae sapientiae amatores futuri sunt." Zu Celtis' platonischer Naturphilosophie (die Natur als geistig beseelter, lebendig atmender Organismus) vgl. Lewis W. Spitz: *The Religious Renaissance of the German Humanists*, Cambridge/Mass. 1963, S. 89-92.

[142] Man bedenke, daß Danhauser neben seiner Beschäftigung mit der Edition scholastischer, moral- und frömmigkeitstheologischer Werke (vgl. Reimann [wie Anm. 134] S. 174-194) den Hauptanteil seiner Arbeitskraft während der Nürnberger Jahre seinem monumentalen Lieblingsprojekt, dem von Sebald Schreyer finanzierten 'Archetypus triumphantis Romae', gewidmet hat, dh einer Anthologie aus Rednern, Dichtern und Geschichtsschreibern des antiken Rom. Sie sollte "die Herzen der Deutschen zur Tugendübung anregen und begeistern"; Reimann ebd S. 195; zum Archetypus, der nie gedruckt und wahrscheinlich auch nie von Danhauser abgeschlossen wurde, vgl. ferner Elisabeth Caesar: Sebald Schreyer, ein Lebensbild aus dem vorreformatorischen Nürnberg, in: *Mitteilungen des Vereins für Geschichte der Stadt Nürnberg* 56 (1969) S. 1-213: 121 f.

[143] Zum humanistischen 'divus' vgl. S. 218-221, speziell zum 'divus Hieronymus' bei Celtis vgl. S. 226 f.

[144] Vgl. Celtis-Briefwechsel (wie Anm. 70): S. 464,87 f (lobt den Stil Hieronymus' und Augustins) und S. 641,86-88 (nennt in seiner Abhandlung 'De condendis

chen Hieronymus' Lobpreisungen des jungfräulichen Lebens nicht seinem Geschmack[145]. Es ist andererseits genau dieser weltflüchtig-asketische Zug, der die besondere Zuneigung der Nonne zu 'ihrem' Hieronymus, dem speziellen Lehrer frommer Frauen, entfacht[146]. In einem etwa 1502 geschriebenen Brief bittet sie ihren Bruder Willibald darum, den entliehenen vorzüglichen Band[147] des göttlichen Hieronymus[148], des allerbesondersten Freundes der Nonnen (monialium specialissimus), noch länger behalten zu dürfen: "Mir scheint nämlich, daß ich da einen überaus köstlichen Schatz gefunden habe, wenn ich die allersüßesten Schriften dieses heiligsten Vaters lese, die ihn mir mehr als alle Heiligen liebenswert machen."[149]

---

epistolis' für den Bereich der Tugendlehre als Vorbilder die Briefe des Paulus, Jakobus, Johannes, Hieronymus, Plato, Seneca, Augustin). Vgl. auch einen von Celtis herausgegebenen Sammeldruck: In hoc libello continentur Septenaria sodalitas litteraria Germanie [...], Wien: [Johann Winterburg] 1500, *Gesamtkatalog der Wiegendrucke* Nr. 6470; er enthält u.a. (ab fol. 7r) die 'Epistola sancti Hieronymi ad Magnum, oratorem urbis [Romae] de legendis et audiendis poetis' (vgl. Anm. 116); dazu Spitz (wie Anm. 141) S. 103 f.

[145] Vgl. Celtis-Briefwechsel (wie Anm. 70): Nr. 275 (Widmungsschreiben zu den 'Quattuor libri Amorum' an Kaiser Maximilian I.), S. 500,184 ff über diejenigen, die den natürlichen Affekt des amor herabsetzen: Sie mögen mit dem göttlichen Hieronymus den Zölibat loben, während sie uns gestatten mögen, das Hohelied Salomonis zu lesen. Mögen jene nach ihrer Weise leben, dh sich der Keuschheit, Armut und dem Priestertum verschreiben und sich um Christi willen entmannen; wir jedenfalls gehören zu denjenigen, über die das griechische Sprichwort sagt: "Der Weise wird lieben, der Törichte aber wird sich zermartern."

[146] Vgl. oben S. 155; vgl. die Art, wie Christoph Scheurl in einem zwischen 1507 und 1515 verfaßten Brief an die Klarissen Caritas Pirckheimer und Apollonia Tucher Hieronymus einführt: Viertzig sendbriefe (wie Anm. 230), 40. Epistel, fol. 55r = Pfanner S. 70,13 f (Nr. 32): "Dergleichen schreibt Eusebius in dem leben ewrs heyligen Hieronymi ..."; 58v = Pfanner S. 73,25: "Wo̊lt jr ewern freu̇ntlichen Hieronymum ho̊ren ..."; 59v = Pfanner S. 74,17 f: "Ich wil euch gern ewern Hieronymum, dieweil jn ewr erwird vor allen heiligen so ho̊chlich lieben, abermals herfůrbringen" (mit dem daran anschließenden Text auch unten S. 216 zitiert); 61v = Pfanner S. 76,11: "Und schreibt ewer Hieronymus ..." Bemerkenswert ist, daß unter den zahlreichen Autoritäten, die Scheurl in diesem traktatartigen Brief zitiert, fast nur Hieronymus mit dem Possessivpronomen 'euer' eingeführt wird (einmal auch Bernhard von Clairvaux: 57r = Pfanner S. 72,16).

[147] Emil Reicke dürfte mit Recht vermuten, daß es sich um "irgendeine Ausgabe der Epistolae des Hieronymus" handelt; Reicke (Hg.): *Willibald Pirckheimers Briefwechsel*, Bd 1, München 1940 (= Humanistenbriefe Bd 4), S. 158 Anm. 9. Vgl. Niklas Holzberg: *Willibald Pirckheimer. Griechischer Humanismus in Deutschland*, München 1981 (= Humanistische Bibliothek 41), S. 404 Anm. 140: Pirckheimer besaß die Ausgabe der Hieronymus-Briefe Mainz 1470 (Hain Nr. 8554).

[148] Zum Epitheton 'divus' vgl. unten S. 218-221.

[149] "Volumen vero egregium patris sancti, monialium specialissimi Theophrasti [des 'göttlich redenden'], scilicet divi Hieronymi, cupio, si placet, diutius reser-

Mit dieser Hieronymus-Begeisterung der Nonne geht ein tiefer Argwohn und eine Abwehrhaltung gegenüber den heidnischen Poeten Hand in Hand. Im April 1502 hat ihr der 'poeta laureatus' Celtis seine gerade im Druck erschienene Werkausgabe übersandt, die an erster Stelle die 'Quatuor libri Amorum' und des weiteren vor allem die Beschreibung Nürnbergs, den Hymnus auf das Leben des hl. Sebald und das Festspiel 'Ludus Dianae' enthielt und insgesamt eine eigentümliche Mischung von emphatisch diesseitsbezogener Weltlichkeit und Religiosität, heidnischer Mythologie und Christentum bot[150]; und er fügte dem Geschenk ein verehrungsvolles Begleitgedicht bei, das die gelehrte Nonne auf die Ebene des humanistischen Frauenideals hob[151]. In ihrem Dankesbrief vom 25. April 1502 korrigierte Caritas diese Art von Humanismus, der das (in ihren Augen) Unvereinbare zu verbinden suchte, indem sie Celtis inständig ermahnt, abzulassen von den schlimmen Dichtungen über Diana, Venus, Jupiter und andere, die als Verdammte in den Flammen der Hölle schmoren[152]. Sie verlangt allerdings von Celtis nicht, daß er der "mundana philosophia" überhaupt den Rücken kehrt[153], denn auch Caritas weiß Weltwissen und -weisheit zu schätzen[154]. Auch sie gehört zu den Ordensleuten, die sich nicht

---

vare. Videor enimvero thesaurum mihi invenisse pretiosissimum, legendo scripta suavissima eiusdem patris sanctissimi, quae mihi ipsum reddunt super omnes sanctos amabilem." Pirckheimers Briefwechsel ebd S. 155,2-7 Nr. 48. Zur Vorrangstellung des Hieronymus, wie sie durch die Worte "super omnes sanctos amabilem" bezeichnet wird, vgl. S. 206 mit Anm. 277 und S. 216-218 mit Anm. 315 und 325.

[150] Vgl. das Zeugnis der Celtis-Vita über eine Schrift, die verschollen ist: "Scripsit Parnasum bicipitem, in quo poetas et theologos concordat." Celtis-Briefwechsel (wie Anm. 70), S. 613,132 f Nr. 339.

[151] Ediert im Celtis-Briefwechsel (ebd), S. 484 f Nr. 273.

[152] "Quapropter dominationem vestram pro singulari nostra amicitia hortor desistere a pravis fabulis Dianae, Veneris, Jovis et aliorum damnatorum, quorum animae in praesenti gehennalibus flammis concremuntur, unde nomina eorum et memoria orthodoxis viris, qui christiana professione censentur, omnino sunt respuenda, detestanda ac oblivioni tradenda." Ebd S. 487,63-68 Nr. 274.

[153] Siehe unten Anm. 158.

[154] Man vergleiche etwa Caritas' hymnische Äußerungen über Plutarch als stoischen Tugendlehrer der patientia: "Ad hanc patientiam incitant atque invitant dogmata illius patientissimi Plutarchi, cuius argumenta sunt ignita ac medullas cordis penetrantia. Neque enim scribit ut infidelis gentilis, sed ut optimus theologus ac imitator evangelicae perfectionis. Mira res, quae mihi gaudium parit simul ac stuporem attulit. Intelligo enim verba sua non ut gentilis, sed ut doctoris eximii. Puto me audire ac legere alterum Iobum; ita quantumcunque provocatus, attamen imperturbabilis est animi." Pirckheimers Briefwechsel, Bd 2 (wie Anm. 71), S. 252,10-17 Nr. 252. Caritas' Begeisterung für Plutarch (als "alter Iob") hat

nur nach Art der Humanismusgegner an den Früchten des geistlich Nützlichen nähren[155], sondern auch in humanistischer Manier an den Blüten und Blättern des ästhetisch-gedanklich Schönen ergötzen[156].

Vorausgesetzt ist dabei allerdings, daß weltliche Eloquenz und Weltwissen in Gott geordnet, dh dem rechten Ziel dienstbar gemacht werden[157]. Das bedeutet aber für Caritas: Celtis soll nicht auf dieser weltlichen Stufe stehenbleiben, sondern sich von den Schriften der Heiden der Hl. Schrift, vom Irdischen dem Himmlischen, von den Kreaturen dem Schöpfer zuwenden[158]. Er soll im Nachdenken über die sacra scriptura zur "mystica theologia" finden[159], die, wie Caritas mit Berufung auf Johannes Gerson ausführt, nichts anderes ist als die Kunst, Gott zu lieben[160]. Sein irdisches

---

inhaltlich—was das stoisch gefärbte Tugendideal betrifft—sehr viel mit ihrer Hieronymus-Begeisterung zu tun. Im Renaissance-Humanismus hat man Hieronymus nicht nur in Beziehung zu Johannes dem Täufer, sondern auch zu Hiob gesetzt; für Venedig, das in besonders engem Kontakt zu Nürnberg stand, vgl. Wiebel (wie Anm. 3) S. 63 f.

[155] Siehe oben S. 163 mit Anm. 96.

[156] Während für die Kritiker des Humanismus der Vergleich der studia humanitatis mit den nutzlosen Blättern charakteristisch ist, betonen die Humanisten den erquickenden ornatus der Blüten und Blätter. Caritas Pirckheimer bedient sich dieses humanistischen Topos, wenn sie nach ihrem Lob auf Plutarch (oben Anm. 154) fortfährt: "Scio non minoris prudentiae, de rudi quandoque spina florem decerpere, quam fructum de arbore nobili manducare." Ebd S. 252,17-19. Zur delectatio bei Caritas (bezogen auf Literatur nach Art der Hieronymus-Schriften) vgl. Pirckheimers Briefwechsel, Bd 1 (wie Anm. 147), S. 155,10 f. Zur Blüten-Dornen-Allegorie vgl. zB einen Brief Meisterlins (ediert von Joachimsohn [wie Anm. 118] S. 265), über das prodesse und delectare der heidnischen Poeten: "Et quidem ab eius lectione absterreret me propria ignorantia, non aliorum, cum sacra me theosis informaverit [Anspielung auf Canticum Canticorum 2,2], ut colligam de spinis rosam ..." Zur humanistischen Blätter-Allegorie vgl. zB Hermann Schedel: Briefwechsel (wie Anm. 100) S. 100 Nr. 47: "Nempe ut plantae propria virtus est, fructum producere, afferunt tamen aliquem ornatum frondes ipsae circa ramos diffusae, ita profecto et animae praecipuus quidam fructus est veritas, non inamoenum tamen est, haec extranea circumdari sapientia, quae tamquam frondes quaedam et fructu[i] tegmen praebeat et speciem intuentibus laetiorem ostendat."

[157] "Enimvero non est culpanda scientia aut quaevis rei notitia, quae bona est, etsi considerata et a deo ordinata, sed praeferenda est semper mystica theologia ac bona et virtuosa vita." Celtis-Briefwechsel (wie Anm. 70) S. 487,31-34 Nr. 274 (aus Caritas' zitiertem Brief vom 25. April 1502).

[158] "Idcirco toto animo rogo vos instantissime mundanam philosophiam non derelinquere, sed potius in melius commutare, hoc est, de litteris gentilium ad sacras paginas, de terrenis ad coelestia, de creaturis ad creatorem vos conferre." Ebd S. 486,25-487,2.

[159] Ebd S. 487,39-50.

Dasein soll bestehen in der meditativen "mystica theologia" und einer entsprechenden "virtuosa vita"[161]. So wird er sich in dieser Weltzeit unsterbliche Schätze im Himmel sammeln. Denn dereinst, wenn wir aus dem Kot und Schmutz dieser Welt herausgehen müssen, werden wir, so entfaltet Caritas ihr 'Memento mori', nackt, wie wir sind, nichts mit uns nehmen außer unsere Tugenden und Sünden, für die wir in der strengen Prüfung des gerechten Richters Belohnung oder Bestrafung empfangen werden. Denn der Richter fordert von uns nicht Worte (für einen Dichter besonders peinlich), sondern Taten. Und umso härter werden wir bestraft werden, je mehr Einsichten wir hatten, ohne doch heiliger gelebt zu haben[162].

Interessant und bezeichnend ist, wie Caritas Pirckheimer mit ihrer starken Hieronymus-Verehrung die Rezeption des Gersonschen theologia-mystica-Programms kombiniert und wie beides auf die Betonung des "sancte vivere", der "virtuosa vita" und der vor Gottes Gericht zählenden und zu belohnenden guten Werke der Liebe zielt. Dies entspricht dem bereits beschriebenen allgemeinen Charakter der Nürnberger Frömmigkeit und Frömmigkeitstheologie vor der Reformation[163]. Bei Prior Georg Pirckheimer und Äbtissin Caritas Pirckheimer verbindet sich das Frömmigkeitsideal mit dem asketisch-weltentsagenden Hieronymus-Bild und einer partiell humanismuskritischen Einstellung, doch zugleich mit enger Fühlungnahme zum Nürnberger Humanistenkreis und einer gewissen Sympathie für die humanistischen Bildungsideale. Ähnliche Bemerkungen zu Hieronymus und zur heidnischen Poesie könnte man auch von anderen Nürnberger Ordensleuten, die ebenfalls freundschaftlichen Kontakt zu Humanisten haben, erwarten. Man denke etwa an den Franziskaner Stephan Fridolin († 1498),

---

160 "... quia, ut Johannes Gerson, doctor Parisiensis testatur, mystica theologia nihil aliud est nisi ars amoris vel caritatis ut scientia eum amandi; scientia vero sine caritate magis damnabilis quam laudabilis dinoscitur ..." Ebd S. 488,78-81.

161 Siehe Anm. 157.

162 "Ergo dum tempus habetis, congregate vobis divitias immortales [vgl. Mt 6,20]. 'Non enim habemus hic manentem civitatem, sed futuram inquirimus' [Hebr 13,14]. Et quidem non revelatum est nobis, quando oporteat nos exire de hoc luto faecis, nudos et rei nihil nobiscum praeter virtutes et peccata portantes, pro quibus remunerationem vel punitionem accepturi sumus in districto examine iusti iudicis, qui a nobis non dicta, sed facta exigit. Tunc, ut ait sanctus Gregorius, apparebit certum, quod videbitur rectum, quia quanto plus et profundius sapimus, tanto gravius inde iudicabimur, nisi sanctius vixerimus." Ebd S. 487,53-62.

163 Vgl. oben S. 144 f.

der u.a. auch als Prediger und Beichtvater im Klarissenkloster wirkte[164].

13. *Die Hieronymus-Verehrung im Humanismus nördlich der Alpen: Erasmus und Nürnberg*

Die monastische Hieronymus-Begeisterung erreichte, wenn wir den Briefwechsel der Caritas Pirckheimer zum Gradmesser nehmen, nach 1500 ihren Höhepunkt. Dasselbe kann man auch für die Hieronymus-Verehrung von Nürnberger Humanisten sagen, dh im Blick auf jenes andere Hieronymus-Bild, das den homo litteratus und christlichen philosophus, den Kirchenvater der studia humanitatis verherrlicht, ohne freilich die asketisch-frommen Züge des Heiligen dabei auszuschließen. Mit dieser zeitlichen Entwicklung dürfte Nürnberg typisch für die Situation nördlich der Alpen sein: "Hieronymus ist seit den Tagen Johanns von Neumarkt mehr und mehr zum Lieblingsheiligen der Humanisten aufgerückt"[165], um schließlich in den beiden Jahrzehnten vor der Reformation und besonders zwischen 1510 und 1520 den Höhepunkt seiner Verehrung unter den Gebildeten zu erreichen. Die Statistik der Druckausgaben, spiegelt, wie wir anfangs sahen, diese Entwicklung.

Anders als für Italien und die Niederlande (dh besonders für Erasmus von Rotterdam[166]) sind für den deutschen Bereich des 15. und beginnenden 16. Jahrhunderts weder die frömmigkeitstheolo-

---

[164] Zur Person vgl. Hamm (wie Anm. 25) S. 128 Anm. 258 (Literatur).

[165] Burger (wie Anm. 52) S. 402; zu Johann von Neumarkt vgl. S. 150.

[166] Zur Bedeutung des Hieronymus für Erasmus vgl. neuerdings vor allem Rice (wie Anm. 3) S. 116-136; John C. Olin: Erasmus and Saint Jerome: an Appraisal of the Bond, in: J. Sperna Weiland/W.Th.M. Frijhoff (Hgg.): *Erasmus of Rotterdam, the Man and the Scholar. Proceedings of the symposium held at the Erasmus University, Rotterdam, 9. - 11. Nov. 1986*, Leiden 1988, S. 182-186 (in den Fußnoten sind ältere Arbeiten zum Thema von Olin genannt); Bietenholz (wie Anm. 48) S. 205-215; Fidel Rädle: Erasmus als Lehrer, in: Lebenslehren und Weltentwürfe (wie Anm. 65), 214-232: 221-227 (Der genötigte Patron: Hieronymus). Rädle vertritt die Auffassung, daß der durch Erasmus repräsentierte humanistische Rückgriff auf Hieronymus das tatsächliche historische Verhältnis des Hieronymus zur paganen Literatur auf den Kopf stellt: Hieronymus lebte in der Situation der Krise der absterbenden Antike. "Sein Anliegen war, dem ohnehin siegenden Christentum soviel wie ohne Skandal möglich von der heidnischen Kultur als nützliches Instrument und Ornament mit auf den Weg zu geben." Erasmus erlebt ebenfalls die Krise einer Kultur—aber nun der christlichen Kirche selbst—, und er nimmt nun durch die Berufung auf den antik gebildeten Hieronymus "gewissermaßen einen Rücktausch vor": "Er wollte möglichst viel von dem enttäuschenden Bestand praktizierter christlicher Religion ohne Skandal loswerden und durch die überwucherte, aber wiederzubelebende

gischen noch die humanistischen Wege der Hieronymus-Verehrung genauer untersucht worden. Nürnberg zeigt uns einen kleinen, aber sehr wichtigen und vielleicht in vielerlei Hinsicht exemplarischen Ausschnitt.

Die große Baseler Hieronymus-Ausgabe des Erasmus erschien 1516, nach Jahren intensiver Textarbeit (vor allem seit 1511); und es ist kein Zufall, daß in den gleichen Jahren die humanistische Hieronymus-Begeisterung auch in Nürnberg ihren Zenit erreichte[167]. Doch dürfte sie, was die entscheidenden Impulse betrifft, wohl nicht durch Erasmus beeinflußt worden sein. Denn Erasmus selbst stand mit seiner Vorliebe für Hieronymus, den er nicht nur für den größten Stilisten, sondern auch für den größten Theologen der christlichen Antike hielt[168], ganz im Strom der von Italien im Verlauf des 15. Jahrhunderts nach Norden überströmenden humanistischen Hieronymus-Verehrung. Ihre Anziehungskraft wurde von der gleichzeitigen Erfolgswoge der kirchlich-kultischen Hieronymus-Frömmigkeit mitgetragen[169], so wie sie ihrerseits den Hieronymus-Kult literarisch förderte[170]. Der Strom verzweigte sich—wie

antike Kultur auswechseln." (S. 225) Man kann diese im Kern treffende Beobachtung, wie sie für Erasmus und einige andere Humanisten, vor allem Italiens, Gültigkeit besitzt (wenn man sie vielleicht auch zurückhaltender und weniger polarisierend formulieren möchte), nicht ohne weiteres auf die Hieronymus-Rezeption der Humanisten insgesamt und vor allem nicht auf die der Nürnberger Humanisten übertragen. Das erasmische "Defizit an Transzendenz" (S. 226), sollte es dies tatsächlich geben, ist bei ihnen kaum auszumachen, ebensowenig die erasmische Kirchenkritik, zB an der spätmittelalterlichen Heiligen- und Reliquienverehrung. Das christliche Dogma der Nürnberger ist keineswegs eingeebnet in die moralische Autorität der Antike, die Unterscheidung zwischen natürlichem Wissen und Offenbarungsinhalt bleibt gültig, auch wenn sich im Umgang mit den christlichen Dogmen der beschriebene Prozeß der ethisierenden Vermenschlichung zeigt (vgl. oben S. 140-142).

[167] Dürer schuf, von dieser humanistischen Hieronymus-Begeisterung angesteckt, in den Jahren 1511-1514 allein mindestens fünf seiner elf Hieronymus-Bilder: siehe Anm. 4 Nr. 5-9, vielleicht auch Nr. 10.

[168] Texte zitiert bei Rice (wie Anm. 3) S. 118 und 137 f; vgl. oben Anm. 119.

[169] Unmittelbar prägend für Erasmus war wohl insbesondere die Tatsache, daß Hieronymus zu den "spirituellen Leitfiguren" der Devotio moderna zählte, weshalb die Brüder vom gemeinsamen Leben seit dem 15. Jahrhundert auch oft Hieronymiani genannt wurden; vgl. Rädle (wie Anm. 166) S. 222 und die dort in Anm. 35 genannte Literatur. Vgl. auch die überragende Rolle, die Hieronymus im Rahmen der Bemühungen um eine philologische Bibelrevision bei den Chorherren von Windesheim spielte; dazu Jungblut (wie Anm. 3) S. 115 f.

[170] Man bedenke, daß in Deutschland der durch den italienischen Frühhumanismus beeinflußte Johann von Neumarkt mit seiner Übersetzung der drei Briefe über Hieronymus einen wesentlichen Beitrag zur Förderung des Hieronymus-Kults leistete, vgl. oben S. 150 f. Vgl. zB auch die Weise, wie in Italien der Huma-

in einem Mündungsdelta—in viele Arme, und einer dieser Arme führte nach Nürnberg und schuf hier parallel zu Erasmus (dessen frühe Zeugnisse der Hieronymus-Verehrung[171] den Nürnbergern gar nicht bekannt waren) eine Hochburg humanistischer Hieronymus-Begeisterung.

14. *Humanistische Hieronymus-Rezeption bei Hermann Schedel: Hieronymus als Stoiker*

Wie der Strom direkt von Italien nach Nürnberg fließt, sieht man deutlich an dem schon erwähnten Nürnberger Stadtarzt Hermann Schedel[172], Sproß einer ehrbaren Nürnberger Familie, der in Oberitalien studiert hatte, dann Stadtarzt in Augsburg war, zum Augsburger Humanistenkreis um Sigismund Gossembrot gehörte (mit besonders gutem Kontakt zum Augsburger Ratsschreiber Valentin Eber), um dann im Sommer 1467 in seine Heimatstadt Nürnberg zurückzukehren. Hier wurde er mit seiner großen Bibliothek einer der wichtigsten Initiatoren der humanistischen Bewegung vor Celtis und Willibald Pirckheimer. Aus seinen Briefen der sechziger und siebziger Jahre, zT noch in Augsburg verfaßt[173], spricht eine starke Zuneigung zu Hieronymus. Einige der wichtigsten Äußerungen finden sich in Briefen an seinen 30 Jahre jüngeren Vetter Hartmann Schedel[174], der dann einer der führenden Vertreter der nächsten Nürnberger Humanistengeneration wurde, die in den achtziger und neunziger Jahren den Humanismus erst wirklich heimisch in Nürnberg und zu einer 'offiziell' anerkannten, vom Rat unterstützten Bewegung machte.

Bei Hermann Schedel zeigen sich die typisch humanistischen, in Italien vorgebildeten Züge der Hieronymus-Rezeption. Der Kirchenvater erscheint nicht nur in der üblichen Weise als Inbegriff

---

nist Vergerio d.Ä. Predigten über Hieronymus propagiert hatte: McManamon (wie Anm. 67) S. 369 f.

[171] Sie fallen in die Jahre, die Erasmus im Kloster Stein bei Gouda verbrachte (1487-1493), doch wurden die 'Antibarbari', in die sie zT Eingang fanden, von Erasmus erst 1520 (und auch nur das erste Buch) publiziert. Vgl. Olin (wie Anm. 166) S. 182; Rädle (wie Anm. 166) S. 221 f (Literatur); Bietenholz (wie Anm. 48) S. 206 mit Anm. 40; Charles Béné: *Érasme et Saint Augustine ou Influence de Saint Augustin sur l'humanisme de Érasme, Genf 1969 (*= Travaux d'Humanisme et Renaissance *103), S. 37-57.*

[172] Vgl. oben Anm. 98.

[173] Edition von Joachimsohn (wie Anm. 100).

[174] Vgl. oben Anm. 99.

antik gelehrter Beredsamkeit, sondern, flankiert von Cicero und Seneca, vor allem als Sprachrohr stoischer Moralphilosophie - auch dies, wie bereits angedeutet wurde[175], charakteristisch für eine dominierende Tendenz im europäischen Renaissance-Humanismus[176], besonders typisch aber für die weitere Entwicklung des reichsstädtischen Humanismus in Nürnberg und seine Hieronymus-Begeisterung. Sie deckte sich weitgehend mit der Vorliebe für ein stoisch geprägtes Lebensmodell, mit einer stoisch gestimmten Grundorientierung, die von einer selbstverständlichen Harmonie zwischen humaner Vernunft und (vernünftig interpretierter) Bibel bzw. von heidnisch-antiker virtus und christlicher pietas ausgeht.

Wenn hier vom Einfluß stoischer Tugendlehre die Rede ist, dann meine ich genauer gesagt ein eklektisches Phänomen, wie es schon für Cicero und sein Verständnis von 'virtus' charakteristisch ist: dh ein Zusammenfließen platonischer, aristotelischer, kynischer und stoischer, auch epikureischer Traditionen unter einer gewissen Dominanz popularisierter stoischer Vorstellungen von Autarkie und rationaler Affektbeherrschung des Weisen[177]. Die ursprüngliche Rigorosität des stoischen Tugendideals wird dabei durch die aristotelische Idee der vernünftigen, den Extremen feindlichen Mäßigung gedämpft[178]. In dieser peripatetisch abgemilderten und im-

[175] Vgl. oben S. 160.

[176] Vgl. Bouwsma (wie Anm. 19).

[177] Obwohl sich Cicero einer skeptisch gestimmten Richtung der platonischen Akademie (Philon aus Larissa) anschloß, was sich vor allem auf dem Gebiet der Erkenntnislehre bemerkbar machte, überwiegt in seinen ethischen Anschauungen stark das stoische Gedankengut, dem besonders durch die Verbindung mit Ingredienzien aristotelischer Tugendlehre die Strenge genommen wird. Wichtige Literatur zu Cicero als Philosoph ist zusammengestellt bei Manfred Fuhrmann: *Cicero und die römische Republik. Eine Biographie*, München-Zürich 1989, S. 319 f; außerdem: Milton Valente: *L'éthique stoïcienne chez Cicéron*, Paris 1956.

[178] Wie stark in der Tugendlehre des Nürnberger Humanismus die Autorität des Aristoteles gegenwärtig war und über die Brücke Ciceros mit der stoischen Richtung eines Seneca harmonisiert werden konnte, zeigt ein für Lateinschüler verfaßtes moralphilosophisches Handbüchlein des bereits erwähnten humanistischen Schulmeisters von St. Sebald Johannes Romming (vgl. oben Anm. 33): Paruulus Philosophiae moralis ad Philosophi aemulationem exaratus, arguto nuper Magistri Ioannis Rommingii Paratini commentariolo enarratus, omnibus praecipue aetati tenerae ad mores formandos quam vtilissimus. Nürnberg: Friedrich Peypus, April 1516; Exemplar: Erlangen UB, R. 643. Das an den Anfang (fol. A1v) gestellte Carmen Elegiacum Rommings beginnt mit den Worten: "Egreditur passim morali dogmate pollens / Parvulus ex magno natus Aristotele." Eine Statistik der von Romming zitierten Autoritäten ergibt, nach der Häufigkeit geordnet, folgenden Befund: Aristoteles (146 Zitate), Seneca (51), Cicero (49), Hieronymus (14), Thomas von Aquin (14), Laktanz (11) und zahlreiche andere Autoren, vor allem

mer wieder auch stark von Elementen platonischer Metaphysik durchdrungenen Gestalt war das, was man abgekürzt stoische Tugendlehre nennen kann und was selbst gelegentlich das Etikett 'stoicus' in Anspruch nahm, im Nürnberger Humanismus und seiner Hieronymus-Verehrung allenthalben präsent. Man hat dabei auch zu berücksichtigen, daß das stoische Lebensideal der Selbstzügelung, des Genußverzichts, der Pflichterfüllung und des sozialen Dienstes am Wohl der Allgemeinheit dem reichsstädtisch-ehrbaren Ethos des 'Gemeinen Nutzens' sehr entgegenkam, so wie es sich schon den Aristokraten des antiken Rom zeitweilig als passende ethische Leitperspektive angeboten hatte[179].

Bei Hermann Schedel, durchaus Repräsentant des für eine reichsstädtische Ehrbarkeit charakteristischen Humanismus[180], stoßen wir in fast jedem Brief auf den Tugendkanon dieses popularisierten und eklektisch abgeschliffenen und temperierten Stoizismus[181]. Besonders hervorgehoben werden vernünftiges Maß in allen Dingen (ratio et modus)[182], besonnene Mäßigung (moderatio, temperantia)[183] und maßvolle Zurückhaltung (modestia)[184], Selbst-

---

römische Klassiker (wie Vergil, Horaz, Quintilian), die weniger als 10mal zitiert werden. Augustin wird nur 7mal zitiert.

[179] Vgl. Fuhrmann (wie Anm. 177) S. 40.

[180] Zu den im Humanismus der Nürnberger Ehrbarkeit dominierenden stoisch gefärbten Idealen der Selbstkontrolle und des Verzichts, des Pflichtgemäßen und Geziemenden vgl. Hamm (wie Anm. 25) S. 122-125. Die städtische, dh auf den traditionellen Wertekanon der Reichsstadt bezogene, Dimension des Schedelschen Humanismus und seiner stoischen Tugendauffassung zeigt sich besonders in den Briefen an den Ratsschreiber Valentin Eber: zB Briefwechsel (wie Anm. 100), S. 171 Nr. 74 und S. 175 Nr. 76; zu den städtischen Werten vgl. Hans-Christoph Rublack: Grundwerte in der Reichsstadt im Spätmittelalter und in der frühen Neuzeit, in: Horst Brunner (Hg.): *Literatur in der Stadt. Bedingungen und Beispiele städtischer Literatur des 15. bis 17. Jahrhunderts*, Göppingen 1982 (= Göppinger Arbeiten zur Germanistik), S. 9-36; ders.: Political and Social Norms in Urban Communities in the Holy Roman Empire, in: Kaspar v. Greyerz (Hg.): *Religion, Politics and Social Protest. Three Studies on Early Modern Germany*, London 1984, S. 24-60.

[181] An dieser Stelle sei an Caritas Pirckheimer und ihre Begeisterung für Plutarch und seine Ataraxie erinnert: "... quantumcumque provocatus, attamen imperturbabilis est animi" (vgl. oben Anm. 154).

[182] Hermann Schedels Briefwechsel (wie Anm. 100), S. 10 Nr. 7 (ratio ac modus, quo nil pulchrius excogitari potest), S. 198 Nr. 94 (series cum matura deliberatione et modus); zur Leitfunktion der (recta) ratio: S. 105 Nr. 51, S. 140 Nr. 64, S. 143 Nr. 65.

[183] Ebd S. 91 Nr. 43 (moderatio), S. 66 Nr. 27 (temperatus victus), S. 133 Nr. 63 (gegen die intemperantia).

[184] Ebd S. 199 Nr. 95 (sola enim bona, modesta et religiosa mens deo placere potest), S. 3 Nr. 3 (modestia, verbunden mit castitas), S. 33 Nr. 14 (singularis

beherrschung und Selbstkontrolle (continentia)[185], Zügelung der Affekte (der perturbationes animae, libidines und lasciviae)[186], gleichmütiges Ertragen aller Wechselfälle des Lebens (aequo animo ferre)[187], ruhige Festigkeit und Ausdauer (constantia)[188], Geduld (patientia)[189], Anständigkeit und Ehrenhaftigkeit des tugendhaften Weisen (honestas)[190], würdevoller Ernst (gravitas)[191], Distanz zur Masse (vulgus)[192]und Rückzug in die beschauliche Einsamkeit (solitudo)[193]. Hieronymus wird von Schedel als christlicher Stoiker verehrt, der diese Tugenden als Gebote des biblischen Gottes deutet (und tatsächlich ist Hieronymus stark durch die stoische Moralphilosophie geprägt worden[194]). In einem Brief an Hartmann Schedel von Ende 1466 teilt Hermann seinem Vetter mit, daß er ihm einen Teil der Briefe des Hieronymus schickt, die er ihm nach Lektüre und Abschrift umgehend zurückschicken möge. Denn "mehr als an allem anderen ergötze ich mich daran, in ihnen

---

modestia), diese Formulierung auch S. 98 Nr. 47 und S. 139 Nr. 64, S. 90 Nr. 43 (honestas atque modestia), S. 11 Nr. 7, S. 160 Nr. 69.

185 Ebd S. 91 Nr. 43 (continentia, verbunden mit castitas), S. 133 Nr. 63.

186 Ebd S. 138 Nr. 63 (salutaribus habenis frenare), S. 46 Nr. 19 (affectus et perturbationes moderare et regere, moderare prudentia), S. 3 Nr. 2 (lascivias omnes et blandimenta corporis aspernari), S. 133 Nr. 63 (libidines, amor libidinosus), S. 206 Nr. 100 (corporis illecebrae aut voluptas).

187 Ebd S. 46 Nr. 19, S. 140 Nr. 64, S. 144 Nr. 65, S. 201 Nr. 96.

188 Ebd S. 140 Nr. 64 (constantissimo semper animo permanere; virtus, gravitas, constantia, magnitudo animi), S. 96 Nr. 46 (fortem enim et constantem esse in his adversis decet, nec animo vos moveat, si qui quandoque malivoli verbis iniuriosis vos pungant), S. 136 Nr. 63, S. 139 Nr. 64, S. 143 Nr. 65, S. 161 Nr. 69 (gegen die Wankelmütigkeit), S. 176 Nr. 77 (fortem induere animum), S. 179 Nr. 81 (in tam acerbissimo fortunae impetu constantes, fortes perseverantesque animo), S. 180 Nr. 81 (vos firmate, constanti fortique animo vos fulcite).

189 Ebd S. 180 Nr. 81 (Cicero-Zitat: fortis enim animi est et constantis, non perturbari rebus asperis, sed omnes casus patienter ferre); vgl. das Lob Caritas Pirckheimers auf den patientissimus Plutarchus: oben Anm. 154.

190 Ebd S. 12 Nr. 8, S. 81 Nr. 35, S. 82 Nr. 36, S. 159 Nr. 69, S. 206 Nr. 100, S. 207 Nr. 101; vgl. Anm. 184.

191 Ebd S. 104 Nr. 50, S. 140 Nr. 64, S. 144 Nr. 65, S. 167 Nr. 72.

192 Ebd S. 85 Nr. 40, S. 175 Nr. 76, S. 176 Nr. 77.

193 Ebd S. 162 f Nr. 69. Zwar ist der Rückzug in die Verborgenheit und Stille ursprünglich eher ein Merkmal der epikureischen als der stoischen Ethik, doch wird er—als Ausweis und zur Förderung der Selbstgenügsamkeit (Autarkie) des Weisen und seiner Erhabenheit über die Masse—vor allem in der römischen Rezeption stoischer Ethik (zB bei Cicero, Seneca, Marc Aurel) zu einem wichtigen Gegenpol zum öffentlichen officium.

194 Vgl. Paul Antin: Les idées morales de S. Jérôme, in: ders.: Recueil (wie Anm. 48), S. 327-343.

zu lesen, und ganz oft greife ich zu ihnen, besonders wegen der stoischen Lehre, die sie enthalten."[195]

So zitiert er Hieronymus als Lehrer der Enthaltsamkeit, zB mit der Devise, daß wir, solange wir von unserem hinfälligen Fleisch umgeben sind, die "affectus et perturbationes" zwar nicht amputieren, aber doch mäßigen und beherrschen können[196]. Oder er beruft sich—in wörtlicher Anlehnung an Petrarca[197]—auf Hieronymus als Vorbild jener einsamen Zurückgezogenheit, die nicht einfach in heiliger, ungebildet-frommer Weltentsagung besteht, sondern in der veredelten Form der "studiosa solitudo": "Die heilige Einfachheit, sagt Hieronymus, nützt nur sich selbst, die gelehrte Einsamkeit kann unzweifelhaft sehr vielen nützen; und alle wissen, wie sehr sich Hieronymus selbst, der das gesagt hat, an der einsamen Zurückgezogenheit ergötzt hat und welchen Nutzen er in der Welt gebracht hat."[198]

Es ist die Ebene der Tugend, des tugendhaften Selbstbesitzes und der sittlichen Leistungsfähigkeit des freien Menschen, auf der Hieronymus zur Vorbildgestalt für Hermann Schedel wird. Charakteristisch für diese Aneignungsebene ist die Weise, wie Schedel angesichts der Hinfälligkeit alles Irdischen allein die Tugend[199], dh die ethisch-religiöse Leistungskraft des Menschen, als das Bleibende und über den Tod hinaus verdienstvoll Gültige bewertet:

---

[195] "Mitto cum hoc unam partem epistolarum Hieronimi, quas cum perlegeris aut rescribi feceris, remittere cures. Prae ceteris in ipsis legere delector et frequentissimus mihi earum est usus, praesertim propter doctrinam stoicam, quam in se habent. Sunt enim apud me duae partes epistolarum Hieronimi, quarum usus a quodam mihi singularissimo amico et fautore ad vitam concessus est, et cum istam remiseris, aliam continuo mittam." Hermann Schedels Briefwechsel (wie Anm. 100), S. 167 Nr. 72 (Ende 1466).

[196] "Verum est, inquam, quod scribit beatus Jeronimus, quod affectus et perturbationes, quamdiu in tabernaculo corporis huius habitamus et fragili carne circumdamur, moderare et regere possumus, amputare non possumus." Interessant ist, wie die Autorität des Hieronymus unmittelbar in Fortsetzung dieses Zitats durch die Autorität Senecas flankiert wird: "Quapropter ea aequo—ut Seneca ad Paulum inquit—feramus animo ..." Ebd S. 46 Nr. 19 (1459).

[197] Vgl. oben Anm. 85.

[198] "Sancta rusticitas, ut ait Jheronimus, sibi soli prodest, studiosa autem solitudo prodesse posse quampluribus non negatur; et ipse Jheronimus, qui hoc dixit, quantum solitudine delectatus et quantum in mundo utilis fuerit, sciunt omnes." Ebd S. 162 Nr. 69 (1466); wörtlich (aber ohne Erwähnung der Quelle) aus Petrarca, 4. Invektive 'Contra medicum', Ausgabe von Bufano (wie Anm. 85), S. 948/950.

[199] Zur Dominanz der 'sola virtus'—Vorstellung im Nürnberger Humanismus vor der Reformation vgl. unten S. 217 mit Anm. 318.

"Denn, beim unsterblichen Gott, was sind wir in dieser Welt? Sehen wir nicht, wie unsicher, wie hinfällig, wie zerbrechlich alles unter der Sonne ist? Die Tugend allein ist mit tiefsten Wurzeln fest verankert und kann weder von ihrem Ort gerückt noch ins Wanken gebracht werden."[200] Die antike Tugendethik eines Cicero und Seneca, die schon Hieronymus in sein christlich-asketisches Lebensideal integriert hat[201], wird im Humanismus eines Schedel ganz selbstverständlich und typisch in den religiösen Lebensentwurf der spätmittelalterlichen Theologie und Frömmigkeit eingezeichnet, dh mit dem kirchlichen Verständnis der virtus theologica und dem gängigen Verdienstdenken in Einklang gebracht[202]. Dabei erscheint die verdienstvolle Tugend nicht, wie in der augustinisch geprägten Lehrrichtung des Mittelalters (zB bei Thomas von Aquin), wurzelhaft als Gnade, dh als innerseelisches Ankommen einer speziellen und übernatürlichen Gnadenwirkung Gottes in der Seele, sondern als natürliche Potenz des Menschen. Auch Schedel spricht gelegentlich von der göttlichen Gnade, doch erscheint sie eher als allgemeine gütige und erbarmende, jetzt unterstützende und dereinst belohnende Zuwendung Gottes, an die auch der noch so tugendhafte Mensch angesichts seiner Kreatürlichkeit, bleibenden Unvollkommenheit und Gefährdung sowie angesichts des drohenden Gerichts immer zu appellieren hat[203]. Auf dem Weg zum himmlischen Heil ist der freie Erwerb leistungsfähiger Tugend, die

---

[200] "Nam per deum immortalem, quid sumus in hoc mundo? Nonne videmus, quam incerta, quam caduca, quam fragilia omnia sub sole? Virtus una est altissimis defixa radicibus, quae nec moveri loco nec labefactari potest." Hermann Schedels Briefwechsel (wie Anm. 100), S. 140 Nr. 64.

[201] Zur Rezeption Ciceros und Senecas bei Hieronymus vgl. Harald Hagendahl/ Jan Hendrik Waszink: Art. 'Hieronymus', in: RAC Lief. 113, Stuttgart 1989, S. 117-139: 136 (Literatur).

[202] Zur ungebrochenen Verdienst-Lohn-Vorstellung, wie sie sich bei Hermann Schedel zeigt, vgl. zB Briefwechsel (wie Anm. 100), S. 44 Nr. 19, S. 114 Nr. 58, S. 140 Nr. 64, S. 144 Nr. 65.

[203] Schedel spricht meist in formelhafter Weise von "sua benignissima gratia" und "sua singulari gratia", durch die Gott am Menschen gehandelt hat oder handeln möge; vgl. zB ebd S. 106 Nr. 51, S. 107 Nr. 52, S. 108 Nr. 53, S. 109 Nr. 54, S. 138 Nr. 63, S. 178 Nr. 79, S. 179 Nr. 80, S. 180 Nr. 81, S. 185 Nr. 84, S. 192 Nr. 89, S. 202 Nr. 97, S. 209 Nr. 104. In diesem Zusammenhang spricht Schedel auch von der Kirchenreformation, die Gott selbst durchführen möge: "... nec mens humana boni aliquid praesagire potest inspectis his malis, quibus mundus totus omni spurcitia peccatorum in utroque statu plenus est, et, ut verisimiliter coniecturari possum, (impossibile aput me fore), nil boni humanitus in operibus fidei et bonis publicis et privatis posse effectualiter fieri, nisi perprius (!) deus sua singulari gratia reformationem in utroque statu faciat, quo corda hominum fidelium a

Verdienste hervorbringt, das Grundlegende und die entscheidende Weichenstellung von seiten des Menschen, die Gnade ist das linear Ergänzende, die notwendige Kraft der Unterstützung und Vollendung von seiten Gottes. So könnte man vereinfachend das humanistische und dabei gut katholische Lebensmodell Schedels formelhaft zusammenfassen. Alles Gewicht fällt bei ihm auf die aktive Leistungsebene der menschlichen Moralität.

Schedel zeigt sich in seinen Briefen nicht gerade als theologischer Kopf von irgendwie betonter Spiritualität. Er ist christlicher Humanist von dominierend moralphilosophischem Einschlag, kein humanistischer Frömmigkeitstheologe. Dennoch ist auch bei ihm mit dem philosophischen Bild des stoisch-tugendhaften, weltüberlegenen Hieronymus das der kirchlich-monastischen Frömmigkeit entsprechende Interesse am frommen, seinen Körper kasteienden Asketen Hieronymus, dem Vorbild lebenslanger sexueller Enthaltsamkeit, unlösbar verbunden. Stoische und christliche Askese-Ideale[204] bilden hier, durch den schillernden Tugend-Begriff vermittelt, ein fließendes Kontinuum. Aufschlußreich ist, wie aus diesem Grunde die gemeinsame Vorliebe für Hieronymus als Idealgestalt der Enthaltsamkeit den Kontakt Schedels zu Kreisen monastischer Observanz intensivieren konnte. 1478 erhielt er einen Brief von einem Erfurter Kartäuser, Benedikt Elwanger, in dem ihn dieser an ein Gespräch Schedels mit Johannes von Dorsten, dem bedeutenden geistlichen Lehrer und Erfurter Theologieprofessor aus der observanten sächsisch-thüringischen Reformkongregation der Augustinereremiten[205], erinnert[206]. Man habe sich über den heiligen Lebenswandel des Hieronymus, des 'Architekten' des Ordenslebens, unterhalten. Als das Gespräch den Punkt berührt habe, "daß unser seligster Hieronymus außer den anderen Tugenden auch sein jungfräuliches Fleisch niemals mit Frauen in libidinösem

spurcissima perfidia, avaritia et luxuria castigentur aut coarcentur et prostratos (!) omni cum devotione in terra corda nostra apud ipsum deum humiliemur." S. 192 Nr. 89 (die in Klammern eingeschlossenen Wörter hat der Herausgeber als fehlerhaftes Zuviel des Textes angesehen); vgl. einen ganz ähnlichen Text über die reformatio, die Gott selbst durchführen müsse, bei Paltz: zit. bei Hamm: Frömmigkeitstheologie (wie Anm. 16), S. 271.

[204] Zum Askese-Ideal der Stoa und stoisch-kynischen Popularphilosophie vgl. Hermann Strathmann: Art. 'Askese I (nichtchristlich)', in: RAC Bd 1 (1950) Sp. 749.756f.

[205] Zu Dorsten vgl. oben S. 137.

[206] Hermann Schedels Briefwechsel (wie Anm. 100): S. 203-205 Nr. 99 (1. März 1478).

Koitus befleckt habe", habe Schedel als "amator Hieronymi" mit leidenschaftlichster Bewegung gebeten, daß ihm, falls dafür beweiskräftige Zeugnisse beigebracht werden könnten, diese abgeschrieben und geschickt werden mögen[207]. Dorsten habe Schedel die Erfüllung seines Wunsches versprochen. Und Elwanger übermittelt ihm nun, beauftragt von Dorsten, im Hauptteil seines Briefes die versprochenen "documenta virginitatis doctissimi Hieronimi".

15. *Die Verschmelzung von Humanismus und Frömmigkeitstheologie in Nürnberg (vom Ende des 15. Jahrhunderts bis zum Beginn der Reformation)*

Den Grundelementen einer humanistischen Hieronymus-Verehrung, die wir bei Schedel finden können, begegnen wir auch bei denjenigen Nürnberger Humanisten, die nach 1500 den Kirchenvater zu ihrer vorbildhaften Leitgestalt machen und die Hieronymus-Begeisterung in der Reichsstadt auf ihren Höhepunkt führen. Die Vorliebe für Hieronymus ist auch bei ihnen eingebettet in ein vorwiegend stoisch-peripatetisch geprägtes Tugendverständnis und in eine von diesem Tugend- und Leistungsideal bestimmte Deutung des christlichen Lebens: als Weg des verdienstlichen Erwerbs himmlischer Heilsgüter, der ermöglicht wird durch vernünftige (der natürlichen recta ratio entsprechende), die Leidenschaften der sinnlichen Menschennatur bezähmende und die Affekte mäßigende Tugend.

Dabei zeigt sich aber insgesamt eine Entwicklung, die über den Humanismus Schedels und auch den eines Celtis mit seinen stark diesseitsorientierten, nicht unreligiösen, aber auch nicht gerade frömmigkeitsgesättigten Zügen hinausführt. In Nürnberg kommt es nämlich, durchaus der Entwicklung des Erasmus von Rotterdam entsprechend[208], aber unabhängig von ihm und sehr anders als bei ihm[209], gegen Ende des 15. Jahrhunderts bis zum Beginn der Refor-

---

[207] "Tractastis architectoris nostri beatissimi Hieronimi sanctam et conversationem et vitam praeclarissimam in terreno corpusculo peractam. Et cum dictu eo ventum esset, ut et beatissimus noster Hieronymus praeter cetera virtutes et carnem suam virgineam nunquam cum mulierculis libidinoso coitu commaculasset, affectu ardentissimo, o amator Hieronimi, vir eximie, rogasti, (ut) si huiuscemodi veritatis aliqua documenta haberi possent, tibi eadem litteris exarari et mitti." Ebd S. 204.

[208] Zur Verbindung des Gelehrsamkeits- und Frömmigkeitsideals bei Erasmus vgl. Bietenholz (wie Anm. 48) S. 212; Sem Dresden: Christliche Philosophie und

mation bei einigen Literaten zu einem völligen Zusammenfließen und Ineinanderaufgehen von Humanismus und Frömmigkeitstheologie. War schon vorher der Humanismus in seinen verschiedenen Strömungen immer christlicher Humanismus gewesen[210], waren schon vorher in Nürnberg humanistische Bildungsideale römisch-rhetorischer und pagan-philosophischer Art und kirchenfrommes Verhalten und Denken nie voneinander getrennt, so läßt sich nun (wie auch andernorts[211]) eine Verschmelzung frömmig-

---

humanistische Ethik bei Erasmus, in: Walter Rüegg/Dieter Wuttke (Hgg.): *ethik im humanismus*, Boppard 1979 (= Beiträge zur Humanismusforschung 5), S. 125-146. In diesem Aufsatz werden auf sehr erfrischende Weise einige eingefahrene Klischeevorstellungen über *den* Humanismus und Erasmus (vgl. oben Anm. 24) in Frage gestellt.

[209] Vgl. oben Anm. 166.

[210] Vgl. Paul Oskar Kristeller: *Humanismus und Renaissance I*, hg. von Eckhard Keßler, München 1974 (= Humanistische Bibliothek I/21), S. 82 f. Von der selbstverständlichen Kirchlichkeit und Frömmigkeit der in einem sehr allgemeinen Sinne 'christlichen' Humanisten sind die speziell frömmigkeitstheologischen Intentionen bestimmter Humanisten und Humanistenkreise deutlich zu unterscheiden. Unser Thema ist nicht die Verbindung von Humanismus und Christentum (die schon immer bestanden hat, also nie erst hergestellt werden mußte), sondern die partielle Verschmelzung von Humanismus und Frömmigkeitstheologie. Die allgemeine Christlichkeit des Humanismus ist freilich in ihrem Charakter und in ihrer Entwicklung—verglichen mit der Christlichkeit des geistlichen Mittelalters—eine höchst problematische, vielseitige und vieldeutige Größe; vgl. die klugen Beobachtungen zum Verhältnis von 'Divinum' und 'Humanum' bei Seidlmayer (wie Anm. 85) S. 121 f; vgl. auch oben Anm. 24. Wichtige Literatur zum "Humanismus als einer christlichen, theologischen und ethischen Erneuerungsbewegung" ist zusammengestellt bei Dieter Wuttke: Dürer und Celtis: Von der Bedeutung des Jahres 1500 für den deutschen Humanismus: 'Jahrhundertfeier als symbolische Form', in: *The Journal of Medieval and Renaissance Studies* 10 (1980) S. 73-129: 116 Anm. 120.

Zu einem eingeengten Begriff von 'christlichem Humanismus', der sehr nahe an mein Verständnis von frömmigkeitstheologischem Humanismus heranführt, vgl. (im Anschluß an einen verbreiteten Sprachgebrauch) Erich Meuthen: Charakter und Tendenzen des deutschen Humanismus, in: Heinz Angermeier/Reinhard Seyboth (Hgg.): *Säkulare Aspekte der Reformationszeit*, München-Wien 1983 (= Schriften des Historischen Kollegs 5), S. 217-266: 220f (mit vorzüglicher Literaturübersicht); es ist freilich zu fragen, ob ein so eingegrenzter Begriff des 'christlichen Humanismus' nicht zu mißverständlich ist, weil er den irrigen Eindruck erwecken kann, als gäbe es im Spätmittelalter einen nicht-christlichen, heidnischen Humanismus und nicht nur pagane Elemente in einer selbstverständlichen Christlichkeit. Man muß andere Begriffe verwenden, um die intensivierte Christlichkeit und Frömmigkeit bestimmter Gestalten des Renaissance-Humanismus zum Ausdruck zu bringen, indem man den vagen, in seiner Allgemeinheit banalen und in seiner Einengung zu beliebigen Begriff 'christlich' bei bestimmten Phänomenen zB durch den Begriff 'frömmigkeitstheologisch' oder ähnliche sachgemäße Adjektive ersetzt.

[211] Man vergleiche etwa den Kreis von Humanisten und humanistisch angeregten Männern in Straßburg (ab ca 1481), repräsentiert durch Namen wie Geiler

keitstheologischer und humanistischer Zielsetzungen beobachten— eine Entwicklung, die sich schon bei Peter Danhauser und seiner engen Zusammenarbeit mit dem Kartäuser Georg Pirckheimer andeutete[212]. Es treten nun Personen auf, bei denen Frömmigkeitstheologie und Humanismus völlig zur Deckung kommen: Männer wie zB Sixtus Tucher, Propst von St. Lorenz (1459-1507)[213], die Kleriker-Schulmeister Johannes Cochlaeus (1479-1552)[214] und Johannes Romming (an St. Sebald 1509-1516)[215], der Benediktiner Benedictus Chelidonius († 1521)[216] und zwei Laien, der Ratsschreiber Lazarus Spengler (1479-1534)[217] und der juristische Ratskonsulent Christoph Scheurl d.J. (1481-1542)[218].

Es ist dabei festzuhalten, daß Humanismus und Frömmigkeitstheologie von ihren genuinen, für sie charakteristischen Impulsen her durchaus verschiedene Sphären bilden, gleichsam zwei verschiedene Kreise mit verschiedenen Mittelpunkten. Das zentrale Interesse der humanistischen Bildungsbewegung, das ihre Anhänger über alle Gegensätze hinweg verbindet, setzt beim rhetorischen Problem der sprachlichen Formung nach dem Leitbild der Antike

---

von Kaysersberg, Sebastian Brant, Jakob Wimpfeling, Thomas Murner, Peter Schott, Matthias Ringmann, Beatus Rhenanus, Hieronymus Gebweiler. Zu einem typischen Produkt der Verquickung von Humanismus und Frömmigkeitstheologie in diesem Straßburger Kreis vgl. Volker Honemann: Johann Schotts 'Spiegel christlicher Wallfahrt' (1509): Ein Dekalogtraktat aus dem Umkreis des Straßburger christlichen Humanismus, in: *Spätmittelalterliche geistliche Literatur in der Nationalsprache,* Bd 2 (= Analecta Carthusiana 106), Salzburg 1984, S. 28-102. Zu Johann Schott (1477-1548) bemerkt Honemann (S. 30): "Es darf aber vermutet werden, daß ihn die spezifisch straßburgische Geistigkeit, in der sich um 1500 traditionell-spätmittelalterliche und modern-(christlich-) humanistische Elemente im alltäglichen In- und Miteinander präsentierten, maßgeblich beeinflußt hatten." Genau dieses Ineinander gilt für die Nürnberger Humanisten, von denen nun die Rede sein wird. Anders als Erasmus lassen sie traditionelles Kirchendogma und traditionelle spätmittelalterliche Kirchenfrömmigkeit völlig unangetastet (vgl. oben Anm. 166).

[212] Auch an den Handelsherrn und Kirchenmeister von St. Sebald, Sebald Schreyer (1446-1520), den reichen Förderer Celtis' und Danhausers, ist zu denken, der tiefe Jenseitsfrömmigkeit und massive Kirchlichkeit mit humanistischem Bildungsbemühen und geschäftlicher Unternehmergesinnung verband; vgl. Caesar (wie Anm. 142) passim und Hamm (wie Anm. 25) S. 97 mit Anm. 140.

[213] Zur Person vgl. Hamm ebd S. 87 Anm. 71 (Literatur).

[214] Zur Person vgl. ebd S. 86 Anm. 68 (Literatur).

[215] Zur Person vgl. ebd S. 86 Anm. 69 (Literatur); vgl. auch oben Anm. 33 und 178.

[216] Zur Person vgl. ebd S. 87 Anm. 74 (Literatur).

[217] Zur Person vgl. ebd S. 89 Anm. 91 (Literatur).

[218] Zur Person vgl. ebd S. 88 Anm. 83 (Literatur).

ein. Der ornatus der Rede bildet für sie das Fundament der geistig-geistlichen Menschwerdung des Menschen[219]. Das Proprium der spätmittelalterlichen Frömmigkeitstheologie dagegen besteht im zentralen Interesse, alle Theologie konsequent darauf zu beziehen, der Seele sichere Zugänge zu Gnade und Heil zu weisen und zu einer entsprechenden Lebensgestaltung praktisch-seelsorgerlich anzuleiten[220]. Es ist angesichts dieser verschiedenen Grundansätze oder zentralen Mittelpunkte von Humanismus und Frömmigkeitstheologie nur konsequent, daß es auch in Nürnberg—insbesondere vor 1500—einerseits Frömmigkeitstheologen gibt, die gänzlich unhumanistisch oder gar antihumanistisch eingestellt sind, andererseits auch Humanisten, bei denen frömmigkeitstheologische Neigungen nicht besonders ausgeprägt sind[221]. Daß Humanismus und Frömmigkeitstheologie ein je eigenes zentrales Proprium haben, schließt freilich nicht aus, daß sich die beiden Kreise partiell überschneiden und bei manchen Personen—wie bei den erwähnten frommen Humanisten in Nürnberg—sogar völlig zur Deckung kommen können. Bei ihnen ist der Humanismus ganz und gar frömmigkeitstheologisch ausgerichtet und das frömmigkeitstheologische Interesse ganz und gar von humanistischen Bildungszielen durchdrungen.

Dieses Zusammenfallen ist da möglich, wo 1.) der Humanismus das geistliche Ziel der Frömmigkeitstheologie materialiter als christliche Leitidee von veritas, bonitas, necessitas und utilitas übernimmt und wo 2.) umgekehrt das frömmigkeitstheologische Programm das Medium der humanistischen bonae litterae für die ideale Einkleidung christlicher Wahrheit hält und sich die Antike als sprachliche und inhaltlich-theologische Norm aneignet. Das heißt: Es entsteht eine Frömmigkeitstheologie, die sich bewußt vom scholastischen Lehrprogramm sowie dem entsprechenden Lehr- und Sprachstil löst und auch so gut wie keine scholastischen Autoritäten des Mittelalters mehr zitiert, sondern sich ganz an der christlichen Antike der Kirchenväter orientiert und damit ergänzend das Traditionsgut heidnischer Ethik verbindet.

---

[219] Vgl. oben S. 165 und Anm. 156.

[220] Vgl. oben S. 139-142.

[221] Beispiele für diese verschiedenen Einstellungen habe ich in einem früheren Aufsatz genannt (dort auch im Blick auf das Verhältnis von Humanismus und Frömmigkeitstheologie die Unterscheidung zwischen fünf Gruppen oder Beziehungsmöglichkeiten): Hamm (wie Anm. 25) S. 127 f Anm. 256a.

Dieses Zusammenfließen von Humanismus und Frömmigkeitstheologie wird durch verschiedene Faktoren, dh durch innere Gemeinsamkeiten der beiden Strömungen, begünstigt. Beide sind Reformbewegungen, die sich gegen eine hypertrophe und in ihrem abstrakten Formalismus erstarrte Scholastik wenden und gegen das Erfahrungsdefizit einer spekulativen, sich vom konkreten Lebensvollzug abhebenden Theologie. Beide erstreben—zT mit scharfen Tönen gegen Mißstände im Klerus—eine Erneuerung der Kirche an Haupt und Gliedern. Beiden geht es in ihren wesentlichen Zielsetzungen um einen ethischen Impuls, um den moralischen 'Nutzen', um die Früchte einer Versittlichung des Lebens[222]. Der konsequenten Ethisierung der Theologie in der Frömmigkeitstheologie entspricht die "Ethisierung aller Lebensbereiche des Menschen" im Humanismus[223]. Blickt man auf die Frömmigkeitstheologie im spätmittelalterlichen Nürnberg und auf den dann seit Mitte des 15. Jahrhunderts allmählich eindringenden Humanismus, so kann man—gerade von der ethischen Orientierung her—eine tiefe Gemeinsamkeit des Menschenbildes feststellen. Im Zentrum steht ein Mensch, der sich in der Freiheit seines vernünftigen, durch göttliche Gnadenhilfen unterstützten Wissens und Wollens aktiv vor Gott verwirklicht, der sich durch die Qualität der Tugend und ihr Wirken auf seine Vervollkommnung zubewegt. Die Vorstellung von der eschatologischen Letztgültigkeit menschlicher virtus bestimmt sowohl die frömmigkeitstheologischen als auch die humanistischen Lebensentwürfe[224].

Diese Gemeinsamkeiten sind der Boden, auf dem die beiden Bereiche mit völliger, unreflektierter Selbstverständlichkeit ineinander übergehen und verschmelzen konnten. Männern wie Tucher, Cochlaeus, Romming, Chelidonius, Spengler und Scheurl war es völlig einleuchtend, daß die eruditio der studia humanitatis und die pietas des frommen Lebens von Natur aus eine Einheit

[222] Vgl. bereits Reimann (wie Anm. 134) S. 171: "Gerade auf dem Gebiete der Ethik fallen ja die Anschauungen der Alten und Neuen fast zusammen; beide Gruppen berühren sich, ja verschmelzen miteinander bei der Suche nach einer die Bedürfnisse der Gegenwart befriedigenden Moralphilosophie, und man kann bei der Betrachtung der zahlreichen Handbücher dieser Art immer nur von dem Überwiegen des Einflusses der Antike oder der mittelalterlichen Autoritäten sprechen." Vgl. auch ebd S. 181f., 191-193.

[223] So die Formulierung von Dieter Wuttke in seinem Vorwort zum Sammelband: ethik im humanismus (wie Anm. 208), S. 6.

[224] Vgl. Hamm (wie Anm. 25) S. 128-131.

bilden, ebenso wie sie die delectatio an der Schönheit wohlgeformter Sprache mit der optimalen utilitas einer Anleitung zur vita spiritualis eng verbunden sehen[225]. Der aus der philosophischen Tugendlehre der Antike übernommene vernunftorientierte Moralismus ist bei ihnen ganz und gar gefüllt mit den Begriffen und Themen der zeitgenössischen Frömmigkeit, besonders der Bußtheologie: Demut, Geduld, williges Leiden und Sterben, Verzicht auf Ehre und Reichtum, wahre Reue und Genugtuung, Meditation des Leidens Christi, Nachfolge Christi in Leben und Sterben, Gehorsam gegenüber Gottes Geboten, Vertrauen auf Gottes Barmherzigkeit und die Fürbitte Mariens und der Heiligen, geistliche Armut vor Gott, Sieg über die Begierlichkeit des Fleisches und jungfräuliches Leben, verdienstvolles Emporsteigen zum Paradies. Die philosophische Askese des stoischen Weisen gleitet übergangslos hinüber in die weltentsagende Buß- und Demutsfrömmigkeit der Christusnachfolge (in der Weiterführung jenes Verschmelzungsprozesses, der bereits mit der antiken Einbettung des Christentums in die hellenistische Kultur beginnt). Cicero, Seneca, Cato, Sallust und Juvenal, also die Moralisten unter den Römern, werden häufig zitiert (weniger Horaz), kaum aber oder gar nicht die 'lasziven' Ovid, Catull, Tibull oder Properz; und sie werden zu Zeugen christlicher Geduld in den Anfechtungen und zuchtvoller Selbstbeherrschung gegenüber den sündhaften Leidenschaften. Damit verbinden sich die Stimmen der Kirchenväter zu *einem* Chor: allen voran Augustin und Gregor d.Gr., aber auch sie bei weitem übertroffen durch die Häufigkeit der Hieronymus-Zitate und durch die Bekundungen einer geradezu überschwenglichen Hieronymus-Begeisterung.

---

[225] Vgl. zB zwei Briefe Christoph Scheurls, die er seiner Ausgabe 'Viertzig sendbriefe' (wie Anm. 230) angefügt hat: 1) Widmungsepistel Scheurls an den Lorenzer Propst Georg Beheim: fol. P4v-5r; Scheurl schreibt darin, er habe die Briefe Sixtus Tuchers, da sie ihm "eruditae, christianae et ad religionem nostram plurimum pertinentes" erschienen seien, zur delectatio und utilitas der Leser übersetzt und am Rand mit Zitaten aus Kirchenvätern, Philosophen und Rednern versehen. 2) Dankepistel Scheurls an den Ratsschreiber Lazarus Spengler: fol. P3v-4v; über die 'Schminke' schöner Worte urteilt Scheurl darin ganz anders als Georg Pirckheimer (vgl. oben S. 172 bei Anm. 131: die Wahrheit wird durch die Schminke nur verdorben): "res in se bona non indiget fuco verborum, etsi non negaverim, si ea, quae dicuntur, eleganter dicantur atque concinne, duplo esse praestantiora amabilioraque." Vgl. auch unten Anm. 298.

16. *Hieronymus als Leitgestalt der Synthese von Frömmigkeitstheologie und Humanismus*

Hieronymus war die Autorität der Antike, in der sich die Verbindung von Humanismus und Frömmigkeitstheologie am mühelosesten wiederfinden, mit der sie sich am ehesten identifizieren konnte. Hieronymus wurde ja, wie wir sahen, im 14. und 15. Jahrhundert sowohl zur patristischen Leitfigur des Humanismus als auch zu einem dominierenden Heiligen kirchlicher Frömmigkeitspraxis. Er galt als der Gelehrteste unter den Frommen und als der Frömmste unter den Gelehrten. Die Zusammenschau und Verschmelzung der verschiedenen Hieronymusbilder bot sich an. Hieronymus konnte so zum Vorbild humanistisch-frömmigkeitstheologischer Synthese werden: der Verbindung von studia humanitatis und sacrae litterae, von eruditio und pietas, von weltlicher eloquentia und weltentsagender Askese, von ästhetisch-stilistischer delectatio und geistlicher utilitas[226], von paganer und christlicher Tugendlehre, von gelehrter Weltabgeschiedenheit des Bücherweisen und eremitischer Weltverachtung des Büßers, von Kirchenfrömmigkeit und Kirchenkritik, von monastischer Vorbildhaftigkeit und Nähe zur verinnerlichten Frömmigkeit von Laienkreisen. Hieronymus war auch derjenige unter den vier lateinischen doctores ecclesiae, der mit seinem starken Appell an die Vernunftbegabtheit, Freiheit, sittliche Leistungskraft, Buß-Tugend und Verdienstfähigkeit des Menschen dem skizzierten Menschenbild von Humanismus und Frömmigkeitstheologie am weitesten entgegenkam.

Es ist daher nur allzu begreiflich, warum sich die Wortführer der Hieronymusbegeisterung in Nürnberg gerade unter den Literaten finden, die Humanismus und Frömmigkeitstheologie zur Deckung bringen. Das sind—in intensivem brieflichen Austausch mit Caritas Pirckheimer—Sixtus Tucher, Lazarus Spengler und Christoph Scheurl. Die literarischen Zeugnisse ihrer Hieronymusverehrung fallen in die Jahre 1498-1515.

---

[226] Vgl. oben S. 169 f.

17. *Sixtus Tucher: Briefe und Leben nach dem Vorbild des Hieronymus*

Von Propst Sixtus Tucher[227] sind u.a. 36 Briefe überliefert, die er von 1498/99 bis 1506 an Caritas Pirckheimer und gelegentlich auch an seine Cousine Apollonia Tucher, die Priorin des Klara-Klosters[228], geschrieben und die sein Neffe Scheurl[229] gesammelt, ins Deutsche übertragen und 1515 zum Druck gegeben hat[230]. In diesen Briefen, die oft lehrhaften Charakter haben und bisweilen traktathafte Dimensionen erreichen[231], zitiert Tucher nur sehr selten Autoritäten, aber immerhin nennt er sechsmal Hieronymus[232], viermal Gregor d.Gr., zweimal Bernhard von Clairvaux und jeweils einmal Augustin, Bonaventura und Johannes Gerson. Hieronymus wird als Lehrer des Gebotsgehorsams und der Sündenstrafen, der

[227] Wertvolle Hinweise zu Sixtus Tucher verdanke ich einer ausgezeichneten Seminararbeit, die stud. theol. Winfried Klughardt angefertigt hat.

[228] Zur Person vgl. Hamm (wie Anm. 25) S. 101 Anm. 166.

[229] Christoph Scheurls (d.J.) Mutter Helena Tucher (die Schwester Apollonia Tuchers) war die Cousine Sixtus Tuchers; vgl. den Tucher-Stammbaum bei Ludwig Grote: *Die Tucher. Bildnis einer Patrizierfamilie*, München 1961, S. 90-92.

[230] Christoph Scheurl d.J. (Hg.): Viertzig sendbriefe aus dem Latein in das Teutsch gezogen, durch etlich gelert, gotsforchtig vnd gaistlich personen zueinander geschriben vnd mit vil hailsamen Christenlichen leren vermengt, den lesenden zů sonder frucht vnnd rayzung inprůnstiger andacht dienlich. Nürnberg: Friedrich Peypus, 24. Juli 1515; Exemplar: Nürnberg, Germanisches Nationalmuseum, 8° Bg. 9013 Postinc.—In dieser Briefsammlung Scheurls finden sich vier Briefe, die nicht Sixtus Tucher geschrieben hat, darunter drei Briefe der Caritas Pirckheimer (Nr. 34, 35, 36) und der lange Schlußbrief an Caritas Pirckheimer, Apollonia Tucher und den ganzen Konvent von St. Klara über das rechte Leben und Sterben (Nr. 40), den Scheurl selbst verfaßt hat (vgl. unten S. 216, zur Datierung: Anm. 316). Die Verfasserschaft Scheurls geht aus einer Passage gegen Ende des Briefs (fol. 62v) hervor, wo er auf vorhergehende Briefe Tuchers ("in der achzehenten und dreyunddreissigsten Epistel") in ebendieser Briefausgabe verweist. Da die Numerierung der Briefe erst Scheurl geschaffen hat, kann dieser Querverweis nur von ihm selbst stammen. Dem entspricht die Verfasserangabe ".C." (= Christoph) am Ende des Briefs. Vgl. bereits Wilhelm Loose: *Aus dem Leben der Charitas Pirckheimer, Aebtissin zu St. Clara in Nürnberg*, Dresden 1870, S. 78 f. Von den 36 Briefen Tuchers sind 28 an Caritas Pirckheimer, 4 an Apollonia Tucher, 2 an beide, einer (Nr. 29 = Pfanner Nr. 15) an eine unbekannte Nonne (auch Caritas?) und einer (Nr. 20) an den Guardian des Nürnberger Franziskanerklosters gerichtet. Fast alle dieser 'viertzig sendbriefe' (außer Nr. 1-3,7,20) sind ediert von Joseph Pfanner: *Briefe von, an und über Caritas Pirckheimer (aus den Jahren 1498-1530)*, Landshut 1966 (= Caritas Pirckheimer-Quellensammlung 3).

[231] Besonders lange, traktatartige Briefe zu bestimmten Themen: Viertzig sendbriefe Nr. 1-4,6,7,32,38,39 (117-271 Druckzeilen).

[232] Ebd fol. 7r (Nr. 2), 14r (Nr. 4) = Pfanner S. 35,45 (Nr. 5), 16r (Nr. 6) = Pfanner S. 41,29 (Nr. 10), 16v (Nr. 6) = Pfanner S. 41,44 (Nr. 10), 23v (Nr. 10) = Pfanner S. 37,40 (Nr. 6), 25v (Nr. 13) = Pfanner S. 40,12 (Nr. 9).

Weltüberwindung und Überlegenheit über den Tod, der asketischen Jungfräulichkeit und ihres himmlischen Lohnes zitiert. Tucher betont etwa, daß für Hieronymus die Jungfräulichkeit "ein achtbare sawre tugent" sei, die er "schir uber die menschlichen natur" emporhebe, indem er sage: "Es ist ain gros wunderbarlich dingk, die funcken der begirlikayt, die von den fackeln der jugent gluͦen, in kraft der vernunft ausleschen und die eelichen ergetzlikait und suͦsikait der kinder verschmehen."[233] Tucher fügt dem Zitat den Gedanken an, daß der größeren Anstrengung, die das jungfräuliche Leben verlangt, auch eine größere Verdienstlichkeit entspricht: "also wirt es auch ainer groͤsern verdinstnus sein, dem fuͦr den zeitlichen streyt die ewigen belonung gegeben wirdet"[234]. Auch dies wird wieder mit Hieronymus belegt, der von den enthaltsam Lebenden sage, "das jnen in dem himlischen sal kein stat wirdet verschlossen, sunder alle gemach der goͤtlichen wonung aufgethon werden"[235].

Interessant ist auch eine Stelle, wo Tucher seine geistliche Schülerin Caritas auf Hieronymus als Lehrer der meditatio und contemplatio des Christus- und Marienlebens verweist und sie dabei auf eine Ebene mit den römischen Hieronymus-Schülerinnen und Asketinnen Paula und Eustochium stellt: "Gehab dich wol, allerliebste schwester, und so du mit Paula und Eustochium unsers seligmachers und seiner hochwirdigen gepererin geschicht und that, als sant Hieronymus leret, bescheuͦlich betrachtest, wollest mein auch nit vergessen."[236] Indem Tucher Caritas in die Nachfolge von Paula und Eustochium stellt, rückt er sich selbst in die Nachfolge des Hieronymus[237]. Scheurl hat seinen verehrten Onkel[238] ganz so gesehen, denn er hebt wiederholt die Parallelität von Sixtus und Hieronymus hervor: Der Propst von St. Lorenz habe an Caritas Pirckheimer und Apollonia Tucher "solche Briefe geschrieben, wie sie einst sein[!] göttlicher Hieronymus an Paula und Eustochium

---

[233] Ebd fol. 16r (Nr. 6) = Pfanner S. 41,27-33 (Nr. 10).
[234] Ebd fol. 16r/v = Pfanner S. 41,34-36.
[235] Ebd fol. 16v = Pfanner S. 41,43-46.
[236] Ebd fol. 23v (Nr. 10) = Pfanner S. 37,38-41 (Nr. 6).
[237] Etwa gleichzeitig (1499) begegnet uns ja in Nürnberg bei Heinrich Grieninger der Wunsch, alle Lebenden mögen den Fußstapfen des Hieronymus nachfolgen, dh eloquentia und vitae sanctitas vereinen: vgl. oben Anm. 120.
[238] Zu Scheurls Wunsch, Sixtus Tucher nachzueifern und in seine Fußstapfen zu treten, vgl. unten S. 213 mit Anm. 293 und 294.

geschrieben hatte"[239]. Entsprechend versah Scheurl die Ausgabe der Tucher-Briefe am Rand mit einer Fülle von Hieronymus-Belegen[240], darunter auch einigen aus Ps.-Eusebs Hieronymus-Vita—geleitet von der ihm bekannten bzw. ins Auge fallenden Tatsache, daß diese Briefe aus einer intensiven Vertrautheit mit Hieronymus geschrieben worden waren und so auf Schritt und Tritt die Nähe zu den Hieronymus-Schriften und zur Hieronymus-Legende, in bewußter Anlehnung und Anspielung oder unbewußter Abhängigkeit, bezeugten.

Es kann kaum Zweifel daran bestehen, daß Sixtus Tucher eine Hieronymus-Existenz führen wollte und daß er, solange er mit den kirchlichen, juristischen und diplomatischen Geschäften des Propstei-Amtes beladen war - gefangen in den Stricken und Netzen der Welt[241]—, darunter litt, nicht seinem hieronymianischen, humanistisch-frömmigkeitstheologischen Ideal des gelehrten Bücherstudiums und der frommen Kontemplation in stiller Abgeschiedenheit, gleichsam als 'Hieronymus im Gehäus', nachleben zu können[242]. Schließlich aber entschied er sich, durchaus einem charakteristischen Zug der Zeit folgend, für diesen Schritt in die vita

---

[239] "... patronum meum praesulem Sixtum ad te et suavissimam materteram meam Appoloniam Tucheram ... tales subinde mittere epistolas, quales olim ad Paulam et Eustochium divus Hieronymus suus ..." Brief Scheurls an Caritas Pirckheimer vom 1. Sept. 1506 aus Bologna, bei Pfanner (wie Anm. 230) S. 139,34-38 (Nr. 66). Ebenso Scheurl im Widmungsbrief an Georg Beheim vom 24. Juli 1515 (wie Anm. 225): "Sixtus Tucher ... ad meam Charitatem Pirckheymerin, abbatissam sanctae Clarae numquam a me sine honoris praefatione nominandam, et Appoloniam Tucherin, eius praefectam, materteram meam, tales ferme scriptavit epistolas, quales olim barbatus Hieronymus suus ad Paulam et Eustochium." Vgl. auch den 1506 von Scheurl geäußerten Lobpreis auf Tuchers Beredsamkeit, die mit der des göttlichen Hieronymus zu vergleichen sei ("eloquentia divo Hieronymo comparandum"): Vorrede zum 'Libellus de laudibus Germaniae et ducum Saxoniae', zit. bei Loose (wie Anm. 230) S. 8 f Anm. 4.

[240] Vgl. unten S. 213-215.

[241] Vgl. Viertzig sendbriefe (wie Anm. 230), fol. 8v (Nr. 3): "... von wegen meiner teglichen obligenden gescheft, mit denen mich die welt verwickelt und teglich uber und wider meinen willen mer dann vor zů verwirren vorhat." "Ich wolt gern mein fůes von dem strick und dem kot der eytelkait, domit ich nit verhaft würde, entledigen, aber ich wais nit, in was gestalt, wann was ich thů, so stelt mir der feindt nach, das er mich abfüre mit so vil verporgen vallen und netzen ..."

[242] Vgl. zB ebd fol. 30v (Nr. 19) = Pfanner S. 32,10-15 (Nr.2), an Caritas Pirckheimer: "Aber ich, der mitten in dem mer dieser welt nit an [ohne] geverlikayt schiffet unnd von den wellen hin unnd wider in manigvaltige widerwertikeyt geworffen wirdet, erlang nymer aber [oder] gar selten ein solche porten der gerůglikayt [Geruhsamkeit], daraus ich fridlich unnd mit rwe, als du oft tůst, das wasser des prunnen unsern heilmachers schöpfen und trincken mocht."

contemplativa; dh er wählte eine seinem persönlichen Bedürfnis und Geschmack entsprechende, vornehm-individuelle, nicht klösterliche und doch klosternahe Form der vita solitaria. Erst 45jährig, gab er Ostern 1504 seine Propst-Würde ("die wol bischofflichen Würden zu vergleichen ward") ab und zog sich in ein stilles Domizil mit Garten, das er sich nach seinen Vorstellungen neu gebaut hatte und von dem er sich einen Gang ins benachbarte Kartäuserkloster hinüberführen ließ, zurück. Die sacrae litterae, und unter ihnen besonders Hieronymus, waren, wenn man Scheurls Bericht glauben darf, seine Hauptlektüre: "vermainet sich von der Wellt abzuziehen und die übrigen Zeit seines lebens mit Lesen der heyligen schrifft, sonderlich S. Heronimus Bücher, die ine hocherfreueten, mit betten, Meßhalten, Contempliern und Gott zu dienen zu verzeern"[243].

---

[243] Christoph Scheurl berichtet in dem von ihm 1542(?) angelegten Tucherbuch über Amtsführung und Resignation Sixtus Tuchers: "Wiewol er aber neben dem Abt S. Egidien und herren Erasmus Toplern, Doctorn und Bropsten Sancti Sebaldi, den vordersten Stand in der ganzen Stat hete, bey meniglich, wie damalen gepreuchlich, wolgehalten und in grossem ansehen ward, ein priesterlich, unverleimbt [unbescholtenes] leben fhüret, sein Kirchen loblich regieret, seinem Pfarrvolck und Gemainde ain groß gefallenn, auch ein solch guet ebenpild furtruge und dermaßen vorstunde, das Rathe und Gemaind ain grosses benugen daran hetten, noch dannoch truckten ine die Seelsorg und gewissen, das er seine Schäflin mit dem wort Gottes aigner Person nit waidnet und doch sovil Lewtenn hoher und niders stands gerathen und gedient hete, das er wol drey Jar mit umbgieng und letzlich beschloß, der Probsteyen enntlich abzutretten und sich so grosser herrlichait, die wol bischofflichen Würden zu vergleichen ward, zu verzeyhen [verzichten] ... Nam von der Frauen zu S. Claren ain Altar-Lehen an, auf das er als ain belehneter Gaistlicher bürgerlicher beschwerde frey belibe. Zoche zu Ostern im 1504. Jar, als herr Antoni Kreß, der Rechten Doctor, ain Jung Geleert Mann, die Probstey anname, in sein Lusthaus und Gartten, das er ime nach Vortayl gepauet und daraus ainen gang zu der Cartheuser Closter gemacht hete, vermainet ..." (es folgt der im Text zitierte Abschnitt). Aus: Geburtsstamm Unnd Genealogia deß alt herkommenden Geschlechts Der Tucher 1570 (= Abschrift des heute in der British Library London aufbewahrten Tucherbuches von 1542), fol. 25r, in: Stadtarchiv Nürnberg, Rep. E 29/II Tucher-Archive jüngere Linie, Bd 121; zum Tucherbuch vgl. Wilhelm Graf: *Doktor Christoph Scheurl von Nürnberg*, Leipzig-Berlin 1930 (= Beiträge zur Kulturgeschichte des Mittelalters und der Renaissance 43), S. 4 und 116 Anm. 3. Vgl. einen Parallelbericht Scheurls: Vita Reverendi patris Domini Anthonii Kressen [...]; Nürnberg: Friedrich Peypus, 24. Juli 1515, Exemplar: Nürnberg, Germanisches Nationalmuseum, 8° Bg. 5819 Postinc., fol. A3v: "... Sixtus Tucherus praefectura Laurentini populi ... libere se abdicaret, ut ita a pulcherrimo munere requiescens otium sibi sumeret aliquando et a coetu hominum frequentiaque in solitudine deo maximo tranquillius famuleretur." Die gottergebene, beschauliche Ruhe abseits der Menge ist zentraler Gesichtspunkt.— Nach dem Bericht Scheurls im Tucherbuch war der Entschluß Sixtus Tuchers,

So wie Dürers 'Hieronymus im Gehäus' von 1514[244], sobald er seine Augen vom Schreibpult erhob, auf das 'Memento mori' eines Totenschädels blickte (freilich nur so, daß dabei zugleich das Kruzifix in seiner Blickachse lag), so hatte auch Tucher in seinem Haus das eigene Sterben und die Todesüberwindung vor Augen. Auf zwei in einem Fenster eingelassenen Glasmalereien[245]—der Bildentwurf (1502) wohl auf Dürer zurückgehend[246], der umrahmende Text wohl von Tucher selbst verfaßt—werden der Tod und der Propst von St. Lorenz konfrontiert: der reitende Tod, der als Bogenschütze gerade den Pfeil auf Sixtus Tucher anlegt, und Tucher, der, am offenen Grab stehend, mit der linken Hand hinab auf einen Totenschädel in der Grube weist, die rechte dagegen zu den Türmen der Lorenzkirche emporhebt. Die Grabplatte liegt in ungewöhnlicher Weise so über der Graböffnung, daß sie mit ihr zusammen ein Kreuz bildet. Dem Betrachter ist so mit dem heidnisch-

---

sein Amt aufzugeben, schon jahrelang ("drey Jar") vorbereitet. In einem Brief vom 1. Sept. 1503 schreibt Tucher an Anton Kreß, er sei entschlossen, sein Amt niederzulegen; ediert bei Georg Frhr. v. Kreß (Hg.): *Briefe des Dr. Sixt Tucher Propsts bei St. Lorenz in Nürnberg an seinen Nachfolger Anton Kress, 1502-1504*, Nürnberg 1896, S. 9 f. Bereits am 23. Jan. 1503 hatte Tucher eine Meßpfründe beim Klarissenkloster erhalten, die seinen Sonderstatus als Geistlicher auch über die Resignation als Propst hinaus garantierte; vgl. Johannes Kist: *Charitas Pirckheimer. Ein Frauenleben im Zeitalter des Humanismus und der Reformation*, Bamberg 1948 (= KASP.G 2/3), S. 27; vgl. auch ders.: *Die Matrikel der Geistlichkeit des Bistums Bamberg 1400-1556*, Würzburg 1965 (= Veröffentlichungen der Gesellschaft für fränkische Geschichte IV,7), S. 86 (bei der Meßpfründe handelte es sich um die Groß'sche Messe am Marienaltar von St. Klara). Die Installation des Nachfolgers Anton Kreß erfolgte am 11. April 1504; vgl. v. Kreß: Briefe, S. 7. Zum neuerbauten Haus Tuchers (in der Untern Grasersgasse bei der Kartause Marienzell, Katasterbezeichnung: Lorenz 951), das auch eine Hauskapelle besaß, vgl. Grote (wie Anm. 229) Abb. 49; Wilhelm Loose (Hg.): *Anton Tuchers Haushaltsbuch (1507 bis 1517)*, Tübingen 1877 (= Bibliothek des Litterarischen Vereins in Stuttgart 134), S. 17 Anm. 1.

[244] Siehe Anm. 4; vgl. Ausstellungskatalog: Nürnberg 1300-1550 (wie Anm. 78), Nr. 133 (Literatur).

[245] Wahrscheinlich von Veit Hirsvogel d.Ä.; heute im Germanischen Nationalmuseum Nürnberg; beschrieben (mit Literatur) und abgebildet in: Nürnberg 1300-1550 (wie Anm. 78), Nr. 117 (Rainer Kahsnitz); S. 287: "Die beiden dreipaßförmigen Scheiben sind als Gegenstücke aufeinander bezogen und waren ursprünglich in einer Butzenscheibenverglasung in einem Fenster eingelassen." Man wird an das Arbeitszimmer oder die Hauskapelle im Wohnhaus Tuchers denken. Entstehungszeit der Scheiben: 1502 oder etwas später.

[246] Zwei Scheibenrisse, beschrieben (mit Literatur) und abgebildet ebd Nr. 116 (Rainer Schoch). Die Zuschreibung an Dürer selbst (so Friedrich Winkler) ist umstritten; Schoch meint, "daß man sie einem engen Mitarbeiter der Dürer-Werkstatt zuschreiben muß, der sie auf der Grundlage eines Entwurfs des Meisters ins Reine zeichnete". Die eine Zeichnung trägt die Jahreszahl 1502.

christlichen Vanitas-Symbol des Schädels zugleich das Hoffnungszeichen des Kreuzes gegenwärtig[247]. Bild und Text[248] verdeutlichen die christlich-humanistische, als typisch hieronymianisch geltende Überlegenheit über den Tod[249]; und sie veranschaulichen so jene völlige Verschmelzung von Frömmigkeitstheologie und Humanismus, die für die Endphase der mittelalterlichen Hieronymus-Rezeption in Nürnberg und insbesondere für Sixtus Tucher gilt: die

---

[247] Der Schädel ist eine Anspielung auf Golgatha (Schädelstätte) und bringt in der Verbindung mit dem Kreuz die Adam-Christus-Typologie zum Ausdruck; vgl. Jungblut (wie Anm. 3) S. 103: "Das Motiv des Schädels, in antiken Mosaiken als Vanitas-Symbol bekannt, findet sich in der christlichen Kunst zunächst in Kreuzigungsdarstellungen als Zeichen für das Grab Adams auf dem Hügel Golgatha unter dem Kreuz. Es ist nicht unwichtig, daß diese Legende mehrfach von Hieronymus erwähnt wird, und die Überlieferung hauptsächlich auf ihn zurückgeht." Der Todverfallenheit und Erlösungsbedürftigkeit des alten Adam, wie sie im Schädel sichtbar wird, entspricht die erlösende Kraft des am Kreuz vergossenen Blutes des neuen Adam Christus (vgl. Hieronymus-Zitat bei Jungblut ebd).

[248] Der umrahmende lateinische Text der beiden Scheiben stellt ein Zwiegespräch zwischen dem Tod und dem von ihm bedrohten Propst dar: 1. Reitender Tod: Cave, miser, ne meo te confixum telo in hoc t[a]etro collocem feretri lecto (Gib acht, du armer Mensch, daß ich dich nicht mit meinem Pfeil durchbohre und dich auf diesem häßlichen Lager der Totenbahre zur Schau stelle!). 2. Tucher am Grab: Quid mi‹ttis, qu›od hoc monente sepulcro, eciam si velis, cavere nequeo (Was schießt du denn da ab, etwas, das ich angesichts des mahnenden Grabes nicht vermeiden kann, selbst wenn du es wolltest!). Textergänzung und -übersetzung in Anlehnung an Wilhelm v. Loeffelholz: Sixtus Tucher und der reitende Tod als Bogenschütze, in: *Mitteilungen des Vereins für Geschichte der Stadt Nürnberg* 73 (1986) S. 45-53. Hier auch die Deutung der Grabplatte und -öffnung als Kreuz (S. 48).

[249] Vgl. den vor allem nach 1500 verbreiteten Bildtypus, der Hieronymus mit dem Totenschädel, oft über den Totenschädel meditierend, darstellt; vgl. Wiebel (wie Anm. 3) S. 109-124: Der Totenschädel in der Ikonographie des Hieronymus. Vom Bild des Schreckens zum Objekt philosophischen Nachdenkens (hier auch Betonung des Hintergrundes der stoischen Philosophie, deren Überlegenheits- und Gleichgültigkeitsideal gegenüber dem Tod mit dem christlichen Kreuzes- und Vanitas-Denken eine Synthese eingeht, die für den christlichen Humanismus und die von ihm geprägte Hieronymus-Ikonographie charakteristisch ist). Vgl. auch besonders Dürers Gemälde des Hl. Hieronymus von 1521 (vgl. oben Anm. 4 Nr. 11), auf dem der Totenschädel eine zentrale Position gewinnt. Der linke Zeigefinger des greisen Hieronymus, der nach unten auf den Schädel weist, erinnert an den ebenfalls auf den Schädel hinabdeutenden linken Zeigefinger Sixtus Tuchers auf der Glasscheibe (Anm. 245/246). Auch auf dem Gemälde ist wie auf der Glasscheibe der Totenschädel mit dem Kruzifix verbunden (vgl. Anm. 247)—und diese Verbindung besteht auf allen drei Dürerschen Hieronymus-Darstellungen, die den Totenschädel zeigen (Anm. 4 Nr. 9, 10, 11). In dieser Verwandtschaft zwischen der Tucher-Scheibe und den Hieronymus-Darstellungen tritt wieder die (von Tucher erstrebte und von Scheurl stilisierte) Parallelität zwischen Tucher und Hieronymus in Erscheinung.

gelassene, furchtlose Haltung des "abgeklärten Humanisten, der in stoischer Ruhe das Unabänderliche auf sich nimmt"[250] und des Todes Drohung "grosmůtiglich" verachtet[251], und die Todesüberwindung des christlichen Auferstehungsglaubens, der den Tod als Durchgang zu himmlischen Freuden willkommen heißt[252]. Mit dieser Einstellung zum Sterben, wie sie auch aus Tuchers Briefen an Caritas Pirckheimer spricht[253]—intensive Todesmeditation als Zeugnis souveräner Überlegenheit über den Tod[254]—, will der Propst 'seinem' Hieronymus nachfolgen[255].

---

[250] v. Loeffelholz (wie Anm. 248) S. 52.

[251] Christoph Scheurl hat die Haltung Tuchers zum Tod in die Worte zusammengefaßt: "das wir den tod grosmůtiglich verschmehen sollen", in: Viertzig sendbriefe (wie Anm. 230), fol. 62v (Nr. 40) = Pfanner S. 77,18 (Nr. 32).

[252] Mit Recht hat v. Loeffelholz (wie Anm. 248) auf die christlich-kirchlichen Züge in der Bildkonzeption der Propst-Glasscheibe hingewiesen. Es zeigt sich so tatsächlich eine exemplarische bildnerische Umsetzung eines frömmigkeitstheologischen Humanismus, der einen tiefen christlichen Glauben mit den Traditionen paganer Philosophie und Poesie verbindet. Ergänzend zu v. Loeffelholz wird der christliche Hintergrund der Glasmalerei und ihres Textes auch sehr schön aufgezeigt von Corine Schleif: The Proper Attitude Toward Death: Windowpanes Designed for the House of Canon Sixtus Tucher, in: *The Art Bulletin* 69 (1987) S. 587-603.

[253] Vgl. Viertzig sendbriefe (wie Anm. 230): fol. 12v-14v (Nr. 4) = Pfanner S. 34-36 (Nr. 5); fol. 29r-30r (Nr. 18) = Pfanner S. 56 f (Nr. 25); fol. 39v-41v (Nr. 33) = Pfanner S. 50-52 (Nr. 20).

[254] Die Besonderheit dieser Haltung Tuchers sowohl gegenüber den üblichen Totentanz-Darstellungen des Spätmittelalters als auch gegenüber der Einstellung mancher Humanisten hat Corine Schleif (wie Anm. 252) instruktiv herausgearbeitet, besonders S. 601: "I would suggest that Sixtus Tucher found himself on the one hand confronted by the terrifying, billboard-like representations of the Dance of Death on churchyard walls and their popular diffusion as woodcuts - and on the other hand challenged by the radical humanists' disavowal of death and the hereafter. Consequently, he decided to commission a work articulating his own conviction that death, as the gateway to the eternal vineyard, should be neither feared nor ignored by the living." Größte Bedenken habe ich allerdings gegenüber der Art, wie Schleif *die* humanistische Haltung zum Tod darstellt; hier müßte man viel stärker differenzieren.

[255] In einem Brief an Caritas Pirckheimer, der anläßlich des Todes ihres Vaters und ihrer großen Trauer die rechte Einstellung zum Tod thematisiert, beruft sich Sixtus Tucher auf Hieronymus, der bezeuge, daß Jesus Lazarus nicht wegen seines Todes beweint habe, sondern weil er sich genötigt gesehen habe, den Verstorbenen aufzuerwecken und in dieses elende Leben zurückzuholen (Joh 11,35): Viertzig sendbriefe (wie Anm. 230), fol. 14r (Nr. 4) = Pfanner S. 35,44-36,5 (Nr. 5). Zur Vorbildfunktion, die Hieronymus' Einstellung zum Tod für Sixtus Tucher hatte (besonders auch gemäß der Stilisierung des Heiligen in der Ps.-Eusebius-Epistel, die Tucher zweifellos gekannt haben wird), vgl. Schleif ebd S. 600 f. Zu 'seinem' Hieronymus vgl. oben S. 197 f mit Anm. 239 und unten S. 217 mit Anm. 321.

18. *Lazarus Spengler: Hieronymus als Patron gebildeter vornehmer Bürger*

Sixtus Tucher starb bereits am 24. Okt. 1507. Er stand wie sein gleichaltriger Freund Konrad Celtis (1459-1508) zwischen der zweiten Nürnberger Humanistengeneration eines Hieronymus Münzer (ca. 1437-1508), Hartmann Schedel (1440-1514), Johann Pirckheimer (ca. 1440-1501) oder Sebald Schreyer (1446-1520) und der dritten Generation eines Willibald Pirckheimer (1470-1530), Albrecht Dürer (1471-1528), Lazarus Spengler (1479-1534), Johannes Cochlaeus (1479-1552) oder Christoph Scheurl (1481-1542). Lazarus Spengler, der gelehrte Ratsschreiber, der Theologe unter den Nürnberger Politikern, der dann während der Reformationszeit nicht nur durch programmatische und kirchenpolitisch wichtige Gutachten und Flugschriften hervortrat, sondern in einigen Schriften auch als Tröster in den Anfechtungen des Lebens, dieser klassische Repräsentant einer Laientheologie begegnet uns zunächst—um 1510—in einer Tugendschrift als humanistisch geprägter Autor[256]. Das antike Tugendideal des abgemilderten Stoizismus[257], entfaltet aus der normativen Vernunft[258], tritt dominierend hervor; die christliche Frömmigkeit, zB die Mahnung zum liebenden Vertrauen auf Gott[259], ist zwar präsent, bleibt aber gegenüber den allgemein-menschlichen Tugendregeln ganz im Hin-

---

[256] Druck ohne Titelblatt, Ort und Jahr [Nürnberg: Friedrich Peypus], beginnend mit dem Widmungsschreiben an Albrecht Dürer: "Dem erbern und achtparn Albrechten Thůrer zu Nůrmberg ..."; Exemplar: Nürnberg, Germanisches Nationalmuseum, 8° Rl 3061 Postinc. (danach zitiert); Neudruck: Nürnberg 1830 unter dem Titel: Ermanung und Undterweysung zu einem tugenhaften Wandel. Zur Datierung in die Zeit um 1510 (eher etwas später als früher) vgl. Berndt Hamm: Lazarus Spengler und Martin Luthers Theologie, in: Volker Press/Dieter Stievermann (Hgg.): *Martin Luther. Probleme seiner Zeit*, Stuttgart 1986 (= Spätmittelalter und Frühe Neuzeit 16), S. 124-136: 125 Anm. 3. Eine gute Einführung in dieses "Tugendbüchlein" bietet Hans v. Schubert: *Lazarus Spengler und die Reformation in Nürnberg*, hg. von Hajo Holborn, Leipzig 1934 (= QFRG 17), Nachdruck: New York-London 1971, S. 114-123.

[257] Vgl. auch die besonders gründliche Beschäftigung Spenglers mit dem Satiriker Juvenal (Unterstreichungen in einer Ausgabe von 1501) und dazu v. Schubert ebd S. 113: "Es ist also deutlich die stoische Ethik des Satirikers aus dem kaiserlichen Rom, die beim Ratsschreiber aus der Blütezeit der kaiserlichen deutschen Stadt verwandte Saiten zum Klingen brachte."

[258] Tugendschrift (wie Anm. 256), fol. a2r: "die vernunfft ein meisterin und regulirerin ist alles menschlichen lebens", die "yedes mals allein zu tugenden und dem, so das besst und nutzlichist ist, rått unnd anreitzung gibt".

[259] Ebd besonders fol. a3r/v.

tergrund. Autoritäten werden selten genannt, von den Kirchenvätern nur Hieronymus mit vier Zitaten, sonst, von den wenigen Bibelstellen abgesehen, nur pagane Autoren: zweimal Plutarch, jeweils einmal Euripides, Plato, Xenokrates, Cicero, Sallust und Seneca.

Hieronymus hat also eine deutlich herausgehobene Position, allerdings eher als Verkünder nicht spezifisch religiöser Lebensweisheit und humaner Tugend (über das geduldige Ertragen feindlicher Verfolgungen[260], über den Wert eines treuen Freundes[261], über die törichte Überheblichkeit[262]); nur einmal geht es um die Beziehung zu Gott: "Dann was ist stolzmůtigers (spricht sant Hieronymus), was mag auch undanckbarlichers erfunden werden, dann wider deß willen zu leben, von dem du das leben hast empfangen, auch deß gebott zu verachten, der darumb etwas zu thun und zu halten gepewt, das er ursach hab, das zu belonen."[263]

In den folgenden Jahren vertieft Spengler seine Hieronymus-Kenntnisse, und dabei verstärkt sich offensichtlich sein religiöses Interesse[264]. Es ist nicht mehr vorwiegend der christliche Stoiker, sondern vor allem auch der Heilige, Patron, Büßer und asketisch-fromme Kritiker der Weltverfallenheit, der ihn fasziniert. 1512 nannte er sein siebtes Kind Hieronymus[265]. In der gleichen Zeit, jedenfalls vor 1515, legte er eine reichhaltige Exzerptsammlung aus Hieronymus an, die er auch Scheurl zugänglich machte[266]. 1514 ließ

---

[260] Ebd fol. a6r.

[261] Ebd fol. b2r.

[262] Ebd fol. b6r.

[263] Ebd fol. a3r. Spengler hat die deutschen Textstücke seiner Tugendschrift mit je einer lateinischen Sentenz als Überschrift und zahlreichen lateinischen Belegen am Rande versehen, ohne allerdings die Autoren zu nennen; v. Schubert (wie Anm. 256, S. 116) charakterisiert dieses lateinische Material so: "Seneca ist mindestens 16mal, Cicero mindestens 6mal, Sallust 14mal zitiert, also so oft wie im besten Falle Paulus. Und es ist gewiß bezeichnend, daß selbst der Abschnitt über die ethische Notwendigkeit des Leidens (4) wesentlich durch Senecas Dialoge illustriert wird, und der tiefe Paulusspruch II. Kor. 12,9 von der in der menschlichen Schwachheit sich vollendenden Kraft Gottes, eingeklemmt in zwei Senecasprüche, in einen Beleg für die Selbstvollendung des Tugendhaften verkehrt wird. Dazu sehen wir von den Apokryphen Jesus Sirach in bevorzugter Benützung, also hellenistisch-jüdische Weisheit, die der griechischen so nahe stand." Die Hieronymus-Benützung in diesen lateinischen Belegen müßte eigens geprüft werden.

[264] Zu Spenglers Phase der intensivierten Beschäftigung mit Hieronymus und seiner Hieronymus-Begeisterung vgl. v. Schubert (wie Anm. 256) S. 123-127.

[265] Ebd S. 124.

[266] In seinem der Ausgabe der Tucherbriefe angefügten Dankschreiben an Spengler (wie Anm. 225/230, fol. 63v) erwähnt Christoph Scheurl die "excerpta tua Hieronymiana", die ihm bei der Ausgestaltung der Ausgabe mit lateinischen

er die schon erwähnte deutsche Übertragung des lateinischen Pseudo-Eusebius-Briefs "von dem leben und sterben desselben heyligsten Hieronymi" im Druck erscheinen[267]. Hans von Schubert hat diese Schrift treffend charakterisiert[268]. Sie bietet am Anfang "einen enthusiastisch gesteigerten Lobpreis auf den Heiligen, Gottes geliebtesten Sohn, durch den er zu uns geredet hat ..., ein lebendiges Wasser, aller Gnaden Vollbesitzer, Führer und Leiter unseres Glaubens!"[269] Am Ende des Briefes wird das Sterben des Hieronymus glorifiziert, ein einziger "Hymnus aufs gottselige Sterben. 'O Leben, was bist du für ein Tod—o Tod, was bist du für ein Leben!' "[270] Eingerahmt von diesen beiden hagiographischen Stükken ist das paränetische Mittelstück, "das man überschreiben könnte: von der rechten Nachfolge Christi, eben als einer Anweisung zum rechten Sterben"[271]. Hier fand Spengler, was ihm besonders wichtig gewesen sein dürfte: einen Tugendspiegel, durchaus mit den stoischen Sentenzen eines Seneca vereinbar, aber doch nun ganz und gar christliche Gesinnungsethik, bezogen auf Christusnachfolge und Weltüberwindung.

Spätere Schriften Spenglers zeigen durchläufig, wie stark sein Lebensgefühl bestimmt war durch Erfahrungen "der Armseligkeit dieser Welt", der Schmerzen, des Leidens, der Widerwärtigkeiten, Anfechtungen und Trübsale[272]. In den Paränesen des Briefes, die

---

Zitaten am Rand hilfreich gewesen seien - mit welchem Erfolg (126 Hieronymus-Zitate!), wird unten noch näher zu beschreiben sein.

[267] Beschreibung des heyligen Bischoffs Eusebij, der ain junger vnd discipel deß heyligen Sancti Hieronymi gewest ist, zu dem Bischoff Damaso vnd dem Rômer Theodosio, von dem leben vnd sterben desselben heyligsten Hieronymi. Weliche beschreibung sonnst Sannt Hieronymus gescheft oder Testament genannt wirdet, mit vil gezierten gôtlichen vnd Cristenlichen leern vermenget, durch ainen sondern liebhaber Sancti Hieronymi auß dem Latein in das teůtsch gezogen. Nürnberg: Hieronymus Hölzel, 14. Febr. 1514; Exemplare: Nürnberg, Germanisches Nationalmuseum, 8° Bg. 4736 Postinc. und 8° Bg 4736a Postinc. Zum Ps.-Eusebius (von Cremona)-Brief in Verbindung mit den beiden anderen Pseudepigraphen vgl. oben S. 149. Lateinische Fassungen des Briefs finden sich in MPL 22,239-282 und (in der durch Johannes von Neumarkt überarbeiteten Fassung, zusammen mit dessen deutscher Übersetzung) bei Klapper (wie Anm. 45) S. 9-241. In welchem Verhältnis die Übertragung Spenglers zu der Neumarkts und zu den lateinischen Fassungen steht, bedarf noch der Untersuchung. Zur Dauer der Arbeit Spenglers an der Übertragung siehe Anm. 344.

[268] v. Schubert (wie Anm. 256) S. 125-127.

[269] Ebd S. 125.

[270] Ebd S. 125f.

[271] Ebd S. 126.

[272] "Was ist der armtseligkayt dyser werlt geprechlicher, durch die wir mit ainer

seinem Vorbild Hieronymus in den Mund gelegt waren, und im Bericht über das Sterben des Heiligen fand er genau dieses Lebensgefühl aufgenommen und durch Ethik der Weltüberwindung[273] und den Blick auf die Gegenwirklichkeit der himmlischen Glorie[274] bewältigt. Vor dem Hintergrund des dunklen Spenglerschen Welt- und Lebensgefühls, das so charakteristisch ist für seine Zeit (das auch in Sixtus Tuchers Briefen dominiert), müssen wir seinen Weg von der Vorliebe für einen stoisch gefärbten, vor allem aus den römischen Schriftstellern schöpfenden Humanismus zu einer humanistisch-frömmigkeitstheologischen Hieronymus-Begeisterung verstehen.

In der Überschrift zur Druckausgabe der Epistel nennt sich Spengler "ainen sondern liebhaber sancti Hieronymi"[275]. Er entfaltet diese Selbstcharakterisierung im Widmungsschreiben an den literarisch gebildeten und humanistisch interessierten Hieronymus Ebner, damals bereits einer der führenden Politiker Nürnbergs (1477-1532)[276]: "Mich hat die lieb und hertzlich zunaygung, so ich und billich trag zu dem gloriwirdigen grossen heyligen Hieronymo als meinen sonderlich erwelten und furgeliebten [mehr als die anderen Schutzheiligen geliebten] patron[277], bewegt ...", diese

---

solchen menig des schmertzens und leydens umbgeben werden, das schier keyn stund ist, in der ainicher lebender mensch von anfechtungen und betrůbnůssen frey sey." Beschreibung (wie Anm. 267), fol. A7r; entspricht der Ausgabe von Klapper (wie Anm. 45) S. 46,16-47,4 bzw. MPL 22,246.

[273] Vgl. ebd fol. A7v: "uberwindung".

[274] Vgl. ebd fol. G3v-4v.

[275] Siehe Anm. 267.

[276] Ebner wurde 1509 einer der sieben Älteren Herren, im Frühjahr 1514 einer der drei Obersten Hauptleute (dh der drei führenden Politiker Nürnbergs), noch 1514 Zweiter Losunger und 1524 Erster Losunger; vgl. Hamm (wie Anm. 25) S. 93 Anm. 118. Das Widmungsschreiben für Ebner (beginnend mit den Worten: "Dem fursichtigen, erbern und weysen herrn Hieronymo Ebner, des rats zu Nuremberg, meinem gůnstigen herrn ...") findet sich nur in einem der beiden genannten Exemplare der Spenglerschen Ausgabe (siehe Anm. 267): 8° Bg. 4736a Postinc., hier aber fehlerhafterweise mitten im Text zwischen fol. A7v und A8r.

[277] Vgl. den oben Anm. 149 zitierten Lobpreis der Caritas Pirckheimer auf die Schriften des Hl. Hieronymus (um 1502), "quae mihi ipsum reddunt super omnes sanctos amabilem"; vgl. auch unten S. 216 mit Anm. 315. Mit der Formulierung "furgeliebt" bzw. "super omnes sanctos amabilis" war die Vorrangstellung des Hl. Hieronymus im Nürnberger Überschneidungsbereich von Humanismus, Frömmigkeit und Frömmigkeitstheologie deutlich zum Ausdruck gebracht—gerade auch gegenüber Augustin. Der Kult in Form der Anrufung des Schutzheiligen Hieronymus, die Verehrung und Nachfolge des Kirchenvaters als Norm rechten Lebens und das gelehrte Ergötzen an Stil und Inhalt seiner Schriften

Schrift aus dem Lateinischen ins Deutsche zu übersetzen. Der Begriff des 'Patrons', des Schutzheiligen, macht deutlich, wie sehr die gelehrte Hieronymus-Begeisterung des Humanisten eingebettet ist in den Hieronymus-Kult der populären Frömmigkeit[278]. Eben darum beschäftigte sich Spengler seit etwa 1511/12[279] nicht nur intensiv mit den Schriften des Hieronymus selbst, sondern gleichzeitig auch mit der massiv kultischen Hieronymus-Legende vom wundersamen Leben und Sterben des Heiligen.

Er hat bei seiner Übersetzung, wie er im Brief an Ebner weiter ausführt, besonders an die zahlreichen Hieronymus-Liebhaber unter den Laien gedacht: "damit aber dannocht dyse haylsame und gŏtliche leer, mit denen der gedacht tractat so uberreihlich gezyrt und vol christenlicher undterweisungen vermenget ist, den layen, undter denen sonders zweyfels vil frommer andechtiger personen und grosse liebhaber des heyligen sancti Hieronymi befunden werden, nit verporgen bleib ..."[280] Diese Aussage entspricht dem starken Laienelement im Hieronymus-Kult, wie es allgemein in den Jahrzehnten vor der Reformation zu beobachten ist. Hieronymus war eben der "furgeliebte patron" (super omnes sanctos amabilis) nicht nur des observanten monastischen Lebens und mancher gelehrter Weltkleriker, sondern, wie bereits betont wurde[281], gerade auch der Laien und offensichtlich besonders des vornehmen, gebildeten Stadtbürgertums—auch für sie in einer Person bevorzugter Schutzheiliger, Leitbild frommer Lebensführung und Inbegriff einer auf das Wesentliche konzentrierten Stilkunst und gebildeten Weisheit. Ein Blick auf andere Städte Deutschlands[282] und auf die

---

verbinden sich in dieser Vorrangstellung zu einer Einheit.

[278] Dies wird (vor allem im Hinblick auf Erasmus) mit Recht hervorgehoben von Bietenholz (wie Anm. 48), zB S. 195: gegen die Aufspaltung der Hieronymus-Verehrung "in eine Gelehrten- und eine Populärtradition"—"hier die nüchternen Humanisten, dort die naiv-frommen und oft abergläubischen Kaufleute und Handwerker". Der Begriff des Populären wird freilich, was den bürgerlichen Verehrerkreis des Hieronymus betrifft, im folgenden stark begrenzt auf die oberen Schichten des 'Volkes'.

[279] Zur Datierung siehe Anm. 344.

[280] Spengler verbindet damit die Hoffnung, daß sich die Leser seiner Übersetzung aufgrund der darin enthaltenen Lehren des Hieronymus "nit wenig pessern werden" und daß er dann dank der Fürbitte dieser Leser "bey got ewiger untodtlicher belonung zu gewarten" habe.

[281] Siehe oben S. 154.

[282] Vgl. etwa die Hieronymusverehrung einer Gruppe von Lübecker Bürgern aus führenden Kaufmannsfamilien der Stadt. Sie unterhielten auch Kontakt zu Eras-

Ursprünge und Wege der gesteigerten Hieronymus-Verehrung in Italien[283] dürfte diese These wohl bestätigen und zahlreiche Parallelen zum Nürnberger Befund bieten.

Wer waren die wichtigsten Nürnberger Hieronymus-Verehrer? Der Arzt Dr. Hermann Schedel, die observanten Nonnen Caritas Pirckheimer und Apollonia Tucher, der Doktor beider Rechte, Professor und Propst Sixtus Tucher, der studierte Ratsschreiber Lazarus Spengler, der Doktor beider Rechte, Professor und juristische Ratskonsulent Christoph Scheurl und der in die Ehrbarkeit Nürnbergs aufgestiegene Künstler Albrecht Dürer: alle dem vornehmen, wenn nicht sogar patrizischen Bürgertum Nürnbergs zugehörig. Es war das reiche Bürgertum der Städte, der Kaufleute, Gelehrten, vornehmeren Handwerker und—ebenfalls innerhalb dieses bürgerlichen Rahmens—der städtischen Humanisten und der observanten Ordensleute, auf dessen Boden der Kult und das Studium des Hl. Hieronymus besonders gedieh. Es waren auch besonders diese 'ehrbaren' Bürger, die ihre Söhne Hieronymus

---

mus von Rotterdam: "Dank dieser Gruppe reicher Lübecker Bürger läßt sich Erasmus zum ersten Mal mit Sicherheit mit einem Kreis in Verbindung bringen, in dem der Hieronymuskult eine bedeutende Rolle gespielt hat." Bietenholz (wie Anm. 48) S. 206; vgl. ders.: Schüler und Freunde des Erasmus in Lübeck und in Montpellier, in: ARG 75 (1984) S. 78-92: besonders 83-86. Zu Augsburg vgl. Anm. 286; zu Guben (Niederlausitz) S. 146 f mit Anm. 36.

[283] Es sei nur an den Bologneser Rechtsgelehrten Johannes Andreae erinnert: vgl. oben S. 147 f. Das städtische Laienelement der vornehmen Bürger begegnet einem gerade auch bei der Gründung der Hieronymitenorden im 14. Jahrhundert. Vgl. dazu Bietenholz (wie Anm. 48) S. 194f: "In der zweiten Jahrhunderthälfte wurden nicht weniger als fünf Hieronymitenorden gegründet, die alle ursprünglich aus Laienbewegungen erwuchsen. Zu ihren Gründern gehörten ein reicher Tuchkaufmann von Siena, Giovanni Colombini, weiter ein Pisaner Patrizier, Pietro Gambacorta, und zwei Franziskaner Tertiarier. Einer von ihnen, der adelige Carlo de' Guidi di Montegranelli, war ein Kriegsmann gewesen, bevor er sich um 1360 in der Nähe von Fiesole als Einsiedler niederließ. ... Zu Carlos Klause wanderten an Samstagen nach Geschäftsschluß auch fromme Florentiner Stadtbürger. Aus diesen Anfängen entstand 1410 in Florenz die Compagnia di San Girolamo." Vgl. die oben in Anm. 41 genannte Literatur. Der starke Anteil des wohlsituierten Bürgertums an der Hieronymus-Verehrung erklärt auch die hohe Zahl der Hieronymus-Bilder im ausgehenden Mittelalter, denn es waren die reichen Bürger, die sich bei den Künstlern 'ihren' Hieronymus für ihre Häuser oder Kirchen bestellten; vgl. auch hier das Beispiel Lübecks: Bietenholz (wie Anm. 48) S. 206; zu Nürnberg vgl. Anm. 48 (Glasfenster gestiftet von der Patrizierfamilie Imhoff). Schon Johannes Andreae ließ auf die Fassade seines Hauses in Bologna einen Freskenzyklus mit erklärenden Versen malen, der Szenen aus dem Leben des Hieronymus darstellte; vgl. Rice (wie Anm. 3) S. 65. Zu Hieronymusbildern in Studierzimmern vgl. Anm. 89.

nannten[284] und Hieronymus-Bilder in Auftrag gaben[285]. Allgemein wird man über die spätmittelalterliche Hieronymus-Verehrung sagen dürfen: Daß sie von ihren Anfängen an eine starke Stütze in Laienkreisen fand, darf nicht mit einer allgemeinen Volkstümlichkeit gleichgesetzt werden. Hieronymus war vermutlich nie der Volksheilige der kleinen Leute, sondern der Patron spezieller Kreise und Eliten, die sich durch besondere Frömmigkeitsideale und Pflege der Bildung über die Menge herausgehoben fühlten. Ihre Träger sind vor allem unter gebildeten Klerikern, Adeligen und wohlsituierten Bürgern zu suchen[286].

---

[284] In Nürnberg wohnte auf der Sebalder Stadtseite ein wesentlich höherer Anteil an vornehmen Bürgern als auf der Lorenzer Seite. Man müßte also, falls die Hieronymus-Verehrung vor allem bei den gebildeten und wohlsituierten Bürgern beliebt war, erwarten, daß im Propsteibezirk von St. Sebald mehr Kinder Hieronymus genannt wurden als in dem von St. Lorenz. Aufschluß können die jeweiligen Ehebücher der Jahre 1524-1542/43 geben (die also Auskunft geben über die Namen der etwa 1490-1520 Geborenen). Tatsächlich zeigt sich ein deutlicher Unterschied: In Sebald wurden 49 Hieronymi (= 63%), in Lorenz nur 29 (= 37%) getraut (insgesamt wurden in Sebald etwas mehr Männer getraut als in Lorenz: 53% zu 47%). Zum Vergleich: Hans/Johann(es): Sebald 1298, Lorenz 1269; Michael/Michel: Sebald 136, Lorenz 162; Augustin: Sebald 11, Lorenz 8; Ambrosius: Sebald 10, Lorenz 6; Gregor: Sebald 3, Lorenz 7. Vgl. Puchner (wie Anm. 2) S. 228-231. Um die These wirklich belegen zu können, müßte man nun allerdings die einzelnen Träger des Namens Hieronymus—und zwar nicht nur nach den Ehebüchern, sondern auch nach den Nürnberger Totengeläutbüchern (wie Anm. 2)—auf ihren sozialen Status hin untersuchen. Eine erste Durchsicht der Totengeläutbücher hat gezeigt, daß in den Jahrzehnten vor der Reformation gelegentlich auch Handwerker (vermutlich aus der wohlhabenderen Handwerkerschicht) ihre Kinder Hieronymus nannten.

[285] Vgl. Anm. 283.

[286] Als weiteres Beispiel sei nur Augsburg genannt. Der Domherr Bernhard Adelmann von Adelmannsfelden, zusammen mit dem Ratsschreiber und kaiserlichen Rat Konrad Peutinger der führende Mann des Augsburger Humanistenkreises, schrieb am 15. Nov. 1516 einen Brief nach Nürnberg an Willibald Pirckheimer: Er habe erfahren, daß der Nürnberger Ratsschreiber (Lazarus Spengler) einige Briefe des göttlichen Hieronymus (nonnullas divi Hieronymi epistolas) ins Deutsche übersetzt habe. Falls Pirckheimer die Übersetzung besitze, möge er sie ihm schicken. Die Information, die Adelmann so begierig aufgenommen hat, bezieht sich offensichtlich auf Spenglers Übersetzung des Ps.-Eusebius-Briefs vom Leben und Sterben des Hieronymus, denn Übersetzungen von Hieronymus-Briefen sind in Spenglers Werk nicht nachzuweisen. Weiter schreibt Adelmann im gleichen Brief, daß Peutinger (noster archigramatheus) sich gegen Erasmus wenden wolle, weil dieser bestritten habe, daß Hieronymus Kardinal gewesen sei. Peutinger stütze sich dabei auf die Autorität des Johannes Andreae - eben jenes Kanonisten, der den Hieronymus-Kult in Italien so enorm gefördert hatte: siehe oben S. 147 f. Adelmann bemerkt dazu, daß Andreae ein würdiger Historiker gewesen sei, dem man in dieser Sache Glauben schenken müsse. *Willibald Pirckheimers Briefwechsel*, Bd 3, hg. von Helga Scheible/Dieter Wuttke, München 1989, Nr.

Auch der Nürnberger Ratsschreiber gehörte zu dieser Schicht des gehobenen, ehrbaren Bürgertums. Was den gelehrten Laien Spengler, die Verkörperung professionellen reichsstädtischen Denkens, betrifft, so wird man bei seiner Vorliebe für Hieronymus und gerade für den Ps.-Eusebius-Brief auch an einen gewissen antiklerikalen, richtiger: klerus-kritischen Affekt denken können. Er wird als Ratsschreiber, der auf die Privilegien und Mißstände im Klerus sehr sensibel reagierte, diejenigen Passagen der Hieronymus-Epistel mit besonderem Beifall gelesen haben, die das Verhalten von Priestern, Mönchen und Predigern einer scharfen Kritik unterziehen[287]: "dann ir seyt hyrten und nit herrn"[288].

Spenglers hieronymianischer Humanismus in den Jahren 1512 bis 1516 ist in enger Verbindung mit einer sehr lebendigen Frömmigkeit zu sehen, die auf persönliche Aneignung und Verinnerlichung drängt, die gut kirchlich ist, aber doch die klerikale Heilsvermittlung nicht ins Zentrum stellt und die in typischer Weise das Verhältnis zwischen Gottes barmherziger Güte und der Entscheidungs-, Tugend- und Verdienstfähigkeit des Menschen vorsichtig ausbalanciert.

Bemerkenswert ist an dieser Hieronymus-Frömmigkeit, daß sich ein Ratsschreiber, der durch Herkunft und Beruf ganz besonders einem politisch-gemeinschaftsbezogenen Denken verpflichtet war, ausgerechnet von einer Gestalt wie Hieronymus, die das Ideal des zurückgezogenen Lebens verkörperte, so angezogen fühlen konnte. Dies weist auf eine grundlegende Polarität im Existenzverständnis dieses Mannes und ähnlicher Gestalten des öffentlichen Lebens im ausgehenden Mittelalter und in der Reformationszeit hin: Das kommunale, gemeinschaftsorientierte Bewußtsein und der Drang

---

403,3-8. Daß Adelmann so interessiert an Spenglers Hieronymus-Übersetzung ist (obwohl er ein glänzender Latinist ist) und daß Peutinger die (fiktive) Kardinalswürde des Hieronymus so wichtig ist, daß er sich deswegen sogar auf eine Kontroverse mit Erasmus einlassen will und sich dabei gerade auf den Hieronymus-Propagandisten Andreae beruft, und daß ihm Adelmann darin beipflichtet, all dies zeigt, welche Bedeutung Hieronymus für die beiden vornehmen Augsburger Humanisten besessen haben muß.—Von vornehmer Abkunft (stadtadelig oder stadtadelsgleich) war auch jener Geistliche, der am Anfang des Hieronymus-Kults in Deutschland steht: Johann von Neumarkt mit seiner Übersetzung der drei Briefe über Hieronymus; vgl. oben S. 150.

[287] Beschreibung (wie Anm. 267), fol. A8r-B1v; entspricht Klapper S. 55,15-64,17 bzw. MPL 22,247f.

[288] Ebd fol. B1r = Klapper S. 62,9 f; MPL 22,248.

zur Gestaltung der öffentlichen Dinge bilden nur eine Seite ihres Lebensverständnisses; ihr tritt als andere Seite eine sehr individuelle Sicht des persönlichen Gewissens, der Verantwortung vor Gott und des Seelentrostes, eine grundlegende Überzeugung von der Hinfälligkeit irdischer Größe und weltlichen Wohls und ein tiefes Bedürfnis nach dem stillen Raum der geistlichen Versenkung, des Gebets und des konzentrierten Studiums gegenüber[289]. Zusammengehalten werden beide Seiten durch das Ethos, durch die zugleich weltgestaltende, von der Welt distanzierende und die Welt transzendierende Kraft der Tugend, wie man sie gerade bei Hieronymus gelehrt und vorgelebt findet.

19. *Christoph Scheurl: der Kommunikator der Hieronymus-Begeisterung*

Wir müssen dies in Erinnerung behalten, wenn wir uns nun einer weiteren führenden Gestalt des öffentlichen Lebens der Reichsstadt zuwenden: dem bereits mehrfach erwähnten juristischen Ratskonsulenten Christoph Scheurl, der Ende 1506 in Bologna zum Doctor utriusque iuris promoviert und dann auf eine juristische Professur an der Universität Wittenberg berufen worden war. Als Neffe seines Vorbildes Sixtus Tucher, Verehrer der 'virgo docta et sacra' Caritas Pirckheimer[290] und Freund Lazarus Spenglers schwamm er

---

[289] Schon in der römischen Rezeption des Stoizismus konnten die städtischen Humanisten die polare Spannung zwischen Hingabe an das öffentliche officium und Rückzug in die Stille abseits der Menge finden. Vgl. Anm. 193.

[290] Vgl. besonders seine Caritas Pirckheimer gewidmete Sammelschrift: Ep[isto]la D. Schwrli ad Charitatem Pirchameram. Carmen Conradi Celtis ad eandem. Epistola Pilati ad Tyberium Cesarem. Epistola Lentuli ad Tyberium Cesarem. Epistola Abgari ad Jesum Saluatorem. Epistola responsiua ad Abgarum. Utilitates Misse [...]. Nürnberg: Johann Weissenburger, 20. Jan. 1513, Exemplar: Nürnberg, Germanisches Nationalmuseum, 8° Bg. 8182[bd] Postinc. Auf das Lobgedicht des Conrad Celtis für Caritas, das sie als "virgo Romana benedocta lingua, virginum clarum iubar et corona" preist (fol. A1v), läßt Scheurl seinen Brief an Caritas, Bologna 1. Sept. 1506, folgen, in dem er sie ebenfalls um ihrer virtus und lateinischen eruditio, ihrer "doctrina et religio" willen rühmt (fol. A2r/v); Brief ediert bei Pfanner (wie Anm. 230) S. 138-143 (Nr. 66). Diese Sammelausgabe Scheurls erschien von 1506-1516 in mindestens sieben Ausgaben; vgl. *Ausstellungskatalog: Caritas Pirckheimer 1467-1532*, hg. von Lotte Kurras/Franz Machilek, München 1982, S. 135-137 Nr. 137 und 138 (von Dieter Wuttke), über Scheurls Brief: "Der Brief gipfelt darin, daß er Caritas als eine vollkommene Frau schildert, bei der Frömmigkeit, sittliches Streben, Gelehrsamkeit und Anmut sich in wunderbarer Harmonie finden." Die Untersuchung von Ursula Hess (wie Anm. 72) geht in die gleiche Richtung, indem sie zeigt, wie sich in Scheurls Verehrung für Caritas die humanistische Stilisierung der 'virgo docta' (S. 185 f) mit der geistli-

gleichsam im Kielwasser ihrer Vorliebe für Hieronymus. Er war nicht der Mann, der selbst programmatische Ideen entwickelte, sondern der sich begeistern und mitreißen ließ und sich dann in oft überschwenglicher Weise als Vermittler von Kontakten, Schriften und Informationen anbot. Nicht erst im Freundeskreis um Staupitz (ab 1516) spielte er diese kommunikative Rolle, sondern schon vorher im Rahmen der Nürnberger Hieronymus-Verehrung, nachdem er im April 1512 seine Wittenberger Professur mit dem Amt des Nürnberger Ratskonsulenten vertauscht hatte. Ob und wieweit er bereits durch den akademischen Humanismus in besonderer Weise auf Hieronymus gestoßen wurde, ist nicht bekannt. In Wittenberg begann jedenfalls wenige Jahre nach Scheurls Weggang, ab 1515, im Zuge der humanistischen Studienreform eine Phase der akademischen Hieronymus-Renaissance, die in Vorlesungsdrukken von Hieronymus-Briefen, Hieronymuskollegs (vorbereitende Notizen der Dozenten und studentische Nachschriften) und Randbemerkungen in Werkausgaben des Hieronymus ihren Niederschlag fand[291]—so wie auch an anderen Universitäten in diesen letzten Jahren vor der Reformation Humanisten erstmals Hieronymusvorlesungen einführten[292].

---

chen Akzentuierung der paradigmatischen 'virgo sacra' zu einer Einheit verbindet (S. 190). Dieses Idealbild der 'virgo docta et sacra' entsprach ganz der Verschmelzung von Humanismus und Frömmigkeitstheologie; und es fand im gelehrtfrommen Umgang des hl. Hieronymus mit gebildeten und asketischen Frauen das klassische Modell der christlichen Antike schlechthin (vgl. Anm. 239 und Hess S. 191-193). Vgl. auch ebd S. 200 (über den Nürnberger Drucker Friedrich Peypus, der 1515 der Scheurlschen Sammelausgabe fünf Briefe der Caritas Pirckheimer anhängt und in einem Vorwort betont, daß sie auf vorbildliche Weise das humanistische "bonis litteris incumbere" und das fromme "deo servire" verbinde).

[291] Vgl. die bahnbrechenden Entdeckungen (darunter auch eine von Thomas Müntzer stammende Nachschrift einer Hieronymusvorlesung von Johannes Rhagius Aesticampianus 1517/18 und Randbemerkungen von Luthers Hand in der Hieronymusausgabe des Erasmus von Rotterdam von 1516) von Ulrich Bubenheimer: *Thomas Müntzer: Herkunft und Bildung*, Leiden 1989 (= SMRTh 46), S. 153-170. Die Wittenberger Hieronymusvorlesungen zeigen nicht jene Verbindung von Humanismus und Frömmigkeitstheologie, die für Nürnberg so bemerkenswert ist; sie sind Zeugnisse eines "nicht im engeren Sinne theologischen" Humanismus (ebd S. 163), lassen aber durchaus das typisch humanistische Bemühen erkennen, Rhetorik und Ethik (Moraltheologie) zu verbinden—etwa in der Weise, wie es uns im 15. Jahrhundert bei dem Nürnberger Hermann Schedel begegnet ist. So geht es Rhagius um die "recta loquendi via modesteque vivendi regula" (S. 164 mit Anm. 117) und—was nicht verwundern kann—vor allem um eine asketische Lebenseinstellung, wie man sie, besonders in sexueller Hinsicht, bei Hieronymus findet (S. 168 f).

Wie stark auch immer akademische Einflüsse gewesen sein mögen, besonders prägend für den Zugang Scheurls zu Hieronymus war ohne Zweifel das Vorbild seines Onkels Sixtus Tucher. Denn ihm will er nacheifern[293], in seine "lŏblichen fŭstapfen" will er nach bestem Vermögen treten[294] und ihn sieht er in jeder Hinsicht—in eloquentia, virtus und pietas—auf den Pfaden des Hl. Hieronymus[295]. Er hat das, wie bereits angeklungen ist, nicht nur seit 1506 deutlich artikuliert, sondern auch editorisch dokumentiert[296], damit aber auch seine eigene intensive Beschäftigung mit Hieronymus belegt. Unter der bezeichnenden Devise "Wenn du ins Leben eingehen willst, dann halte die Gebote" (Mt 19,17) veröffentlichte Scheurl am 23. Juli 1515 Tuchers Briefe an die Nonnen des Klara-Klosters[297]. Noch kurz vor der Publikation, in den Monaten Mai, Juni, Juli, versah er die Übersetzung am Rande mit etwa 700 lateinischen Zitaten[298], vorwiegend aus Kirchenvätern, römischen

---

[292] Vgl. Bubenheimer ebd S. 155 (über Leipzig und Wien); Rice (wie Anm. 3) S. 90 f (über Joh Rhagius Aesticampianus, auch hier mit betonter Verbindung von "copia dicendi" und "via honeste vivendi").

[293] Vgl. Brief an Caritas Pirckheimer vom 1. Sept. 1506 (wie Anm. 290, fol. A2r = Pfanner S. 138,11f): "Ego vero, qui Doctorem Sixtum emulandum mihi proposui et illius vestigia adoro ..." Zur Beziehung zwischen Scheurl und Sixtus Tucher vgl. Graf (wie Anm. 243) S. 22-28.

[294] Nach Tuchers Tod (1507) bezeichnet ihn Scheurl im letzten Brief der Sendbriefe gegenüber Caritas Pirckheimer und Apollonia Tucher als "der frum christenlich lerer, ewer doctor, mein meister milter gedechtnus, der euch so inprŭnstiglich geliebt hat", dessen Fußstapfen er nachfolgen wolle: "auf das alles ich mich zeŭch und referir als einer, der seinen lŏblichen fŭstapfen als vil mŏglich, das ist von vern, gern wolt nachvolgen." Viertzig sendbriefe (wie Anm. 230) fol. 62v/63r (Nr. 40) = Pfanner S. 77,22-24 (Nr. 32).

[295] Siehe oben S. 197-199 mit Anm. 239 und 243.

[296] Vgl. oben S. 198 nach Anm. 240.

[297] Viertzig sendbriefe (wie Anm. 230); auf dem Titelblatt folgt nach dem Titel in herausgehobener Schrift (Großbuchstaben Antiqua) das Motto: SI VIS INGREDI VITAM / SERVA MANDATA. Es ist bezeichnend für das Tugend- und Verdienst-Lohn-Denken dieses frömmigkeitstheologischen Humanismus und seiner Hieronymusrezeption, daß man sich gerade an solche Bibelstellen hält, die einen Bedingungszusammenhang zwischen Gebotserfüllung und Gnadenzuwendung Gottes zu artikulieren scheinen. So versieht Scheurl auch den folgenden Holzschnitt, der den betenden Scheurl zusammen mit seinem Namenspatron, dem Hl. Christophorus, und der göttlichen Trinität darstellt, an den seitlichen Randleisten mit drei entsprechenden Bibelstellen: erneut mit dem Zitat Mt 19,17, dazu mit Joh 15,14: "Vos amici mei estis, si feceritis, quae ego praecipio vobis" und mit Röm 8,28: "Scimus autem, quoniam diligentibus deum omnia cooperantur in bonum." Dieses Paulus-Zitat wird ganz am Ende der Ausgabe vor dem letzten Blatt, das einen zweiten Christophorus-Holzschnitt bietet, wiederholt.

[298] Die Zahl und die folgenden Zahlenangaben sind auf die gesamte Briefausgabe

Schriftstellern und der Bibel. Darunter befinden sich allein 126 Hieronymus-Zitate (zusätzlich 7 Belege aus der Hieronymus-Epistel des Pseudo-Eusebius), 60mal wird Augustin zitiert, 26mal Gregor d.Gr. und 24mal Ambrosius, 26mal Seneca und 24mal Cicero und 40mal Paulus. Das entspricht ziemlich genau dem patristisch-paganen und biblischen Quellhorizont Tuchers und Spenglers. In einem Dankschreiben an Spengler, das dem Druck am Ende beigefügt ist, erwähnt Scheurl, daß er sich bei der Zusammenstellung der Rand-Zitate der "excerpta Hieronymiana" des Ratsschreibers bedient habe[299]. Inhaltlich begegnet einem in den Hieronymus-Belegen erwartungsgemäß der Lehrer weltentsagender und jenseitsorientierter Moral ("moralia dicta")[300]: der Gesetzeserfüllung und geistlichen Zucht als Heilsweg[301], der Reinigung von sündhaften Leidenschaften[302] und des sittlichen Fortschritts[303], der Lösung von weltlichen Dingen[304] und des jungfräulichen Le-

einschließlich der vier Briefe, die nicht von Tucher stammen (vgl. Anm. 230), bezogen. Scheurl bemerkt dazu auf dem Titelblatt unterhalb des Bibelzitats: "Circumsaeptae sunt his epistolis autoritates sanctorum patrum necnon philosophorum, oratorum atque poetarum moralia dicta circiter septingenta, quae catholico lectori, si modo aliquid habet aut pietatis aut religionis, voluptati atque utilitati facile esse possunt. Quicquid hoc est, bone lector, lege et boni consule." Man achte auch hier wieder auf die typisch humanistisch-frömmigkeitstheologische Verbindung von voluptas und utilitas: vgl. oben S. 194 mit Anm. 225. Zur Datierung vgl. eine Randnotiz im 37. Brief (fol. 47v): "... annectens septingenta moralia dicta mense Maio, Iunio et Iulio anno 1515." An der Übersetzung selbst arbeitete Scheurl spätestens seit Okt. 1514; vgl. Loose (wie Anm. 230) S. 78.

[299] Siehe oben S. 204 mit Anm. 266.

[300] Siehe Anm. 298.

[301] Vgl. zB Viertzig sendbriefe (wie Anm. 230), fol. 13r: "Hiero. par. III, epi. 2: Sine divinae legis et disciplinae caelestis scientia difficile est quemquam posse salvari; vani enim sunt omnes homines, quibus non est scientia legis dei." Fol. 34r: "Hier. in epi. ad Nepo.: Non memini me legisse mala morte mortuum, qui libenter opera charitatis exercuit; habet enim multos intercessores, et impossibile est multorum preces non exaudiri."—Auf eine Verifizierung dieser und der folgenden Zitate kann verzichtet werden, da hier nicht die Frage der historischen Authentizität von Belang ist, sondern allein der Gesichtspunkt, daß Hieronymus in der vorliegenden Zitierweise in diesen Jahren vor der Reformation wirksam war. Die Zitate dürften sich wohl alle in einem der damals in Nürnberg gebräuchlichen Drucke der Hieronymus-Briefe (vgl. zB Anm. 147; also noch nicht in der stark verbesserten Textgestalt der Erasmus-Edition von 1516!) nachweisen lassen.

[302] Vgl. zB ebd fol.1v: "Hie. in secundo li. epi.: Sicut dies et nox misceri non possunt, sic iustitia et iniquitas, peccatum et bona opera, Christus et Antichristus." Fol.26v: "Hiero. epi. 45 ad Mar. pre.: Charitas omnia superat et propositum vincit affectus."

[303] Vgl. zB ebd fol.32v: "Hie. de con. vir.: Omne tempus, in quo te meliorem non senseris, hoc te aestima perdidisse." (das gleiche Zitat auch fol.54v).

bens[305], der gefährlichen Verlockungen des Leibes und der Welt[306], des Elends auf Erden und der Freuden des Himmels[307], der Todesbetrachtung[308], des Endgerichts[309] und der Belohnung der guten Werke[310]. Aber auch der Lehrer der einfachen Lebensweisheiten begegnet uns wieder[311], besonders der philosophischen Mäßigung und Selbstbeherrschung[312] im Sinne des abgemilderten Stoizismus.

---

[304] Vgl. zB ebd fol.3v: "Hie. ad Luci. epi.29: Quamdiu versamur in rebus saeculi et anima nostra possessionum ac reddituum procuratione devicta est, de deo libere cogitare non possumus."

[305] Vgl. zB ebd fol.16r: "Hiero. epi. 5 contra Iovi. li. 1: Tantum est inter nuptias et inter virginitatem, quantum inter non peccare et benefacere, immo, ut levius dicam, quantum inter bonum et melius."

[306] Vgl. zB ebd fol.35r: "Hie. epist. 7 ad Nepo.: Adolescentia multa corporis bella sustinet et inter incentiva vitiorum et carnis titillationes etc." Fol.62r: "Hiero. in epi. ad fur.: Et ut quid sentio loquar: Nihil sic inflammat corpora et titillat membra genitalia sicut indigestus cibus victusque convulsus." Fol.46v: "Hiero. in epi. de insti. fil.: Nihil aliud discat audire vel loqui nisi quod pertinet ad timorem domini; turpia non intelligat, cantica mundana ignoret, adhuc tenera lingua psalmis dulcibus imbuatur, procul sit lascivia puerorum, puellae et pedisequae a saecularibus consortiis arceantur."

[307] Vgl. zB Zitat aus der Hieronymus-Epistel des Ps.-Eusebius (lat. Fassung des Zitats von Anm. 272 in der MPL-Version): ebd fol.30v; fol.44r: "Hiero. in prolo. ad Euge. epist. 14, c. 1: Viventibus in mundo vita non est, sed mors." Fol.42v: "Hie. par. 2, epi. 40 ad Cipri.: Quanto magis in hoc saeculo paupertate, inimicorum persecutionibus seu potentia seu morborum cruciatibus fuerimus afflicti, tanto post resurrectionem in futurum maiora praemia consequemur."

[308] Vgl. zB ebd fol.45r: "Hier. par. 2, epi. 40 ad Cipri.: Nihil ita decipit humanum genus, quam quod, dum ignorant spatia vitae suae, longiorem sibi saeculi huius [Druck: nochmals saeculi] possessionem repromittunt. Memento mortis tuae, et non peccabis! Qui enim se recordatur quottidie esse moriturum, contemnit praesentia et ad futurum festinat." Ebd: "Hie. epi. 79 ad Paul.: Facile contemnit omnia, qui se semper cogitat esse moriturum." Vgl. auch unten Anm. 312 (fol.41r).

[309] Vgl. zB ebd fol.62r: "Hiero. in pro. ad Eusto. c.30: Semper tuba illa terribilis vestris perstrepet auribus: surgite, mortui, venite ad iudicium!"

[310] Vgl. zB ebd fol. 20r: "Hie. epi. ad Helio.: Quis non tribulari velit, quis se non maledici desideret, ut mereatur Christi voce laudari et caelesti copiosaque mercede munerari?" (das gleiche Zitat auch fol. 30r).

[311] Vgl. zB zwei Zitate, die auch Lazarus Spengler unter die lateinischen Marginalzitate seiner Tugendschrift (wie Anm. 256, siehe auch Anm. 263) aufgenommen hat: Ebd fol. 11v: "Hie. par. 2, epi. 5: Imperitia confidentiam, eruditio timorem creat." = bei Spengler fol. b6r. Scheurl ebd fol. 45v: "Hie. in tract. ad Celan. epi. 22: Diu ante considera, quid loquendum sit, et adhuc tacens provide, ne quid dixisse paeniteat. Verba tua ponderet cogitatio, et linguae officium animi libri [richtig: libra] dispenset." = ab 'Verba tua' bei Spengler fol. b10r (hier: libra).

[312] Vgl. zB ebd fol. 27r: "Hiero. [...]: quicquid cum modo et temperamento fit, salutare est." Fol. 27v: "Hie. in tra. de vir. instru.: Philosophorum sententia est moderatas esse virtutes, excedentes modum atque mensuram inter vitia reputari. Unde et unus de sapientibus: 'Ne quid nimis!' " Fol. 41r: "Nihil aeque tibi proficiet ad temperantiam omnium rerum quam frequens cogitatio brevis aevi et huius

Der letzte dieser 'Viertzig sendbriefe' ist ein langer, traktatartiger Brief über das rechte Leben und Sterben, den Scheurl selbst an Caritas Pirckheimer, Apollonia Tucher und den ganzen Konvent von St. Klara geschrieben hat[313]. Auch in diesem Schreiben dominiert der Bezug auf Hieronymus[314], und auch hier ist es der auf die jenseitige Vergeltung blickende asketische Gesetzeslehrer, der besonderes Gehör findet. Ein charakteristisches Zitat, das eine Stelle aus den Hieronymusbriefen mit einer Stelle aus der Hieronymus-Epistel des Ps.-Eusebius v. Cremona verbindet, möge das verdeutlichen: "Ich wil euch gern ewern Hieronymum, dieweil jn ewr erwird vor allen heiligen so hőchlich lieben[315], abermals herfűrbringen. Schreibt er nit zu der Juliana in der sibenundsetzigsten epistel, das schwer, ia wol unmőglich sey, das ymandt hie und dort im saws leb, das er hye den pauch fűll unnd dort die seel ersetig, das er von den frewden zů dem wollust gee, an payden orten der erst sey, in dem himel und auf dem erdtpoden hochgeacht und der fűrnemest seye. Darumb sollen wir bei zeit anfahen zu sterben, dann wir sterben all tag. Es můs gestritten unnd gefochten sein; von dannen spricht Eusebius [bei Ps.-Eusebius Worte des Hieronymus]: Unser leben auf dem erdtrich sein kriegsleűf; der hie obligt [Spenglers Übersetzung: uberwindet[316]], der wirt dort belont werden ..."[317]

incerti. Quicquid facies, respice mortem."

[313] Vgl. oben Anm. 230.

[314] Neun Erwähnungen des Hieronymus (davon zweimal aus der Epistel des Ps.-Eusebius) stehen vier Augustins, drei des Aristoteles und zwei Bernhards von Clairvaux gegenüber; je einmal werden Plato, Cicero, Seneca und Sallust genannt (ohne Berücksichtigung der lateinischen Randzitate). Hieronymus-Stellen: fol. 55r, 56r, 57r, 58v, 59v (2mal), 61v (3mal) = Pfanner (wie Anm. 230) S. 70,13 f; 71,9; 72,7; 73,25; 74,17.26; 76,11.16.26.

[315] Scheurl nimmt hier eine Formulierung von Caritas Pirckheimer auf, die 'ihren' Hieronymus als "super omnes sanctos amabilis" bezeichnet hatte: vgl. oben S. 176 mit Anm. 149 und S. 206 mit Anm. 277; den entsprechenden Brief Caritas' an ihren Bruder Willibald hat Scheurl in ebendiese Ausgabe der 'Viertzig sendbriefe' als 36. Brief eingereiht und mit einer Überschrift versehen, die seine eigene Einstellung zu Hieronymus deutlich widerspiegelt: "Das der heylig sant Hieronymus durch sein manigvaltig schreiben grose frucht in der kirchen geschaft hat, derhalb er vor [mehr als] vil heyligen wol zů lieben ist, sunderlich den gelerten ..." Fol. 46r.

[316] Spengler (wie Anm. 267) fol. A7r. Scheurl verwendet nicht die am 14. Febr. 1514 im Druck erschienene Spenglersche Übersetzung der Ps-Eusebius-Epistel, sondern bietet eine eigene Übertragung des lateinischen Textes. Man kann daraus vielleicht schließen, daß Scheurl seinen Brief vor 1514 geschrieben hat (und jedenfalls nach dem 24. Okt. 1507—vgl. oben Anm. 294).

[317] Viertzig sendbriefe (wie Anm. 230), fol. 59v = Pfanner S. 74,17-28 (Nr. 32).

Auch Scheurls Hieronymus-Verehrung ist eine Ausdrucksform der für den frommen Humanistenkreis Nürnbergs vor der Reformation fraglos gültigen Maxime, daß die "sola virtus" der einzig dauerhafte Besitz des Menschen ist, der ihm auch im Sterben bleibt und himmlische Belohnung findet[318]—wobei man anmerken muß, daß es gerade Hieronymus selbst war, der die Nachfolge Christi, das "nudum Christum nudus sequi", mit dem "nudam solamque virtutem nudus et solus sequi" gleichsetzte[319]. "Euer Hieronymus", schreibt Scheurl an die Klarissen Caritas und Apollonia[320] und "dein göttlicher Hieronymus" an Sixtus Tucher[321]; "dein Hieronymus" redet er Lazarus Spengler an[322] und ebenso den Humanisten Georg Spalatin[323]. Hieronymus, der beredte Lehrer christlicher Tugend, das war auch Scheurls eigener Hieronymus, auch für ihn der Kirchenheilige, dem Vorrang gebührt[324], der Gelehrten-

---

[318] 'Sola virtus'-Belege zu Konrad Celtis, Willibald Pirckheimer, Lazarus Spengler, Christoph Scheurl, Johannes Romming, Pankratz Bernhaubt gen. Schwenter und Hans von Kulmbach bei Hamm (wie Anm. 25) S. 129-131 Anm. 261-263; vgl. auch oben S. 179 mit Anm. 162 (Caritas Pirckheimer: "nihil ... praeter virtutes") und S. 187 mit Anm. 200 (Hermann Schedel: "virtus una"). Ferner: Johannes Romming: Parvulus philosophiae moralis, Carmen Elegiacum (wie Anm. 178): "Omnia mors perimit, virtus est sola perennis. / Haec salit alta poli, cetera terra vorat. [...] Nil homini firmum; pereunt, quaecunque sub orbe. / Versantur lunae, coelica sola manent. / Quare agite, o pueri, virtutem prendite cuncti, / quae manet aeternum nescia sola mori." Vgl. auch das Grabgedicht, das der Wittenberger Professor Otto Beckmann auf Sixtus Tucher (+ 24. Okt. 1507) verfaßt hat und das Beckmanns Humanistenfreund Scheurl in sein Tucherbuch (wie Anm. 243, fol. 26r) aufgenommen hat; es beginnt mit den Worten: "Occidit humano quicquid reperitur in orbe, / sola tamen virtus non peritura manet."

[319] "Nudum Christum nudus sequere!" Epist. 125 am Ende (CSEL 56, S. 142,8); "Nudam solamque virtutem nuda sequaris et sola!" Epist. 120 ad Hedybiam 1,12 (CSEL 55, S. 478,2); vgl. Epist. 145,3 (CSEL 56, S. 307,2 f): "Nudus sequaris dominum salvatorem."

[320] Vgl. Anm. 146.

[321] Brief an Sixtus Tucher vom 26. Sept. 1505, in: Franz von Soden/Joachim Karl Friedrich Knaake (Hgg.): *Christoph Scheurl's Briefbuch*, Bd 1, Potsdam 1867, Nachdruck: Aalen 1962, S. 6 Nr. 4: "auctoritas divi Iheronimi tui". Vgl. Anm. 239, über Tucher: "divus Hieronymus suus".

[322] In seinem der Ausgabe der 'Viertzig sendbriefe' angefügten Dankschreiben an Spengler (wie Anm. 225/230, fol. P4r): "scribit tuus Hieronymus".

[323] Brief an Georg Spalatin vom 19. Aug. 1512, in: Briefbuch (wie Anm. 321), S. 96 Nr. 63: Scheurl richtet Grüße von Caritas Pirckheimer und Apollonia Tucher aus und sagt weiter über die Nonnen: "Legunt cum dulcedine litteras tuas omnes, quas mihi perscripsisti; posses quandoque exemplo tui Iheronimi ad eas scribere et celebrare natalicia sanctorum." Auch hier wieder begegnet wie im Falle Tuchers Hieronymus als vorbildhaftes Ideal für die geistliche Korrespondenz zwischen dem Gelehrten und den gebildeten Nonnen.

heilige schlechthin: "derhalb er vor vil heyligen wol zů lieben ist, sunderlich den gelerten"[325].

20. *Divus Hieronymus*

Unter allen Kirchenvätern und sonstigen Autoritäten der Kirche ist Hieronymus derjenige, dem Scheurl mit Vorliebe den Ehrentitel 'divus' gibt[326]. Von der 'Göttlichkeit' besonders verehrter Autoritäten zu sprechen, war in Anlehnung an römisch-antike Titulierungen (divus Augustus etc.) vor allem in humanistischen Kreisen üblich und wurde offensichtlich in den beiden Jahrzehnten vor der Reformation zu einer regelrechten Mode. Ein gewisses Indiz dafür bieten die Titelblätter der Inkunabeln und Postinkunabeln. Eine Durchsicht der Ambrosius-, Augustin-, Gregor- und Hieronymus-Drucke hat den interessanten Befund ergeben, daß bis 1500 nur ein geringer Prozentsatz der Drucke (je nach Kirchenvater etwa zwischen 3 und 16%) das Epitheton 'divus' verwendet[327]. Die Ausnahmen gehören mit zunehmender Tendenz fast alle in die achtziger und neunziger Jahre. Für den Zeitraum 1501-1521 ergeben sich dagegen, jedenfalls im deutschen Sprachbereich, völlig andere Zahlenverhältnisse. Die Verwendung des 'divus' steigt rapid an. Damit setzt sich offensichtlich die humanistische Terminologie durch. Besonders aufschlußreich ist der Vergleich zwischen Augustin und Hieronymus: Von 30 Augustin-Ausgaben im deutschsprachigen Raum sprechen 13 (also ca. 43%) auf dem Titelblatt vom "divus

---

[324] Vgl. Anm. 277.

[325] Vgl. Anm. 315.

[326] Vgl. etwa Scheurls Schrift 'Utilitates missae', die er in seine Caritas Pirckheimer gewidmete Sammelschrift von 1506 (wie Anm. 290, nach der Druckausgabe Nürnberg 1513) aufgenommen hat. Diese Schrift über die Messe ist eine Zusammenstellung von Aussagen biblischer, altkirchlicher und mittelalterlicher Verfasser. Alle werden ohne Epitheton angeführt, nur der zweimal zitierte Hieronymus erhält den Ehrentitel "divus Hieronymus" (fol. A4v, B1r). Der Schrift hat Scheurl ein Gedicht an seinen Namenspatron: "Ad divum Christophorum" angefügt (fol. B3r/v). Wie Hieronymus war auch Christophorus für Scheurl aus der großen Schar der Heiligen zu besonderer Verehrung herausgehoben.

[327] Vgl. Gesamtkatalog der Wiegendrucke (vgl. Anm. 6): von 15 Ambrosius-Drucken nur 2, von 187 Augustin-Drucken nur 30 (= 16 %); Hain/Copinger (wie Anm. 6): von 25 Ambrosius-Drucken nur 3, von 211 Augustin-Drucken nur 23 (= 10 %), von 73 Gregor-Drucken nur 2 (= 3%), von 134 Hieronymus-Drucken nur 15 (= 11 %).

Augustinus"; von 30 Hieronymus-Drucken haben 21 (also 70%) das "divus Hieronymus"[328], wobei interessanterweise die große Mehrzahl dieser divus-Ausgaben, 18 Drucke, in das zweite Jahrzehnt von 1511-1521 fällt[329]—wieder ein Indiz für die Kulmination der Hieronymus-Verehrung unmittelbar vor der Reformation. Für die doctores ecclesiae des Westens[330], ebenso auch für andere Kirchenväter, hat sich im humanistischen Sprachgebrauch seit 1500 der Ehrentitel 'divus' eingebürgert, so wie etwa in Nürnberg auch andere besonders verehrte Heilige[331] und Theologen[332] sowie bevorzugte heidnische Autoren[333] von Humanisten als 'göttlich' bezeichnet werden konnten.

Mögen sich darin auch speziell humanistische Auffassungen von der Würde und Gottesnähe, die das Humanum auszeichnet und die der Mensch gewinnen kann, zeigen[334], so fügt sich dieses Reden vom

---

[328] Vgl. VD 16 (wie Anm. 7): nur deutschsprachiger Bereich; ich habe nur Ausgaben aus den Jahren 1501-1521 berücksichtigt. Mit dem publizistischen Durchbruch der reformatorischen Bewegung ergibt sich dann eine neue Konstellation, auf die ich nicht mehr eingehen kann.

[329] Die genauen Zahlen nach dem VD 16: 1501-1510: 3 divus-Drucke von 8 Hieronymus-Ausgaben, 1511-1521: 18 von 22; vgl. die Augustin-Ausgaben: 1501-1510: 6 divus-Drucke von 13, 1511-1521: 7 von 17. Man sieht deutlich, wie sich nicht nur die Gesamtzahl der Drucke, sondern auch der Anteil der divus-Drucke im zweiten Jahrzehnt des 16. Jahrhunderts auf die Seite des Hieronymus verlagert: 82% gegenüber 41% bei Augustin.

[330] Vgl. aus dem VD 16 auch die Angaben für die Ambrosius- und Gregor-Drucke (deutschsprachiger Bereich, 1501-1521): Ambrosius 12, davon 10 divus; Gregor d.Gr. 3, davon 1 divus. Der spektakuläre Rückgang der Gregor-Ausgaben seit der Inkunabel-Zeit spiegelt die geringe Meinung vieler Humanisten über Gregor d.Gr., der ihrer Einschätzung nach bereits der Spätzeit einer verfallenden lateinischen Sprachkultur angehört; vgl. zB Celtis-Briefwechsel (wie Anm. 70) S. 464,86 Nr. 267.

[331] Vgl. zB Scheurl: Vita ... Anthonii Kressen (wie Anm. 243), über die bevorzugten Heiligen des Anton Kreß: "Paulum, Hieronymum, Aurelium et Kunegundam prae ceteris divis dilexit" (fol. A4r), ferner: "diva Kunegunda" (A4r, B3r), "divus Laurentius" (B3v, B4v), "divus Sebaldus" (B4r), "divus Christophorus" (B4v). Kunigunde ist die Bistumsheilige der Diözese Bamberg, Laurentius und Sebald sind die Stadtheiligen Nürnbergs, Christophorus ist der persönliche Namenspatron Christoph Scheurls. Daher die Hervorhebung gerade dieser Heiligen.

[332] Vgl. zB Anm. 131: divus Thomas de Kempis.

[333] So nennt Johannes Romming Vergil "divinus Maro" und Cicero "eloquentiae deus"; Dieter Wuttke: *Die Histori Herculis des Nürnberger Humanisten und Freundes der Gebrüder Vischer, Pangratz Bernhaubt gen. Schwenter. Materialien zur Erforschung des deutschen Humanismus um 1500*, Köln - Graz 1964 (= Beihefte zum Archiv für Kulturgeschichte 7), S. 79,52.38 und S. 98 Anm. 57 ("divinum Vergilii ingenium").

[334] Vgl. Dresden (wie Anm. 208) S. 139.143 f: über Bezeichnungen des Menschen

göttlichen Menschen doch ohne weiteres ein in die kirchlich-theologische Vorstellung von der Gottesebenbildlichkeit des natürlichen Menschen, von der göttlichen, den Sünder in einen übernatürlichen und gottförmigen Zustand der Gerechtigkeit versetzenden Gnade, von der daraus hervorgehenden imitatio Christi[335] und von der göttlichen Sphäre des Paradieses, in dem die Heiligen und unter ihnen auch manche antike Heiden sich des ungetrübten frui deo erfreuen. Divus ist also meist synonym mit sanctus, oder genauer gesagt: mit einem besonders hohen Grad von Heiligkeit und Verehrung. Der divus ist in der Regel der bevorzugte Heilige.

Innerhalb dieses verbreiteten humanistischen Sprachgebrauchs ist die Sonderstellung des "divus Hieronymus", des bevorzugten Asketen- und Gelehrtenheiligen, des Inbegriffs der Gleichförmigkeit mit Christus, auffallend. Nicht nur ist er im Jahrzehnt vor dem Beginn der Reformationsbewegung der am meisten gedruckte Kirchenvater, sondern auch derjenige, der prozentual am häufigsten auf Titelblättern und offensichtlich auch bei Zitierungen und sonstigen Erwähnungen die gegenüber der Vielzahl der sancti heraushebende Auszeichnung 'divus' erhält[336]. Christoph Scheurl liegt also ganz auf der Linie der humanistischen Sprachregelung, wenn er sich des auch in Nürnberg gängigen 'divus'[337] bedient und es

---

wie "deus in terra", "deus terrenus", "alter deus".

[335] Vgl. die Überlegungen Wuttkes (wie Anm. 210) S. 93 f in Verbindung mit dem christomorphen Selbstbildnis Dürers von 1500; zu beachten sind auch besonders die Texte S. 94 Anm. 49.

[336] Vgl. S. 147 mit Anm. 36: Rhagius schreibt 1508 an Fabianus Judicis: "Du huldigst dem Hieronymus mit leidenschaftlicher Verehrung wie einer himmlischen Gottheit." Typisch ist zB auch die Titelgestaltung einer nach 1500 gedruckten Ausgabe: Divi Hieronymi vita per sanctum Augustinum Episcopum Hipponensem ad beatum Cyrillum conscripta. [Leipzig: Melchior Lotter], *Gesamtkatalog der Wiegendrucke* Nr. 3048.

[337] Zum "divus Hieronymus" in Nürnberg vgl. Anm. 70 und 149 (Caritas Pirckheimer), Anm. 128 (Georg Pirckheimer) und S. 224-227 (Willibald Pirckheimer und Konrad Celtis). Vgl. zB auch eine Ausgabe von Hieronymus-Briefen: Diui eximijque doctoris Eusebij Hieronymi Stridonensis Aepistolarum libri [...], Lyon: Sacon 20. Aug. 1518; das Titelblatt wurde von zwei Nürnbergern gestaltet: Titelholzschnitt von dem Dürer-Schüler Hans Springinklee (betender Hieronymus als Büßer) mit eingefügtem Gedicht 'Ad lectorem' des Humanisten Peter Stahel d.J. gen. Chalybs, das mit den Worten beginnt: "Cardineo fulgens luxit diademate in orbe/divus Hieronymus, lector amice, diu." Abgebildet in: Richard Muther: *Die deutsche Bücherillustration der Gotik und Frührenaissance (1460-1530)*, Bd 2, München-Leipzig 1884, S. 208; vgl. *Ausstellungskatalog: Meister um Albrecht Dürer*, Nürnberg 1961, S. 199 (Holzschnitt Nr. 3).

vorrangig für Hieronymus verwendet. Er artikuliert damit seine persönliche Hieronymus-Verehrung und die seiner Adressaten.

21. *Die Verschmelzung der Hieronymus-Typen*

Zusammenfassend ist festzuhalten, daß die enge Verbindung von Humanismus und Frömmigkeitstheologie in den zwei Jahrzehnten vor dem Thesenanschlag Luthers in Nürnberg auch zu einer Mischform des Hieronymus-Bildes führt, in dem die verschiedenen Traditionen der Hieronymus-Verehrung zusammenlaufen: der asketische, dem Kreuz nachfolgende, alle irdische Eitelkeit verachtende Büßer und anzurufende Schutzheilige der Frömmigkeitstradition verbindet sich mit dem humanistischen Meister der Eloquenz, dem christlichen Ciceronianer und Stoiker, dem Tugendlehrer einer philosophia christiana und beschaulichen Büchergelehrten. Die Nürnberger Tucher, Spengler und Scheurl, aber auch andere wie Caritas Pirckheimer und Heinrich Grieninger hatten das tiefe Bedürfnis, diese Hieronymusbilder der Tradition nicht als konkurrierendes Nebeneinander, sondern als Einheit zu sehen, als vorbildhaft gelungene Synthese von bonae und sacrae litterae, von eruditio und pietas, von doctrina und religio[338], von eloquentia und sanctitas vitae[339]. Das Sinnbild eines Frömmigkeitsideals wird eins mit dem Sinnbild eines Wissenschaftsideals.

22. *Albrecht Dürer: die Synthese von Humanismus und Frömmigkeit im Hieronymus-Bild*

Albrecht Dürer, der als Freund Willibald Pirckheimers, Spenglers und Scheurls in diesen Kreis hineingehörte, hat die humanistisch-frömmigkeitstheologische Verschmelzung der Hieronymus-Typen in seine Darstellung des Heiligen übertragen, indem er auch auf dem Gebiet der Kunstgraphik eine neue—zumindest in Nürnberg neue—Mischform schuf. Er verließ die traditionellen Bahnen der Hieronymus-Ikonographie, denen er zunächst gefolgt war, und verband den frömmigkeitskultischen Bildtyp des halbnackten Büßers in der Einöde[340] mit dem humanistischen Bildtyp des über seine Bücher gesenkten Stubengelehrten[341]. Der zT (an Armen oder

---

[338] Vgl. Anm. 290 (Scheurl).
[339] Vgl. S. 170 mit Anm. 120 (Grieninger).

Beinen) entblößte Büßer (nicht im Kardinalsgewand, sondern im asketischen Büßer-Kittel) wird mitsamt seinen Büchern, Schreibpult und Schreibutensilien in eine wüstenhafte, dh felsige oder waldige, Gegend versetzt. Er schreibt gerade bzw. hat das aufgeschlagene Buch (mit dem Schreibzeug in Griffweite) vor sich liegen, zugleich aber ist sein Blick auf ein kleines Kruzifix gerichtet oder er streckt sogar dem Kruzifix seine betenden Hände entgegen—die ideale Verbindung von Büßertum und Gelehrtentum. Diese neue Mischform begegnet uns bei Dürer—und damit vielleicht auch nördlich der Alpen—erstmals bezeichnenderweise im Jahre 1512[342], als die Nürnberger Hieronymus-Begeisterung ihren Kulminationspunkt erreichte, als vor allem Spengler, der in dieser Zeit einen regen persönlich-geistigen Austausch mit seinem Nachbarn Dürer pflegte[343], sich mit besonderer Intensität der Beschäftigung mit dem Gelehrten und Büßer Hieronymus zugewandt hatte[344].

---

[340] Vgl. die Dürer-Bilder von 1496, 1497/98(?) und 1506(?): Anm. 4 Nr. 2-4.

[341] Vgl. die beiden Dürer-Bilder von 1511: Anm. 4 Nr. 5 und 6. Man darf freilich nicht übersehen, daß bereits diese Bilder in sich die Synthese eines betont christlichen Humanismus, einer kirchlich eingebundenen Gelehrsamkeit vor Augen stellen; vgl. oben Anm. 92.

[342] Siehe Anhang am Ende des Aufsatzes.

[343] Vgl. Spenglers Tugendschrift (wie Anm. 256), Widmungsschreiben an Albrecht Dürer (fol. a2v), wo Spengler den täglichen vertraulichen Austausch der beiden Nachbarn erwähnt (nachdem Dürer 1509 sein Haus am Tiergärtnertor erworben hatte und damit in die Nachbarschaft des Ratsschreibers gezogen war): "Und so ich euch dann (on schmeichelrede zu schreiben) fůr einen verstendigen erkenn, der erberkeit und gůten tugenden geneigt, der mir auch auß tåglicher unser beder vertrewlichen beywonung zuvilmaln nit ein geringe bewegnus und ebenpild dester behuetsamers wandels gewest, inmassen euch von mir mer dann zu einem mal entdeckt ist ..." Spengler bittet Dürer, "mich fůr eurn freund und bruder, wie bißhere, zu halten, dargegen erpewt ich mich, in ewer freundtschafft und vertrewlichen verwandtnus, so vil an mir ist, bestendigklich zu verharren". Zum intensiven, herzlichen Austausch zwischen Spengler und Dürer in diesen Jahren vgl. v. Schubert (wie Anm. 256) S. 120-124.

[344] Bei der Datierung hat man zu berücksichtigen, daß Spengler nach eigenen Angaben mit seiner Übersetzung der Epistel des Ps.-Eusebius, deren Druck am 14. Febr. 1514 abgeschlossen war (siehe Anm. 267), längere Zeit beschäftigt war, da er sich veranlaßt sah, "die angefangen ubung solichs wercks ain zeytlang in rwe ze stellen" (Widmungsbrief an Hieronymus Ebner: wie Anm. 276). Je nachdem, welche Zeitdauer man für die Unterbrechung der Arbeit annimmt, kommt man für den Beginn der Übersetzung in die erste Hälfte des Jahres 1513 oder sogar in das Jahr 1512. Ich vermute, daß Spengler 1510, vielleicht noch 1511 an der stark moralphilosophisch geprägten Tugendschrift gearbeitet hat und sich dann immer mehr—wahrscheinlich schon 1511, spätestens 1512, als er sein siebtes Kind Hieronymus nannte—einer starken religiösen Hieronymus-Begeisterung geöffnet hat, die mit einer intensiven Lektüre (Exzerptsammlung!) und dem Beginn der

Albrecht Dürer: Hieronymus in der Felsgrotte (wie Anm.4 Nr.8 und Anm.347); Vorlage: Exemplar des Germanischen Nationalmuseums Nürnberg, Graphische Sammlung H 309.

Gleich zwei solcher Hieronymus-Bilder hat Dürer 1512 geschaffen: den Kaltnadelstich 'Der heilige Hieronymus neben dem Weidenbaum'[345] und den Holzschnitt 'Der heilige Hieronymus in der Felsgrotte'[346]. Der Holzschnitt diente dann zwei Jahre später, als Spengler seine Übersetzung der Hieronymus-Epistel nach zeitweiliger Unterbrechung endlich abgeschlossen hatte, als Titelholzschnitt des Drucks[347]. Die Verbindung von Humanismus und Frömmigkeit, die—der Dürerschen Verbindung von Renaissance und Gotik entsprechend—auch seine literarischen Produktionen dieser Jahre kennzeichnet[348], hat sich also auch in seinem künstlerischen Schaffen dokumentiert[349]. Seine neue Darstellungsweise des gelehrten Büßers oder büßenden Gelehrten Hieronymus bietet die genaue bildliche Umsetzung jener Art von Hieronymus-Begeisterung, die für Nürnberger Humanisten und humanistisch angeregte Nonnen in den zwei Jahrzehnten vor der Reformation charakteristisch ist.

23. *Reservierte Hochschätzung des "divus Hieronymus": Willibald Pirckheimer und Konrad Celtis*

Es bleibt noch die Frage zu beantworten, welche Rolle bei dieser Hieronymus-Begeisterung Willibald Pirckheimer spielte. Denn er war gerade in diesen Jahren vor der Reformation die dominierende Autorität im Nürnberger Humanistenkreis. Ihm verdankten Spengler, Dürer und Scheurl entscheidende Impulse. Wenn man vom

---

Arbeit am Ps.-Eusebius Hand in Hand ging. Man darf annehmen, daß dieser geistige Kurs Spenglers die Arbeiten seines Freundes Dürer am Hieronymus-Thema beinflußt hat. Vgl. auch Anm. 347. Von Pirckheimer dürften in dieser Hinsicht kaum Einflüsse auf Dürer ausgegangen sein; vgl. S. 226.

[345] Siehe oben Anm. 4 Nr. 7.

[346] Siehe oben Anm. 4 Nr. 8.

[347] Da Spengler mit seiner Übersetzung des Ps.-Eusebius vielleicht schon 1512 begonnen hat (vgl. Anm. 344), kann nicht ausgeschlossen werden, daß Dürer den Holzschnitt von vornherein für die Spengler-Publikation geschaffen hat (auch wenn er ihn dann voher als Einzelblatt drucken ließ [vgl. Joseph Meder: *Dürer-Katalog*, Wien 1932, S. 191 Nr. 229])—vor allem wenn man bedenkt, daß die Hieronymus-Begeisterung Spenglers ein wichtiger Impuls für sein Schaffen gewesen sein dürfte.

[348] Vgl. Hans Rupprich (Hg.): *Dürers schriftlicher Nachlaß*, Bd 1, Berlin 1956, S. 128-145.

[349] Wie sehr man Dürer als Humanisten ernst nehmen muß, unterstreicht Wuttke (wie Anm. 210) S. 75.100.112.121; vgl. auch Hamm (wie Anm. 25) S. 70 Anm. 15 und S. 91.

Zeugnis der Briefe Pirckheimers, deren Edition erst jüngst bis Ende 1518 weitergeführt worden ist[350], ausgeht, so sind die wenigen Erwähnungen des Kirchenvaters, erst recht die Augustins, ziemlich blaß. Man darf allerdings annehmen, daß Pirckheimer auf gut humanistische Weise Hieronymus durchaus zu schätzen wußte. In Erwartung der Hieronymus-Ausgabe des Erasmus von Rotterdam schreibt er daher Ende 1515 an ihn, es geschehe nicht ohne besondere göttliche Fügung, daß der selige Hieronymus endlich einen gefunden habe, der ihn wieder in seinen ursprünglichen Glanz einsetze. "Du Glücklicher, der du durch diese Arbeiten Gott, den Heiligen und der Welt angenehmer wirst!" Gott habe in ihm, Erasmus, ein Geschöpf hervorbringen wollen, in dem die eloquentia ihre ehemaligen Kräfte vollständig zeigen könne[351].

Offensichtlich hat Pirckheimer Hieronymus nicht nur als Stilisten und philosophischen Moralisten geschätzt, sondern gerade auch als Leitfigur einer konsequenten, sich von der scholastischen Dialektik lösenden Frömmigkeitstheologie. Dies geht aus seiner großen 'Epistola apologetica' für Reuchlin vom 30. Aug. 1517 hervor. Mit seiner Attacke auf eine Theologie, die durch spitzfindige philosophische Dialektik den Umgang mit den sacrae litterae verdirbt, und mit seiner Verteidigung einer wahrhaft christlichen Theologie, die sich frei vom "Dornengestrüpp der Syllogismen" an Christus orientiert und die "recte vivendi norma" lehrt, beruft sich Pirckheimer speziell auf das Zeugnis des Paulus und des "divus Hieronymus"[352]. Auffallend ist auch, daß Pirckheimer—wie Scheurl—in der gleichen Schrift bei der Aufzählung einer Kette von patristischen Autoritäten nur Hieronymus mit dem Epitheton

---

[350] *Willibald Pirckheimers Briefwechsel*, Bd 3, hg. von Helga Scheible/Dieter Wuttke, München 1989.

[351] "Gaudes beatum Hieronymum tandem reperisse, qui illum pristino restitueret candori; quod non absque singulari divina dispositione accidisse reor. Felix tu, qui laboribus istis deo, sanctis ac mundo acceptior eris. ... Perge igitur, ut coepisti, mi Erasme, et lumen tibi a summo opifice concessum non sub modio absconde. Ille enim creaturam procreare voluit, in qua eloquentia pristinas ostendere vires universas posset." Pirckheimers Briefwechsel, Bd 2 (wie Anm. 71), S. 593,14-17.20-24 Nr. 376 (13. Dez. 1515).

[352] Pirckheimers Briefwechsel, Bd 3 (wie Anm. 350), Nr. 464, Z. 412-474, speziell Z. 444-446 (Apostolo et divo Hieronymo teste ...); vgl. auch Z. 436f: gegen die Verachtung des Hieronymus: "quod divus Hieronymus tanquam grammaticus contemnitur".

'divus' auszeichnet[353]. Er folgt hier der in seinem humanistischen Umfeld etablierten Sonderstellung des Hieronymus.

Doch war Willibald sicher nicht derjenige, der seinerseits der Nürnberger Hieronymus-Begeisterung besondere Anstöße gegeben hat. Dafür sind seine Erwähnungen des Kirchenvaters allzu spärlich und unspezifisch[354]. Überhaupt scheint Pirckheimer die frömmigkeitstheologische Dimension des Humanismus zwar bejaht, aber selbst nicht besonders aktiv gepflegt und gefördert zu haben. Seine literarischen Hauptinteressen lagen auf anderem Gebiet. Sie waren stärker philologisch-editorisch, poetisch und moralphilosophisch orientiert und verschiedenen Gebieten der wissenschaftlichen Realienkunde (wie Geographie, Geschichte, Numismatik) zugewandt, dagegen weit weniger frömmigkeitsbezogen als die Interessen Sixtus Tuchers, Lazarus Spenglers und Christoph Scheurls. Dies erklärt vielleicht auch seine Distanz zum Nürnberger Staupitz-Kreis[355], ganz abgesehen davon, daß ihm Staupitz' Prädestinations-und Gnadentheologie, von der gleich die Rede sein wird, kaum besonders sympathisch gewesen sein dürfte. Inhaltlich, was den Appell an Willensfreiheit und Fähigkeit zu tugendhafter Leistung betrifft, lag ihm eine hieronymusgesättigte Theologie viel näher[356].

Das gleiche wird man übrigens auch, auf das ausgehende 15. und beginnende 16. Jahrhundert in Nürnberg zurückblickend, für Konrad Celtis sagen können. Auch für ihn ist Hieronymus—nicht betont, sondern eher selbstverständlich—in herausgehobener Weise der "divus Hieronymus"[357]. So heißt es bei ihm bereits 1492 in einer

---

[353] "Et ut ethnicos praeteream, quid Alexander praesul Alexandrinus, qui in concilio Niceno contra Arrium subscripsit, ab aemulis perpessus sit, legisti, quid Origenes, Cyrillus, Gregorius Nazanzenus, Athanasius ab Arrianis, Basilius a Valente, Cyprianus ab invidis, Tertulianus a clericis; Chrysostomus a muliere etiam pulsus est, Boecius a Theoderico interfectus, divus Hieronymus et Aurelius Augustinus nunquam improborum caruere morsibus." Ebd Z. 620-626. Vgl. Z. 436 f (divus Hieronymus ... beatus Augustinus), aber Z. 501 (divus Augustinus).

[354] Vgl. auch Holzberg (wie Anm. 147) Register s.v. 'Hieronymus'.

[355] Vgl. Hamm (wie Anm. 25) S. 135 mit Anm. 285.

[356] Man muß dabei auch berücksichtigen, daß jene Berufung Pirckheimers auf das Zeugnis des Paulus und divus Hieronymus (Anm. 352) zu einem Zeitpunkt geschah (August 1517), als seine Mithumanisten längst von Staupitz' Predigten fasziniert waren. Bei Spengler war, wie man aus seinen Aufzeichnungen der Staupitzschen Fastenpredigten schließen kann, der Bruch mit dem hieronymianischen Menschenbild spätestens im Frühjahr 1517 vollzogen; zu diesen Nachschriften vgl. unten S. 229 mit Anm. 369.

Autoritätenkette: "in epistolis Pauli, divi Jacobi, Johannis, divi Jeronymi, Platonis, Senecae, Augustini aliorumque doctissimorum virorum"[358]. Man sollte sicher aus dieser Formulierung nicht zuviel herauslesen, andererseits aber handelt es sich um eine Passage aus der Brieflehre, die Celtis in Druck gegeben und Kaiser Maximilian I. gewidmet[359] und daher gewiß nicht einfach dahingeschrieben, sondern wohlüberlegt formuliert hat; und es ist schon auffallend, daß dabei nicht die Lehrer der Gnade, Paulus und Augustinus, sondern die Lehrer der guten Werke, Jakobus und Hieronymus, als 'divi' herausgehoben werden[360]. Doch wird ansonsten Hieronymus von Celtis so gut wie nie zitiert und er gehört offenkundig nicht gerade zu seinen Lieblingsautoren[361]. Celtis schließt sich der allgemeinen Hochschätzung des Kirchenvaters an, ohne seine Verehrung zu propagieren. Seine Neigungen lagen wie die Pirckheimers nicht auf frömmigkeitstheologischem Gebiet, auch wenn man beide Humanisten durchaus mitten in der christlich-kirchlichen Welt ihrer Zeit sehen muß[362] und nicht in einem säkularisierten Außen-Bereich, in dem sie sich selbst nie wiedererkannt hätten.

So wird man wohl sagen können, daß die Hieronymus-Begeisterung in Nürnberg weder durch Celtis noch durch Pirckheimer initiiert oder getragen wurde, sondern, sicher begleitet von ihrer Sympathie, neben ihnen in einem Bereich aufblühte, wo (monastische, weltpriesterliche und laikale) Frömmigkeitstheologie und Humanismus eins wurden.

24. *Vom "divus Hieronymus" zu Augustin als Interpreten des "divus Paulus"*

Hieronymus war ein Paradigma; seine Gestalt hatte eine vorbildhafte und—im Rahmen der kultischen Frömmigkeit—stellver-

---

357 Vom "divus Hieronymus" spricht Celtis an den drei Stellen, an denen er in seinen Briefen bzw. in seiner Brieflehre Hieronymus erwähnt: Celtis-Briefwechsel (wie Anm. 70), S. 464,87 f Nr. 267 (1501), S. 500,185 f Nr. 275 (1502), S. 641,87 Nr. 358 (1492).

358 Ebd S. 641,87 f Nr. 358 (= Tractatus de condendis epistolis).

359 Zu diesem Sammeldruck 'Epitoma in utramque Ciceronis rhetoricam', der nach dem Widmungsschreiben an Maximilian an vierter Stelle den 'Tractatus de condendis epistolis' enthielt (Ingolstadt 1492), vgl. ebd S. 42 f Anm. 2 und 3.

360 Vgl. ebd S. 464,87 f: "divo Hieronymo et Augustino".

361 Vgl. die distanzierte Äußerung über Hieronymus in Anm. 145.

362 Zu Celtis vgl. Wuttke (wie Anm. 210) S. 115-119.

tretende Leitbild- und Schutz-Funktion. Seine Persönlichkeit, wie man sie aus dem literarischen Werk und der legendenhaft überhöhten Vita heraus- und in sie hineindeutete, stand mit ihrer Wirkung und Rezeption für einen ganzen Typus von Frömmigkeit, der in Begriffen wie Tugend und Verdienst Ausdruck fand[363]. Diese paradigmatische Rolle des Kirchenvaters brach für das Bürgertum Nürnbergs in dem Moment lautlos in sich zusammen, verlor jedenfalls ihre bisherigen literarischen Fürsprecher, als die in ihrer ganzen Intention völlig gegenläufige Predigtweise des Augustinereremiten Johannes von Staupitz stärkere Wirkung in der Reichsstadt ausüben konnte[364]. Das war seit der Adventszeit 1516 der Fall, als der Vikar der deutschen Augustinerkongregation in einem Predigtzyklus eine konsequent am antipelagianischen Augustin orientierte Gnadentheologie vortrug, die nicht bei der freien Entscheidung des vernünftigen Menschen, sondern bei der prädestinierenden Gnadenwahl Gottes einsetzte. Man kann es nur allzu gut verstehen, daß Staupitz seine Schwierigkeiten mit der Seligkeit des hl. Hieronymus hatte. Laut Luther soll er über Hieronymus gesagt haben: "Ich wolt gern wissen, wie der man wer selig worden."[365] Staupitz' Augustinismus war in seinen christologischen und rechtfertigungstheologischen Grundzügen strikter Anti-Hieronymismus.

Für das Empfinden der Nürnberger Staupitz-Hörer, unter ihnen Spengler, Scheurl und Dürer, war das die faszinierende Konfrontation mit einem völlig andersartigen, unerhört neuen[366] theologischen Koordinatensystem. Auffallend ist dabei, daß nicht etwa die Vorbildfunktion der Gestalt des Kirchenvaters Hieronymus durch die des Kirchenvaters Augustin ersetzt wurde. An die Stelle des Modeheiligen Hieronymus trat nicht der Modeheilige Augustin.

---

363 Wie stark die Hieronymus-Wirkung und -Rezeption immer Wirkung und Rezeption der Persönlichkeit war und wie sehr daher die Hieronymus-Gestalt als persönlicher Lebensentwurf (als Einheit von vita und doctrina) Paradigma war, ist bereits in Anm. 58 angeklungen.

364 Zur Wirksamkeit und Aufnahme Staupitz' in Nürnberg vgl. Hamm (wie Anm. 25) S. 133-144 (Literatur).

365 WATR 1,194,20 f Nr. 445; vgl. auch die Parallelüberlieferungen: 1,399,15 f Nr. 824 und 3,140,22 f Nr. 3011.

366 Vgl. die Worte, mit denen Scheurl in einem Brief an Luther vom 2. Jan. 1517 die Reaktion der Nürnberger Hörer auf die Adventspredigten Staupitz' schildert: "... admirantur et, ut uno verbo dicam, publice asserunt huius simile antea non audisse; omitto, quod alii Pauli discipulum, immo linguam, alii evangelii praeconem et verum theologum cognominant." WAB 1,84,14-16 Nr. 32.

Weder wurden nun häufiger Kinder nach Augustin benannt, noch wurden vermehrt Augustin-Darstellungen geschaffen. Selbst Staupitz stellte keineswegs die Person Augustins oder Augustins Schriften ins Zentrum. Es ist auffallend, daß im Druck seiner Nürnberger Adventspredigten Augustin nur einmal namentlich zitiert wird und da mit dem negativen Hinweis, daß selbst Augustin mit seinen natürlichen Gaben das Geheimnis der göttlichen Inkarnation nicht habe erfassen können[367]. Augustin als Autorität bleibt völlig im Hintergrund, obwohl sie theologisch-substantiell in dichtester Weise präsent ist[368]. Auch in den Nachschriften der Staupitzschen Fastenpredigten, die der Augustinervikar im Frühjahr 1517 in Nürnberg gehalten hat, zeigt sich der gleiche Befund[369].

Hingewiesen wird im Druck der Adventspredigten—im Text und vor allem am Rand (250mal)—auf die Heilige Schrift und sonst auf keine andere Autorität. Auch inhaltlich legt Staupitz ein Gewebe biblischer Theologie vor[370]. Dem entspricht es, daß die Nürnberger Hörer in Staupitz nicht etwa das Sprachrohr Augustins und den Propagandisten einer Augustin-Verehrung sehen, sondern "einen Schüler, ja die Zunge des Apostels Paulus" und "einen Herold des Evangliums" und insofern, aufgrund der biblischen Fundierung des Ganzen, "einen wahren Theologen"[371]. Hier zeigt sich bereits der neue Zugriff auf die Bibel[372] und damit die Übergangsphase zur Reformation. Nicht als eigenständiges Paradigma ist Augustin also dem Augustinervikar wichtig, sondern in der dienenden Funktion als getreuester Interpret der Bibel und besonders des Apostels

---

[367] Johann von Staupitz: Libellus de exsecutione aeternae praedestinationis (wie Anm. 27), § 17 (S. 92). Eine zweite Nennung Augustins (§ 28) dient nur dazu, ihn gegen eine falsche Zuschreibung in Schutz zu nehmen: vgl. Anm. 27.

[368] Vgl. den kommentierenden Apparat der kritischen Ausgabe von De exsecutione (wie Anm. 27).

[369] Hg. von Joachim Karl Friedrich Knaake: *Johann von Staupitzens sämmtliche Werke, Bd 1: Deutsche Schriften*, Potsdam 1867, S. 15-42. Augustin wird nur einmal zitiert (S. 39) und auch hier nur in einem Gegenargument, das widerlegt und in ein richtiges Verständnis gerückt werden muß. Als Autorität, die Staupitz' Gedankengang bekräftigen soll, wird Augustin nicht zitiert.

[370] Vgl. Einleitung zu Staupitz: De exsecutione (wie Anm. 27), S. 35.

[371] Siehe Anm. 366.

[372] Vgl. den Grundsatz, den Staupitz während der Adventszeit 1516 oder der Fastenzeit 1517 während einer Mahlzeit geäußert hat: "War und glaublich ist es, das all fell und sachen cristenlicher leren und underweisung im ewangelio sind begriffen, dann nichzet cristenlichs mag ainem menschen begegnen, das in der heiligen schrifft und dem ewangelio nit begriffen sey." Staupitz' Tischreden (in der Aufzeichnung Lazarus Spenglers), hg. von Knaake (wie Anm. 369) S. 42-49: 43.

Paulus—so wie es der Staupitz-Schüler Luther auf der Heidelberger Disputation Ende April 1518 formulierte: Was er vorlege, sei geschöpft "ex divo Paulo, vase et organo Christi electissimo, deinde et ex S. Augustino, interprete eiusdem fidelissimo"[373].

Als abschließende Vermutung, die der Bestätigung, Erweiterung, Modifikation und Differenzierung durch die weitere Forschung bedarf, nehme ich am Ende jene These auf, mit der ich die Untersuchung eingeleitet habe: Die Jahre vor der Reformation standen—jedenfalls im Wirkungsbereich von Humanismus und Frömmigkeitstheologie und besonders bei den Gebildeten—im Zeichen der Vorherrschaft des Hieronymus. Nur in Sonderfällen, zu denen außer Wittenberg vor allem Nürnberg gehörte, kam es unter dem speziellen Einfluß von Staupitz und von Augustineremiten der Staupitzschen Observanz zu einer Entdeckung und Hochschätzung der antipelagianischen Spättheologie Augustins. So konnte eine kurze augustinische Zwischenphase entstehen, die auf die Hieronymus-Begeisterung folgte oder sie, parallel laufend, überflügelte und in die Reformation mündete. Dies war die Ausnahme, denn in der Regel schuf erst der Beginn der Reformation, dh der Anstoß durch die frühen reformatorischen Schriften Luthers, den Boden für das neue Interesse an der radikalen Gnadenlehre Augustins. Aber selbst in diesen Ausnahmefällen einer noch nicht reformatorischen Entdeckung Augustins geht, wie wir am Beispiel Nürnbergs deutlich sehen können, die Vorbildrolle des Hieronymus nicht an Augustin über. Sie wird vielmehr ersetzt durch die neue Geltung der biblischen, insbesondere paulinischen Gnadentheologie, wie sie durch den antipelagianischen Augustin vermittelt bzw. flankiert wird. Vom "divus Hieronymus" führt der Weg zum "divus Paulus". Mit dem Übergang von Hieronymus zu Paulus öffnet sich das Tor zur Reformation.

Anhang: Vorbilder für Dürers Synthese von Humanismus und Frömmigkeit in der Hieronymus-Darstellung?

Wie oben im 22. Kapitel beschrieben wurde, schuf Dürer in seinen Hieronymus-Bildern eine Mischform, die wohl aus der vorreforma-

---

[373] *Martin Luther Studienausgabe*, hg. von Hans-Ulrich Delius, Bd 1, Berlin (DDR) 1979, S. 213,28-30; vgl. dazu Heiko Jürgens: Die Funktion der Kirchenväterzitate in der Heidelberger Disputation Luthers (1518), in: ARG 66 (1975) 71-78.

torischen Nürnberger Synthese von Humanismus und Frömmigkeitstheologie, wie sie sich in der Hieronymus-Verehrung besonders deutlich zeigt, hervorgewachsen ist. Es bleibt die Frage, ob Dürer der erste war—in Nürnberg, nördlich der Alpen oder vielleicht überhaupt in der Bildenden Kunst seiner Epoche—, der diese humanistisch-frömmigkeitstheologische Synthese als Kombination des gelehrten Studiolo-Hieronymus und des frommen Büßer-Hieronymus ins Bild umgesetzt hat. Falls sich gewisse Parallelen in der Zeit vor Dürer zeigen, ist zu fragen, welche möglichen Vorbilder ihn beeinflußt haben könnten. Als Nicht-Kunsthistoriker kann ich nur gewisse vordergründige Beobachtungen mitteilen, die durch eine kunsthistorisch-ikonographische Analyse der Bilder vertieft werden müßten.

Was ist das Auffallende und vermutlich Neuartige an Dürers Hieronymus-Bildern von 1512? Nicht daß der büßende Hieronymus in der Fels- oder Waldwüste (auch in einer Felshöhle oder -grotte) mit einem Buch oder mehreren Büchern dargestellt wird, ist das Bemerkenswerte (das ist ganz üblich), sondern daß der Gelehrte des Studierzimmers als entblößte Büßergestalt in eine Einöde versetzt wird, die zur provisorischen Primitivform des Studiolos und seines Inventars (Schreibpult, Schreibfeder mit Halter, Tintenfaß, Bücher, Kruzifix) wird. Im Text und Bildmaterial der einschlägigen Untersuchungen zur Hieronymus-Darstellung in der Bildenden Kunst (siehe Anm. 3) fand ich für den Zeitraum vor 1512 keine derartige Darstellung, ebensowenig in dem sehr unmfangreichen Verzeichnis von Hieronymus-Darstellungen bei Strümpell (wie Anm. 88) S. 246-252. Dies gilt auch für das reichhaltige Material von Hieronymus-Bildern, das mir dankenswerterweise Herr Dr. Kurt Löcher, Ltd. Bibliotheksdirektor am Germanischen Nationalmuseum Nürnberg, aus der Literatur speziell zum deutschen Bereich nach 1500 zusammensuchte: Hieronymus-Darstellungen von Albrecht Altdorfer, Hans Baldung gen. Grien, Hans Sebald Beham, Hans Burgkmair, Lukas Cranach d.Ä., Hans Dürer (Bruder Albrechts), Hans Süß von Kulmbach, Hans Mielich, Michael Pacher, Georg Pencz, Hans Schäufelein, Hans Springinklee, Hans Wechtlin. Bei Lukas Cranach d.Ä. findet sich der beschriebene Bildtypus immerhin bereits um 1515: Hl. Hieronymus schreibend in der Landschaft, Gemälde: Berlin, Staatl. Museen Preuß. Kulturbesitz, Gemäldegalerie (565); vgl. Max J. Friedländer/Jakob Rosenberg: *Die Gemälde von Lucas Cranach*, Berlin 1932, Nr. 94;

Dieter Koepplin/Tilman Falk: *Lukas Cranach: Gemälde, Zeichnungen, Druckgraphik*, Ausstellungskatalog Bd 2, Basel-Stuttgart 1976, Nr. 408, Abb. 290.

Auch in der italienischen Kunst vor 1512 fand ich keine Parallelen zu Dürers Synthese, allerdings zwei Gemälde, die verwandte Darstellungsformen zeigen: 1. Paduanisch-venezianisches Tafelgemälde, Sao Paulo, Museu de Arte (Mitte 15. Jh.?): Hieronymus in einer Felsgrotte mit einem tischartigen Vorsprung, auf dem Bücher und Schreibgerät liegen; doch ist Hieronymus weder als andächtiger Büßer (er trägt auch keinen Büßerkittel, sondern eine Mönchskutte) noch als über seinen Schriften meditierender Gelehrter dargestellt, vielmehr hat sich der Heilige in melancholischer Nachdenklichkeit von seinen Büchern abgewandt und seinen Blick auf den Boden gerichtet. Er hat nichts von der zugleich frommen und gelehrten, dem Kreuz und dem Buch zugewandten Sammlung des Dürerschen Hieronymus. Vgl. Wiebel (wie Anm. 3) S. 95-97, 155 Anm. 460, 194 (Abb. 38). 2. Cima da Conegliano (1460-1517/18, 1492-1516 in Venedig): S. Girolamo nel deserto, Florenz, Uffizien; Luigi Menegazzi: *Cima da Conegliano*, Treviso 1981, fig. 124: Hieronymus sitzt inmitten einer lieblichen Ideallandschaft an seinem Schreibtisch mit Büchern und Schreibgerät, doch fehlen alle spezifisch christlichen Attribute. Er ist nicht der inbrünstig bewegte Büßer, sondern eher der stoische Philosoph (dessen Mantel auch nach Philosophenart drapiert ist), der in gelassener Haltung—den Totenschädel im Blick—über die Eitelkeit des Irdischen nachsinnt (ganz anders die Dürersche Kombination von Schädel und Kruzifix, vgl. Anm. 249). Vgl. Wiebel ebd S. 123 und 206 (Abb. 58). Mit der Synthese von Frömmigkeitstheologie und Humanismus haben diese beiden italienischen Hieronymus-Bilder nichts zu tun.

Eher wird man zum Vergleich mit Dürer solche Darstellungen des Büßers in der Einöde heranziehen, die ihn zwar nicht mit dem Studiolo-Ambiente umgeben, aber ihn in gelehrter Versenkung in ein Buch (lesend, ohne Schreibpult und Schreibzeug) zeigen; so eine Darstellung von 1445 aus der Schule des Venezianers Jacopo Bellini, abgebildet bei Ridderbos (wie Anm. 3) S. 35 Abb. 16, dazu S. 33 f ("it combined the aspect of learning and the aspect of penitence"); vgl. auch Russo (wie Anm. 3) S. 221-230: Le pénitent lisant au désert (besonders beachtenswert sind drei Abbildungen von Werken des Venezianers Giovanni Bellini: Fig. 46, 49, 50). Der Bildtypus des im Freien studierenden hl. Hieronymus ist charakteristisch für die venezianische Kunst des ausgehenden 15. und beginnenden 16. Jahrhunderts; vgl. Venturi (wie Anm. 3) S. 22-86: Nel Quattrocento veneto, besonders S. 62-76. Und alles spricht dafür, daß Dürer unter dem Eindruck seiner beiden Aufenthalte in Venedig 1494/5 und vor allem 1505/6, beeinflußt durch die großen Hieronymus-Darsteller Giovanni Bellini und Cima da Conegliano, seine eigene Mischform des studierenden und büßenden Hieronymus in der Wüste fand. Diese spezifische Mischform mit ihrer Verbindung der Studierstube des Gelehrten und der Einöde des Büßers ist offensichtlich etwas Neues, auch wenn die allgemeine Kombination von Bücher-Gelehrsamkeit und Büßertum Dürer durch die venezianischen Hieronymus-Bilder vorgegeben war.

Wie auch immer man nach sorgfältiger ikonographischer Analyse die Frage nach Vorläufern von Dürers Bildtypus des Jahres 1512 beantworten wird, so spiegelt jedenfalls die Darstellungsweise Dürers ganz authentisch und lebendig die Nürnberger Verschmelzung von Frömmigkeitstheologie und Humanismus im Hieronymus-Verständnis wider. Dies gilt auch für den berühmten Stich von 1514 (Anm. 4 Nr. 9), der eben nicht nur den Gelehrten in seinem "Gehäus" darstellt (wie der Dürersche Stich von 1526 Erasmus von Rotterdam erscheinen läßt), sondern die ideale Einheit von frommer Kontemplation und gelehrter Konzentration in dem von göttlichem Licht Erleuchteten; vgl. oben S. 200 und Jungblut (wie Anm. 3) S. 88-90. Vgl. auch die beiden späteren Hieronymus-Bilder Dürers, die ebenfalls neuartige Mischformen bieten: die nicht datierbare Zeichnung (Anm. 4 Nr. 10), die nicht die Studierstube in die Wüste des Büßers verlegt, sondern umgekehrt den halbnackten Büßer in das Studiolo oder besser in die karg eingerichtete Klosterzelle zu Büchern und Schreibtisch, aber zugleich auch zu Totenschädel und Kruzifix versetzt; und das Gemälde von 1521 (Anm. 4 Nr. 11), das am Schreibtisch des Studierzimmers Bücher und Schreibzeug als Attribute der Gelehrsamkeit mit dem christlichen Memento mori des Totenschädels und Kruzifixes verbindet, beides vereint in der gelehrt-frommen Nachdenklichkeit des greisen Hieronymus.

SUMMARY

Translated by Michael Zamzow

The essay shows the importance gained by Jerome in the Late Middle Ages compared with Augustine. While Augustine remains the dominant patristic authority on the level of academic theology, Jerome moves to the summit of admiration in the areas of the piety of the wealthy and educated bourgeoisie, of devotional theology, and of Humanism (and thus also in the visual arts). The rise of the Church Father which lifted him up out of the Quadrumvirate of the great Western Church Fathers to a unique reverence and exemplariness began in Italy at the beginning of the fourteenth century and spread later also to Germany, especially in the fifteenth century. The enthusiasm for Jerome reached its climax in Germany at the beginning of the sixteenth century and especially in the last decade before the Reformation, while Augustine‘s importance (apart from notable exceptions) is in decline during this phase. The reverence for Jerome around and after 1500 paradigmatically shows the partial blending of Humanism and devotional theology which prepared the religious-theological commitment of many humanists in the reformation movement.

Nuremberg with its rich source material affords differentiated insights into the dominance of the reverence for Jerome compared with the reduced importance of Augustine and into the reasons for the attraction to Jerome. The following persons who were active in Nuremberg are especially considered along with their reception of Jerome (and their understanding of Augustine): Hermann Schedel, Konrad Celtis, Sixtus Tucher, Willibald Pirckheimer, Caritas Pirckheimer, Lazarus Spengler, Christoph Scheurl, Albrecht Dürer, Johannes von Staupitz.

As a whole, the essay tries to answer the question, why was it precisely "divus Hieronymus" (and not Augustine) who became the paradigm for Christian living for laity and clergy, citizens, secular clergy, monks and nuns, humanists and non-humanists, and thus especially for the social and intellectual elite in the decades before the Reformation. Finally, it is shown how the revering of Jerome comes to an end here and there even before the Reformation (through the activity of Staupitz and Luther), but especially during the Reformation. Furthermore, it shows how the exemplary role of

Jerome is replaced, not by a corresponding reverence for Augustine, but by the authority of "divus Paulus". The anti-Pelagian Augustine won a new esteem not as a paradigm in himself but as an expositor of Paul.

In order to grasp the many different levels of the phenomenon of the enthusiasm for Jerome compared with interest in Augustine, many approaches to the historical material are combined: history of theology, history of piety, research into Humanism, biographical research, social history, art history, history of printing, local history.

LUTHER'S LOYALTIES AND THE AUGUSTINIAN ORDER

SCOTT H. HENDRIX

Philadelphia

Scholars who have found a positive correlation between Luther and Augustine or between Luther and late medieval Augustinianism have been forced either to contradict Luther's own assessment or to rely on indirect evidence for their conclusions. Those scholars who have focused on the immediate significance that Augustine's writings had for the young Luther have been confronted by Luther's own disavowal of this significance in his *Table Talk*. For example, analyzing Luther's use of the *Confessions*, Pierre Courcelle took exception to the notion, promoted at table by Luther himself, that Augustine's *Confessions* did not teach doctrine but instead provided inspiration and example.[1] According to Courcelle, the *Confessions* did in fact provide a doctrinal basis which Luther was able to elaborate into his new theology.[2]

Pursuing Luther's use of Augustine's *De spiritu et litera* in careful textual studies, both Bernhard Lohse and Leif Grane have argued that Augustine served Luther as the gateway to a new understanding of Paul's letter to the Romans and thus brought Luther to the threshold of his new evangelical theology.[3] In the same excerpt from the *Table Talk* in which he minimized the doctrinal content of

[1] *Luthers Werke, Kritische Gesamtausgabe, Tischreden*, Weimar, 1912-1921 [= *WATR*], 1, 140.10-11 (no. 347): "Libri Confessionum nihil docent, sed tantum accendunt, continent tantum exemplum, sed leren nichts." The following additional abbreviations are used for the collected works of Luther: *WA* = *Luthers Werke. Kritische Gesamtausgabe.* [*Schriften*], Weimar, 1883 ff. *WABr* = *Luthers Werke. Kritische Gesamtausgabe, Briefwechsel*. Weimar, 1930 ff. *LW* = *Luther's Works, American Edition*. ed. Jaroslav Pelikan and Helmut Lehmann, Philadelphia and St. Louis, 1955-1986.

[2] Pierre Courcelle, "Luther interprète des Confessions de Saint Augustin," *RHPhR* 39 (1959), pp. 235-250, esp. 236, 248-249.

[3] Bernhard Lohse, "Die Bedeutung Augustins für den jungen Luther," *KuD* 11 (1965), 116-135; reprinted in *Evangelium in der Geschichte: Studien zu Luther und der Reformation*. ed. Leif Grane, Bernd Moeller, Otto Hermann Pesch, Göttingen, 1988, pp. 11-30. Leif Grane, *Modus Loquendi Theologicus: Luthers Kampf um die Erneuerung der Theologie (1515-1518)*. Leiden, 1975.

the *Confessions*, however, Luther acknowledged that at first he devoured Augustine; but, as soon as he began to understand from Paul what justification by faith meant, then his infatuation with Augustine was over.[4] While this statement can be interpreted to mean what Lohse and Grane plausibly concluded, Luther himself remembered a much sharper disjunction between his devouring of Augustine and his new appreciation of Paul.

For Courcelle, Lohse, and Grane, Augustine was more important for Luther than the Augustinian theology of the Middle Ages. Other scholars have attempted to isolate a late medieval Augustinian[5] school of theology and to demonstrate how this theology was mediated to Luther through members of his own order. For this task Luther has been of little direct help. Heiko Oberman has proposed an elaborate and controversial form of this approach to the impact of Augustine on Luther. According to Oberman, a modern Augustinian school of theology, which contained elements of nominalism, humanism and Augustine and whose father was Gregory of Rimini, was transmitted to Luther through sources in the library at Wittenberg, through Johannes von Staupitz, and possibly through Luther's elder colleague, Andreas Bodenstein von Carlstadt.[6]

Oberman's thesis has been forcefully criticized by David Steinmetz, who argues that theological influence does not necessarily mean theological agreement and that Staupitz had to correct the theology which Luther had learned in Erfurt from teachers of his own order.[7] In his study of Luther and Staupitz, Steinmetz argues further that in the final analysis Luther's new theology of Word and faith was not decisively influenced by Staupitz, who "was content to follow a more traditional and wellmarked path established by

---

[4] *WATR* 1, 140.5-7 (no. 347): "Principio Augustinum vorabam, non legebam, sed da mir in Paulo die thur auffgieng, das ich wuste, was iustificatio fidei ward, da ward es aus mit ihm."

[5] For a helpful distinction among the possible meanings that the term Augustinian might have for late medieval historians, see David C. Steinmetz, *Luther and Staupitz: An Essay in the Intellectual Origins of the Protestant Reformation*, Durham, NC, 1980, pp. 13-16.

[6] Heiko A. Oberman, "Headwaters of the Reformation: *Initia Lutheri—Initia Reformationis*," in *Luther and the Dawn of the Modern Era*, ed. Heiko A. Oberman, Leiden, 1974, pp. 40-88.

[7] David C. Steinmetz, "Luther and the Late Medieval Augustinians: Another Look," *Concordia Theological Monthly* 44 (1973), pp. 245-260, esp. 254-259. Cf. Steinmetz, *Luther and Staupitz*, pp. 4-9, 27-34.

generations of conservative Augustinian theologians."[8] Steinmetz is left to conclude, with only Luther's indirect support, that Staupitz' influence on Luther was mainly pastoral. He helped Luther conquer his anxiety by helping Luther to conquer the source of that anxiety—his bad theology—with a "therapeutic combination of traditional pastoral advice and sound Augustinian theology."[9]

It is not my intention to argue that the above interpretations are flawed either because they contradict Luther's own memory or because they rely indirectly on his statements. Luther's evaluation of his relationship to Augustine and to the Augustinian order should not be taken at face value anymore than, as Steinmetz points out, Luther's evaluations of his own contemporaries should be accepted without question.[10] In fact, I want to take Luther's personal statements very seriously and read them imaginatively in order to interpret such elusive historical categories as influence, relationship, motivation and loyalties. Careful and imaginative reading, informed by categories of interpretation that illuminate the text, is necessary in order to appreciate Luther's reevaluation of his monastic and Augustinian heritage. Such a reevaluation is stated forcefully and personally in the letter of 1521 in which Luther dedicated the treatise *De votis monasticis iudicium* to his father Hans.[11] The purpose of this essay is to investigate how Luther's loyalty to his father and mother and the loyalty to his monastic vows interacted to liberate him from his initial religious commitment and to shape his new self-understanding as "a monk and not a monk, a new creature, not of the pope, but of Christi."[12]

According to Luther, he is not dedicating the treatise to his father, whom he adresses as "dearest parent," in order to glorify the family name; but, by using the conflict between them over his entrance into the monastery, he intends to illustrate the point of the treatise for his readers.[13] In fact, Luther is doing much more. He is

---

[8] Steinmetz, *Luther and Staupitz*, p. 141.
[9] *Ibid.*, p. 143.
[10] *Ibid.*, p. 142.
[11] *WA* 8, 573-576. Reference will also be made to the English translation of this letter in *LW* 48: *Letters I*, ed. and transl. by Gotfried G. Krodel, Philadelphia, 1963, pp. 329-336.
[12] *WA* 8, 575.28-29: "Itaque iam sum monachus et non monachus, nova creatura, non Papae, sed Christi."
[13] *WA* 8, 573.6-12: "Hunc librum tibi, parens carissime, nuncupare consilium fuit, non ut nomen tuum ferrem in orbem et in carne gloriaremur adversus

also settling accounts with his father in the sense that he reevaluates the impact of his father's expectations in both his decision to become a monk and in his decision as of 1521 to reject his monastic vows. The dynamics of this reevaluation of what he owed his parents is, in my opinion, the key to understanding how Luther was able to free himself from his monastic vows and to shape a new religious loyalty.[14] A careful summary of his developing views on monastic vows, although helpful, does not adequately explain how Luther was able to take this personal step.[15] By dedicating this treatise to his father, Luther himself unwittingly provides the key to his own reverse conversion, that is, his free choice to move from the cloister into the world.

Raising the question of Luther's relationship to his father immediately raises the specter of psychohistory and the controversial interpretation of the young Luther proposed by Erik Erikson.[16] Most of the reasons for being critical of Erikson's book have been pointed out by scholars.[17] Neither Erikson's historical errors,[18] however, nor the assertion that his method is not scientific[19] disqualifies

---

doctrinam Pauli, sed ut occasionem apprehenderem, quae sese inter te et me opportune obtulit, brevi prologo et causam et argumentum et exemplum huius libelli piis lectoribus enarrandi." Cf. *LW* 48, 331.

[14] When Luther describes himself as a new creature of Christ, he says that he both is a monk and not a monk (above, n. 12). This description appears to reflect the ambivalence about monastic vows that he harbored some three months earlier (August 1, 1521; *WABr* 2, 371.29-31), but instead Luther is declaring the newly-acquired freedom from vows which he documents in this letter.

[15] Such summaries have been written by Bernhard Lohse, *Mönchtum und Reformation: Luthers Auseinandersetzung mit dem Mönchsideal des Mittelalters*, Göttingen, 1963; and, more recently, by Heinz-Meinolf Stamm, *Luthers Stellung zum Ordensleben*, Wiesbaden, 1980. Neither author attributes significance to Luther's letter or to the relationship between Luther and his father.

[16] Erik H. Erikson, *Young Man Luther: A Study in Psychoanalysis and History*, New York, 1958.

[17] For important critiques of Erikson, see the following collections of essays: *Psychohistory and Religion: The Case of the Young Man Luther*, ed. Roger A. Johnson, Philadelphia, 1977; *Encounter with Erikson: Historical Interpretation and Religious Biography*, ed. Donald Capps, Walter H. Capps, M. Gerald Bradford, Missoula, 1977; *Childhood and Selfhood: Essays on Tradition, Religion, and Modernity in the Psychology of Erik H. Erikson*, ed. Peter Homans, Lewisburg and London, 1978.

[18] Critiques of Erikson's use of historical evidence are provided by Roland Bainton, "Psychiatry and History: An Examination of Erikson's *Young Man Luther*," *Religion in Life* 40 (1971), pp. 450-478; Lewis Spitz, "Psychohistory and History: The Case of Young Man Luther," in *Encounter with Erikson* (above, n. 17), pp. 33-65. A critical summary of psychological analyses of Luther is given by Eric W. Gritsch, *Martin—God's Court Jester: Luther in Retrospect*, Philadelphia, 1983, pp.

Luther's familial relationships as a resource for understanding his life and thought. There are, however, good grounds for conceptualizing the significance of Luther's familial legacy in a manner different from Erikson. For, despite Erikson's sensitivity to Luther's historical context and the nuanced character of his analysis, it remains the story of a pathological condition, an identity diffusion, that was healed after a long delay.[20] In the first place, it is intrinsically unfair to focus on psychological and developmental deficiencies without recognizing that they are rooted in relational struggles. In the second place, it is possible to apply Luther's familial legacy to the development of his life and thought in a way that does not require a pathological diagnosis. This possibility is explored through the non-psychoanalytical, non-pathological model employed below.

By the time Luther dedicated his treatise on monastic vows to his father, November 21, 1521, Luther had been an Augustinian monk for sixteen of his thirty-eight years. During that period he had developed a strong loyalty to the monastic life. Luther demonstrated that loyalty by the seriousness with which he attempted to follow the Augustinian rule,[21] much as a child reveals loyalty to its

---

146-152. A different psychohistorical approach, which focuses on the historical perception of Luther instead of on Luther as a patient, has been sketched by Joachim Scharfenberg, "Martin Luther in psychohistorischer Sicht," in *Europa in der krise der Neuzeit: Martin Luther: Wandel und Wirkung seines Bildes*, ed. Susanne Heine, Vienna, 1986, pp. 113-128.

[19] This criticism has been expressed by Mark U. Edwards, Jr., "Erikson, Experimental Psychology, and Luther's Identity," in *Childhood and Selfhood* (above, n. 17), pp. 89-112. Edwards argues that Erikson's psychoanalytically-based theory is more inferential than theories of experimential psychology which can be more helpful to the historian. I fail to see, however, how Edwards' application of the theory of cognitive dissonance to Luther's attacks on his Protestant opponents (pp. 103-105) is less inferential than Erikson's application of developmental theory to Luther's youth.

[20] *Young Man Luther*. p. 99. On the same page Erikson reveals the pathological character of his diagnosis: "The story of the fit in the choir has prepared us for the pathological dimension in the spiritual struggle to come. We shall enlarge on this dimension in the direction of *desperate patienthood* and then in that of *fanatic leadership*; and finally, discuss a theme which these two conditions have in common: *childhood lost.*" Cf. Erikson, p. 148: "It seems entirely probable that Martin's life at times approached what today we might call a borderline psychotic state in a young man with prolonged adolescence and reawaked infantile conflicts."

[21] See Scott H. Hendrix, *Luther and the Papacy: Stages in A Reformation Conflict*, Philadelphia, 1981, pp. 7-8. See also Martin Brecht, *Martin Luther: His Road to Reformation 1483-1521*, transl. James L. Schaaf, Philadelphia, 1985 (German ed.:

parents by trying faithfully to please them and to follow their rules. Several remarks by Luther himself confirm the testimony of others that he was a serious and scrupulous monk. Defending himself in 1533 against a charge by Cochlaeus that he had violated his monastic vows, Luther contended: "If ever a monk went to heaven through monkery, I intended to get there likewise."[22] And, after explaining to his father why God allowed him to experience the monastery and scholastic theology, Luther stated succinctly that as a monk he lived indeed not without sin but without fault.[23]

Luther's words also indicate that he was more loyal to the monastic life as such than to the specifically Augustinian form of that life or to Augustine himself. When he recalls Hans's anxiety about himself as a young man, Luther is reminded of a single phrase from a passage in the *Confessions* in which Augustine describes his father's joy at the possibility of progeny.[24] Luther fails to note, however, a striking similarity between the concern of Hans for him and the fear, as her son describes it, that Monica had for the young Augustine.[25] Surprisingly, in the letter to Hans, Luther does not specifically mention the Augustinian Order at all. In fact, although Luther

---

1981), pp. 63-70.

[22] *WA* 38, 143.25-29: "War ists, Ein frommer Münch bin ich gewest, Und so gestrenge meinen Orden gehalten, das ichs sagen thar: ist jhe ein Münch gen himel komen durch Müncherei, so wolt ich auch hinein komen sein. Das werden mir zeugen alle meine Klostergesellen, die mich gekennet haben. Denn ich hette mich (wo es lenger geweret hette), zu tod gemartert mit wachen, beten, lesen, und ander erbeit, etc." Later in this same work (*WA* 38, 146.36-37), Luther declares that now (1532) to be an apostate and runaway monk, as he has been labeled, is one of his proudest boasts before God and his conscience.

[23] *WA* 8, 574.29-30: "Igitur vixi monachus, non sine peccato quidem, sed sine crimine." Cf. *LW* 48, 333.

[24] *WA* 8, 573.20-24: "Metuebas tu paterno affectu imbecillitati meae, cum essem iam adulescens, secundum et vicesimum annum ingressus, hoc est, fervente (ut Augustini verbo utar) adolescentia indutus, quod multis exemplis didiceras hoc vitae genus infoeliciter quibusdam cecidisse." Cf. *LW* 48, 331. Cf. also Augustine, *Confessions* II, 3 (6) (*CChr, Series Latina* 27, Turnholt, 1981, p. 20.22-27): "Quin immo ubi me ille pater in balneis vidit pubescentem et inquieta indutum adulescentia, quasi iam ex hoc in nepotes gestiret, gaudens matri indicavit, gaudens vinulentia, in qua te iste mundus oblitus est creatorem suum et creaturam tuam pro te amavit, de vino invisibili perversae atque inclinatae in ima voluntatis suae." Courcelle notes ("Luther interprète," p. 250, n. 78) that the attitude of Luther's father appears to be directly opposite to that of Augustine's parents. More striking, however, is the contrast between the way in which Augustine blames his father for his worldly attitude and the manner in which Luther credits his father's paternal concern.

[25] *CChr* 27, 20.27-32: "Sed matris in pectore iam inchoaveras templum tuum et

had enormous respect for Augustine, in general he does not link that respect to his membership in the Order. In 1525, Duke George of Saxony appeals to Luther to return to the bosom of the church for the sake of his master Augustine, "to whose rule he has sworn a vow." But Luther does not deign this appeal worthy of a reply.[26] An earlier remark is even more telling. Defending his preference for Augustine over Jerome to Spalatin in 1516, Luther maintains that it is not based on belonging to the Augustinian Order, since Augustine did not impress him at all before he [Luther] began to read his books.[27]

Luther's rejection of monastic vows appears to have had no direct relationship either to Augustine or to the Order named after him. The loyalty to his vows as monastic was stronger than his loyalty to them as Augustinian vows. This observation is pregnant with consequences for assessing Luther's relationship to Augustinianism, however it is defined. It explains why Luther's praise of Augustine, though mostly positive, is not unqualified, and why it is so difficult to prove that Augustinianism as a theological tradition within the Order had a decisive impact on him. At the same time, the weakness of a distinctly Augustinian loyalty suggests that the historian look elsewhere for the roots of his new religious loyalty. More precisely, in addition to his thought, it suggests that we look to Luther's relationships and actions and concretely to the struggle that led to his renunciation of the monastic life.

Even though he sought conscientiously to follow the monastic rule, Luther was not able to dismiss his father's strong disapproval of his decision to enter the monastery. In his letter, Luther recounts the story of that disapproval and what lay behind it. Hans was

exordium sanctae habitationis tuae: nam ille adhuc catechumenus et hoc recens erat. Itaque illa exilivit pia trepidatione ac tremore et quamvis mihi nondum fideli, timuit tamen vias distortas, in quibus ambulant qui ponunt ad te tergum et non faciem."

[26] *WABr* 3, 650.180-185 (no. 956; December 28, 1525): "Die Cristlich kirch schleust nicht den schoss dem widerkomenden. Hat dich deyn find gefurt in ufgeblasene hoffart, wie do pfleget zu tun die kunst, sich an den hoffertigen Arryaner, deynen meister Augustinum, des regel du gelobet und geschworn hast, kere mit yhme wider, halt nach deyn treu und eyd und wirt mit ime eyn erwelt liecht der Cristenheit." *WABr* 4, 18.4-5 (no. 973; January 20, 1526).

[27] *WABr* 1, 70.17-24 (no. 27; October 19, 1516): "Non quod professionis meae studio ad b. Augustinum probandum trahar, qui apud me, antequam in libros eius incidissem, ne tantillum quidem favoris habuit, ..."

afraid that his son would succumb to the temptations of "hot adolescence," which the monastic life could not control.[28] In his mind, Hans had another, more beneficial plan for Martin, namely, to help him settle down in a prosperous marriage. Luther also reports how the direct words of his father lodged in his mind and remained there. First, in response to Luther's claim that he was forced to enter the monastery by "terrors from heaven" that scared him to death, Hans had remarked: "I hope that it was not an illusion or a trick." This statement, says Luther, "penetrated to the depths of my soul and stayed there, as if God had spoken by your lips, ... "[29] Second, when Luther reproached his father for his indignation, Hans retorted: "Have you not also heard that parents are to be obeyed?" Luther describes these words as such an apt and opportune reply that scarcely in his entire life had he heard a word from any man that struck him so powerfully and stayed with him so long.[30]

Hans's words must have echoed in Luther's ears during his entire monastic career, encountering resistance at first,[31] but then, as the monastic life increasingly disappointed Luther, receiving more and more credibility. The power which Hans's words continued to have over him illustrates the strong loyalty that tied Luther to his father even while he was a monk. As a result, Luther was caught in conflicting loyalties between his religious vow to the Order and to his father. This conflict was not pathological. All children remain loyal to their parents by virtue of their birth, and the process of becoming adults requires the redefining of these loyalties so that

---

[28] See above, n. 24.

[29] *WA* 8, 573.30-574.4: "Memini enim nimis praesente memoria, cum iam placatus mecum loquereris, et ego de coelo terroribus me vocatum assererem, neque enim libens et cupiens fiebam monachus, multo minus vero ventris gratia, sed terrore et agone mortis subditae circumvallatus vovi coactum et necessarium votum: 'Utinam (aiebas) non sit illusio et praestigium.' Id verbi, quasi deus per os tuum sonaret, penetravit et insedit in intimis meis, sed obfirmabam ego cor, quantum potui, adversus te et verbum tuum." Cf. *LW* 48, 332.

[30] *WA* 8, 574.4-8: "Addebas et aliud, cum tibi iam opprobrarem filiali fiducia indignationem, repente tu me reverberas et retundis tam opportune et apte, ut in tota vita mea ex homine vix audierim verbum, quod potentius in me sonuerit et heserit. 'Et non etiam (dicebas) audisti tu parentibus esse obediendum?' " Cf. *LW* 48, 332. Cf. also *WATR* 1, 294.8-14 (no. 623).

[31] *WA* 8, 574.8-10: "Verum ego securus in iustitia mea te velut hominem audivi et fortiter contempsi, nam ex animo id verbi contemnere non potui." Cf. *LW* 48, 332. Cf. also *WA* 8, 574.3-4.

adult children are able to make positive decisions for themselves even in the face of parental disapproval.[32] Furthermore, "religion is a typical area for deep devotion and fundamental loyalty ties."[33] The religious loyalty of an adult child can be an expression of the invisible loyalty that ties the child to its parents; or, when religious devotion is chosen against the religious background or preference of the parents, that choice can be the child's attempt to separate from the parents and to delineate itself from them.

Luther's decision to enter the monastery could well have served both functions for him. On the one hand, his decision, however suddenly it was carried out, was a product of the piety with which he, like many children of his age, had been imbued. The direct source of this piety for Martin was his mother Margarethe, better known as Hanna, and her relatives in Eisenach. According to Luther's closest colleague, Philipp Melanchthon, and Johannes Schneidewein, rector of Wittenberg University, Hanna was God-fearing, prayerful, and virtuous.[34] From her visits to Wittenberg both Melanchthon and Schneidewein knew Hanna Luder well, and Ian Siggins has argued that they were "reporting quite accurately a piety which was characteristic of her and her Eisenach circle, and which did not fail to leave a lasting impression on her son."[35] In addition, Luther himself reported on the religious devotion of the kinsfolk and the related families among whom he spent the height of his adolescence in Eisenach.[36] For Martin, then, to enter the monastery in response to a religious vow was above all to express loyalty to his mother and to her family whom he knew best in the context of religious devotion. Although Luther does not attribute his piety directly to his mother, he does repay her devotion with a long letter of religious comfort written to Hanna as she lay dying.[37] This

[32] This concept of loyalty and of its significance for the decisions of adult children has been developed in the mode of family therapy known as contextual therapy or relational ethics. An elaboration of the concept and the way it operates in the family justice system is discussed in two major works on contextual theory: Ivan Boszormenyi-Nagy and Geraldine M. Spark, *Invisible Loyalties: Reciprocity in Intergenerational Family Therapy*, New York, 1984 (lst ed.: 1973), pp. 37-99; Ivan Boszormenyi-Nagy and Barbara R. Krasner, *Between Give and Take: A Clinical Guide to Contextual Therapy*, New York, 1986, pp. 73-133.

[33] *Invisible Loyalties*, p. 50.

[34] Ian Siggins, *Luther and His Mother*, Philadelphia, 1981, p. 16.

[35] *Ibid.*, p. 51.

[36] *Ibid.*, pp. 51-52.

concrete contribution of Luther's mother to his development gives due credit to the parent who, as Siggins realizes, is effectively absent from the treatment of Erikson, who calls Luther's development "an almost exclusively masculine story."[38]

Luther's flight into the monastery, therefore, may have been a choice for his mother over his father. Hans Luther was certainly not devoid of piety[39] and apparently tried to reconcile himself after the fact to Luther's decision. After all, in 1507 Hans arrived at the celebration of Luther's first mass with twenty horsemen and gave the Augustinian monastery a handsome gift of twenty gulden for food.[40] Nevertheless, it was Hans and not Hanna (as far as we know) who was severely disappointed by Luther's choice and expressed his stern disapproval. And thus it was Hans whom Luther chose to address when he published his judgment of monastic vows. The Latin language of the letter, which shows that it was intended for the scholarly public and not just private reading, and the polemic that punctuates it, may obscure the personal courage that lies behind the letter. What many adult children are unable to do, however, Luther dares to attempt: both to reclaim his father against whom he had chosen and to redefine his loyalty to Hans in such a way that freed Luther to make momentous personal and religious decisions.

At the most obvious level, Luther asserts that in opposing his becoming a monk Hans Luther had been both right and wrong. He was right because Hans knew and said that God's commandment to

---

[37] *WABr* 6, 103-106 (no. 1820; May 20, 1531); cf. *LW* 50, 17-21. In this letter Luther expresses the innate loyalty to Hanna that justifies the adding of his voice to those of her other comforters (*LW* 50, 18): "Nevertheless, I shall do my part too, and, according to my duty, acknowledge myself to be your child, and you to be my mother, as our common God and creator has made us and bound [*verpflichtet*] us to each other with mutual ties, so that I shall in this way increase the number of your comforters." Cf. *WABr* 6, 103.9-13.

[38] *Young Man Luther*, p. 71; see Siggins, *Luther and His Mother*, p. 9. Erikson (p. 208) does speculate that in the Bible Luther "at last found a mother whom he could acknowledge."

[39] When asked on his deathbed whether he believed the religious assurances that his son had written to him, Hans responded that he would be a fool if he did not believe them; *WATR* 1, 89.26-29 (no. 204); cf. *WATR* 5, 242.26-243.1 (no. 5563). In the letter of consolation sent to his father before he died, Luther appeals to Hans's faith as a resource and comfort; *WABr* 5, 238-241 (no. 1529; February 15, 1530); cf. *LW* 49, 267-271.

[40] *WATR* 2, 133.32-34 (no. 1558); cf. *LW* 54, 156.

obey parents was to be regarded more highly than anything else. Hans was wrong, however, because he did not act on that belief and pull Martin out of the monastery. Hans would have done that if he had really believed what he said.[41] Out of his disappointing experience with the monastic life, therefore, Luther both acknowledged that his father had been right and blamed Hans for not acting like a responsible parent.

Both the acknowledging and the blaming could be read as a statement of Luther's new understanding of obedience to authority. At the end of his letter, Luther uses the concept of authority to explain his new relationship to his father. Hans's authority over Luther still remains "so far as the monastic life is concerned." But, since God, who has taken him out of the monastery, has an authority that is greater than his father's, the authority of parents must yield to that of God and Christ.[42] In other words, once Luther learned that monastic vows were not God's command (i.e., commanded in Scripture), he could reject them on the basis of a higher authority: not just the command to obey parents, but obedience to what Luther calls the authority of Christ and the ministry of the Word.[43]

Unquestionably, authority was a primary issue for Luther and not just around 1521 at the time of his break with the papacy and the monastic life. The issue of authority and obedience is also compatible with Erikson's thesis that Luther had to resolve the problem of his father's authority in order to solve his own identity crisis. At one point Erikson describes Luther's letter to Hans as a witness to the dichotomy between Luther's obedience to his natural father and to his Father in heaven—a dichotomy that anticipated Luther's dilemma of obedience to God versus obedience to other authorities.[44] What Erikson does not adequately explain, however, is how

---

[41] *WA* 8, 574.11-13: "Hic vide, an non et tu ignoraris, mandata dei praeferenda esse omnibus. Nonne si scisses, me adhuc tum fuisse in manu tua, plane e cucullo autoritate paterna extraxisses?" Cf. *LW* 48, 332.

[42] *WA* 8, 575.32-35: "Sed nunquam iterum tuo te iure et autoritate spolio? plane autoritas tibi in me manet integra, quod ad monachatum attinet, verum is iam nullus in me est, ut dixi. Caeterum is, qui me extraxit, ius habet in me maius iure tuo, ..." Cf. *LW* 48, 335.

[43] *WA* 8, 575.36-576.3: "In ministerio enim verbi me esse, quis potest dubitare? ... sed si pugnet parentum et Christi vocatio vel autoritas, Christi autoritas regnare sola debet." cf. *LW* 48, 335.

[44] *Young Man Luther*, p. 49. Erikson does comment positively on Luther's public

Luther awakened to the reality of choosing for himself and, specifically, how he seized the freedom to choose to be loyal to expectations higher than his father's. Luther's letter, however, gives important clues as to how this liberation occurred.

That liberation is effected through the credit that Luther is able to give to his father. Although Luther charges that his father did not really understand God's commandment to obey parents (because Hans did not extract him from the monastery), he credits Hans nevertheless for the good intentions that stood behind his statements. Luther recognizes that it was fatherly love which underlay Hans's fear of what would happen to Luther in the monastery and also underlay whatever other ambitions he harbored for his son.[45] Luther also bears witness to the innate loyalty that still (*adhuc*!) binds him to his father and acknowledges that divine authority is on Hans's side while on his side there is nothing but human presumption.[46] And even when Luther asserts that the Lord has done what his father could not do, namely, withdraw Luther from the monastery, he does not blame Hans for ignorance or weakness, but tenderly protects his father by proposing that God took control of the situation so that Hans would not be tempted to boast of having done the right thing.[47]

These statements are evidence that Luther began crediting his father before he made his thoughts known in this dedicatory letter. It would make sense that this new recognition of his father's stance began to take hold as Luther became disappointed with monastic life and began to wonder if his father had been right after all. But whenever Luther began to credit his father, he also began to rework his loyalty and to repay his indebtedness to Hans. All children grow up loyal to their parents and indebted to them for the care they have received. Children remain loyal and indebted even when they go

---

revelations in this letter (p. 50): "Perhaps only a man of such stature could be sufficiently sensitive to the personal conflicts that contributed to his theological decisions, and would have enough honesty to talk about them."

[45] *WA* 8, 573.20-21: "Metuebas tu paterno affectu imbecillitati meae, cum essem iam adulescens,..." *LW* 48, 331.

[46] *WA* 8, 574.32-34: "Quid igitur nun cogitas? An adhuc me extrahes? adhuc enim parens es, adhuc ego filius sum, et vota omnia nullius sunt momenti. A parte tua autoritas divina, a mea parte stat praesumptio humana." Cf. *LW* 48, 333.

[47] *WA* 8, 575.23-24: "Sed ad te revertar, parens mi, Et iterum dico: Nunquid me extrahes adhuc? At ne tu glorieris, praevenit te dominus et ipse me extraxit." Cf. *LW* 48, 334.

against the wishes of their parents. But if their action is a rebellion born of despair that is based on blaming the parents, that action is only a reaction that betrays the bondage of their indebtedness. The opposite of loyalty-bound indebtedness is entitlement, the earned freedom of adult children to act positively on their own behalf. Entitlement is earned not by blaming, but by crediting parents for their care and the contributions which they made to their children's lives. When children are able to credit their parents' care for them, no matter how limited it might have been, children begin to pay off their indebtedness and to earn their freedom.[48] In earning this entitlement, children remain loyal to their parents, but that loyalty now undergirds their freedom instead of undercutting it.

As Luther reworked the loyalty to his father, he also redefined more fully his religious loyalty. That process of redefinition had already begun prior to 1521, insofar as Luther had gradually, and under pressure, withdrawn obedience from the papal hierarchy. By the time of his letter to Hans, Luther had been excommunicated from the Roman Church and was convinced that the pope was the Antichrist; but he was still a monk and a professor of theology at the University of Wittenberg. His academic position, especially his doctorate in theology,[49] was, in his eyes, the anchor of his credibility and legitimacy as a teacher, preacher, and critic of the Roman hierarchy. But his identity as a monk and a member of the Augustinian Order was on shakier ground. By late 1521 monks had already begun to abandon the monasteries, including the cloister of the Augustinians in Wittenberg where Luther lived. This development prompted Luther, who was in seclusion at the Wartburg, to issue his judgment on monastic vows.[50] Luther's purpose was to enable

---

[48] *Between Give and Take*, p. 100: "The person who gives care earns merit or *entitlement* as a reward. Effectively earned entitlement results in personal liberation, i.e., in the individual's security to let life unfold." In a letter to Melanchthon Luther credits his father most explicitly after he hears of his father's death; *LW* 49, 319 (June 5, 1530): "This death has certainly thrown me into sadness, thinking not only [of the bonds] of nature, but also of the very kind love [my father had for me]; for through him my Creator has given me all that I am and have.... Since I am now too sad, I am writing no more; for it is right and God-pleasing for me, as a son, to mourn such a father, from whom the Father of mercies has brought me forth, and through whose sweat [the Creator] has fed and raised me to whatever I am [now]." Cf. *WABr* 5, 351.22-24, 33-36 (no. 1584).

[49] See Hendrix, *Luther and the Papacy*, pp. 11-12.

[50] *WABr* 2, 404.6-405.11 (no. 441; November 22, 1521): "Vaga & incerta relatione didici deposuisse apud nostros quosdam cucullum, quod ne forte non satis firma

those who wanted to give up the monastic life to do so with good consciences; but, as the dedicatory letter to Hans makes clear, he was also wrestling with his own loyalty to the monastic life.

Other people were more sure of Luther's identity than was Luther himself. As soon as Luther's cause against the papacy had come into public view, Luther was glorified by the humanists who wanted to make that cause their own and Luther their champion.[51] In 1521, there even appeared in Strasbourg a parody which retold the story of Luther's appearance at the Diet of Worms as the passion story of Christ.[52] Although he did not identify himself with Christ, the glorification of Luther by friends and admirers did encourage him to interpret his conflict with the papacy as the work of Christ.[53] While that glorification provided external legitimacy for his public stand, however, at the end of 1521 Luther was still seeking for himself that personal entitlement which, in addition to his doctorate, would fortify that stand and guide him in the uncertain months that lay ahead.

The letter to Hans is thus a stop-action photograph that catches Luther at a crucial point in the reworking of his religious loyalty. The process was well underway because Luther's loyalty to the papacy had already crumbled. The question of acting against one's vows, however, for Luther and other monks, brought the process to a head, because monastic vows were the form of religious loyalty that was directly tied to Luther's filial loyalty. Luther's struggle with indebtedness and entitlement thus becomes visible at this point; and it is no accident that Luther dedicated *De votis monasticis* to Hans. Nor is the letter, as the Weimar editor maintains, an "atoning personal confession,"[54] as if Luther were trying to make up

---

conscientia facerent, timui. Hic timor extorsit mihi eum libellum, ut & mei nominis, siqua est, autoritate vel apud pios & bonos levarentur & apud semetipsos magis animarentur."

[51] Helmar Junghans, "Initia gloriae Lutheri," in *Der junge Luther und die Humanisten*, Weimar, 1984, pp. 288-318; first published in *Unterwegs zur Einheit - Festschrift für Heinrich Stirnimann*. ed. Johannes Brantschen and Pietro Selvatico, Freiburg [Switzerland] and Vienna, 1980, pp. 292-324.

[52] For a complete study and texts of this work, see Johannes Schilling, *Passio Doctoris Martini Lutheri: Bibliographie, Texte und Untersuchungen*, Gütersloh, 1989.

[53] Junghans, "Initia gloriae Lutheri," in *Der junge Luther und die Humanisten*, p. 317.

[54] *WA* 8, 565: "Dadurch wird seine Schrift zum sühnenden Selbstbekenntnis ...."

either for his mistake of entering the monastery or for his disobedience to Hans. Luther's conscience is not liberated by confessing or apologizing, but by crediting his father and by redefining his religious loyalty.

As Luther expresses it, his religious loyalty is no longer to the false service of the monks but to the true service of God.[55] And on the basis of that loyalty Luther claims a new religious identity, which he describes as being a new creature of Christ that does not depend on whether he wears the monastic cowl or not: "Therefore I am still a monk and yet not a monk. I am a new creature, not of the pope but of Christ."[56] Luther also testifies to the new freedom that accompanies this loyalty, defining it typically as the liberation of conscience, but then qualifying it exuberantly as liberation without measure (*abundantissime*)![57] Freedom of conscience does not mean that Luther now has no loyalty tie whatsoever, but that he has chosen to be religiously loyal in a new way, namely to Christ and the service of God, which he also embraces as the ministry of the Word.[58]

Luther's newly realized freedom is not only liberation from the monastery to which he had fled, but the earned capacity to choose for himself a new religious loyalty and identity. This entitlement is the product of crediting the good intention of his father and of being snatched by God, as he experienced it, from the false service of monasticism. Why, then, does Luther still make a point of faulting his father for not pulling him out of the monastery? Why did Luther not just agree that his father had been right and, on that basis, justify his renunciation of monastic vows? Erikson explains Luther's criticism of his father as his "ambivalent wish to be right at all costs."[59] It was not ambivalent stubbornness that motivated Luther, however; his refusal only to admit that his father had been right

---

[55] *WA* 8, 575.35-36: "Caeterum is [Deus], qui me extraxit, ius habet in me maius iure tuo, a quo me vides positum iam non in fictitio illo monasticorum, sed vero cultu dei." Cf. *LW* 48, 335.

[56] *WA* 8, 575.28-29: "Itaque iam sum monachus et non monachus, nova creatura, non Papae, sed Christi." Cf. *LW* 48, 335.

[57] *WA* 8, 575.27-28: "Conscientia liberata est, id quod abundantissime est liberari." *LW* 48, 335.

[58] *WA* 8, 575.36-37: "In ministerio enim verbi me esse quis potest dubitare?" Cf. *WA* 8, 576.5.

[59] *Young Man Luther*, p. 49. Erikson adds (pp. 232-233) that for Luther "the father had been wrong because God alone could be right; and only Martin could have found this out—by becoming a monk."

after all was part of his struggle for genuine entitlement. Crediting one's parents does not mean agreeing completely with them or admitting that they were, or are, always right. It includes acknowledging their limitations alongside their contributions. Moreover, gaining entitlement does not require surrendering the differentiation that one has attained from parents; instead, that differentiation is transformed into a positive force that enhances rather than dilutes the validity of one's own decisions. If Luther had merely made confession to Hans that he had been right all along, then Luther would not have gained freedom or entitlement; he would have remained loyalty-bound to Hans and indebted to him for permission to leave the monastery.

Luther's insistence, therefore, that God did what Hans could not do and that God's authority is greater than the authority of parents demonstrates how Luther's new religious loyalty complemented the crediting of Hans to earn him entitlement. In Luther's mind, only with the help of his new religious loyalty to Christ and the ministry of the Word was he able to rework his filial loyalty so that it brought liberation. This is the meaning of his puzzling statement: "Therefore—so I am now absolutely persuaded—I could not have refused to obey you without endangering my conscience unless [Christ] had added the ministry of the Word to my monastic profession."[60] The ministry of the Word, the object of his new religious loyalty, gave Luther the inner authority or leverage, as it were, to renounce his monastic vows without dismissing or finally blaming his father. That inner authority, together with the act of crediting his father's care, earned Luther the entitlement that made him a new, free creature, who was no longer bound either to his vows or to his father.

The statement just quoted could be interpreted to mean that Luther had an authority problem which he solved only by legitimizing the disobedience to his father (and consequently to other earthly authorities) with obedience to a higher authority (i.e., to God). Luther does explain what happened to him in terms of authority,[61] but again not by blaming his father or by trying to

[60] *LW* 48, 335. Cf. *WA* 8, 576.4-6: "Itaque sub conscientiae meae periculo tibi non obedire non possem (ita sum modo persuasissimus), ubi ministerium verbi ultra monachatum non accessisset."

[61] See above, page , and notes 42 and 43.

appease him. In that case, he would have transferred a rebellious stance against his father to the papacy and to monastic vows in the name of divine obedience. Instead, once again he credits his father's ignorance (and his own) of what it truly meant to put the commandments of God beyond everything else: to obey the call and authority of Christ when it contradicts the wishes of parents.[62] Concretely, this meant what neither Hans nor Martin could have known in 1505, but what Luther had since learned, namely, what the true calling and service of God were not. For monks and priests to withdraw themselves from obedience to parents under the cover of piety and in the name of serving God was neither to obey God's commandment nor to enlist in God's service.[63] In 1521, therefore, Luther's appeal to divine authority and against monastic vows was not a product of rebellion against his father's authority but a choice for a new religious loyalty that emerged from his own experience and was empowered through crediting his father.

Luther's new religious loyalty, however, was not the endpoint of his quest for freedom. While his personal entitlement enabled him to choose for Christ and the ministry of the Word over the papacy and monastic vows, it was also limited by this same choice. Or, more correctly expressed, although he experienced his conscience as liberated, his struggle to be free was not over. The struggle continued because personal freedom is never complete and personal entitlement is never perfect. Even adult children who have gained freedom from their parents' expectations are tempted to make parents out of other people, ideas, or institutions. This process, called parentification, "always implies one person's dependent clinging to an unmatched partner,"[64] from whom one expects excessive care and to whom one cedes unearned authority. Religious commitment always involves a degree of parentification insofar as

---

[62] *WA* 8, 576.1-7: "Non quod parentum autoritatem hoc verbo evacuaverit, cum Apostolus toties inculcet, ut filii obediant parentibus, sed si pugnet parentum et Christi vocatio et autoritas, Christi autoritas regnare sola debet .... Hoc est, quod dixi, neque te neque me scivisse antea, Mandata dei omnibus praeferenda esse." Cf. *LW* 48, 335.

[63] *WA* 8, 576.7-13. Cf. *LW* 48, 335-336.

[64] *Between Give and Take*, p. 328. Cf. *Invisible Loyalties*, p. 151: "By definition, parentification implies the subjective distortion of a relationship as if one's partner or even children were his parent." For further discussion of the concept and of the deparentification that accompanies the increase of entitlement, see *Between Give and Take*, pp. 327-329, and *Invisible Lovalties*, pp. 151-166.

some dependence on God is sought and accepted. When Luther transfers his loyalty from monastic vows to Christ and to the ministry of the Word, he also parentifies the latter. In Luther's letter to Hans this parentification becomes most evident when he exclaims: "Who can doubt that I am in the ministry of the Word?"[65] Of course, anyone could doubt that and many people did, Luther's conviction notwithstanding. Even his declaration of liberty near the end of the letter reveals how Christ has replaced all other superiors: "Although he [Christ] has made me the servant of all men, I am, nevertheless, subject to no one except to him alone. He is himself (as they say) my immediate bishop, abbot, prior, lord, father and teacher; I know no other."[66]

Nevertheless, in Luther's case, the parentification of Christ served remarkably well to protect the degree of freedom and entitlement that he had attained by the end of 1521. This freedom was enhanced by Luther's redefinition of faith in Christ, which has the essential features of innate family loyalty. For medieval scholastic theology, faith was either belief in the articles "of faith" or a power of the soul that could be broken down into its functions. For Luther, however, faith is not a power; instead, faith *has* power, and that power binds the believer to Christ.[67] Or to use Luther's more expressive words: "True faith embraces with wide-open arms and rejoicing the Son of God given for it and says: 'My beloved is mine and I am his' [Song of Songs 2:16]."[68] The bond of loyalty that ties family members together through their biological relationship is

---

[65] *WA* 8, 575.36-37 (above, n. 58).

[66] *LW* 48, 336. Cf. *WA* 8, 576.14-18: "Mitto itaque hunc librum, in quo videas, quantis signis et virtutibus Christus me absolverit a voto monastico, et tanta libertate me donarit, ut, cum omnium servum fecerit, nulli tamen subditus sim nisi sibi soli. Ipse enim est meus immediatus (quod vocant) Episcopus, Abbas, Prior, dominus, pater et magister. Alium non novi amplius." Luther's words recall his famous theses from the treatise on Christian liberty (*WA* 7, 49.22-25): "Christianus homo omnium dominus est liberrimus, nulli subiectus. Christianus homo onmium servus est officiosissimus, omnibus subiectus." Cf. *LW* 31, 344.

[67] This lucid analysis is made by Gerhard Ebeling, "Fides occidit rationem: Ein Aspekt der theologia crucis in Luthers Auslegung von Gal 3,6," in *Lutherstudien III*, Tübingen, 1985, pp. 181-222, here 183-186.

[68] *WA* 39 I, 46.3-4. Cf. *WA* 40 I, 285.5-286.2: "Sed fides facit ex te et Christo quasi unam personam, ut non segregeris a Christo, imo inherescas, quasi dicas te Christum, et econtra: ego sum ille peccator, quia inheret mihi et econtra, convincti per fidem in unam 'carnem, os' [Eph. 5:30,31: Vulg.] multo arctiore vinculo quam masculus et femina. Ergo illa fides non otiosa...."

much deeper than the psychological feeling of loyalty.[69] Unlike the feeling of loyalty that can wax or wane depending on circumstances, the bond of loyalty, rooted in trust, possesses the power of tying family members together in spite of the most serious estrangement. For Luther, the same inherent power belongs to the bond of faith that ties together Christ and believers; they are "bound together through faith into one flesh and bone by a much tighter bond than male and female."[70]

Although this loyalty bond of faith ties believers to Christ as to a parent, it deters believers from basing their faith on their internal power or feeling or on their own actions. Instead it keeps believers directed outward toward their relationship with Christ and forces them to rely for nurture on the address which comes from outside themselves, namely, the promise or Word of Christ. This, says Luther, is why "our theology" is certain, "because it snatches us from ourselves and places us outside ourselves (*extra nos*), so that we do not rely on our own powers, conscience, feelings, person, or works, but we rely on that which is outside ourselves, i.e., on the promise and truth of God which cannot deceive."[71] The central place which the *extra nos* holds in Luther's theology[72] is a result of his new understanding of faith as loyalty that binds the believer to Christ alone.

Because this relational, outwardly directed quality of faith parentified Christ and the Word, it prevented Luther from granting parental authority to religious experience, institutions, leaders, or agendas. The parentification of Christ alone and the nature of faith as ultimate loyalty to Christ alone gave to Luther and to the movement that continued to identify with him distinct characteristics that have been noted by historians. That distinctiveness

---

[69] *Between Give and Take*, p. 15.

[70] See above, n. 68.

[71] *WA* 40 III, 589.25-28: "Atque haec est ratio, cur nostra Theologia certa sit: Quia rapit nos a nobis et ponit nos extra nos, ut non nitamur viribus, conscientia, sensu, persona, operibus nostris, sed eo nitamur, quod est extra nos, Hoc est, promissione et veritate Dei, quae fallere non potest." Already in Luther's early lectures on Hebrews (1517-1518), faith in Christ has that non-psychological, relational quality which directs it outward toward the Word; see Kenneth Hagen, *A Theology of Testament in the Young Luther: The Lectures on Hebrews*, Leiden, 1974, pp. 73-76.

[72] See Karl-Heinz zur Mühlen, *Nos extra nos: Theologie zwischen Mystik und Scholastik*, Tübingen, 1972.

resulted from Luther's refusal, in the name of Christ, to attribute absolute legitimacy or authority to his own person, to his theology, or to a specific program of reform.

In regard to his person, Luther was convinced that God was working through him to accomplish the divine purpose, and he was occasionally willing to claim epithets, such as the German prophet,[73] that others were using for him. In spite of that, however, Luther asked his followers not to use his name to identify the work of Christ. At the same time that he wrote the dedicatory letter to Hans, he also issued an admonition against insurrection in which he urged his followers to name themselves Christian and not Lutheran: "I ask that you not mention my name but call yourselves Christian and not Lutheran. What is Luther? The teaching is not mine. I have not been crucified for anyone.... I am and will not be anyone's master. I possess in common with the community the only common teaching of Christ, who alone is our master."[74] At the moment Luther was trying to forestall religious unrest which might degenerate into a party struggle and discredit what he understood to be God's work. But these words also convey the stance that Luther would attempt to maintain as the reform movement took its course: neither he nor his theology should replace Christ as its leader and norm.

For Luther, the appropriation of faith was a lifelong struggle that was not voided by the learning of a correct theological system. Doctrine as teaching was important, and Luther was certainly convinced, to the consternation of his opponents, that he understood and taught the heart of Scripture. Nevertheless, he frequently doubted that his own faith was adequate and regarded it as continually under attack by the devil.[75] These doubts and attacks were not abolished by the theological tracts and confessional statements that issued from his pen. In fact, Luther has puzzled scholars because he did not produce a comprehensive statement of his theology along

---

[73] *LW* 47, 29; cf. *WA* 30 III, 290.28-34. Cf. also *WA* 7, 313.17-29.

[74] *WA* 8, 685.4-7,14-15; cf. *LW* 45, 70-71.

[75] For the emphatic elaboration of this point, see Heiko A. Oberman, *Luther: Mensch zwischen Gott und Teufel*, Berlin, 1981, pp. 326-337, esp. p. 335. Oberman cites a revealing personal statement from a letter that Luther wrote in 1527 to Melanchthon during one of his *Anfechtungen*: *WABr* 4, 226.8-13 (no. 1126; August 2, 1527). The constant struggle of faith with sin is not cancelled by the stance of the believer before God as *simul iustus et peccator*; see Jared Wicks, SJ, "Living and Praying as *Simul Iustus et Peccator*: A Chapter in Luther's Spiritual Teaching," *Gregorianum* 70 (1989), pp. 521-548.

the lines of Calvin's *Institutes*. On this point, Luther's reluctance is explained not only by the fact that he was a lecturer on Biblical theology and an *ad hoc* writer, but also by his realization that doctrine can be parentified in such a way that it no longer supports faith but supplants it. Luther's catechisms are the most appropriate statements of his theology, not because they were popular, or because they could be used for indoctrination, but because they were intended as supports for struggling believers in the worship and life of religious communities.

In regard to his work, Luther understood himself not as a reformer but as a forerunner of God's reformation.[76] As such, he refused to outline a program of reform, but made decisions on concrete questions of religious change as those questions arose. Almost three months before his letter to Hans, Luther expressed this attitude toward reform in a letter to Melanchthon concerning the changes proposed by Karlstadt in Wittenberg. At the end of the letter Luther addresses famous words to Melanchthon: "God does not save people who are only fictitious sinners. Be a sinner and sin boldly, but believe and rejoice in Christ even more boldly, for he is victorious over sin, death, and the world."[77] In context, these words are not only a theological protest against religious moralizing, but also a justification for making bold changes even when one fears that the changes might be mistakes. His refusal to develop a detailed reform program did not prevent Luther from making decisions. Luther successfully avoided parentifying religious institutions, although, as new Protestant structures emerged, he was perhaps too ready to allow princes and city councils to function religiously *in loco parentis*. Even so, Luther's insistence that God would take care of whatever reforming needed to be done is strikingly reminiscent of the way in which earned entitlement transforms indebtedness into the personal liberation that has the security to let life unfold.[78]

This entitlement and personal freedom gave to Luther's faith

---

[76] Heiko A. Oberman, "Martin Luther: Vorläufer der Reformation," in *Verifikationen. Festschrift für Gerhard Ebeling zum 70. Geburtstag*, ed. Eberhard Jüngel, Johannes Wallmann, Wilfrid Werbeck, Tübingen, 1982, pp. 91-119.

[77] *LW* 48, 282; cf. *WABr* 2, 372.83-85 (no. 424; August 1, 1521): "Deus non facit salvos ficte peccatores. Esto peccator et pecca fortiter, sed fortius fide et gaude in christo, qui victor est peccati, mortis et mundi."

[78] See above, n. 48.

that quality of foolhardiness which, according to Oberman, enabled Luther to bear the burdens of being a reformer.[79] To seek the roots of that foolhardiness in the interplay of filial and religious loyalties does not discredit the validity of Luther's faith or the strength that it gave him. Because psychohistorical diagnoses of Luther have been pathological in character, any suggestion that ruminations of the psyche accounted for Luther's religious insights and actions remains suspect. Historians who disagree about Luther's Augustinian heritage agree too easily, it seems, on this point.[80] The interaction of filial and religious loyalties, however, is not an intrapsychic process, but an interhuman dynamic that is not pathological in character. The reworking of filial loyalty is a task that in one way or another occupies all adult children. When that reworking also involves the redirecting of religious loyalty, it can inspire a new quality of faith that refuses to parentify old structures and beliefs or prematurely to yield authority to new ones. Luther identified that new quality as faith's folly, i.e. in Christian terms, the constant struggle to trust in Christ alone against the constant temptation to put that trust elsewhere. It is true that the Wittenberg reformation cannot be separated from the person of Luther; neither, therefore, can it be separated from the rebalancing of loyalties that enabled Luther in 1521 to say to his father that he was no longer a monk but a new creature of Christ.

---

[79] *Luther: Mensch zwischen Gott und Teufel*, p. 326. The characterization of Luther as a fool and court jester and of faith as foolhardiness is Luther's own. See, e.g., his dedication of *An den christlichen Adel* to Nikolaus von Amsdorf; *WA* 6, 404.23-405.3. Cf. *LW* 44, 123-124, esp. 124: "Moreover, since I am not only a fool, but also a sworn doctor of Holy Scripture, I am glad for the opportunity to fulfill my doctor's oath, even in the guise of a fool."

[80] Even Oberman declares that the Wittenberg reformation, while it cannot be separated from the person of Luther, cannot be said to derive from the processing of psychic burdens (*Luther: Mensch zwischen Gott und Teufel*. p. 326). Cf. Steinmetz, *Luther and Staupitz*, p. 143: "It was not the unresolved problems with his father—however serious those problems might be—but unresolved problems with his image of God which drove Luther to despair."

ZUSAMMENFASSUNG

Auf unterschiedlicher Weise hat man versucht, Luthers Verhältnis zu Augustin und dem Augustinismus zu interpretieren und mit seiner reformatorischen Entdeckung und Tätigkeit in Beziehung zu bringen. Hier geht es darum, aufgrund von Luthers Kloster- und Familienerfahrungen zu erklären, wie er sich von den Mönchsgelübden seines Ordens freimachen konnte. Es wird zum Teil von Begriffen und Einsichten aus der Familientherapie Gebrauch gemacht. Zum Beispiel, an dem Widmungsbrief an seinen Vater, den Luther seinem *De votis monasticis iudicium* (1521) vorausschickte, wird gezeigt, wie Luthers Anerkennung der Liebe und der guten Vorsätze seines Vaters ihm die Berechtigung zur Ablehnung der Gelübden und zur neuen Identität als Diener des Wortes schaffte. Der Glaube an Christus allein, der als eine neue Loyalität zu Christus mit dieser Berechtigung verbunden war, hat Luther auch daran verhindert, seiner Person oder seiner Reform oder seiner Theologie uneingeschränkte Autorität zu schenken. Von einer psychopathologischen Erklärung von Luthers Entwicklung, wie Erik Erikson vorgelegt hat, wird Abstand genommen.

EKKLESIOLOGISCH-HEILSGESCHICHTLICHES DENKEN BEIM FRÜHEN LUTHER

KURT-VICTOR SELGE

Kirchliche Hochschule Berlin

Luther kann in einem Sammelband über die Augustinrezeption von 1300 bis 1600 nicht fehlen. Er kann in einer Festschrift für Heiko A. Oberman nicht fehlen. Die Forschungsgeschichte über Luthers Augustinismus zu schreiben und die Weise, in der Luther Augustin—wie Paulus und die gesamte Tradition—produktiv und neuartig verarbeitet, neu darzustellen, ist eine schöne Aufgabe, die aber unter dem Zeitdruck eines nahen Geburtstagsdatums nicht in Angriff genommen werden kann. Ich möchte aber unter den Gratulanten für Heiko A. Oberman nicht fehlen. Wir sind in der Distanz erst von Heidelberg zu Tübingen, dann von Berlin zu Tucson Kollegen gewesen, die einander spät persönlich kennengelernt, dann persönlich und sachlich hoch achten und schätzen gelernt haben. Die Landschaft der theologischen Spätmittelalter- und Lutherforschung hat sich in diesem Vierteljahrhundert verändert. Die große Tradition der Lutherforschung, die im 20. Jahrhundert mit Karl Holl begonnen hat und mir in meinem unvergessenen Lehrer Heinrich Bornkamm begegnet ist, bleibt lebendig, und dennoch ist fast alles anders geworden. Eine andere Hermeneutik ist gesucht und bislang nicht einhellig gefunden worden. - Eine objektiv-immanente Logik der Interpretation des Denkweges Luthers führt sachgemäßer in sein theologisches Verständnis hinein. Ich nenne hier die Arbeit Leif Granes, der ich verbunden bin, und die Arbeit Oswald Bayers, der ich mich ebenfalls verbunden weiß, obwohl ich sein Hauptergebnis nicht für endgültig halte. Der Traditionszusammenhang der spätmittelalterlichen Theologie ist breiter als zuvor erschlossen worden. Aber seine Verbindung mit den Texten Luthers ist noch gänzlich im Werden. Schließlich ist die Bedingtheit Luthers auch in seinem Denkfortschritt durch die Geschichtserfahrung, die er machte, zum Thema gemacht worden. Aber auch hier ist alles im Fluß. Textanalyse, immanent und vergleichend, und die Identifizierung der einwirkenden Traditionem und Gegenwartserfahrungen auf einen Denkprozeß, der dennoch in sich selbst einer Logik folgte und im Fortschritt und Umbruch ein Denkprozeß blieb, sind die unabgeschlossene Aufgabe. Luther wandelte sich, indem er auch derselbe blieb, durch die Erfahrungen, in denen seine Innenwelt und seine Außenwelt in Spannung traten. Die Innenwelt hat sich bis 1512 aufgebaut. Ihr Hauptzeugnis ist und bleibt das erste Psalmenkolleg von 1513-1515. Sie ist also nur von nachher zu erschließen. Das erste Psalmenkolleg bleibt damit die Hauptquelle der Reformationsgeschichte; in ihr steckt das Geheimnis der Tradition Luthers wie seiner Weiterentwicklung verborgen.

Das neue Thema der theologischen Interpretation Luthers, das an diesem Text wie an all seinen späteren Texten, untergründig oder zutageliegend, in den letzten zwanzig Jahren erschienen ist, ist die geschichtstheologisch-apokalyptische Dimension seines Denkens. Ich habe mich, hierauf 1968 aufmerksam werdend, in die Arbeit an der Umformung des Augustinismus durch Joachim von Fiore und die anschließende Tradition vergraben. Elemente dieser Tradition—weitab vom eigentlich "joachimitischen" Denken selbst —sind im frühen Geschichtsdenken Luthers mit wirksam. Auf den Begriff zu bringen sind sie noch nicht. Jedenfalls ist es kein reiner Augustin mehr und auch kein reiner Bernhard von Clairvaux. Heiko A. Oberman hat die apokalyptische Dimension in Luther für jedermann sichtbar gemacht. Die nähere Bestimmung dieses Elementes in Luthers Tradition steht noch aus. Der Schlüssel liegt im ersten Psalmenkolleg. Hier ist vorhanden, was im produktiven Arbeitsprozeß 1517 bis 1520 ans Licht tritt, überdimensional wird und seine Sprengkraft erweist. Luthers Denken ist nicht auf die "tropologische" Auslegung der Psalmen beschränkt, die sich bleibender "existentialer" Hermeneutik Luthers angeboten hat. Es ist zugleich ekklesiologisch-heilsgeschichtlich, und das Gedachte enthüllt sich ab 1518 im endzeitlichen Ereignis.

Dennoch wird Luther damit nicht zum reinen Apokalyptiker. Er arbeitet immer für eine irdisch endzeitlich befristete, neue Welt Gottes, einen am Ende geradezu provinziell kleinen Raum, in dem der Satan durch Hausstand, Schule, Predigtamt, gutes Regiment gebannt wird, und zwar prekär; denn er findet den Eintritt auch in diesen Raum immer neu. Aber dieser Raum hat zeitliche Dauer; Luther arbeitet immer auch für die Nachwelt. Er ist damit auch ein

Denker für die Zeit, die zur Neuzeit wird. Luther ist janusköpfig. Aber beide Perspektiven fallen in ihm zusammen. Das bedingt die Schwierigkeit seiner angemessenen historisch-theologischen Interpretation. Sein Augustinismus ist durchs Mittelalter hindurchgegangen und weist über ihn hinaus in die Zukunft. In ihm ist er werdend und sich wandelnd geschichtsproduktiv geworden. Im Kern ist er nichts aus Traditionen Zusammengesetztes, sondern gedanklich-existentielle Einheit, einheitliches Motiv sprengenden und gestaltenden Denkens geworden.

Ich lege eine Berliner Vorlesung vor, in der ich diese Aspekte in Luthers erster Psalmenvorlesung zusammengefaßt habe. Sie ist auf dem Osloer Lutherkongreß 1988 in einem Seminar vorgetragen worden. Sie wird ein Kapitel eines Lutherbuches werden, das mich seit vielen Jahren beschäftigt und aus dem Teile in verschiedener Form erschienen sind.

I. *Kirche, Amt, Geschichte und Endzeit in Luthers Dictata Super Psalterium*

Die wahrhaft Gläubigen, die das Gericht Gottes über sich anerkennen, die wahrhaft Demütigen, die ihre Gerechtigkeit von Gott empfangen und nicht auf die Eigengerechtigkeit bauen, die auf Gottes in Christus verborgene und ihrem Glauben verheißene Gerechtigkeit ihre Hoffnung setzen, die also nicht äußerlich, "fleischlich" urteilen, bilden in der Kirche mit und unter den Prälaten, die das Evangelium lehren, das "gläubige Volk", sie sind der populus fidelis, der in einer Sukzession vom Alten Bund zum Neuen Bund und bis zum Jüngsten Gericht steht. "Populus fidelis" ist der ekklesiologische Grundbegriff der christusförmigen wahren Kirche, einer rein geistlichen, in ihrem Wesen den Augen der Welt verborgenen Größe.[1] Er ergibt sich aus der *allegorischen* Auslegung der Psalmen in ihrem christologisch-prophetischen Literalsinn, ebenso wie sich der Begriff des Gott in seinem Gericht recht gebenden Demütigen, des seine Gerechtigkeit im Glauben von Gott empfangenden Einzelnen als die *tropologische* Folgerung aus dem christologischen Ursinn ergibt.

Ich brauche dies hier nicht zu entfalten, will aber auf einige charakteristische Dimensionen hinweisen. Die Kirche in ihrem

---

[1] Joseph Vercruysse, *Fidelis populus*, Wiesbaden 1968.

Weg vom alten zum neuen Gottesvolk ist eine die Zeiten übergreifende Generationenfolge, die je in ihrer Generation immer wieder vor die Glaubensfrage gestellt ist, vor die Frage der rechten Unterscheidung von Buchstaben und Geist, Fleisch und Geist. Sie bleibt eine *Kirche auf dem Wege*, wie der einzelne Gläubige, *ecclesia in via*.[2] Sie lebt immer vom Evangelium, aus dem sie geboren und durch das sie fortwährend genährt wird, und sie hängt dabei ab von dem Amt oder Dienst der Apostel und ihrer Nachfolger, der Prälaten, Bischöfe, Lehrer, Prediger, deren Wort sie demütigen Gehorsam und Gehör schuldet: eben das Gehör des Evangeliums, das der Gläubige, der Demütige nicht verweigert. Dieser populus fidelis entsteht schon in der Zeit des Gesetzes, im alten Gottesvolk, das auf den von Gott verheißenen Christus seine Hoffnung setzt und um sein Kommen betet. Die Prälaten sind als die bevollmächtigten Verkünder des Evangeliums und Austeiler der Sakramente die Stellvertreter Christi für dies Volk.

Nehmen wir zunächst Ps 70 (71),6: "In te confirmatus sum ex utero": "Auf dich habe ich mich verlassen (spätere Lutherübersetzung; "bin ich gebaut", lat.) vom Mutterleibe an". Der Zusammenhang mit der Auslegung Augustins ist hier besonders deutlich im Zusammenhang der Auffassung der Kirche als des mystischen Leibes Christi. Christus existiert nach Augustin dreifach: als ewiger, trinitarischer Sohn vor der Zeit, als menschgewordener Erlöser und als in der Kirche, die sein Leib ist, als deren Haupt fortexistierender "totus Christus".[3] So ist das Psalmwort nach Luther zunächst christologisch von der Geburt Christi aus dem Schoß der Jungfrau zu verstehen.[4] Ps 18 (19),6: "Er geht wie der Bräutigam aus seiner Kammer, dem *thalamus*, und läuft wie ein Held seine Bahn": der ewige Gottessohn geht aus dem Brautgemach, dem Mutterschoß der Jungfrau hervor, und zieht sieghaft seine Erlöserbahn. Als Bräutigam wiederum vereinigt er mit sich die Kirche als seine Braut; hier wird das traditionell auf die Kirche gedeutete Hohelied zur Erklärung eingesetzt.

---

[2] Scott H. Hendrix, *Ecclesia in via*. Ecclesiological developments in the medieval Psalms exegesis and the Dictata super Psalterium (1513-1515) of Martin Luther, Leiden 1974.

[3] Dietmar Wyrwa, *Christus praesens*. Ekklesiologische Studien zu Augustin und Leo dem Großen, Theol. Habilitationsschrift Berlin (Kirchliche Hochschule) 1987.

[4] WA 3; 454,22 ff.

Also ist das Psalmwort zugleich auf den historischen und den "mystischen" Christus, die Kirche auszulegen. So ist die *Schrift* der Mutterschoß, aus dem die göttliche Wahrheit und die Kirche entspringt. Wie die Jungfrau die Brautkammer ist, aus der der historische Christus ausgeht, so ist das Evangelium die Brautkammer des populus fidelis. So hat der Apostel und der Lehrer der Kirche als Erzeuger der Söhne Christi das Evangelium als den Mutterschoß: in ihm nährt, bildet, gebiert und zieht er sie heran.

Das Evangelium ist aber, wie es schon zu Ps 32 (33) heißt,[5] eine geistliche Größe: zwar ist die öffentliche Predigt ein äußerer Vorgang, die Kirche nach dem Fleische eine sichtbare, lokalisierte Größe; nach dem Geist aber, in ihrem wahren Wesen ist sie im Unsichtbaren gegründet, das nur mit Glauben empfangen werden kann. Hier ist sie verborgen, abscondita, vor den natürlichen Augen der Welt. An dieser Stelle wären all die Erkenntnisse über das kontradiktorische Urteil und Gericht Gottes und die geschenkte, nicht erworbene Gerechtigkeit Gottes zur inhaltlichen Füllung einzusetzen. Der Christ als *homo spiritualis* (Ps 32) und die Ecclesia fidelis = spiritualis wird Ps 118 (119), 137 als "Dei iustitie susceptor populus" bezeichnet; derjenige wird von Gott akzeptiert, der die Gerechtigkeit von Gott im Glauben empfängt. Ihm gegenüber steht der auf die natürliche, die Eigengerechtigkeit bauende "populus Dei iustitie reprobator";[6] er wird von Gott verworfen. Zwei Völker stehen so einander gegenüber: von den Juden bis zur Gegenwart, die Völker der Eigen- und der Gottesgerechtigkeit, Jerusalem und Babylon.

Dieser populus fidelis ist nun schon—gut augustinisch—in der alttestamentlichen "Synagoge" vorhanden, die noch unter dem Gesetz lebend doch in ihren wahren Gläubigen auf das Evangelium, auf den kommenden Erlöser Christus wartet. Luther erklärt das in seiner längsten, bereits ganz "evangelischen" Psalmerklärung, der des 119. (Vulg. 118) Psalms zu Vers 145: "Ich rufe von ganzem Herzen; erhöre mich Herr".[7] "Dieser Vers bringt das inständige Verlangen der Väter nach dem kommenden Christus zum Ausdruck". Luther verwendet die Bildlichkeit des bräutlichen Verlangens—das, wie wir sahen, in der Exegese ekklesiologischen

---

[5] WA 3; 183,26 ff.; 184,11 ff.
[6] WA 4; 371,7 ff.
[7] WA 4; 373,15 ff.

Klang hat—, um das um soviel heftigere Liebesverlangen des Geistes darin auszudrücken. "Stelle dir ein junges Mädchen vor"—es ist eine Stelle, an der sich hier im Psalmenkolleg schon Luthers unvergleichliche, elementare Gabe zum mitreißenden Erbauungsschriftsteller zeigt—, "das in ungeduldiger Liebe zu einem jungen Mann entbrannt ist; stell dir ihre Gedanken, Wünsche, Hoffnungen, Befürchtungen, Unwillen und die anderen Gemütsbewegungen vor, die ihrem Geist ständig und auf viele Art Mühe machen. So steht es mit der Leidenschaft jenes gläubigen Volkes der Synagoge, die bereits voll zur Hochzeit erwachsen, bereits fähig ist, Christus als dem allerschönsten Jüngling vermählt zu werden; denn es ist schon Zeit, daß die Synagoge zur Kirche werde, die Magd zur Herrin, die Dienerin zur Freien" (cf. Gal 4,24 ff.). "Stell dir also vor, was für Gefühle diese adolescentula in spiritu, diese junge Frau im Geiste bedrängen und bewegen. Jetzt fürchtet sie, der Bräutigam verziehe oder bleibe aus, jetzt hofft sie, daß er kommt, jetzt ist sie froh, jetzt traurig, jetzt hofft sie das Beste von ihm, jetzt fürchtet sie das Schlechteste von anderen, die ihr den Bräutigam vorenthalten ... Was für eine Leidenschaft, die dazu zwingt, nicht bloß zu rufen, sondern laut zu schreien und von ganzem Herzen zu schreien ... Von ganzem Herzen zu schreien, das ist nicht die Sache eines jeden, sondern dessen, der Christus ganz und gar begehrt. Aber heute flüstern die meisten nicht einmal; es herrscht Stillschweigen im Herzen, weil es keine Sehnsucht gibt nach Christus, nach Wahrheit, Gerechtigkeit, ewigem Heil".

Dieser besondere Text zeigt, wie einheitlich Luthers Auslegung auf die Erkenntnis des wahren Gläubigen und der wahren Kirche und zugleich immer—sei es im Hintergrund—unmittelbar auf das Gegenbild zur Kirche der Gegenwart gerichtet ist, ja man möchte sagen, von hier aus der Gegenwart seinen ersten Impuls erhält. Er bedient sich dafür der exegetischen Hilfsmittel der Tradition Augustins und des Paulustextes (Gal), der korporativen Auslegung der Schrift auf die "zwei Völker", Jerusalem und Babylon, im Anschluß an die allegorische und tropologische Weiterbildung des christologisch-prophetischen Ur- und Literalsinnes der Psalmen, wie sie nach dem Kommen Christi von den Gläubigen gelesen werden müssen. Und die Juden, die "Selbstgerechten", die sich dem gekommenen Christus verweigern, sind im christologischen Literalsinn die zeitlich und prototypisch ersten "Feinde Christi", denen sich all die anderen "Feinde Christi" bis zu den Selbstgerechten der Gegenwart anschließen. Aber man darf nicht sagen, daß irgendeine Judenfeindschaft hermeneutisch am Anfang stände. Der hermeneutische Ausgangspunkt ist das unter—, ja antichristliche Christentum der Gegenwart. Das negative Judenbild teilt Luther mit dem Spätmittelalter, ohne überhaupt viele Juden zu kennen, ja er verstärkt es, aber deswegen, weil er in ihnen vom Neuen Testament her den Prototyp dessen erkennt, was in der Gegenwart der Christen die Kirche unkenntlich macht.[8] Im Gegenteil sieht er in der Synagoge vor Christus, von den Erzvätern her, als die wahre Judenheit im Geiste das gläubige Volk, das in steigendem Verlangen auf Christus als seinen Befreier und Erretter wartet. "Was der alten Väter Schar höchster Wunsch und Sehnen war, und was sie geprophezeit, ist erfüllt nach Herrlichkeit." Die Menschwerdung Christi ist Erfüllung der Hoffnung der Väter.

Es liegt also im alten Gottesvolk im Blick auf den verheißenen Christus bereits die Dialektik von Buchstaben und Geist vor. Die litera der treuen Gesetzeserfüllung enthielt danach bereits den Geist der Hoffnung auf den Christus, in dem das Gesetz wahrhaft Erfüllung finden würde. Und diese Dialektik von Geist und Buchstaben setzt sich nun—damit gehen wir einen Schritt weiter—in der Geschichte der Kirche als des populus fidelis nach dem Kommen Christi fort. Auch hierfür stehen die entscheidenden Texte—die in der Auslegung der Dictata meist übersehen werden—beim Psalm 119.

Ich erinnere zunächst noch einmal an das doppelte Vorkommen des Gegensatzpaares Geist-Buchstabe aus 2Kor 3,6 ff. in der hermeneutischen Vorrede zum Psalter. Danach ist erstens das vierfache Schriftverständnis zweigeteilt zwischen jüddischem und christlichem Verständnis des Alten Testaments als Verständnis nach dem tötenden Buchstaben (tötend erst jetzt, nachdem das Christusgeheimnis im Fortgang des Werkes Gottes enthüllt ist), also als literales Verständnis des Alten Testaments bei den Juden

---

[8] Ich weiche hier von der Interpretation Tarald Rasmussens ab, der die Juden der Zeit Jesu nach dem Zeugnis des Neuen Testaments, wie es Luther liest, als die hermeneutische Basis der Verlängerung des Bildes der Feinde Christi und der Kirche bis in die Gegenwart ansieht. Rasmussens Interpretation der Texte ist richtig, setzt aber eine ursprüngliche bzw. ererbte Judenfeindschaft als hermeneutischen Ausgangspunkt voraus, während ich den Ausgangspunkt in der Suche Luthers nach der wahrhaftigen Kirche in seiner Gegenwart sehe. T. Rasmussen, *Inimici Christi*. Das Ekklesiologische Feindbild in Luthers "Dictata super Psalterium" (1513-1515) im Horizont der theologischen Tradition, Leiden-New York-København-Köln 1989.

seit und nach Christus, andererseits als Verständnis nach dem lebendigmachenden Geist, der das Unterscheidungskriterium zwischen den beiden corpora, Babylon und Jerusalem, der wahren Kirche bildet. An dieser Stelle setzt die zentrale Bedeutung des *Gerichts*begriffes in der Vorlesung an, zwischen dem Menschenurteil, das zum Rückfall in die pharisäische Eingengerechtigkeit führt, ausgedehnt auf sämtliche Gerechtigkeit nach menschlichen Kriterien, und dem Geisturteil Gottes, das den Menschen radikal verurteilt und dem reinen Glauben an das dies Gericht ausdrückende Kreuz Christi die Gerechtigkeit frei zuspricht, allein in der Treue Gottes zu seiner Verheißung der Gerechtigkeit in Christus. Ich interpretiere dies hier schon im Sinne der vollzogenen bibeltheologischen Wende, die sich um Ps 70 herum zeigt. Hermeneutisch trifft es aber bereits für die früheren Teile des Psalters zu: auch das nackte Selbstgericht, das Gottes Gericht nachvollzieht und die Gerechtigkeit empfängt, die aber auf diesem früheren Stand noch eine den Sünder richtende, den das Gute Tuenden belohnende *distributive* Gerechtigkeit war,[9] ist ein *Geist*urteil.

Aus diesem ersten Geist-Buchstaben-Gegensatz, der das christliche Verständnis als solches als geistlich bezeichnet, fließt nun der generelle Satz: "Das Beste in der Schrift ist es, Geist und Buchstaben zu unterscheiden, diese Unterscheidung macht wahrhaft zum Theologen".[10] Damit wird das gesamte Schriftwort und die gesamte von ihm bestimmte Kirchenwirklichkeit und Christenwirklichkeit unter das Kriterium, das iudicium des Geistes gestellt, und überall auch in der nachneutestamentlichen Geschichte begegnet derselbe Gegensatz, der ein anthropologisch-theologischer Gegensatz ist: buchstäbliches, äußerliches - geistliches, inneres Urteil. Der Gegensatz Geist-Buchstabe fällt mit dem Gegensatz Fleisch und Geist, Menschliches und Göttliches zusammen.

In diesem Sinne nun tritt der Gegensatz Geist-Buchstabe im Laufe der Psalmenvorlesung zunehmend als auf die Christen angewandt auf. Es ist ganz interessant zu sehen, daß Luther bei der zunächst und auch bis zum Schluß vornehmlich gegen eine angeblich überfromme mönchische "Observanz" gerichteten Identifizierung der Superbia und der Selbstgerechtigkeit in der Nachfolge der Pharisäer nicht stehenbleibt. Neben den überfrommen Selbst-

---

[9] WA 3; 91,10.
[10] WA 3; 12,2 f.

gerechten, die im Anschein großer Demut einhergehen, die aber keine Demut ist, weil sie sich selbst besonders fromm dünken und gleichzeitig das Band der Liebe in ihrem Orden zerreißen, stehen die *lauen* Christen.

Und daneben tritt nun ab Ps 68 (69) die Bezeichnung beider zusammen als Buchstabenchristen, *literales Christiani*,[11] die sich dem Geist verweigern und damit "Feinde Christi" sind (Ps 119)[12] und Nachahmer nicht des populus fidelis der Synagoge vor Christus, die sehnsüchtig auf den Erlöser wartete, sondern der Synagoge, die sich nach dem Kommen Christi am nunmehr tötenden Buchstaben des Gesetzes festgehalten und dem Erlöser den Glauben verweigert hat. Der Gegensatz spiritus-litera tritt nach meinem Eindruck ab Ps 68 überhaupt immer mehr in den Vordergrund in dieser Anwendung auf das Zurückbleiben der Christenheit gegenüber ihrem eigenen geistlichen Wesen. So werden auch die Lehrer und Prediger der Kirche, die sie durch das Evangelium erzeugen, unter dies Kriterium gestellt. Nach alter Tradition sind in der mittelalterlichen Kirche die Prediger, die der Welt nicht ihre Ungerechtigkeit verkündigen und sie zur Buße rufen, mit Jes 56,10 als "stumme Hunde, die nicht bellen können" bezeichnet worden. Luther nennt sie zu Ps 116,10 "stumme Hunde, die den Buchstaben ohne den Geist lehren".[13]

Von größtem Interesse für den Fortgang des Denkens Luthers ist es nun, wie er zu Ps 119 diesen Glauben des Fortschrittes von Geist zum Buchstaben entwickelt. Die erste und ursprüngliche Gestalt war und ist die des Fortschritts vom alttestamentlichen Gesetz zum "Herrn, der der Geist ist" (2Kor 3). Die zweite Gestalt ist die tropologische und allegorische Wendung auf die Gläubigen, die im Geiste leben, das geistliche Urteil vollziehen, und den populus fidelis, der eben hierdurch als ganzer ausgezeichnet ist. In der tropologischen Form sind auch in der Zeit der Gnade die Christen, die homines spirituales, diejenigen, die immer wieder Anfänger und nur als solche ständigen Neuanfänger im geistlichen Urteil zugleich Fortschreitende sind: das Christenleben auch des homo spiritualis ist durch eine ständige Bewegung vom Buchstaben zum Geist gekennzeichnet. Anders als im Fortschritt und Neuanfang ist der Geist nicht zu haben.

---

[11] WA 3; 416,29; 417,35.
[12] WA 4; 353,20 ff.
[13] WA 4; 272,15.

Die interessanteste Gestalt des Gegensatzes ist aber die dritte, allegorische, in der vom Fortschritt vom Buchstaben zum Geist in der Geschichte des populus fidelis auch in der Dogmen- und Verfassungsgeschichte der Kirche gesprochen wird. Denn hier ist der Ausgangspunkt ja doch zunächst, wie auch beim einzelnen Christen, der Geistbesitz. "Der Herr ist der Geist". Aber auch hier soll das geistliche Fortschrittsprinzip gelten; der Geist läßt sich nicht konservieren, so daß er dabei Geist bleibt; jede neue Situation stellt neue, auch inhaltliche Glaubens- und Ordnungsfragen, auf die geistlich geantwortet werden muß, und wer beim alten Geist der Tradition selbst des neutestamentlichen Textes allein bleiben will, dem wird, was einst Geist war, zur litera occidens, zum tötenden Buchstaben.[14] Wie der einzelne Christ, so ist auch die Kirche als populus fidelis von Generation zu Generation durch die ganze Zeit der Welt hindurch auf dem Wege. "Semper sumus in via", ecclesia in via. Das entspricht auch dem "ex fide in fidem" der Rechtfertigung aus Glauben in Röm 1,17. Insbesondere sind es die Ketzer, die von Luther durchgängig als superbi in der Nachahmung der Juden bezeichnet werden, die sich dem Fortgang der Glaubenserkenntnis im Geist versagt haben. Sie berufen sich auf die Schrift, versagen sich aber dem Geist ihres sich weiter enthüllenden Verständnisses in der geistgeleiteten Kirche. Der Prototyp ist hier der Erzketzer Arius, der sich der neuen Erkenntnis der Gottesnatur Christi und damit dem von der Kirche gefundenen Dreieinigkeitsglauben versagt hat. Dasselbe gilt—gegen die böhmischen, hussitischen Ketzer und Schismatiker—in der Frage der Entfaltung der Erkenntnis der Sakramente und des Prinzipats der römischen Kirche, also des päpstlichen Primats. Und dieselbe Situation ist wiederum gegeben in der noch unentschiedenen Frage, über die vor allem Dominikaner und Franziskaner stritten, der Lehre von der Unbefleckten Empfängnis der Jungfrau Maria, in der der junge Luther offensichtlich auf der Seite der Vertreter dieser "neuen Lehre" steht. Die geistliche Erkenntnis der Kirche entfaltet sich in der Zeit; eine neue Wahrheit stellt die Entscheidungsfrage wieder neu, in der es ein Für und Wider gibt, und da sind es die Superbi, die sich dem Geist versagen und am alten Buchstaben haften. Auf die Seite dieser geistfeindlichen Vertreter der litera, die die Feinde der Kirche sind,

[14] WA 4; 345,17-35; 319,3-22; 365,5-28.

gehören aber auch unter den Prälaten und Gewalthabern der Kirche diejenigen, die gegen das geistliche Gesetz Christi oder an ihm vorbei nur Menschentraditionen handhaben; sie alle, in allen Ständen, sind Feinde der Kirche und bleiben mit ihrer Gesinnung unterhalb der wahren geistlichen Wirklichkeit der Kirche.

Das alles ist ganz katholisch und vorreformatorisch—der Gedanke der Dogmenentwicklung und Verfassungsentwicklung als vom Geist geleiteter Weg der Kirche—und zugleich, in der Tiefe des tropologisch-allegorischen Verständnisses von Glaubensgerechtigkeit und Kirche der aus Glauben Gerechtfertigten, bereits "evangelisch". Und gerade in dieser unlöslichen Verbindung enthält es einen Schlüssel zum Verständnis des kommenden Bruchs mit der Papstkirche; denn hier entsteht dann für Luther wieder eine Situation der geistlichen Entscheidung zwischen geistlichem und buchstäblichem, christlichem und gesetzlichem Verständnis der kirchlichen Überlieferung.

Halten wir hier aber zunächst den "katholischen" Charakter dieser Lehre des frühen Luther fest, der den Fortschritt in Dogma und Verfassung der Kirche seit der Urkirche ganz als geistgeleiteten ansieht. Ausdrücklich wirft Luther es den "Ketzern und Hochmütigen" zu Ps 77 vor, daß sie sich nicht mit dem "ausdrücklichen Schriftzeugnis und der manifesten Praxis der Kirche" begnügen, eigensinnig dagegen besondere Beweise fordern und sich so außerhalb der "Kirche so vieler Generationen" stellen.[15]

Um auf den tatsächlichen Knoten der weiteren Entwicklung zu kommen, ist hier aber nun erst der letzte Gedankenkomplex der 1. Psalmenvorlesung zu schildern.

---

[15] WA 4; 578,1-24. Es handelt sich hier um das ausdrücklichste Zeugnis des frühen Bekenntnisses Luthers zum kirchlichen Traditionsprinzip einschließlich der Praxis der Kirche, der mit der Schrift zusammen Beweiskraft zuerkannt wird - man könnte meinen, exakt in der Form, wie es ab 1518 (Prierias) und 1519 (Eck) gegen Luther eingesetzt wird. Das gleiche ist jedoch nicht dasselbe: der Rahmen des christologisch-ekklesiologischen Gesamtverständnisses ist ein anderer. Man kann einen Hinweis auf die Differenz hier bei Luther darin sehen, daß vor und neben der "manifesten Praxis der Kirche" die "expressa ... scriptura" steht, die freilich nach dem geschilderten Buchstabe-Geist-Kriterium für Weiterbildungen auch inhaltlicher Art offen ist. Nicht jedoch für Weiterbildungen in anderem Geist: hier wurzelt der Anstoß, der die Reformation erzeugt. Der Gedanke der Weiterbildung bleibt jedoch auch beim späteren Luther erhalten. So hat er bekanntlich die Kindertaufe 1522 als List des Geistes gegen das Eindringen der Werkgerechtigkeit angesehen.

II. *Gegenwart und Zukunft des Antichrist in den Dictata*

Seit der Alten Kirche hat sich eine Dreiteilung der Zeit der Kirche durch die Verfolgungen, die sie erlitten hat, herausgebildet; sie findet sich im Ansatz schon bei Augustin nach der um 400 eingetretenen Massenbekehrung, die die Kirche mit lauen Mitgliedern gefüllt hat, und ist seit spätestens dem 12. Jh., etwa bei Bernhard von Clairvaux, ganz gängig geworden. Und für die Endzeit wird die letzte große Verfolgung durch das Auftreten des Antichrist erwartet. Die erste Christenverfolgung durch die Juden und den römischen Staat schuf die Märtyrer, die zweite erfolgte durch das Auftreten von Irrlehrern, denen die Lehrer der katholischen Kirche, die doctores antworteten; die dritte und gegenwärtige "Verfolgung" und Anfechtung der Kirche geschieht durch die Masse der Namenschristen unter allen Ständen. Dies Schema findet sich auch bei Luther, zB zu Ps 68 (69),[16] Ps 101 (102),[17] Ps 119 (120).[18] Dabei liegt das Gewicht ganz auf der dritten, gegenwärtigen Anfechtung, und entsprechend akzentuiert Luther bei der ersten Verfolgung auch die Rolle der Juden als der für die gegenwärtige Situation prototypischen Christus- und Christenfeinde,[19] wie auch die Gegner in der zweiten Verfolgung, die Ketzer, von ihm ja durchgehend auf den Begriff der Superbia gebracht werden, die nach Augustin das Lebensprinzip der civitas diaboli ist, Babylon gegen Jerusalem, die civitas Dei.[20]

Wenn wir nun darauf achten, wie Luther die gegenwärtige Zeit kennzeichnet hinsichtlich der Verfehlung des Wesens der Kirche, so springt als erstes der durchgehende mönchische Kontext ins Auge. So spricht Luther bereits zu Ps 1 von den vielen Mönchen heute, die das Gesetz des Herrn in ihrem Willen und nicht ihren Willen im Gesetz des Herrn haben damit, daß sie ihr Gehor-

---

[16] WA 3; 410,23.

[17] WA 4; 156,33.

[18] WA 4; 394,4 ff.

[19] Zu Psalm 119 (120); WA 4, 394,4 ff.

[20] Das Nötige zum Ketzereiverständnis des jungen Luther hat bereits Ulrich Mauser gesagt, *Der junge Luther und die Häresie*, Gütersloh 1968. Vgl. aber zu den Grenzen seiner Interpretation für die weitere Entwicklung Luthers meine Habilitationsschrift: *Normen der Christenheit im Streit um Ablaß und Kirchenautorität 1518 bis 1521*. Erster Teil: Das Jahr 1518, Heidelberg 1968 (masch.), S. 14, Anm. 1.

samsgelübde nicht achten und sich ihr Urteil über die Anordnungen des Prälaten, dh des Abtes oder Priors, vorbehalten.[21] Und das kehrt noch gegen Ende des Kollegs bei Ps 119 (Vulg. 118) wieder, wo Luther unter denjenigen Leuten, die in jedem Stande dem Buchstaben dienen, die "Observanten" nennt,[22] also die Vertreter der Ordensreformen seit dem 14. Jh., die durch buchstäblichere Befolgung der Ordensregel ihre Orden reformierten und sich durch Gründung eigener Klostergemeinschaften von ihren alten Kongregationen trennten. Darin spiegeln sich auch die Streitigkeiten in Luthers eigenem Orden der Augustinereremiten wider. Die "Observantini" erscheinen Luther als Superbi und Übertreter des Grundgesetzes der Kirche, das auch die Orden—speziell den Augustinerorden mit der Regel Augustins—vor Spaltung schützen soll, der Caritas, der brüderlichen Liebe: so sind es unter den hochmütigen Ketzern insbesondere die benachbarten Schismatiker der Gegenwart, die böhmischen Hussiten, die (mit ihrer Absonderung und Berufung auf den Literalsinn des Neuen Testaments gegen die dogmatischen und verfassungsrechtlichen Entwicklungen der Kirche) gegen die Liebe verstoßen. Die Heuchler und falschen Brüder werden zu Ps 101 diejenigen genannt, die sich hochmütig ihrer eigenen Heiligkeit rühmen.[23] Zu Ps 90 wird die Konkurrenz der Orden, die sich für je besser halten, als das Elend der Kirche bezeichnet.[24] Dagegen stehen (Ps 111)[25] die "Christiani, Catholici et omnes humiles corde", die Christen, katholisch Gesinnten und alle von Herzen Demütigen.

Hieran zeigt sich, daß das Kloster, in dem um das rechte Christentum gekämpft wird, prototypisch ist für die Kirche insgesamt, und so muß es auch sein, wenn in gut augustinischer Tradition humilitas als Wesen der Bürger des Gottes-, superbia als Wesen des Teufelsstaates angesehen wird. So treten neben die Superbi gemäß dem gezeichneten dreiteiligen Bild der Kirchengeschichte parallel alsbald die "lauen" Christen (Ps 32) und schließlich die Buchstabenchristen, die den Geist verfehlen (ab Ps 68), die Menschen des

---

21 WA 3; 18,5-12.
22 WA 4; 315,14.
23 WA 4; 157,2 (156,32 ff).
24 WA 4; 76,28 ff.
25 WA 4; 252,38.

toten Glaubens (Ps 119). Alle zusammen entziehen sich in Aufrichtung einer menschlichen Eigengerechtigkeit—mag sie nun auch den Anschein größter buchstäblicher Heiligkeit haben—dem geistlichen Urteil Gottes über alle Menschengerechtigkeit. Nebenbei erscheint hier bei Luther auch schon einmal ein Blick auf den bürgerlichen Bereich der Renaissancekultur, wenn er die bereits lange währende Geringachtung der Hl. Schrift der Hochschätzung von Rechtswissenschaften, freien Künsten—also der humanistischen Wissenschaften und Philosophie gegenüberstellt;[26] aber er denkt dabei doch vor allem an die in der *Kirche* betriebenen Studien, in denen Kirchenrecht und aristotelische Philosophie seit dem 12./13. Jh. eine ungeheure Bedeutung gewonnen haben. Die Klage über die dem geistlichen Schriftstudium konkurrierende Bedeutung der Juristen, die menschliche und bürgerliche Gesetze und alte Traditionen wie päpstliche Dekrete zum Text haben, begegnet schon im Ps 1;[27] dazu gehören dann auch die verschiedentlichen Wendungen gegen die von menschlicher Philosophie, also von Aristoteles u.a., gelehrte menschliche Gerechtigkeit, die sich durch Tun des Guten erwirbt und einübt, als eines radikalen Gegensatzes zur göttlichen Gerechtigkeit, die nur in Glauben und Selbstgericht des Sünders empfangen werden kann. Und hierbei richtet sich der Blick dann auch auf die "Bischöfe und theologischen Lehrer und Prediger und Buchstabenchristen, die im toten Glauben ohne den Geist verbleiben" und damit die Kirche regieren wollen,[28] dh die schon genanten "stummen Hunde". Damit aber wird die Kirche schwer geschädigt; denn an der rechten Evangeliumspredigt durch die Prälaten, denen die Christen Gehorsam und Gehör schulden, hängt der gute Zustand der Kirche; sie sind die "virtus ecclesiae".[29] So werden diese Prälaten auch zu "Feinden der Kirche".[30]

So tritt als das wesentliche Kennzeichen der dritten und schlimmsten Verfolgung und Anfechtung der Kirche der faule Frieden und die falsche Sicherheit hervor: pax et securitas, die durch menschliche Eigengerechtigkeit welcher Spielart auch immer erzeugt werden und den krassen Gegensatz zur geistlichen

---

[26] WA 4; 324,25 f.
[27] WA 3; 21,10-14.
[28] WA 4; 353,19 ff.
[29] WA 3; 269,31 f.
[30] WA 4; 353,8 ff.

Gottesgerechtigkeit bilden, die den Gläubigen ins Kreuz und Leiden, in die Gewissensqual, aber dann auch zur wahren Gerechtigkeit und zum Gewissensfrieden führt. Dies Stichwort pax et securitas begegnet besonders bei Ps 68[31] und Ps 69,[32] und kehrt später am Ende der Ablaßthesen 1517 wieder.

Achten wir schließlich auf die Stellen, an denen Luther apokalyptische Texte über die endzeitliche Verfolgung durch den Antichrist heranzieht, den er 1518-20 im Papsttum identifizieren wird.

Die erste Stelle begegnet bei Ps 1 bei der Klage über den "Greuel der Verwüstung im Tempel Gottes" (Mt 24; Dan 9) dh im Kloster, in dem mit der Anfechtung der Mönche die Superbia herrscht.[33] Dann kommt zu Ps 51 eine kurze Anspielung auf den *künftigen* Antichrist, der nicht durch seine Gewalt, aber durch Mißbrauch seiner Gewalt den Christen schaden wird;[34] das bleibt dunkel. Bei Ps 68 aber, bei dem Luther in offene Zeitkritik ausbricht, spricht er vom Antichrist, der nach Dan 8,25 nicht durch Mangel, sondern durch Fülle der Güter die meisten töten wird: direkt auf die falsche Pax et securitas der Gegenwart bezogen und auf die "Obersten und die Priester der Kirche" angewendet, "bei denen dies Übel am stärksten verbreitet ist"[35]: man soll sie aber nicht anklagen und fruchtlos schmähen, sondern mit der Kirche in ihnen mitleiden und für sie beten. Zum selben Ps 68 spricht Luther von den falschen menschlichen, philosophischen Studien, Jura und Menschenüberlieferungen anstelle des Studiums des Gotteswortes, das mit dem Psalmwort (V. 4) als die "Augen Christi" in der Kirche bezeichnet wird, deren Sehkraft abgenommen hat: dagegen stehen in Blüte die "Augen des Antichrist und der Welt", die sehr scharf sehen, aber nur was weltlich, nicht was göttlich ist.[36] Und bei diesem Psalm fällt plötzlich die künftige Verfolgung durch den Antichrist mit der gegenwärtigen als bereits "letzte" Verfolgung der Kirche durch pax et securitas zusammen, nach dem Pauluswort 1Thess 5,3, aus dem das Stichwort pax et securitas genommen ist: "Wenn sie sagen werden, es ist Friede, es herrscht Sicherheit; dann wird das Verderben sie rasch überfallen": das ist der "Tag des Herrn, der

---

[31] WA 3; 410, 428.
[32] WA 3; 444, 447.
[33] WA 3; 18,31.
[34] WA 3; 295,15.
[35] WA 3; 417,27 - 418,9.
[36] WA 3; 423,2-7.

kommen wird wie ein Dieb in der Nacht". Luther erinnert an die Sintflut, an Sodom und die Zerstörung des jüdischen Tempels. Und er zitiert Apk 3,15 f., wo dem 7. Gemeinde "engel", dem von Laodicea, vorgeworfen wird, er sei weder kalt noch heiß, sondern lau, "das heißt in pace securus". Offenbar liest er die *Siebenzahl* hier in geschichtlicher Folge, entsprechend den sieben Siegeln und 7 Zornesengeln der Apokalypse, so daß hier eine Bestätigung von "sicherem Christentum" als Zeichen der Endzeit gesehen wird.[37]

Zu Ps 79 spricht Luther von der letzten Verwüstung der Kirche durch den Türken—der in jener Zeit auf das Reich hin vordringt—oder den Antichrist, in der nur wenige Erwählte gerettet werden.[38] Und zu Ps 125 sagt er kurz, der Antichrist werde nach Dan 8,12 "gedeihen und Erfolg haben, aber nicht mit eigenen Kräften".

Das sind wenige Stellen, die aber zeigen, daß gegenwärtige und letzte Verfolgung der Kirche für Luthers Geschichtsbewußtsein zusammenrücken. Luther hat Anteil an den eschatologischen Ängsten und Erwartungen des Spätmittelalters, für die bei ihm die Unkenntnis des richtenden und rettenden göttlichen Urteils bis in die Leitung der Kirche hinein ein Anzeichen sind. Die Kirche steht, wie er zu Ps 1 sagte, zwischen dem Sommer ihrer großen Ausbreitung und dem Herbst, "der aussteht und jetzt bevorsteht, in dem die Ernte und Lese des Jüngsten Gerichtes geschehen wird". "Hier erkaltet die Liebe wieder".[39] Der Winter des Gesetzes und der Synagoge ist einst mit der Offenbarung der Gottesgerechtigkeit vergangen. Der gute Baum aber trägt seine guten Früchte "zu seiner Zeit", dh wenn der Winter vergeht. Ihm ist der Frühling der Urkirche gefolgt, und ihr folgte die Sukzession der wahren Gläubigen, des gläubigen Volkes, das nun die letzte Anfechtung erleidet durch das Erkalten der Liebe des Geistes in der eschatologischen Zeit von Pax und securitas bis in die Spitzen der Kirche hinein. Die Kirche sieht mit den falschen Augen des Antichrist, aber die Minderheit der wahren Kirche versenkt sich in die göttliche Schrift und sucht mit den Augen Christi zu sehen. Man möchte sagen, Luthers

---

[37] WA 3; 433,10-23. "Pacis et securitatis tempora sunt et erunt, ubi Ecclesia maxime deficit et deficiet" (Z. 17 f.). Dies ist zB eine für Luther zentrale Stelle, an der es mE notwendig ist, zur Erklärung über die augustinisch-bernhardinische Tradition hinauszugehen und zB auch an eine allgemeine Einwirkung von Elementen der joachitisch-franziskanischen Tradition zu denken.

[38] WA 3; 610,4 ff.

[39] WA 3; 25,15-30.

Schriftauslegung beginnt in der Weise eines durchaus von endzeitlichem Bewußtsein geprägten Kampfes um die Erkenntnis der geistlichen Andersartigkeit der wahren Kirche in der wahren Kirche, in der Kirche des wahren Buchstabens des Neuen Testaments, der wiederum zum lebendigen Geist werden soll, damit er nicht wie der Buchstabe des Alten Testaments für die Juden, die sich Christus verweigerten, zum tötenden Gesetzesbuchstaben wird. Und weil die Erwartung des Antichrist eine geschichtlich reale Erwartung in naher Zukunft ist, so ist in gewisser Weise auch die Enthüllung dieses konkreten Antichrist im Horizont seiner Psalmenauslegung als Möglichkeit vorgezeichnet. Zugleich aber sind doch die wahren homines spirituales, ist doch der populus fidelis eine bestehende und in der gegenwärtigen Anfechtung und künftigen Verfolgung nicht untergehende minderheitliche Realität. Man kann sehen, warum Luther in Kloster gegangen ist und was er in ihm suchte und nicht fand.

Man muß aber, wenn man diesen endzeitlichen Horizont in Luthers Denken feststellt, zweierlei dabei beachten. Einmal handelt es sich dabei im mittelalterlichen Zusammenhang um etwas ganz Geläufiges. Nicht gewöhnlich ist nur, wie es hier bei Luther mit der Gegenwartsdiagnose zusammenfließt. Und zum anderen liegt doch das ganze Gewicht dieser intensiven und umfangreichen Arbeit Luthers auf der Herausarbeitung der theologischen Begriffe, die zur Feststellung des wahren Glaubens, der wahren Demut, des Wesens der wahren Kirche führen. Und wenn auch die Gegenwart unter das Licht der Zeichen des Antichrist rückt, so bleibt sie doch eine räumlich und zeitlich gewichtig gegenwärtige und ausgedehnte, und über das Kommen des konkreten letzten Antichrist, mit dem das Ende beginnt, wird auch nichts Näheres gesagt, als daß seine Wesensmerkmale schon erkennbar sind. Hinsichtlich einer zeitlichen Näherbestimmung ist Luther immer bei der biblischen Feststellung Augustins geblieben, nach der "euch nicht gegeben ist zu wissen die Zeit oder die Stunde". Deswegen ist er auch nach der Enthüllung des Antichrist und nach allen weiteren Zeichen des listenreichen Kampfes des Teufels gegen das Evangelium immer offengeblieben für eine weitere Generationenfolge und Generationendauer, innerhalb derer ein jeder das Seine im Glauben zu tun habe für die rechte Ordnung von Kirche und Welt im Blick "auf die die nach uns kommen werden". Insofern ist es auch zu verstehen, daß die Folgezeit die apokalyptische Dimension in der Lutherinterpretation etwas unhistorisch hat zurücktreten lassen. Sie entsprach eben nicht mehr dem eigenen neuzeitlichen Horizont einer sich immer weitenden Zukunft; aber Luthers Aussagen über Glaubensgerechtigkeit und gläubiges Volk schienen der Orthodoxie nicht zu veralten, und ebenso schien es der Erweckungstheologie des 19. und der Lutherrenaissance des 20. Jahrhunderts. Freilich waren die Lutherbilder auch in dieser Hinsicht wechselnd und selten ganz der Realität in Luthers Texten gemäß.

III. *Die Enthüllung des Antichrist 1518-20/21 und sein Bild in der Auslegung von Ps 10 (9B) in den Operationes in Psalmos 1519*

Der durchgehend ekkesiologisch-heilsgeschichtliche Hintergrund von Luthers erster Psalmenauslegung ist mE von der Forschung bisher nicht genügend in seiner Bedeutung für Luthers Entwicklung im Ablaßstreit und für die Kohärenz seines Rechtfertigungs- und Kirchendenkens in dieser Entwicklung ans Licht gestellt worden. Oder kurz gesagt: die Frage nach dem Antichrist und seine Naherwartung ist nicht als eine zum Gesamtzusammenhang von Luthers früher Theologie unabtrennbar hinzugehörige Frage erkannt worden. Sie ist die Kehrseite seiner Frage nach dem wahren Christentum und gehört von Anfang bis Ende zu Luthers Bibelauslegung hinzu, die nicht nur existentiell und ekklesiologisch, sondern auch geschichtlich konkret ist.

Ich fasse die mir als wichtig aufgefallenen Punkte hier nur kurz zusammen:

1. Luthers grundlegende "reformatorische" Folgerungen aus der Problematik, die er in der 1. Psalmenauslegung entfaltet hat, ergeben sich vom Römerkolleg bis zur Disputation gegen die scholastische Theologie in der sich logisch aufdrängenden Auseinandersetzung mit der scholastischen Lehre von dem doppelten, in Gottes Ordnung begründeten Verdienst und der in ihrem Zusammenhang grundlegenden Lehre vom freien Wahlvermögen des Willens aufgrund der nach dem Sündenfall erhalten gebliebenen rechten Vernunft, die zur Gottesverehrung anleitet.

2. Die ekklesiologisch-heilsgeschichtliche Dimension wird nicht in dieser, sondern in der Auseinandersetzung mit dem Ablaß sichtbar, der in seiner inneren Problematik im Zusammenhang der Bußlehre und in seiner realen Verkündigungsform als Anlaß für die

endzeitliche "Pax et securitas" erscheint (Thesen 94/95). Diese endzeitliche Perspektive ist auch bei den Ablaßthesen, soviel ich sehe, niemals recht wahrgenommen worden. Man hat den bibeltheologischen Ort des faulen "Friedens" nachpietistisch und nachaufklärerisch nicht mehr erkannt, weil es, wie ich annehme, als eine fromme allgemeine Wahrheit galt, daß die "tote Christenheit aus dem Schlaf der Sicherheit" geweckt werden müsse, wie es in einem deutschen Missionslied der Erweckungszeit heißt, und daß Luther dies natürlich auf hervorragende Weise am Anfang der protestantischen Neuzeit geleistet habe. Die Ablaßthesen gehören als Entfaltung einer weiteren Dimension der Theologie Luthers, die schon in den Dictata sichtbar ist, wie die kirchlich-öffentliche Kehrseite zu den Thesen gegen die Scholastik hinzu, die die Grundlagen der Bußtheologie entfalten.

3. Die Verketzerung der Buß- und Ablaßtheologie Luthers, erst mit den Thesenreihen Tetzels, mit der Prozeßeröffnung und dem Gutachten Prierias' im "Dialog über die Papstgewalt", und die daran anschließende, auf eine eigene thomistische Beurteilung einiger Aussagen Luthers gestützte Widerrufsforderung durch Cajetan haben, zusammen mit der Luther bekanntgewordenen Verhaftungsvollmacht für Cajetan, den Verdacht bei Luther hervorgerufen, daß der von ihm längst in der Kirche diagnostizierte inimicus Christi am Sitz der von Luther bisher anerkannten Rechtgläubigkeit, in der römischen Kurie, als der wahre von Paulus gemeinte letzte Antichrist (2Thess 2,4) die Herrschaft führe (18.12.1518).[40] Dieser Verdacht begleitet Luther und wird Mitte 1520, endgültig mit dem Empfang der Bannandrohungsbulle, zur Gewißheit, und Luther versucht ihn exegetisch im März 1521 in der Schrift gegen

[40] WAB 1. Das Verhör vor Cajetan habe ich meiner Habilitationsschrift (oben Anm. 20) ausführlich behandelt; kurz zusammengefaßt in meinem Aufsatz: "Die Augsburger Begegnung Luthers mit Kardinal Cajetan im Oktober 1518. Ein erster Wendepunkt auf dem Weg zur Reformation," *Jahrbuch der Hessischen Kirchengeschichtlichen Vereinigung* 20, 1969, S. 37-54. Nur Jared Wicks hat die Bedeutung einer von mir herangezogenen, meist übersehenen Quelle, des "Langen Berichts" für den Kurfürsten, erkannt, demzufolge Cajetan die meist als die wichtigste angesehene seiner beiden Widerrufsforderungen fallengelassen hat, nämlich die des festen persönlichen Vergebungsglaubens. J. Wicks, *Cajetan und die Anfänge der Reformation*, Münster i.W. 1983, S. 103, Anm. 90. Alle anderen Autoren, die sich neuerdings mit Cajetan befaßt haben, ignorieren diesen kapitalen Punkt, der der sorgfältigsten Klärung bedarf.

Ambrosius Catharinus als dem zweiten Teil des von ihm verlangten "Widerrufs" zu erhärten.

4. In der Mitte dieses Prozesses der Vergewisserung des gegenwärtigen Antichrist, noch 1519, malt Luther in der Auslegung von Ps 10 (9b) das Bild "des Gottlosen und der Gottlosigkeit, dh des Menschen, der sich selbst und die Menschen überhaupt oder den hl. Petrus überragt und damit Gott abscheulich ist", weswegen die Auslegungstradition Augustins den Psalm auf den Antichrist auslegt.[41]

Während der Vergleich von Papsttum, Kurie und römischem Kirchenwesen mit dem Antichrist nach dem alt- und neutestamentlichen Antichristtexten in der Schrift gegen Ambrosius Catharinus und in den späteren Schriften Luthers gegen das Papsttum im allgemeinen, anders als Luthers positives Kirchenbild und seine Rechtfertigungslehre, als polemisch verzerrt und exegetisch haltlos gilt—zB in Brechts Lutherbiographie—, ist die Auslegung von Psalm 10 in den Operationes im ganzen maßvoll im Ton und erlaubt leichter eine sachliche Analyse der theologischen Motive und der exegetischen Methode Luthers bei seinem Antichristnachweis. Sie bietet sozusagen eine Grundlage für die Beurteilung der späteren Antichristaussagen. Sie wird damit auch ein Urteil ermöglichen, ob und inwiefern Luthers Antichristbild sich von seiner Ekklesiologie und Rechtfertigungslehre abtrennen und als überholt, zB weil exegetisch fragwürdig, beiseitesetzen läßt, oder ob es in der Substanz zum "bleibenden Kern" der Lehre Luthers hinzugehört—wie ich zu glauben geneigt bin. Zur gegenteiligen Auffassung vgl. Brecht, der von der "von einer unhaltbaren Schriftauslegung mitgeprägten apokalyptischen Sicht der eigenen Zeit" spricht,[42] die eine "realistischere Beurteilung" des Papsttums verhindert habe. Einen Versuch der Hermeneutik von Satan und Antichrist bei Luther macht immerhin Bornkamm, der—zum Bauernkrieg—sagt, "Satan" sei bei Luther keine "wunderliche Mythologie, sondern der Ausdruck dafür, daß die raffinierte Macht des Bösen auf tausenderlei Weise die Stimme Gottes in der Welt zum Verstummen zu bringen versucht", und daß "die eschatologische Dimension ... nur das aus ihm

---

[41] AWA 2; 567,8 ff.

[42] M. Brecht, *Martin Luther*, Bd 3, Stuttgart 1987, S. 227. Vgl. zum Fehlen einer zureichenden Würdigung der mittelalterlichen Elemente in Luthers Denken in diesem sonst ausgezeichneten und hilfreichen Buch meine Rezension im LuJ 1989.

(Luther) herauspreßte, was er mitbrachte als Erkenntnis der Vernunft und des Glaubens, der am rechten Verhältnis von Gesetz und Evangelium den Wegweiser für das Christenleben und das Weltleben gefunden hatte".[43]

Aber die Dinge sind bei Luther in Genesis und Wesen enger zusammengehörig.

1. Es klagt im Ps 10 über des Gottlosen Bedrückung der geistliche Mensch, der Gerechte, der "Arme", nach seinem ihm noch anhaftenden schwachen "Fleisch, niederen und äußeren Menschen", während der *Geist* in ihm nicht klagt, sondern Gottes Hilfe zu seiner Zeit erwartet.[44]

2. Der Gottlose und seine "Partei" ist des Sieges "sicher" (570,14)—wie die Arianer gegen die damals exilierten "katholischen Bischöfe" (571,15). "Der Satan und Feind der Christen wird nicht durch unser Werk, sondern indes wir leiden und zu Gott schreien", "allein durch die Rechte des Höchsten besiegt". Dem Unterdrückten kommt nur "humilis clamor" zu (571,18-29).

3. Das Verderben oder das Übel der Gottlosen oder die Kraft, die sie haben, die sie aber bei Gott ins Verderben führen wird, wird vierfach bestimmt, erstens als Blindheit über sich selbst (572,9), zweitens als Selbstruhm und Machtentfaltung der Bosheit, als "Greuel am heiligen Ort" (576,5), drittens als Provokation Gottes durch Darstellung der eigenen Gottlosigkeit als Frömmigkeit (576,22 ff.), viertens durch zornige, aufbrausende Selbstüberhebung (579,23).

4. Welche positiven Züge erscheinen nun als Merkmale dieser endzeitlich-antichristlichen Erscheinung des exemplarischen Gottlosen, die Luther in der Tradition der Psalmenausleger sich die Freiheit nimmt, "pro nostro saeculo" hervorzuheben—was das Auslegungsprinzip der ganzen Operationes ist? (574,1; vgl. den Widmungsbrief an Friedrich d. Weisen).[45] Wir haben hier eine Spur des von Luther bei Ps 119 im 1. Psalmenkolleg festgestellten Fortschritts in der geistlichen Erkenntnis im Lauf der Generationen der Kirche. Die Schrift ist fortschreitend weiter zu verstehen: Luther arbeitet "für seine Zeit".

---

[43] H. Bornkamm, *Martin Luther in der Mitte seines Lebens*, Göttingen 1979, S. 350, 352.

[44] AWA 2; 569,26. Ich gebe die Seiten- und Zeilenangaben im folgenden im Text.

[45] AWA 2; 13,2-14,17.

5. Es ist, kurz gesagt, grundlegend das, was Luther von 1. Psalmenkolleg an, explizit aber erst zwischen Römerbriefvorlesung und Disputation gegen die Scholastik, als falsche Verdienstlehre auf der Grundlage der Lehre vom freien Willen festgestellt hat.

a) die Selbstgefälligkeit der "guten Intention". Der "von Natur bösen Intention" wird gewaltsam der Stempel einer "guten Intention" aufgeprägt, womit das Gewissen ein Brandmal erhält (574,1 ff.). Auf dieser Basis entfaltet sich ein verkehrter Eifer für Gott, Kirche, Glauben und das Heil der Seelen. Es handelt sich dabei in ersten Linie um pseudo-*christliche* Werke, merita *de condigno*, die im Stande der Gnade geschehen; und sie sollen den Verdiensten des hl. Petrus gleichkommen (574,11 ff.).[46]

b) Für seine eigenen Werke gegen den Frommen sucht der Gottlose den Consensus omnium, der das Denken und Trachten der Frommen als "schädlich, gottlos, ketzerisch, anstößig, irrig, aufrührerisch, fromme Ohren verletzend" bezeichnen soll: das sind die 1518 von Tetzel gebrauchten und später in der Bannandrohungsbulle wiederholten Termini für unkirchliche Lehre (575,27 ff.).

c) Die Gottlosigkeit rühmt sich der Bosheit und entfaltet für die Ungerechtigkeit *Macht*, potestas, um den "Greuel im Heiligtum aufzurichten". Diese Weissagung erfüllt die "kirchliche Tyrannis" seit vielen Jahren und wird es in Zukunft vollenden. Damit vollendet sich die geweissagte "Operatio erroris" (2Thess 2,10): der Antichrist, den der Psalm zusammen mit dem corpus Antichristi schildert, wird sich im Namen Christi anbeten lassen. Und zwar liegt eine erste Anspielung auf die 1518 von Prierias aufgestellte These, daß die römische Kirche auch mit ihrer Praxis verbindliche, irrtumslose Lehrentscheidungen treffe, in dem Satz, daß Widerspruch gegen jede willkürliche und dem Volk Christi schädliche Entscheidung als ketzerisch gelten soll (576,7-15; 577,5; 602,12). Als besonderer, aber beiläufiger Zug im Bild des Antichrist kommt die Habsucht hinzu (576,17).

Hiermit erweitert sich Luthers Kritik von der Werkgerechtigkeit auf die Willkür- und Gewaltekklesiologie, die mit der falschen Werklehre gemein hat, daß Verkehrtes als Frömmigkeit ausgegeben wird (577,15-21). Luther wendet dies an auf die These—die er in einer Dekretale Innozenz' III. studiert hat—, der römische Bischof

[46] Vgl. 579,6.11; 580,8; 581,22-582,3; 590,9-16. 583,5 ff. wird der Gedanke auch auf das meritum de congruo bezogen, das den Empfang der Gnade vorbereitet.

sei mehr als ein "reiner Mensch" (577,12; 602,16), und darauf, daß seine Worte dem Evangelium Christi vorgezogen würden. Das ist Luthers Eindruck zum erstenmal gewesen, als Cajetan von ihm verlangt hat, er solle die Forderung persönlichen Vergebungsglaubens im Bußsakrament widerrufen (577,24; 600,4).

d) Das zur Potestas pervertierte kirchliche Amt erhebt sich hiermit über Gott, wie er gepredigt und verehrt werden muß, nämlich "durch Wort und Glauben" (577,19). Die Priester, Bischöfe, Theologen, Prediger predigen Gottes Wort nicht als den Abraham verheißenen Segen, das Evangelium nicht als "Gnade und Segen" (587,2-8). Sie "lehren das Volk ohne Christus" (591,4). Das bezieht sich nun wieder auf die das Gewissen quälende falsche Verdienstlehre auf der Basis des freien Willens (590,2 - 591,3). Man kann also sagen, daß die Lehre von "Wort und Glauben" mit der Zuspitzung auf die *Gewißheit* des Glaubens, wie sie 1518 bei Luther explizit hervortritt, von Luther hier als ein selbstverständlich hinzugehöriger Aspekt der Lehre von der Glaubens-, nicht Werkgerechtigkeit behandelt wird, wie er sie schon seit dem 1. Psalmenkolleg vertrat. Die beiden Dinge sind identisch: mit der Lehre von der Glaubensgewißheit hat Luther die grundlegende Lehre von der Glaubensgerechtigkeit, die er 1514 entdeckte, 1518 im Vollsinn verstanden. Ich zitiere eine dem Operationestext etwa gleichzeitige Formulierung aus dem Bußsermon 1519: Das zweite Stück neben dem Absolutionswort im Bußsakrament "ist die Gnade, Vergebung der Sünde, der Friede und Trost des Gewissens" (Nr.6).[47] Das dritte Stück ist der Glaube ans Absolutionswort, der dies im Menschen wirklich werden läßt. Gegen eine kurzschlüssige Auslegung, nach der Luther damit erst 1518 die Glaubensgerechtigkeit reformatorisch verstanden hätte, weise ich aber darauf hin, daß Luther schon im 1. Psalmenkolleg bei Ps 84 (85),11 die unlösliche Verbindung von "Gerechtigkeit und Frieden", die durch die fides Christi bewirkt werden, feststellte.[48]

e) Die Verwerfung dieser Lehre unter Berufung auf das alleinige Schriftauslegungsrecht ist ein festes Kennzeichen des Antichrist

[47] WA 2; 715,25-30.

[48] WA 4; 11,32; 13,35-16,28. Ich habe mit dem Vorstehenden meinen Einwand gegen die Interpretation Oswald Bayers kurz zusammengefaßt. Er bedarf aber eingehender Ausführung. O. Bayer, *Promissio*. Die Geschichte der reformatorischen Wende in Luthers Theologie, Göttingen 1970, Darmstadt [2]1989.

(593,9; 594,11 ff.; 596,2 f.), womit Luther sich auf die ihm besonders 1518 von Prierias vorgehaltene These bezieht, die für ihn aber erst in Cajetans Forderung nach Widerruf des "gewissen Vergebungsglaubens" konkret geworden ist (594, 1 f.: ein deutlicher Bezug auf die in Luthers "Acta Augustana" enthaltene lange Reihe von Schriftworten, die Luther Cajetan vorgehalten hat und die dieser—an Friedrich den Weisen—als eine "lange Phylakterie" abgetan hatte).[49]

Damit ist die Perversion des kirchlichen Lehramtes diagnostiziert: deutlich wiederholt Luther die in den Dictata ausgesprochene Gleichsetzung des kirchlichen Lehramtes mit den "Augen der Kirche" und distanziert sich zugleich von dem Lehramt, das nicht mit diesen Augen sieht, oder wie er jetzt sagt, "nicht mit Christi Ohren hört": man schwört an den Universitäten, "nichts gegen die hl. Kirche und einige Artikel von *Menschen* zu lehren, die man sich gewöhnt hat, für die Augen der Kirche zu halten anstatt für die Ohren Christ" (597,16-22).

f) Nur geringe Spuren erscheinen in dieser Psalmauslegung von der Diskussion über den Primat, die Luther 1519 in Leipzig mit Eck geführt hatte. Das Grundlegende war schon vorher geschehen. Die Leipziger Disputation hat offenbar für Luther nur bestätigt, daß der ihm entgegengehaltenen Papstgewalt die Grundlage fehlte. Vielleicht kann man eine Spur der langen Traditionskette für den Primat, die Eck vorgeführt hat, in Luthers Wendung gegen das "gleißende Argument mit der Vielzahl und Größe der Menschen und der Länge der Zeit" erkennen (595,18-20; 614,14).[50]

g) Ist der letzte Antichrist also für Luther nun erschienen? Er "wagt es nicht zu behaupten, kann aber nicht leugnen, daß alles, was vor sich geht, im vollen Sinn auf den Antichrist verweist"; der Psalm ist heute "bis aufs Jota erfüllt" (588,19 ff.) So ist es sowohl

---

[49] WA 2; 13,6-16,12; WAB 1; 234,44.

[50] Eine theologisch zureichende Interpretation der Leipziger Primatsdiskussion ist bisher nur in meinem eigenen Aufsatz zu finden: "Die Leipziger Disputation zwischen Luther und Eck," ZKG 86, 1975, S. 26-40. Der Aufsatz ist vorher auch in englischer Sprache, an entlegenerem Ort, erschienen: "Luther and Eck: the Leipzig Disputation, 1519," *Lutheran Theological Journal* (Adelaide) 8, 1974, pp. 976-105. Der Aufsatz ist in den seitherigen Arbeiten über Eck und Leipzig inhaltlich ignoriert worden; immer wieder meint man, nur die Ablehnung der Autorität des (Konstanzer) Allgemeinen Konzils (die Luther im übrigen nur verklausuliert vornimmt) sei das Entscheidende. Das Entscheidende liegt aber in der Hermeneutik der geschichtlichen Tradition.

gefährlich geworden, den Bischöfen zu gehorchen wie auch, ihnen (denen man ja wie Christus zu gehorchen hat), ungehorsam zu sein. Denn der Antichrist wird mit Macht und Mehrheit regieren und die Bischöfe für sich gebrauchen, wie er zuvor die Ketzer für sich gebraucht hat (610,16 ff.).

h) Der Psalm gibt ein allgemeines Bild von den gottlosen Tyrannen unter Einschluß des Antichrist, der am Ende erscheinen wird, nämlich im dritten Zeitalter der Kirchengeschichte nach den Zeiten der Märtyrer und Lehrer, das bis zum Ende der Welt dauert (605,7 ff.). Die gezeichnete Wirklichkeit besteht in der Kirche seit über 300 Jahren (606,3), dh seit der vollen Ausbildung der Scholastik und der Papstgewalt. Das Verderben läßt keine Hoffnung auf Besserung; es muß zum Sieg in der Welt gelangen und wird danach dem Jüngsten Gericht unterliegen (609,10). Der Antichrist verliert seine täuschende Kraft, indem er enthüllt wird. Nicht so aber seine Gewalt; sie wird hiernach um so tyrannischer herrschen, bis Gott sie zerbricht (613,20 ff.). Bis dahin müssen die Frommen das Wort, das von Rom ausgeht, am Evangelium Christ prüfen; sie dürfen es nicht mehr blind annehmen (614,10 ff.). Gilt einer dann vor der Welt nicht mehr als katholischer Christ, so muß er sich im Gedanken an die ewige Herrschaft Christi und an das Jüngste Gericht trösten (615,1).

Das ist Luthers aktuelle Exegese in der Tradition der Väter, die diesen Psalm bereits auf den Antichrist ausgelegt haben. Luther entdeckt eine theologisch legitimierte Gottlosigkeit: im pervertierten und mit Gewalt herrschenden Lehramt, das den Widerruf der evangelischen Lehre von der Glaubensgerechtigkeit und Glaubensgewißheit fordert, dafür Gewalt anwendet und den Konsens der Mehrheit findet. An ihrer Stelle will es die Anerkennung der antichristlichen scholastischen Verdienstlehre auf der Basis des freien Willens in der doppelten Gestalt des Kongruenz- und des Würdigkeitsverdienstes als christliche Lehre erzwingen: dieser Bußlehre und christlichen Ethik, die auf der einen Seite traurige, gebrandmarkte Gewissen, auf der anderen ein hochfahrend kämpferisches Wesen für die angeblich gute Sache der mißverstandenen Kirche schafft, und die nicht mit den Waffen des Geistes kämpft.

Ist diese "aktuelle Exegese" nun im Jahr 1519 schriftbegründet gewesen, oder war sie Willkür? Jedenfalls darf man doch wohl soviel sagen: Rechtfertigungslehre, Ekklesiologie und Geschichtstheologie hängen in ihr untrennbar zusammen als die conditio sine qua non eines reformatorischen Durchbruchs, und der Anspruch, damit Gottlosigkeit aufzudecken, war im Sinne einer theologischen Schriftauslegung prinzipiell legitim. Mehr beanspruchte Luther nicht: seine Auslegung galt ihm nicht als abschließend, aber er gab mit ihr eine Auslegung nach bestem Gewissen für seine Zeit (Widmungsbrief). Zweitens darf man sagen, daß der Kern der Auseinandersetzung in der Lehre von Glaubensgerechtigkeit und Glaubensgewißheit gegen die scholastische Verdienstlehre lag. Sie war freilich nicht mehr ablösbar von dem Anspruch des Papsttums auf das alleinige, letztentscheidende Schriftauslegungsrecht. Das Papsttum bestätigte die von Luther abgelehnte Lehre mit seiner Rechts- und Vollzugsgewalt. *Rechtfertigung und Ekklesiologie hängen auf beiden Seiten zusammen.* Drittens muß man sagen: Zumindest für jene Zeit und für Luther fand die Auseinandersetzung um das Evangelium, und zwar kohärent seit der ersten Psalmenvorlesung, in einem geschichtlichen Zeitraum statt, in dem Christentum und Antichristentum fortschreitend einander gegenüberstanden, und zwar *in der Kirche selbst*, und in dem am Ende zweifelsfrei der letzte Antichrist als der große Verführer zu erwarten war. Das ist eine communis opinio des späten Mittelalters, die nur in verschiedener Weise aktualisiert—oder nicht aktualisiert wurde. Auch Luthers endzeitliche Perspektive ist also—traditions- und zeitbedingt—in seiner aktuellen, angewandten Exegese legitim gewesen. Sie war zumindest für ihr Zeit legitim. Der gegen den Satan gerichtete Exorzismus gehörte dann für den Frommen hinzu, um in der Anfechtung nicht zu unterliegen: "Wenn in der Bedrängnis Lästerung und Verzweiflung unser Gewissen quälen, muß die Lästerung auf den, der sie suggeriert, und auf sein Haupt (—den Teufel—) zurückgeworfen werden" (606,12 ff.). Da ist der späte Luther im frühen Luther gegenwärtig. Heiko Oberman hat diesen Gedanken in einem seiner letzten Aufsätze ans Licht gestellt.

SUMMARY

Translated by Michael Zamzow

The first lecture on the Psalms contains a view of the true Church as a Christ-shaped "believing people" (*fidelis populus*), which stands in opposition to the prevailing reality of the present. The history of this believing people is unfolded as salvation history from the Old Testament to the present. The present is characterized by the dominion of a "letter-Christianity" which to some extent only appears to be pious while in part being lukewarm. Its characteristics are "pax and securitas," signs for the imminent end and for the appearance of the final anti-Christ. Herein the basis is already present in the first lecture on the Psalms for the exposure of the antichrist which took place from 1518 to 1520. In this, Luther's early concept of development continues and changes. His trust in the spiritual development of the Church is broken when the papacy does not react to the questions he posed in a spiritual and Christian manner but rather defends with supposed teaching and legal authority the scholastic doctrines of penance, sin, and grace which he had recognized as un-Christian. The structure of Luther's diagnosis of the antichrist is presented in the exegesis of Psalm 10 in his second lecture on the Psalms in 1519. The experiences of 1518 are reflected in it. Luther's exegesis is an exegesis in the tradition of the Fathers which speaks to the contemporary situation. This is legitimate but not valid for all times. Nevertheless, the apocalyptic dimension is a part of the substance of Luther's theology. In regard to the question of the "reformation turning-point," the texts show that Luther's understanding of the certitude of faith in 1518 is identical to his understanding of righteousness by faith which already exists in 1514 in the exposition of Psalm 70. Luther did not regard this as a new insight in 1518 and 1519 but rather as the full understanding of the old insight into righteousness by faith. Preparations for this are already made in the first lecture on the Psalms also. Luther's conceptual progress is consistent but influenced by progressive work and by experiences with the church. His work and experience bring to light elements which were part of Luther's early theology. The judgment of the false church does not change in substance but rather in application. The real change is prepared as a future and imminent possibility in Luther's thinking along the lines of salvation history: the anti-Christ is exposed. In the autumn of 1519 Luther is hovering between obedience and disobedience: one must obey the vicar of Christ, but one may not obey the anti-Christ.

ECHOES OF SAINT AUGUSTINE IN RABELAIS

M. A. SCREECH

All Souls College, Oxford

Heiko A. Oberman, both as scholar and friend, has taught us to recognise that the influence of Augustine of Hippo was more wide, deep and pervasive than many realised, even after we had allowed that saint a major role in the thought and sensitivity of a whole gamut of authors and thinkers during the late Middle Ages and the Renaissance. Augustine's disturbing doctrines could also encourage the search for a counterweight among other Church Fathers or later theologians. Erasmus's delight in Origen derived not simply from his deep appreciation of his creative exegesis: Origen was also for him a balanced answer to certain tendencies in Thomist, Lutheran, Augustinian and Neo-Augustinian theology with which Erasmus was little in sympathy.[1]

So we would expect a widely catholic and Erasmian Humanist such as Rabelais not to be totally untouched by the influence of Augustine, either as an example or as a counter-example.

On the other hand nothing in Rabelais's career in the Church of which he was a priest would necessarily have given Augustine any special place in his studies or sensitivities: Franciscans and Benedictines looked elsewhere for models and heroes. But it is always a pleasure to look at Rabelais again, in this case with eyes open for such influences when reading *Gargantua and Pantagruel*: after all, a character in a novel by one of our best modern Humanists refers 'to Rabelais—the great humane spirit and the great humour that saves us in a rough world.'[2] And the intellectual world in England is certainly going through a rough patch.

One cannot however show that Rabelais, a clergyman, knew and admired St Augustine anything like as much as did that Roman Catholic layman Michel de Montaigne. Montaigne knew Vives's

---

[1] In *De Servo Arbitrio* Erasmus clearly hints that he believed Augustine to have gone too far in one direction and certain scholastics too far in the other.

[2] Robertson Davies, *The Lyre of Orpheus*, London 1988, p. 173.

edition of the *City of God* very well indeed and cites it several times, not least at the climax of his *Essays*, towards the end of the final chapter *On Experience*, in order to justify his dearest ethical and philosophical convictions. Any study of Montaigne's sources and authorities simply has to give an important place to the *City of God* (though not, curiously enough, to the *Confessions*). Studies of Rabelais's authorities and sources, on the other hand, can and often do omit the very name of Augustine. That applies to one of the most rightly influential of all books on Rabelais, Jean Plattard's *L'Oeuvre de Rabelais: sources, invention, composition*, Paris 1910. Nor is Augustine a name to conjure with for any editor of Rabelais before Ruth Calder's and my own edition of *Gargantua*, first published in Geneva in 1970, in which I gave a certain prominence to Augustine which I now regret.[3] The earlier silence about Augustine among *Rabelaisants* is totally and absolutely understandable. Not once in the four certainly authentic volumes of *Gargantua and Pantagruel*; not once in Rabelais's minor works; not once in the posthumous and probably supposititious *Cinquiesme Livre* of 1564, does one find even a hint of the name of Augustine. What one gets above all is Scripture interpreted in the light of Erasmus and Humanists generally and also—a fact which can take stressing—in the light of our author's studies as a Franciscan. Rabelais was a competent theologian.

Yet Rabelais's scriptural material long went unremarked, especially among scholars in France. While Rabelais (as Anthony Trollope reminds us in his Barchester novels) was the delight of the nineteenth-century Anglican clergy he was in France widely thought of as at least anti-clerical, probably anti-Christian and possibly an atheist. In such a climate of opinion even Rabelais's most vital, most specific and most seminal references to the New Testament, let alone the Old, went unnoticed and undocketed even

[3] Cf. Ruth Calder, M. A. Screech and V. -L. Saulnier: *Gargantua* 1970. This appears in the series *Textes Littéraires Français*, Geneva and Paris, as do the other works of Rabelais cited in these pages with the standard abbreviation TLF. Rabelais's works did not appear in the order in which we now read them. The first work (now placed second) is *Pantagruel* (1531 or 1532); *Gargantua* followed in 1535 (or 1534); the *Tiers Livre de Pantagruel* dates from 1546; the shorter *Quart Livre de Pantagruel* from 1548; the complete *Quart Livre* in 1552. All these texts were subject to alterations in later editions, even the 1552 *Quart Livre*, to which alterations were made in cancels placed within some copies. The *Cinquiesme Livre* as now read appeared in 1564, some eleven years after Rabelais's death. For details see Stephen Rawles and M.A.Screech and others, *A New Rabelais Bibliography*, Geneva 1987.

in the great and scholarly edition of his works by Marty-Laveaux (Paris 1868-1903). In this domain the *Edition critique*, begun in 1912 and apparently abandoned incomplete since 1955, has added little.

In such a climate of neglect of theology and sometimes of downright ignorance of Scripture the strangest distortions of Rabelais became current. The tracing of Rabelais's Classical sources in pre-Christian Greek and Latin authors was pursued with a thoroughness which had no parallel where early or later Christian sources and ideas were concerned. The result was a lop-sided, freethinking, proto-atheistic scoffer-of-a-Rabelais which did scant justice to the religious depths of an author who, despite irregularities, was successively and canonically a priested observantine Franciscan Friar, a Benedictine monk and a secular priest, with patrons who included the Bishop of Paris, Cardinal Jean Du Bellay, and eventually the splendid princely courtly liberal Cardinal Odet de Chastillon.

A major attempt to rectify this neglect of Scripture and theology was a work which still remains remarkably influential in the United States and sometimes in France: Lucien Febvre's combative study, *Le Problème de l'incroyance au XVIe siècle; ou, La Religion de Rabelais* (Paris 1942).

This is not the place to make a detailed criticism of that fascinating and irritating book which combines wide-reading with an element of carelessness, and knock-about farce with a shaky knowledge of Scripture. Thanks to that study the name of Augustine was brought before readers of Rabelais, though unfortunately given its context, without the slightest justification.

In the *Problème de l'incroyance* (II, 4-5) Lucien Febvre rightly notes, following Gilson, Rabelais's use in *Pantagruel* of the scholastic formula 'faith formed with charity' and equally rightly insists that it was disliked by Luther. But he then proceeds to suggest that Rabelais's theology of faith and works was that of Farel, Girard Roussel...and Saint Augustine, but not that of Saint Paul!

> And Farel manifests the same tendencies, if the judgement of Charles Schmidt is true: 'that the fundamental principle which resumes all his theological opinions is this: one is justified by faith *operating through charity* [*besognant par charité*]. Girard Roussel used the expression a faith *working through charity* [*ouvrante par charity*] i.e.: there where there is a lively faith [*foi-vive*] working through charity, there is found obedience to all the Commandments.'

Lucien Febvre adds:

> Doubtless this is not the doctrine of St Paul. [...]
> But it is, it seems, the same doctrine as Saint Augustine's: 'Without charity faith can exist but it serves for nothing' [*De Trinitate*, XV, xviii.][4]

Before such assurance one can only bow one's head in wonder. For that is to go round the parish—not to find the Church but to invent one of one's own!

If Saint Augustine can be dragged in by the hair like that whenever Saint Paul is actually cited then his name will be found hidden all over the place in Rabelais's *Chronicles*. Farel and Girard Roussel are, of course, actually quoting Saint Paul (*Galatians* 5:6): 'For in Jesus Christ neither circumcision availeth any thing nor uncircumcision, but faith which worketh through love' [...*sed fides quae per charitatem operatur*]. And Girard Roussel's 'lively-faith' is that lively faith which is traditionally contrasted with that dead uncharitable faith (that is, a dead faith which is no more than a belief in facts and doctrines) which derives from the condemnation of it in *James* 2:2.

I

The name *Augustin* does not appear anywhere in Rabelais but the word *Augustins* does: it is found in a list of Religious in Chapter VIII of the shorter *Quart Livre* of 1548 and, with changes, in the corre-

---

[4] Lucien Febvre's passage reads as follows in the edition of his *Problème de l'Incroyance*, Paris 1947, p. 314:

> Sans doute, ce n'est pas la doctrine de saint Paul, son affirmation (*I. Cor., 13, 3, 13*) que la charité est supérieure—la foi et—l'espérance (affirmation qu'entre parenthèses il est curieux de voir Calvin, dans un des passages cités plus haut, porter dédaigneusement au compte des docteurs de Sorbonne)—Mais c'est bien, semble-t-il, la doctrine de Saint Augustin: 'Sans la charité, la foi peut exister, mais ne sert de rien'. Et le passage, après tout, est-il si difficile de semblables formules—celles des scolastiques—à la *fides charitate formata* reprise par Gargantua, s'il est vrai qu'elle signifie non pas, comme le prétendait Luther, que la charité complète une foi qui, sans elle, demeurerait incomplète—mais que la charité, ne modifiant en rien l'essence de la foi et ne changeant point la substance, lui donne une plus haute perfection, l'unit—sa fin dernière et la rend méritoire'.

But that is to confound categories which all theologians knew how to keep separate. (Almost any commentary on *I Corinthians* 13:3 can make that plain.) Rabelais himself never makes charity in the sense in which it is used in *I Corinthians* 13:3 superior to true faith. Did anyone?

sponding sentence of Chapter XVIII of the complete *Quart Livre* of 1552. These *Augustins* are members of the mendicant order which was formed in 1256 by amalgamating various groups of hermits under the so-called Rule of Saint Augustine. Rabelais gives them no particular prominence. They appear in a string of gluttonous, money-grubbing, bibulous shavelings all sailing towards the 'National Council of Nitwits' to 'sieve through the articles of religion against the new heretics'. The Council of Nitwits is Rabelais's mocking name for the oecumenical Council of Trent, which was eventually to pay him back in like coin by placing him, largely ineffectually thank goodness, on its *Index Librorum Prohibitorum* as an heretic of the first class.[5] A good advertisement.

In the version of 1552 the *Jacobins* (Dominicans), the Jesuits, the Capuchins and the *Hermitae* (of Saint Jerome) are given greater prominence in Rabelais's role of monastic dishonour. Tellingly the Benedictines as such are omitted, being replaced by the Celestines, that is, by the order founded in 1254 by the future pope Celestine V.[6] Nothing much can be made out from the presence of the Augustinians in this list, save to note that they are there.

It would appear that Rabelais made, as one would expect, a sharp distinction between Franciscan friars and all the orders of monks. His memories of his days among those friars were far from untroubled, but they do not lead him to satirise his former brethren nor to criticise them remotely as sharply and continuously as he does the Benedictines, the order into which he moved and the order to which his own creation, Frère Jean, belongs. This fact is revealing. Frère Jean is presented as the archetypal monk, as '*the* Monk'. Yet even when Rabelais satirises his fellow religious by contrasting

---

[5] Rabelais's term is *le Concile national de Chesil* and is found in the *Quart Livre* (TLF), XVIII, 6; XXXV, 65; LXIV, 12. The adjective *national* openly mocks Trent's pretention to catholicity; *Chesil* is the Hebrew *Kessil* (fool). Since *Kessil* is not explained with other Hebrew borrowings in the *Briefve Declaration* printed with some copies of the 1552 *Quart Livre*, it is certain that some readers at least would have missed its import.

[6] The text of 1548 in Chapter VIII of the shorter *Quart Livre* can be literally translated as: 'The next day we ran across to starboard a hulk laden with *Cordeliers* [Franciscans], *Jacobins* [Dominicans], Augustinians, *Célestins* [Reformed Benedictines], Capuchins, Barnardines [Cistercians], Minims, Jesuits, Benedictines and other holy Religious who were bound for the Council of Nitwits in order to sieve through the articles of the faith against the new heretics'. (In 1545 the Council of Trent was transferred to Bologna. Rabelais's mockery in 1548 is considerably extended in 1552.)

their timorous idleness with the activity of 'the Monk', he never alludes (as Chaucer quite naturally does) to Saint Augustine and 'his' rule.[7] When Rabelais wishes to make strictures similar to Chaucer's our attention is directed towards Scripture or, far less pregnantly than in Chaucer, to Saint Benedict. Similarly, when Rabelais justifies theologically in the *Quart Livre* that ethical synergism which is so marked a feature of his *Chronicles* ever since the hero's prayer before the battle with Loupgarou in *Pantagruel*, nothing is further from his mind than Saint Augustine: he returns to a doctrine which he had learnt as a Franciscan friar from Bonaventura, the Glory of his order.[8]

There is a sense in which Bonaventurian synergism lends itself far more readily to Rabelais's comic world than does Augustinian predestination. But it would be a great mistake to conclude that Rabelais rejected the Scriptural Pauline doctrine of predestination simply because he rejected Calvin's version of it. Rabelais did not attack contemporaries unless they had first had a go at him. Calvin attacked him and his works as worthy of burning. So he is understandably vilified in the *Quart Livre*, partly because he is of the brood of Anti-nature (together with two Roman Catholic enemies of Rabelais). In an addition made to *Pantagruel* in 1542 *prestinateurs*, that is, no doubt, *false* predestinationalists, are attacked as impostors: and in this context impostor means Calvin.[9]

---

[7] Cf. the monk's reported speech in the *Prologue* to the *Canterbury Tales*:

What sholde he studie, and make himselven wood,
Upon a booke in cloistre alwey to poure,
Or swinken with his handes, and laboure,
As Austin bit? How shall the world be served?
Let Austin have his swink to him reserved.

Frère Jean as Rabelais conceived him almost cries out to be judged by the 'Rule of Saint Augustine', but he never is.

[8] Note the quite un-Augustinian terms in which Rabelais first justified the moral synergism which is the moral of the episode of the Storm (shorter *Quart Livre*, Chapter X): our death is 'part en la volunté des Dieux, part en nostre arbitre propre'. This echoes St. Bonaventura, cited in my study *L'Evangélisme de Rabelais*, Geneva 1959, p. 43: 'Nam bonum humanae justitiae ex parte divinae gratiae habet inchoari et augeri, ex parte liberi arbitrii industriae habet coadjuvari, eo quod adjutores Dei sumus'. These last words allude to St Paul, *II Corinthians* 6:1. Rabelais cites them at this point in 1552, but after the Greek not the Latin (cf. *Quart Livre* [TLF], XXIII, 30-35). Earlier, in *Pantagruel*, he had cited them after the Latin.

[9] Calvin is known to have read, and may have appreciated, *Pantagruel* when it appeared. But later he attacked Rabelais and his works as worthy of the pyre. In

Rabelais, despite a debt to Luther, not least in the *Quart Livre* of 1552, is ill at ease with developed theological interpretations of the Pauline doctrine of predestination. But he venerates Saint Paul and prefers to cling to Saint Paul himself, adapted to the language of comedy:

> Hey! hey! hey! Who taught you thus to talk and discourse about the power and predestination of God, you wretches? Peace: st. st. st.; humble yourself before his holy face and admit your shortcomings.[10]

II

Rabelais can and does make the most unlikely topics into the subject of comedy. Death, the death of a beloved wife, the complacency of a persecuting tipsy bishop, wilful ignorance, as well as any of the seven deadly sins, all become grist to his laughing mill. There can be no reason for Augustine's absence from whole tracts of the *Chronicles* other than Rabelais's indifference to him and his writings. But we should not confuse the absence of his name with the absence of any memory of his doctrines. Many of the authors who influenced Rabelais most are never named by him. Among the contemporaries two authors to whom he was deeply indebted are not so much as hinted at: Erasmus and Celio Calcagnini. If Austin is in Rabelais he will have to be looked for...

The one certain textual borrowing from Augustine in *Gargantua and Pantagruel* is made at second-hand. It occurs in Rabelais's most eruditely comic book, the *Tiers Livre* of 1546. In that ambitious work Rabelais faces the problems of free decision (not of course to be confused with free-will) within a divinely ordered world. He does so in a book the structure of which is based upon sound legal erudition, Rabelais being an expert in the law well before he became an

---

1542 Rabelais added the words *prestinateurs* and *emposteurs* to his mockery of abusers and seducers in the *Prologue* to *Pantagruel*: '*prestinateurs*' is a deformation of *predestinateurs*. As for *emposteurs* (impostors) it is taken up again in the 1552 *Quart Livre* (XXXII, 120) where among the horrid descendants of Anti-nature (*Antiphysie*) are the 'demoniacles Calvins imposteurs de Geneve'.

[10] *Quart Livre* (TLF), *Prologue* 490-4. Rabelais's meaning is that of Saint Paul's *O homo tu quis es* of *Romans* 9:20, enriched with an echo of *James* 4:10. (The *st.st.st.* is explained in the *Briefve Declaration* printed with some copies of the *Quart Livre* as a 'word and whistle by which we impose silence', as in Terence and Cicero).

equally famous doctor. Its theology is markedly Erasmian with its own comic version of Christian 'Folly'.

Rabelais was well aware—how could he not be?—that jurisconsults, when judges were faced with certain intractable problems known collectively as *casus perplexus*, recommended a recourse to lots. The Scriptural authority for this action was *Acts* 1:26 : 'The lot fell upon Matthias'. The dominant relevant text for Civilians is a law to be found in the Roman Codex and known, with the usual abbreviations, as *L. ult. C. Communia de legatis.*[11] Authoritative glosses warned the civil lawyers that the use of lots was restricted. Recourse to lots (including dice) was not to be enterprised upon lightly, since by using them properly one was exploring the will of God. Jacobus Spiegel in an important legal *Lexicon* stresses the gulf which separates on the one hand lots which remove discord and produce harmony and those on the other hand which produce quarrels, murders, superstitions and other evils: 'Of these lots the author is Satan, but the former kind are governed by God.'[12]

Rabelais accepts that. Roman Law had been codified by Christian Emperors. It went in such matters hand in hand with Canon Law. Rabelais cites 'both the laws' in the *Tiers Livre* while anchoring his case as always in the writings of Saint Paul: God is the *Justus Judex*[13]; 'Satan often transfigures himself as an angel of light.[14]' So the humble Christian 'fool', aware of his own inadequacies if he has not received the gift of knowledge, turns to dice for a definitive decision to his perplexities, since,

> as the Talmudists say: there is no evil
> contained in lots: it is simply that,

---

[11] This law is cited in all the numerous Renaissance works I have read on this subject. It is central to Rabelais's thought and is quoted in the *Tiers Livre* (TLF), XII, 140-143.

[12] Jacobus Spiegel, *Lexicon Juris Civilis*, Lyons 1552, p. 714, *s.v.*Sors:

> observandum quòd maximum discrimen est inter sortem quae controversias tollit, alens concordiam praesentissima definitione in quam partes consentiunt liberè, de hac intelligendae sunt *l.ult.in princ. C. Commun. de legat., l.si quae cautiones. ff. Famil. ercisc., l. si cum ambo. ff. de Judic. et § optionis legatum,Instit. de Legat.* Et sortem quae aufert bona, parit rixas, homicidia, et omne malum: quae item latentium rerum omina, vel alias superstitiones complectitur. Hujus autor sathan est: priorem autem sortem Deus moderatur, ad conciliationem dissidentium animorum.

[13] *Tiers Livre de Pantagruel* (TLF), XLIV, 64; alluding to *II Timothy* 4:8.

[14] *Ibid.*, XIV, 167; XLIV, 55; alluding to *II Corinthians* 11:15.

> in the doubt and anxiety of men, by
> lots is made manifest the divine will.[15]

And here, *retombons—notre saint*. '*The Talmudists*' is Rabelais's smiling critical name for canon lawyers whom he assimilates to their Jewish counterparts. The law which he quotes contains (and was widely known to contain) a quotation from Saint Augustine imbedded in the *Decretum* of Gratian. The decrees of Gratian's work were so well-known that they were regularly alluded to, as Rabelais alludes to them, by an abbreviated numerical title, without even the name of Gratian or his book being mentioned. The Canon cited here is *26 qu.2.c.Sors*. The comic Judge Bridoye cites it at the beginning of his explanation of his apparently absurd behaviour in judging all his cases—correctly—by the means of dice.[16] How this text was used, how it was cited and how it was known to be based on the authority of Saint Augustine, can be seen from a work of a friend of Rabelais's, the legal authority Andreas Tiraquellus, whose writings contributed much to Rabelais's *Chronicles*:

> And in psalm 30: *My lots are in thy hands*. On which Saint Augustine, in his second sermon on this psalm, comments: 'There is no evil in lots, but they are things which in matters of doubt indicate the divine will.' Which words are quoted in *26 qu.2*, but the same Augustine goes on to say later: 'In lots there is not choice but the will of God.'[17]

That this most textual of quotations from Saint Augustine should come from his *Second Sermon on Psalm 30 (31)* falls bang on target. This psalm, *In te, Domine, speravi*, has in the Vulgate a sub-title which emphasises that it is concerned with ecstasy. It is one of the key texts used by the Fathers and later theologians to justify the interpretation of Christian 'folly' in terms of Socratic ecstatic *mania*.

---

[15] *Ibid.*, XLIV, 68-74:

> ... remueroit et tourneroit les dez pour tomber en chance de celluy qui, muny de juste complaincte, requeroit son bon droict estre par Justice maintenue, comme disent les Talmudistes en sort n'estre mal aulcun contenue seulement par sort estre, en anxieté et doubte des humains, manifestée la volunté divine.

[16] *Ibid.*, XXXIX, 35-36.

[17] Andreas Tiraquellus, *De nobilitate*, XVII, *Opinio* 1 § 10. The scriptural quotation is from *Psalm* 30:16 (31:17), which in the Vulgate reads, *In manibus tuis sortes meae*. The Prayer Book rendering is *My time is in thy hand*. The *New English Bible* perhaps allows of Augustine's meaning (31:15), *My fortunes are in thy hand*, but the *Revised Standard* reverts to *My times are in thy hand*.

III

Any other suggested echoes of Augustine in Rabelais are far less certain. Perhaps the most convincing come from within *Gargantua* which was written partly in order to forward the great project of Bishop Jean Du Bellay and of his statesman brother Guillaume Du Bellay: namely to reform the Gallican Church by inviting Melanchthon to Paris. (Francis I and the Du Bellays severally invited him by letter in 1535, but he could not come). *Gargantua* makes effective propaganda for a Melanchthonian synergism and for other doctrines and attitudes pleasing to the Preceptor of Germany and also to Jean Du Bellay, the bishop who was smeared as a Lutheran for his pains yet nevertheless raised to the Cardinalate (in May 1535).

Rabelais's *Chronicles* are not all fun-and-games. They contain—and *Gargantua* is no exception—pages of dense suasive rhetoric and moments of religious exhortation. One such page is devoted to the address given by the ambassador of Rabelais's good old King to the foolish marauding Picrochole (who is in part a satire of Charles V, the Holy Roman Emperor):

> The time is past for thus conquering kingdoms to the prejudice of one's Christian neighbour and brother. Such imitation of the ancient Hercules, Hannibals, Scipios, Caesars and others like them is contrary to the profession of the Gospel, by which we are each commanded to guard, protect, rule and govern his own lands and territories, not to invade others with hostile intent : and what the Saracens and Barbarians of former times called prowesses we nowadays call brigandage and wickedness.[18]

That this condemnation of 'imperialism' such as that of Charles V should be allegedly based on the Gospel would be puzzling (since no such injunction is contained anywhere in Scripture) were it not the common practice, then and now, to read one's own prejudices into the law of Christ or the Bible generally. But what is and was well-known, and associated with good early formative Christianity in the Renaissance, was Saint Augustine's condemnation of the spread of the imperial Roman sway by means of wars of conquest as a *grande latrocinium*, a great act of brigandage.[19] We may have an echo of that here, not least when one recalls that Picrochole really does

---

[18] *Gargantua* (TLF), XLIV.

[19] *Ibid.*, XXVII, 30 f.; XXXI. Cf. Augustine, *City of God*, IV, 4-5.

unmistakably merge into the Holy Roman Emperor, whose *Plus Ultra* device with its two pillars and whose alleged projects of world conquest and anti-Turkish crusade are effectively satirised in this very book.

Similarly, King Grandgousier, conjecturing why Picrochole should have come and invaded his lands on the lightest of pretexts, was forced by Picrochole's arrogance to conclude that

> God Eternal had abandoned him to the governance of his free-will, to his own sense, which cannot be other than wicked unless it be continually guided by God's grace.

The reference is perhaps to *Romans* 1:28: '*Tradidit illos Deus in reprobum sensum*'. The key word is *guidé*, guided. The theology is quite orthodox: the doctrine that God's grace does not suppress Man's free-will but guides it, is compatible with Erasmus's troubled explanations of Saint Augustine's theology of grace and free-will in *De libero arbitrio* in which he clings to the fact that Augustine did not make the will enslaved but merely vicious and impotent without prevenient and saving grace.

If Rabelais seems to be trying to give a semi-Augustinian ring to parts of *Gargantua*—and such a conclusion may be quite subjective—it would be understandable. In the interest of the Du Bellays Rabelais is propagating in *Gargantua* notions and doctrines which correspond to the perceived theology of Melanchthon on whom his patrons and Francis I were placing their hopes. Melanchthon was both a Lutheran and openly a synergist: a remarkable fact. Rabelais too is consistently synergistic in his *Chronicles*. But Rabelais in his previous book, *Pantagruel*, had exploited in the context of free-will and grace formulas which Luther loathed: *Hoc fac, et vives* (*Luke* 10:28) used to defend an element of human merit, and (as mentioned earlier) *fides charitate formata*. Moreover he had chosen to use for Man's collaboration with God the term *coadjuteur*, the very term which (as Erasmus conceded) was abhorred in such contexts by Saint Augustine.[20] Rabelais never modified this prayer of Pantagruel's in which so much synergistic theology is packed. Never-

---

[20] *Pantagruel* (TLF), the prayer before the battle with Loupgarou. Cf. *Etudes Rabelaisiennes II; L'Evangélisme de Rabelais*, Geneva 1959, p. 31, with references to important previous contributions on this point by Etienne Gilson and Lucien Febvre. See also Erasmus, *Opera*, Leiden 1703-06, X, 1535 D.

theless he does seem to have sought to humour the Lutherans in *Gargantua*. But there were limits... Insofar as Augustinian doctrines of the predestination of the Elect were associated with an almost literal exegesis of the metaphor of the Pots and the Potter of *Romans* 11:20-23, he militates against too awestruck a reaction to it by jesting quite coarsely with it.[21] But jests in one part of Rabelais's *Chronicles* are sometimes counterbalanced by seriousness elsewhere. At the end of the same book there are, interlarded with the optimistic prose-chapters of the *Abbey of Thelema*, stark reminders that the true evangelical Christians are liable to be persecuted and must 'persevere unto the end'. Rabelais musters a rosary of scriptural allusions to emphasise the Scriptural basis of this doctrine, which had become urgently and personally relevant to him in 1534-1535 when Zwinglian propaganda against the 'idolatry' of the Mass had unleashed all but indiscriminate persecution of Evangelicals in Autumn 1534 and, far worse, again in February 1535.[22] Rabelais was one of those who found it prudent to take to his heels.

This emphasis on the obligation to 'persevere unto the end' (*Matthew* 24:12) and to cling to Christ's words, 'Blessed is he who shall not be offended' (*Matthew* 11:6; *Luke* 7:23) are consonant with Augustine's teaching as the gift of perseverance. But of course Augustine has no monopoly of such basic teachings and it is noteworthy that Rabelais nowhere hints at this point that such perseverance *usque in finem* is a gift of grace. Yet that it is a gift, and so quite unmeritorious, is a central contention of the relevant section of Augustine's *De praedestinatione sanctorum*.[23] In my notes to *Gargantua* (Geneva 1970, pp. 312-3) I suggest that what Rabelais was saying there had an Augustinian savour. I do not think so now. His failure to stress that perseverance is a gift of grace is coupled with a Scriptural suggestion of merit. It is Bonaventura not Augustine who comes to mind.

But once launched an idea is no longer one's own and there has been a movement towards increasing the Augustinian element in

---

[21] *Gargantua* (TLF), XXXVIII, 75 to end.

[22] This is the *Affaire des Placards* of 1534-35. For Rabelais's texts of Scripture, cf. *Gargantua*, LVI, 102-119 and notes. These rich and dense allusions were long unrecognised in modern times, a fact which distorted the whole meaning of this book.

[23] Cf. Augustine, *Opera*, 1696, X, 829 (*De dono perseverantiae* in *De praedestinatione sanctorum*).

Gargantua which I do not find convincing. For example the *Abbey of Thelema* (*Thélème*) is the *Abbey of Will* (*thelema* being the New Testament, but not Classical Greek, word for *Will*). The one clause in the Rule of that Abbey (Chapter LV) is *Faictz ce que vouldras* (Do what thou shalt will). Obviously many have wondered whether this could be a truncated allusion to Augustine's famous injunction, *Dilige, et quod vis fac*. Grammatically Rabelais's *vouldras* (do what *thou shalt will*) seems really distant from the present tense of *quod vis*; moreover Rabelais is prepared when evoking Latin texts to distort the normal French work order, which he does not do here.[24]

There is nothing in *Thelema* itself which, in a Johannine sense, recalls the love of the brethren. That is relevant since Augustine's injunction occurs in his *Seventh Tractate on Saint John's Epistles*, §8 when commenting on the words of love in *I John* 4:4-12.

Rabelais directs our attention elsewhere: specifically towards the scholastic doctrine of synderesis which is quite un-Augustinian and to the 'yoke of bondage', the *jugum servitutis*, from which Christ, in Paul's teaching, has set man free.[25]

But most readers of Rabelais, or of *Gargantua* and the *Tiers Livre* at least, notice that the ends of those *Chronicles* artistically balance their beginnings. Professor Guy Demerson suggests that Rabelais, by the structural process known as *inclusio*, does enrich *Do what thou shalt will* with Christian love. The process of *inclusio* means that elements A1B1C1D1E1..at the beginning of a work are made to correspond to elements... E2D2C2B2A2 at the end. Professor Demerson is not one to abuse the study of a process which as often as not risks becoming an unconvincing game. He suggests that what corresponds to *Thelema*'s single-claused Rule is *Gargantua*'s emblem and *devise* in Chapter VII, which consisted of an androgyne figure, having two heads, one turned towards the other, four arms, four feet and two arses, such as in the *Symposium* Plato says human nature to have been at its mystic creation; and around it was written in Greek letters: CHARITY SEEKETH NOT HER OWN. Place that against *Thelema* and you have *Ama, et fac quod vis*.[26]

---

[24] It is closer to the incorrect current form of Augustine's maxim: *Ama*; *et fac quod vis*. In my own reading of Renaissance authors it is exclusively the authentic words which I recall having read, but my memory may be at fault.

[25] *Gargantua* (TLF) LV, pp. 301-3 and notes.

[26] Cf. Guy Demerson, (Le *Prologue* exemplaire du *Gargantua*, in *Versants*; *Revue Suisse de Littératures Romanes*, XV, CH-2072 Saint-Blaise 1989, 35-57).

A pleasing notion. And one to delight students of Saint Augustine. A scriptural commentator such as Estius on *I John* 4:4-12 certainly thinks, alluding to *Dilige, et quod vis fac*, that it can apply to the 'Rule of Saint Augustine' by which the common interest is placed before all private ones.[27] But, (leaving aside the question whether or not *inclusio* is relevant here) if these two episodes of *Gargantua* are brought together I find there what on other grounds I would have expected: Saint Paul, cited centrally in both of them. Paul was for Rabelais the teacher of salvation.[28] But where Paul is to the fore can Augustine be very far behind? Perhaps: but '*No hay olla sin tocino: ni sermon sin Agostino*'.[29] The truth of that proverb has been amply demonstrated by Heiko A. Oberman.

ZUSAMMENFASSUNG

Übersetzt von Michael Zamzow

Rabelais erwähnt Augustin nie, obwohl er gelegentlich Augustinianer verspottet. Es gibt nur ein Zitat in Rabelais Werken, das mit gewißheit von Augustin stammt. Es is ein Zitat einer Anspielung in einem bekannten Text des Kirchenrechts, der ein wesentliches Teil von Rabelais Begriff, christliche "Torheit", ist. Es gäbe vielleicht Anklänge in *Gargantua* (1535?), ein Buch, das das Anliegen der Du Bellays fördert, nämlich, Melanchthon nach Paris zu holen, um die gallikanische Kirche für Franz d. Ersten zu reformieren.

[27] 'Communia propriis, non propria communibus, anteponit'.
[28] *Quart Livre* (TLF), XLVI, 71 ff.
[29] The Spanish proverb: 'No pot without bacon: no sermon without Augustine'.

CALVIN AND THE DIVIDED SELF OF ROMANS 7

DAVID C. STEINMETZ
Duke University

> The inexperienced, who do not take into consideration the subject with which the apostle is dealing or the plan which he is following, suppose it is human nature which he is here describing....But Paul, as I have already stated, is not here describing the bare nature of man, but is depicting in his own person the character and extent of the weakness of believers. For some time Augustine was involved in the same error, but after closer examination of the passage he not only retracted the false teaching which he had given, but in his first book to Boniface he proves by many powerful arguments that it can only be understood of the regenerate.[1]

In his commentary on Romans 7:14-25 Calvin alludes to an important shift in Augustine's interpretation of Paul. The issue in this exegetical shift is whether Paul is speaking of fallen human nature when he writes in 7:15, "I do not do what I want, but I do the very thing I hate," or whether he is describing a conflict initiated by grace and experienced only by believers. Calvin prefers the position of older Augustine, who argued that grace places the believing self in conflict with itself, to the position of young Augustine, who understood Romans 7 as a reference to human nature untouched by grace.[2] According to Calvin, good exegesis follows the older Augustine; bad exegesis, i.e., the exegesis of the "sophists" and scholastics, does not.

For the most part, Calvin's allies—Oecolampadius, Melanchthon, Zwingli, and Bullinger—agree with him that Romans 7 describes a conflict experienced only by believers. Even Calvin's

---

[1] T.H.L. Parker, ed., *Iohannis Calvini Commentarius in Epistolam ad Romanos*, Leiden 1981, p. 149 [hereinafter abbreviated as Calvin, *Commentarius*]. Quotations in the text are from the English translation by Ross MacKenzie, John Calvin, *The Epistles of Paul the Apostle to the Romans and to the Thessalonians*, Grand Rapids 1961. This essay was written with the aid of a grant from the Herzog August Bibliothek in Wolfenbüttel, West Germany.

[2] Still valuable is the study of Augustine's exegesis by A.F.N. Lekkerkerker, *Römer 7 und Römer 9 bei Augustin*, Amsterdam 1942.

implacable Lutheran critic, Tilemann Hesshusen, accepts Romans 7 as a description of the inner conflict of the regenerate and alludes explicitly to the exegetical shift that placed Augustine in opposition to "Origen, Pelagius, monks, and countless others."[3] Paul's anguished cry, "O wretched man that I am," describes human life under grace (as old Augustine rightly taught) rather than under law (as young Augustine wrongly believed).

The issue is important for Calvin because it goes to the heart of what he regards as a correct assessment of human nature. If human beings outside of grace are equally fallen, it follows that they are equally insensitive to God. The intense spiritual conflict of Romans 7 is impossible for human nature untouched by grace.[4] While sinners have a vague sense that there is a God and even catch momentary glimpses of his glory, they are not, and cannot be, torn between the good they would but cannot do and the evil they cannot but would avoid. What Paul is describing is the weakness of believers, who experience an inner torment that only the faithful know.

Since Calvin prefers the exegesis of the older Augustine, he is suspicious of the exegesis of any theologian who does not. From Calvin's perspective, a preference for the exegesis of the younger Augustine is the sign of a defective anthropology.[5] Sinners are not divided against themselves, but believers are. To read Romans 7 as a description of human nature as such is to misread the human situation. It is the presence of grace, and grace alone, that challenges the hegemony of sin. Theologians who obscure that fact can be accused of minimizing the pervasive impact of the fall on human nature.

On the other hand, Calvin's position is not without its exegetical

---

[3] Tilemann Hesshusen, *Explicatio Epistolae Pauli ad Romanos*, Jena 1571, p. 216: "Hunc locum Origenes, Pelagius, Monachii, et infiniti alii corruperunt, dum fixerunt Paulum loqui de homine sub lege et sub peccato constitutum: et in se transfigurasse peccatorem. Ac Augustinus multis locis fatetur se aliquandiu ita sensisse: sed manifestissimum est Paulum loqui de se ipso, et quidem de se renato et converso: vult enim suo exemplo ostendere homini esse impossibile, ut impleat legis spiritualem obedientiam."

[4] Calvin, *Commentarius*, p. 148: "Quo igitur tota haec disputatio fidelius ac certius intelligatur, notandum est, hoc certamen de quo loquitur Apostolus, non prius extare in homine, quam Spiritu Dei fuerit sanctificatus."

[5] Calvin, *Commentarius*, p. 149: "Ita Sophistae, quum liberum arbitrium definire volunt, vel aestimare quid valeat naturae facultas, in hunc locum insistunt. Atqui Paulus, ut iam dixi, non hic proponit nudam hominis naturam: verum qualis et quanta sit fidelium infirmitas, sub persona sua describit."

difficulties. Paul's description of life in the Spirit is difficult to reconcile with Calvin's characterization of the Christian life as an existence marked by inner conflict and repeated failure. If the person described in Romans 7:14 as "carnal, sold under sin" is a believer, then Calvin must explain how the same person can elsewhere be described as "set free from sin" (6:18) and "not in the flesh" (8:9). The exegetical data seems far easier to account for if, as the young Augustine argued, 7:14 refers to life under the law and the contradictory texts to life under grace.

I

Some interpreters in the sixteenth century do in fact prefer the exegesis of the young Augustine. Bernardino Ochino, for example, identifies the "I" in Romans 7 with unregenerate sinners, who are subject to the law of God but incapable by their own power of loving, trusting, and hoping in him.[6] As children of Adam, they are so vitiated by sin that they cannot do what the law commands. Unless reborn through Christ, human nature spontaneously inclines toward what is evil.

Although Ochino speaks eloquently of human wickedness, he nevertheless concedes that sinners under the law are not bereft of every good.[7] They have some knowledge of the will of God and some desire to do it. Such knowledge is not saving, because it does not free those who have it from their sin or empower them to do God's will. In Ochino's opinion, the inner conflict described by Paul arises from a knowledge of the law of God divorced from the ability to obey it. Ochino therefore aligns himself with the Pauline exegesis of the young Augustine. Romans 7:14-25 does not refer to the experience of Christian believers but to pre-Christian existence under the law.

Ochino's interpretation is supported by Fausto Sozzini, who agrees that Paul is describing life under the law of Moses and before

---

[6] Bernardino Ochino, *Expositio Epistolae divi Pauli ad Romanos de Italico in Latinum translata*, Ausburg 1545, p. 56: "Nam quod ago, non novi (ut de me, tanquam de homine terrestri, nondum per Christum renato, loquar, in quo vivat lex, et officio suo fungatur, ipso mortuo, neque adhuc in vitam per beneficium revocato)."

[7] *Ibid.*, p. 56v: "In homine corporali, in quo lex suo fungitur officio, cuius in persona loquitur Paulus, inest tamen aliquid boni: inest enim illa dei voluntatis cognitio: insunt etiamnum certe laudabilium cupitatum, et voluntatum scintillae."

the advent of the grace of Christ.[8] Sozzini rejects the notion that Paul is speaking autobiographically, at least in the sense he is speaking of himself as "reformed by the Spirit of Christ." What Paul is describing is the miserable condition of humankind under the law.[9]

This characterization, argues Sozzini, stands in sharp contrast to Paul's characterization of life in the Spirit. Romans 7 describes a person who is covetous (7:8), dead in sin (7:9-11), carnal (7:14), sold under sin (7:14), incapable of doing the good he wills (7:19), captive to the law of sin (7:23), and oppressed by death (7:24). Paul characterizes Christians, on the other hand, as people who have crucified the flesh with its passions and desires (Gal. 5:24), are not subject to the dominion of sin (6:2, 6, 11-12, 14), are no longer in the flesh (7:5; 8:8-9), have been set free from sin (6:18, 22), walk according to the Spirit (8:1, 4, 13), and have been liberated from law of sin and death (8:2).[10] In Sozzini's opinion, these points of contrast, which are absolute and admit of no mitigation, make it impossible for anyone to maintain that Romans 7 describes the experience of Christian believers.

II

Nevertheless, a substantial number of Catholic commentators on Paul (a notable exception is Jacopo Sadoleto)[11] do exactly that; namely, accept Romans 7 as a description of life under grace. These commentators include such important theologians and churchmen as Thomas de Vio (Cajetan),[12] Ambrosius Catherinus Politus,[13] Domingo de Soto,[14] and Girolamo Seripando.[15] If Paul is speaking

---

[8] Fausto Sozzini, *De Loco Pauli Apostoli in Epistola ad Rom. Cap. Septimo. Disputatio*, Rakow 1612, p. 7: "...Paulum sub sua ipsius persona non de seipso, aut certe, non de se, tamquam Christi Spiritu reformato, locutum fuisse ostenderem."

[9] *Ibid.*, p. 8: "...ostendens potissimum inter caetera, miserum esse statum hominis sub ipsa lege...."

[10] *Ibid.*, p. 16.

[11] Jacopo Sadoleto, *Liber Secundus commentariorum in Pauli epistolam ad Romanos*, Opera omnia, tomus IV, Verona 1738, p. 173: "Quarum duarum partium inter se contentionem, atque pugnam exponere conatur, hominem illum exprimens, qui ante adventum gratiae Dei, et Christi, in lege Moysis fuit, is enim maxime his certaminibus et praeliis carnis adversus mentem erat expositus."

[12] Thomas de Vio (Cajetan), *Epistolae Pauli et aliorum Apostolorum ad Graecam veritatem castigatae, et iuxta sensum literalem enarratae*, Paris 1540.

[13] Ambrosius Catherinus Politus, *Commentarius in omnes divi Pauli et alias septem*

of Christian rather than pre-Christian experience (and these theologians are convinced that he is), then some hypothesis must be proposed to account for the contrary evidence offered by Ochino and Sozzini. How is it possible for a Catholic theologian to regard Christians as simultaneously spiritual and carnal without falling into self-contradiction on the one hand or Lutheranism on the other?

The solution proposed by the four commentators is presented somewhat differently by each, but contains three main elements: (1) a distinction between higher and lower human faculties, (2) an emphasis on concupiscence as a punishment for sin rather than as sinful, and (3) a recognition of the difference between the perfection possible in this life and in the final kingdom of God.

Each of the commentators presupposes a hierarchically ordered human being, in whom the soul is superior to the body, and reason (or in the case of Seripando, the will) superior to the other faculties of the soul.[16] The fall of Adam and Eve into sin so disordered the relationship between these higher and lower human faculties that what is inferior no longer necessarily obeys what is superior to it. Grace has, of course, begun to restore what was lost in the fall, starting with the higher powers of the soul (the mind or will). But the work is not completed in this life. Christian existence is marked by a constant struggle between higher powers that have been renewed by the Holy Spirit and lower powers, in which the work of renewal has scarcely begun.

Moreover, while baptism washed away the guilt of original sin, it did not remove concupiscence, which was left in the human soul as a punishment for sin.[17] Concupiscence is an unholy longing for whatever stands in opposition to the will of God, but it is not sinful in itself. Concupiscence is only sinful when Christians cease to resist it and freely consent to its illicit suggestions. Sin dwells in Christians, Seripando admits (citing Augustine), but it does not reign in them.[18] As long as they resist it, they are not its servants.

---

canonicas Epistolas, Venice 1551.

[14] Domingo de Soto, *In Epistolam divi Pauli ad Romanos Commentarii*, Antwerp 1550.

[15] Girolamo Seripando, *In d. Pauli Epistolas ad Romanos, et Galatas Commentaria*, Naples 1601.

[16] Politus, op. cit., p. 69; Cajetan, op. cit., pp. 37-38; De Soto, op. cit., p. 196; Seripando, op. cit., p. 116.

[17] Politus, op. cit., pp. 69-70; Cajetan, op. cit., p. 37; Seripando, op. cit., p. 118.

De Soto, Seripando, and Catherinus Politus remind their readers that the righteousness attainable in this life (*perfectio viae*) falls short of the righteousness that will be realized after death (*perfectio coelestis patriae*).[19] Christian existence is marked by constant warfare against concupiscence and the instincts of one's lower nature. Christians are spiritual to the extent they have been renewed by the Spirit; they are carnal to the extent they are oppressed by the longings of their own flesh. Justice and holiness are compatible in this life with weakness and failure but not with the loss of the will to resist.

The problem with the exegesis of the heretics, especially Lutheran heretics, is that they regard any stirring of concupiscence as sinful in itself apart from the will's consent.[20] Against such heretics, Catherinus Politus insists that Christians can perform good works, even if not they cannot do the absolute good willed by the Spirit.[21] They are unhappy and cry out for deliverance ("O wretched man that I am!"), not because they are still in state of mortal sin, but because they cannot yet do in this life the perfect and absolute good that was possible for human beings in an unfallen state of nature.

III

Luther's quarrel is not with Catholic commentators who accept the priority of the older Augustine, but with commentators who do not.[22] Luther has in mind medieval interpreters like Peter Lombard, Nicholas of Lyra, and Denis the Carthusian (though not Thomas Aquinas), who identified the "I" in Romans 7 with someone living under the law.[23] Such an interpretation has, from Luther's perspective, one fatal flaw: hatred of sin and a longing to do the will of God

[18] Seripando, op. cit., pp. 119-120.

[19] Politus, op. cit., p. 72; De Soto, op. cit., p. 198; Seripando, op. cit., p. 113.

[20] De Soto, op. cit., p. 202.

[21] Politus, op. cit., p. 70.

[22] Two important studies of Luther's exegesis of Romans 7 are Paul Althaus, *Paulus und Luther über den Menschen*, second edition, Gütersloh 1951, pp. 31-67, and Leif Grane, *Modus Loquendi Theologicus, Luthers Kampf um die Erneuerung der Theologie (1515-1518)*, Leiden 1975, pp. 94-100.

[23] For the opinion of Denis the Carthusian, see Denis, *In Omnes Beati Pauli Epistolas Commentaria*, Cologne 1533, p. 17r: "Loquitur autem Apostolus (sicut iam dictum est) in persona hominis generalitur." Against that opinion see Thomas Aquinas, *Expositio in omnes Sancti Pauli Epistolas*, Sancti Thomae Aquinatis Opera Omnia XIII, Parma 1872, p. 70. Thomas shows how the text could describe the human condition under the law or under grace, but pronounces the second

is not characteristic of the genuinely wicked.[24] Only spiritual men and women know the extent to which they are still carnal. "Certainly," Luther remarks, "no one will declare himself wretched except one who is a spiritual man."[25]

On several points, Luther's exegesis of 7:14-25 sounds remarkably like the exegesis of his Catholic contemporaries. For example, while he calls concupiscence sinful in itself, he nevertheless admits that no believer is guilty apart from the consent of his or her own will.[26] Moreover, to the objection that Paul could be understood to teach that a Christian can only do the evil he hates and never the good he desires, Luther responds that Paul wants only to say "that he does not do the good as often and to such an extent and as readily as he would like."[27]

But on the issue how one is to understand the claim that believers are simultaneously just and carnal, Luther and the Catholic interpreters part company. Catholic interpreters are willing to admit how weak even the saintliest Christians are and how buffeted by the world, the flesh, and the devil. What they are unwilling to concede is that grace has left justified sinners in a state of mortal sin. To be in a state of grace is to have crossed an invisible boundary, to have abandoned captivity in order to return to one's homeland, and to have traded one condition for its opposite. It is possible to have committed venial sins and still be in a state of grace. It is possible to fall short of one's aspirations in the performance of God's will and still be in a state of grace. It is even possible to commit mortal sin and be restored to a state of grace through the penitential disciplines of the Church. It is not possible, however, to be carnal in the sense of unrenewed by the Spirit and be just. In this sense, a state of sin and a state of grace are mutually exclusive.[28]

---

expositon—i.e., of *homo sub gratia*—as *melior*.

[24] *WA* 56.340.6.

[25] *WA* 56.346.18.

[26] *WA* 56.351.9: "Ex ista pulchra authoritate patet, Quomodo Concupiscentia sit ista infirmitas nostra ad bonum, qui in se quidem rea est, Sed tamen reos nos non facit nisi consentientes et operantes."

[27] *WA* 56.341.30: "Sed vult, quod non tot et tantum bonum nec tanta facilitate faciat, quantum et quanta vult."

[28] See, for example, Politus, op. cit., p. 70: "Itaque anathematizandum est dogma illud, quod novi haeretici suscitarunt, esse in homine peccatore et criminoso gratiam Dei: contra quos Dilectus clarissime ait. Si quis diligit mundum, non est charitas Dei in eo: quia nec diligit Deum, nec diligitur a Deo."

Luther has, of course, no intention of arguing that Christians are unrenewed by the Spirit or that the carnal "I" of Romans 7 is not at the same time profoundly spiritual. The question is not whether Christians are renewed by the Spirit but whether that renewal forms any basis for their acceptance by God. Luther is convinced that Paul teaches a doctrine of justification very different from the doctrine taught by the late medieval Church. The basis for the sinner's acceptance by God is the righteousness of Christ imputed to the sinner and received by faith.[29] This righteousness is absolute and admits of no diminution or increase.

Renewal, on the other hand, is not absolute but relative and can be encouraged or retarded. When the issue is justification, Christians are already righteous because of the righteousness of Christ and need no longer fear God's judgment. When the issue is renewal, Christians are like convalescents in a hospital, still seriously ill but living in the hope of a full recovery.[30] Renewal is the effect of justification rather than its cause. The "wretched man" of 7:24 is already just, but not yet fully renewed. Indeed, Romans 7 provides an exemplary illustration of the fundamental theological truth that the Christian man or woman is always *iustus et peccator simul*, never in this life simply one or the other. In that sense, a state of sin and a state of grace are never mutually exclusive but coinhere in the person of the believer.

Other early Protestant commentators agree in the main with Luther's reading of the text. Like Luther, Oecolampadius and Bullinger believe that Paul is talking autobiographically about his own experience as a Christian.[31] Although he has been justified, he still finds in himself a desire to commit sin. Even the good he does,

---

[29] *WA* 56.347.9: "Quod simul Sancti, dum sunt Iusti, sunt peccatores; Iusti, quia credunt in Christum, cuius Iustitia eos tegit et eis imputatur, peccatores autem, quia non implent legem, non sunt sine concupiscentia...."

[30] *WA* 56.347.11: "Sed sicut egrotantes sub cura medici, qui sunt re vera egroti, Sed inchoative et in spe sani seu potius sanctificati i.e. sani fientes, quibus nocentissima est sanitatis presumptio, quia peius recidivant."

[31] *WA* 56.339.5: "Quod Apostolus ab hoc textu usque in finem loquatur in persona sua et spiritualis hominis et nequaquam in persona tantum Carnalis, primum b. Augustinus locupletissime et constanter asserit in libro contra Pelagianos." Johannes Oecolampadius, *In Epistolam b. Pauli Apostoli ad Rhomanos Adnotationes*, Basel 1525, p. 62v: "Ex hoc loco manifestum est Paulum haec in sua persona dixisse, quamvis esset iusticans. Non enim delectat lex Dei, nisi iustificatos." Heinrich Bullinger, *In sanctissimam Pauli ad Romanos Epistolam Commentarius*, Zurich 1533, p. 99v.

he fails to do as well he would like. Zwingli and Bucer concur that Paul is describing a conflict in believers,[32] while Melanchthon brings the discussion back to the central issue by repeating the point first made by Augustine and forcefully restated by Luther: Paul must be speaking of his post-conversion experience, because no ungodly man or woman ever wills from the heart what the law commands.[33]

IV

There were, then, in Calvin's day defenders of at least three positions on the question of the proper interpretation of Romans 7: (1) that this passage describes pre-Christian existence under the law; (2) that it describes the experience of a believing, but imperfectly just, human being; or (3) that it describes the experience of a justified, but imperfectly renewed, believer. Defenders of the first position agree with the exegesis of the younger Augustine, while defenders of two and three prefer the exegesis of the older. This agreement can be implicit, as in the case of Bernardino Ochino, or explicit, as in the case of Martin Luther and Domingo de Soto.[34] Some theologians, like Luther, Oecolampadius, Bullinger, and Calvin, feel that Paul is speaking autobiographically, while others, like Sozzini and Sadoleto, deny it.

In Calvin's view, the main thrust of Romans 7 is to illustrate "the great difference which exists between the law of God and the nature of man" and to demonstrate "the impossibility of the law itself producing death."[35] The law is not and can never be anything but good. If sinners have disobeyed the law, the difficulty is not with the law itself, but with fallen human nature. Indeed, the contrast

---

[32] Huldrych Zwingli, *In evangelicam Historiam de Domino nostro Iesu Christo, Matthaeum, Marcum, Lucam et Ioannem conscriptam, Epistolas aliquot Pauli, Annotationes D. Huldrychii Zvinglii per Leonem Iudae exceptae et editae*, Zurich 1539, p. 424: "Iam incipit describere pugnam carnis et spiritus, quae in fidelibus est." Martin Bucer, *Metaphrases et Enarrationes perpetuae Epistolarum d. Pauli Apostoli*, Strasburg 1536, p. 96. On this question see Peter Stephens, *The Holy Spirit in the Theology of Martin Bucer*, Cambridge 1970, p. 82.

[33] Philip Melanchthon, *Römerbrief-Kommentar 1532*, ed. Rolf Schäfer, in Melanchthons Werke in Auswahl 5, Gütersloh 1965, p. 224.

[34] *WA* 56.339.7; De Soto, op. cit., p. 196.

[35] Calvin, *Commentarius*, p. 147.

between the goodness of the law and the wickedness of human nature is better exemplified in the experience of a Christian than in the experience of an unregenerate man or woman.

An unregenerate human being is "so completely driven by the power of sin" that his or her whole mind, heart and actions are inclined toward it.[36] Calvin does not, of course, mean to suggest that human beings are compelled to sin, since sin by its very nature is voluntary, or that sinners have lost the distinction between right and wrong. "Sometimes," he admits, "they are struck with horror on account of a sense of their sin, so that they bear a kind of condemnation even in this life. Nevertheless, they approve of sin with all their heart, and therefore yield to it without any feeling of genuine repugnance."[37] The pangs of conscience which they suffer arise "from a contradiction of judgment rather than from the contrary affection of the will."[38]

There is, therefore, a perverse sense in which sinners may be regarded as integrated personalities, at least on the level of the will's affections. If the ungodly are not free from a sometimes troubled conscience, they are at least free from the inner conflict that marks the life of faith. "Since the carnal man rushes into the lust of sinning with the whole inclination of his mind," Calvin notes, "he appears to be sinning with as free a choice as if it were in his power to govern himself."[39] But this freedom is deceptive, a mark of a subtler and deeper bondage.

Christians, on the other hand, love the will of God contained in the law, but are hindered from performing it by the depravity of their old nature "which obstinately resists and strives against what is opposed to it."[40] Because the law is good, believers hate the vices the law condemns and attempt to pattern their lives on what it commands. Through the activity of the Holy Spirit the law ceases to be an instrument of death for them and becomes an active principle of their sanctification. The godly are aware of and deplore the difference that still remains between the demands of the law and the

[36] *Ibid.*, p. 147.
[37] *Ibid.*, p. 148.
[38] *Ibid.*, p. 148.
[39] *Ibid.*, p. 147.
[40] *Ibid.*, p. 147.

achievement of their redeemed, but not yet wholly renewed, natures. Unlike the unregenerate, whose personalities are focused in their wicked rejection of God's will, Christians are conflicted personalities, caught in a struggle between the good of which they approve and the sin which they abhor but have not overcome.[41]

Like Luther, Calvin believes Paul ought not to be misunderstood to teach that Christians are utterly incapable of doing good or that they have "nothing but an ineffectual desire."[42] Men and women renewed by the Spirit are certainly capable of obeying God's will, even if imperfectly. Paul "merely complains of his inability to do what he desired—to pursue goodness with due alacrity—because he was to some extent held back."[43] The problem is not so much inability as an ability unequal to what it desires.[44]

Rather than talk about concupiscence, as Catholic commentators prefer to do, Calvin talks about the "remnants of the flesh."[45] By the term flesh, Calvin includes "all the endowments of human nature" unsanctified by the Holy Spirit.[46] By the term spirit, he refers to "that part of the soul" in which the Holy Spirit has restored the image of God.[47] Both terms apply to the human soul: spirit to the part of the soul that has been regenerated, flesh to the part that has not. Calvin believes that Paul makes much the same point by referring to the inward man ("the spiritual part of the soul which has been regenerated by God") and the members ("the other remaining part").[48] The struggle of the godly with the flesh should therefore not be misinterpreted as warfare between the soul and the body, but as a conflict between the renewed and unrenewed parts of the human soul. This conflict continues unremittingly until death. As Calvin ruefully remarks, "regeneration only begins in this life."[49] Perfect renewal remains an eschatological goal of the life of faith.

Although, unlike Luther, Calvin does not spend time in his

---

[41] *Ibid.*, p. 148.
[42] *Ibid.*, p. 151.
[43] *Ibid.*, p. 149.
[44] *Ibid.*, p. 151.
[45] *Ibid.*, p. 151.
[46] *Ibid.*, p. 151.
[47] *Ibid.*, p. 151.
[48] *Ibid.*, p. 153.
[49] *Ibid.*, p. 148.

exegesis of Romans 7:14-25 outlining his understanding of Paul's doctrine of justification, he nevertheless agrees with the distinction Luther draws between justification and renewal. Christians have been "received into the protection of God, so that they may never perish" and have been "given the firstfruits of the Spirit, which make certain their hope of the eternal inheritance."[50] Contemplation of these benefits ought to "check impatience" and give believers "a reason for joy" in the midst of their conflict with the flesh.[51] Although they have not been fully renewed and so "lament and bewail" their "unhappy condition," they nonetheless have learned to be "content with the measure which they have obtained."[52] Paul's cry, "O wretched man that I am," is not—and can never be—the last word, not even in this life.

V

What this brief history of the exegesis of Romans 7:14-25 in the sixteenth century makes clear is that the division between exegetical schools does not correspond in any simple way to the division between the competing confessional families. Bernardino Ochino was a Reformed theologian, who later developed Anabaptist sympathies. Fausto Sozzini was a radical Protestant and Jacopo Sadoleto a Catholic prelate. Yet all three defended the exegesis of the younger Augustine.

The twelve remaining theologians—four Catholic, three Lutheran, and five Reformed—declared themselves just as strongly for the exegesis of the older Augustine. Confessional differences did not prevent the formation of a consensus over the identity of the speaker in 7:15. At the same time, Catholic interpreters who rejected the position of the young Augustine differed as a group with the eight Protestant interpreters who shared their fundamental orientation to the text. The Catholic interpreters identified that difference as a disagreement over the nature of concupiscence and the degree of perfection possible in this life. If concupiscence is sinful in itself, as the Protestants teach, then baptized and penitent Christians remain in a state of mortal sin and are hindered from attaining even

---

[50] *Ibid.*, p. 155.
[51] *Ibid.*, p. 155.
[52] *Ibid.*, pp. 153, 155.

the relative justice possible in this life—a position incompatible with traditonal Catholic teaching. Luther identified the source of the quarrel as a disagreement over the nature of justification.

From Luther's perspective, Paul speaks of a human being who has already been justified by faith and to whom the righteousness of Christ has been imputed. The imperfection Paul so graphically describes from his own spiritual experience is not an imperfection in justification, but in the renewal that flows from God's justifying act. Romans 7:14-25 illustrates for Luther what it means in practice to claim that the sinner is both just before God by faith and sinful in his old, as yet unrenewed, self.

Calvin regards Romans 7 less as an opportunity to talk about justification (though he agrees with Luther against his Catholic critics) than as an occasion to discuss anthropology. Human wickedness is made all the more vivid for Calvin when he considers its force and staying power in the lives of the redeemed. Even the apostle Paul was oppressed by the "remnants of the flesh," the unrenewed compartments of his soul that still resisted the will of God. In spite of renewal by the Holy Spirit, Christian existence is marked by an ability unequal to the good it desires.

When Calvin rejected the exegesis of the younger Augustine, he made an exegetical decision that was supported by a broad consensus of Catholic, Lutheran, and Reformed theologians. Not everyone who agreed with Calvin understood Paul in the same way. Yet the disagreements among Pauline interpreters in the sixteenth century ought not to be allowed to obscure either their common commitments or their sometimes surprising agreement in detail. For a significant number of Calvin's contemporaries, both Catholic and Protestant, the medieval tradition that accepted Romans 7 as a description of life under the law was no longer convincing. For them the self that is divided is the believing self. On that point Cajetan and Calvin made common cause.

ZUSAMMENFASSUNG

Übersetzt von Michael Zamzow

In seiner Auslegung des 7. Kapitels des Römerbriefes schließt sich Calvin der Auslegung des alten Augustins an, wobei das ich sich auf das Leben im Geiste bezieht. Die Auslegung des jungen Augustins geht davon aus, daß das ich sich auf den Menschen unterm Gesetz (dh außerhalb der Gnade) beziehe. Die Ausleger dieser Stelle vertreten drei Ansichten: a)das ich beziehe sich auf den nichtwiedergeborenen Menschen; b)das ich beziehe sich auf den Wiedergeborenen, der zwar glaubt, aber nur teilhaft gerechtfertigt ist; c)das ich beziehe sich auf den gerechtfertigten aber nur teilhaft erneuerten Menschen.

Die Vertreter der ersten Ansicht sind zugleich Vertreter ganz verschiedener theologischen Richtungen (Wiedertäuferisch, katholisch, reformiert). Die sich auf den älteren Augustin beziehenden Theologen sind einig in ihrer Auffassung des in der Gnade stehenden Menschen. Die vier katholischen Theologen unterscheiden sich von den fünf reformierten und drei lutherischen auf einem entscheidenden Punkt: die Wirkung der Begierde im Wiedergeborenen. Die Begierde, nach katholischer Sicht, sei nicht an und für sich sündhaft, sonst stände ein jeder in Todessünde. Luther findet den Scheidungspunkt in der Rechtfertigungslehre. Da die Rechtfertigung dem Menschen zugesprochen sei, verhindert das geteilte ich dessen Rechtfertigung nicht. Calvin schließt sich diesem Standpunkt an. Er interresiert sich aber—wie die katholischen Ausleger—für die anthropologische Seite der Frage. Trotz sonst geteilter Meinung sind katholisohe, reformierte und lutherische Theologen einig in ihrer Auffassung, daß das geteilte ich zugleich das glaubende ich sei. Darin waren sogar Cajetan und Calvin einig.

THE HERMENEUTICAL VISION OF MARTIN CHEMNITZ

The Role of Scripture and Tradition in the Teaching Church

ARTHUR L. OLSEN
Augustana College, Sioux Falls

There are several reasons for interest in the hermeneutical vision of Martin Chemnitz (1522-1586) at this time.

The first is historical. Insufficient scholarly attention has been given to the theological contributions of second generation Reformation theologians such as Martin Chemnitz. His work as churchman and theologian provides a significant vantage point for seeing how the hermeneutical vision of Luther and Melanchthon was understood and developed in the crises and controversies of the second half of the sixteenth century. In overlooking Chemnitz we miss the rich way in which he understood the role of Scripture and tradition in the teaching church.

The second reason for interest is ecumenical. The context in which Chemnitz did his work is very different from our own. In the second half of the sixteenth century he witnessed and participated in the divisions of the Church over different perspectives on Scripture and tradition. In the second half of the twentieth century we have witnessed extraordinary moves toward unity over these same issues. Does Chemnitz' hermeneutical vision have a contribution to make to this new climate?

Chemnitz assumed that the Council of Trent was avoiding the need for reform by placing extra-Scriptural tradition on the same level as Scripture. The interpretation of Josef Geiselmann and George Tavard that the decree of the Council of Trent meant to affirm or at least make room for the view that Scripture and tradition coinhere not to defend extra-Scriptural traditions has done much to allay Protestant fears that the Roman Catholic Church wanted to base important doctrines on sources other than Scripture.[1] The statement of Vatican II on Divine Revelation affirming "a close connection and communication between sacred tradition and sacred Scripture"[2] was understood by many to embrace the coinherence view (without explicitly rejecting the two-source theory) and has been seen as a positive step towards healing the divisions in the Church through the initiation of dialogue.

In addition there is the important affirmation of the theological importance of tradition that came from the Fourth World Conference on Faith and Order of the WCC in Montreal in 1963. According to that report Tradition (with a capital T) refers to "the Gospel itself, transmitted from generation to generation in and by the Church, Christ himself present in the life of the Church. By *tradition* is meant the traditionary process. The term *traditions* is used in two senses, to indicate both the diversity of forms of expression and also ... confessional traditions, for instance the Lutheran tradition or the Reformed tradition."[3]

Chemnitz, though welcoming the ecumenical climate which accompanies these contemporary discussions, would be puzzled by the historical assumption that the Scriptural principle of the Reformation is anti-traditional. The appeal to both Scripture and tradition is deeply integral to his work. In addition he would be concerned that neither the affirmation of the coinherence of Scripture and tradition nor the recognition of the priority of Tradition over the tradition and/or the traditions addresses one of the central Reformation issues. Chemnitz' theological vision is concerned to make clear that the bearers of the Gospel tradition are subject to the critique of that truth which they bear.[4]

---

[1] Josef Geiselmann, *Die Heilige Schrift und die Tradition: Zu den neueren Controversen über das Verhältnis der Heiligen Schrift zu den nichtgeschriebenen Traditionen*, Freiburg 1962, p. 143-154. George Tavard, *Holy Writ or Holy Church*, London 1959, pp. 195-209. Heinrich Lennerz in *Gregorianum*, XL, pp. 40-44, opponent of this new interpretation, agrees with Chemnitz. For a summary of this debate see Gabriel Moran, *Scripture and Tradition: A Survey of the Controversy*, New York 1963. Both sides agree that the decree was a necessary response to an assumed Reformation rejection of tradition.

[2] *The Documents of Vatican II*, Walter M. Abbott and Joseph Gallagher eds., New York 1966, p. 117. The Constitution on Divine Revelation is a positive statement on the fact of revelation which does not formally take a position on questions of dispute. It is significant, however, that the first draft, which assumed the two-source interpretation of the Council of Trent, was sent back for reworking to a new commission headed by Cardinals Ottaviani and Bea. The result, though it does not specifically exclude the two-source view, does use language which includes Geislemann's position. Cf. Arthur L. Olsen. "The Constitution on Divine Revelation," *Dialog* (1966), pp. 182-187.

[3] *The Fourth World Conference on Faith and Order, Montreal 1963*, P. C. Rodger and L. Vischer eds., SCM Press 1964, p. 50.

The third reason for interest is theological. Chemnitz' hermeneutical vision of how theology is done in times of controversy and change provides a helpful perspective from which to understand some of the theological debates about the nature of the Church and the role of Scripture and tradition in which we are currently engaged.

Luther's refusal to recant his writings at Worms unless "convinced by the testimony of the Holy Scriptures or by evident reason"[5] raised serious questions about the fundamentals that Chemnitz had to deal with. Who then speaks for the Church? If some parts of the tradition are untrustworthy, is any of it trustworthy? In the event of different interpretations, which shall be relied upon?

These questions, though raised in the sixteenth century, have a familiar ring today. Who speaks for the Church? The official church or the church of the base Christian communities? Who can be counted on to bring the liberating word for both women and men? The traditional, patriarchal Church, or Women-Church, identified by Elizabeth Schüssler Fiorenza? How do we deal with patriarchal texts that appear to be at odds with other liberating texts or with the experience of women? By going outside Scripture as Mary Daly suggests or from the perspective of a liberating paradigm derived from the prophetic-messianic tradition as argued by Rosemary Ruether?[6]

Without claiming Chemnitz as a liberation theologian or feminist theologian before his time, it can be observed that his hermeneutical vision is attuned to the importance of the fundamental questions raised by these theologies. In times of controversy it is of utmost importance to be clear about the fundamentals, namely the nature of the Church and the resources of the Church, Scripture and tradition. This is because the heart of the Church is her teaching, her message. The Church should concern "itself with which voice it

---

[4] Olsen, *op. cit.*, p. 187.

[5] Cf. Heiko Oberman, *Luther: Man Between God and the Devil*, trans. by Eileen Walliser-Schwarzbart, pp. 197-206 for the context.

[6] Cf. essays by Rosemary Ruether, "Feminist Interpretation: A Method of Correlation;" Elizabeth Schüssler Fiorenza, "The Will to Choose or to Reject: Continuing Our Critical Work;" and Letty M. Russell, "Authority and the Challenge of Feminist Interpretation," in *Feminist Interpretation of the Bible*, Letty M. Russell, ed., Philadelphia 1985, pp. 11-146.

sounds or what sort of doctrine it bears." The voice of Christ should be heard.[7]

Vision In Times of Controversy

In times of crisis how then does the responsible teaching Church draw upon Scripture and tradition to formulate the biblical teaching of salvation soundly and clearly?

To begin with Chemnitz answered this for himself by a program of study of Scripture and tradition. When his studies at the University of Wittenberg were interrupted by the outbreak of the Smalcald war, he left for Königsberg in 1547. In 1550 he was engaged there as the castle librarian. This provided excellent opportunities for the study of theology which he carried out with some direction from Melanchthon. In his autobiographical remarks he observes that he studied the Bible in the original languages and in connection with important commentaries and translations. In addition he studied the writings of the Church fathers, and finally turned his attention to the principal writings of the religious controversies of the time.[8]

The approach that Chemnitz carried out in his personal study became the foundation for the hermeneutical vision that informed all of his theological work. In the following passage from his theological treatise *De Duabus Naturis* (1570) he describes the method of his theology in some detail.

> In the position of first importance we place before ourselves the express and clear testimonies of Scripture. Then we apply the most ancient and tested writers of the early Church in order that they, by the example of their judgment, may teach and establish us as to how they themselves transmitted and explained the true and sound interpretation concerning this part of doctrine to the ancient Church from the word of God. From which errors and from which fanatic and false opinions did they distinguish the true interpretation in this part of doctrine?[9]

---

[7] *Loci Theologici*, ed. Polycarp Lyser, Frankfurt 1591, III, p. 129, col. 2. "Ecclesia...praecipue debet attendere, quam vocem sonet, seu qualem doctrinam afferat." We have used the 1690 edition.

[8] Philipp J. Rehtmeyer, *Der Berühmten Stadt Braunschweig Kirchen-Historie*, Teil III, Braunschweig 1710, p. 290.

[9] ". . . ut scilicet ante omnia expressa et perspicua scripturae testimonia nobis proponamus, deinde vetustissimos et probatissimos primitivae Ecclesiae scrip-

The priority of Scripture is clear. However, it is also clear that Scripture is to be read in the context of the teaching Church. Hence we can look to the most ancient and tested writers in order to be taught and established in "the true and sound interpretation" of Scripture.

To grasp the implications of this hermeneutical vision we must understand (1) what he means by tradition, (2) why tradition looks to Scripture first, (3) how the teaching experience of tradition can be a guide to the true and native sense of Scripture, and (4) how the gift of interpretation is nourished in the teaching Church.

The Nature of Tradition

Because of the assumptions of many that the Reformation understanding of Scripture is anti-traditional, we must begin here.

In his study of the history of tradition Heiko Oberman comes to the important conclusion that it is necessary to distinguish between two different understandings of tradition in order to grasp what is going on during the debates of the middle ages and at the time of Reformation. For the sake of clarity he identifies these as Tradition I and Tradition II.

Tradition I is "the single exegetical tradition of interpreted scripture" which goes back to the early church. Scripture and tradition are in no sense mutually exclusive. Human and ecclesiastical traditions are always measured according to the divine tradition which is witnessed to in Holy Scripture. Tradition I stands therefore for the material sufficiency of Holy Scripture. Tradition II stands for the material insufficiency of Scripture and refers to the "two-sources theory which allows for an extra-biblical oral tradition."[10]

Chemnitz' diagnosis of tradition in his examination of the decrees of Trent (*Examen*)[11] supports Oberman's conclusion. He identifies

---

tores in consilium adhibeamus, ut illi significatione sui iudicii nos erudiant et confirment, quomodo scilicet ipsi veram et sanam de hac parte doctrinae sententiam, veteri Ecclesiae ex verbo Dei tradiderint et explicarint. A quibus etiam erroribus, a quibus phanaticis et falsis opinionibus, veram sententiam in hac parte doctrinae segregarint." (*De Duabus Naturis in Christo*, Jenae 1570, p. 91, col. 1. We have used the edition included in the 1690 edition of the *Loci*.)

[10] Heiko A. Oberman, "Quo Vadis, Petre? Tradition from Irenaeus to Humani Generis" in *Harvard Divinity Bulletin* (1962), p. 11. This important essay has been reprinted in *The Dawn of the Reformation*, Edinburgh 1986.

[11] *Examen decretorum concilii Tridentini*, Francofurti 1566-1573, pp. 69-99. The

eight senses in which the term tradition is used. Seven are in the sense of Tradition I, namely as the faithful transmission of Scripture and its interpretation. These are affirmed. Only type eight, extra-Scriptural traditions, in the sense of Tradition II, is to be rejected.

Type one refers to the written oral tradition that is "those matters which Christ and the apostles transmitted orally, that were afterwards written down by the disciples and evangelists,"[12] and type two to the transmission of that Scripture by the Church. "The books of Scripture have been ... faithfully transmitted to the following generations."[13] Obviously there is no conflict between Scripture and tradition here.

In type three Chemnitz considers the consensus of the apostolic tradition and Scripture. When Tertullian and Irenaeus speak of tradition they cannot be cited in defense of teachings not contained in Scripture. They cite almost word for word the articles of faith embraced by the apostles. In type four Chemnitz considers the apostolic interpretation of Scripture. When the heretics apply the title of traditions to their interpretations, Irenaeus and Tertullian call for a return to the *veram traditionem Ecclesiae*. This sense of the tradition of interpretation is not in any sense extra-Scriptural. The early church undoubtedly "received from the apostles and apostolic men not only the text (as we say) of Scripture, but also its legitimate and proper interpretation which...can be tested from reliable documents."[14]

Type five refers to doctrines derived from Scripture. These are "dogmas not set down in Scripture in so many words, but drawn from clear passages of Scripture by good, sure, firm and clear reasoning."[15] Included here are such doctrines as the trinity and infant baptism. But they can hardly be called extra-Scriptural. What is at stake here is the substance (the res) rather than the letter of Scripture. In these doctrines "the matter itself which is signified by the word has the most certain testimonies of Scripture."[16] In type

---

edition by Preuss, Berolini 1861, is used here. Henceforth referred to as *Examen*.

[12] *Ibid.*, p. 70, col. 1.

[13] *Ibid.*, p. 71, col. 2.

[14] *Ibid.*, p. 77, col. 1.

[15] *Ibid.*, p. 78, col. 2.

[16] "...licet vocabulum not existet in Scriptura, rem ipsam tamen habere certissima Scripturae testimonia." *Ibid.*, p. 80, col. 2.

six Chemnitz takes account of that "which is called the catholic consensus of the fathers." In this category he desires to silence the clamors of critics that he gives no place to the testimony of antiquity. On the contrary, he argues, "with great diligence we seek the consensus of the true, learned, and purer antiquity."[17] This consensus is drawn upon, not because Scripture is deficient but in order to show the continuity of the Church's faithful witness to the meaning of Scripture.

In type seven he considers the unwritten traditions which concern rites and customs rather than matters of faith. When the ancients refer to these "they do not have in mind dogma of faith" which are to be received "without Scripture" but rather "certain ancient rituals and customs, which on account of their antiquity lead back to the apostles."[18] These rites and customs are useful and acceptable as long as they are not made dogma of faith.

Finally as type eight Chemnitz isolates that single sense of tradition which must be rejected because it is both un-Scriptural and un-traditional. These are traditions which though they cannot be tested by any testimony of Scripture are commanded by the Synod of Trent "to be received and venerated with the same reverence and pious affection as Scripture itself."[19] They are extra-Scriptural either because they draw on sources outside of Scripture or because they present interpretations of Scriptural passages which cannot be validly tested from Scripture itself. It is clear, he believes, that this type concerns central rather than adiaphoral matters when Peter Soto declares it to be "an infallible and catholic rule that whatever the Roman Church believes, holds, and preserves, and is not found in Scripture is that which has been transmitted from the apostles."[20]

Rightly understood tradition is the faithful transmission of Scripture and its interpretation. In that sense tradition can be appealed to as a kind of ongoing exegetical school where we can observe how the ancient writers arrive at true and sound interpretations of Scripture.

[17] "Mediocri igitur diligentia inquirimus consensum verae, eruditae et purioris antiquitatis..." *Ibid.*, p. 81, col. 1.

[18] *Ibid.*, p. 84, col. 2.

[19] *Ibid.*, p. 86, col. 2.

[20] *Ibid.*, p. 87, col. 1.

Why Tradition Places Scripture First

Why is it then that the teaching tradition of the Church places Scripture in the position of first importance? This is because the tradition has discovered that Scripture is the necessary, authoritative, sufficient, and clear norm of its teaching.

In making a case for the necessity of the priority of written Scripture, Chemnitz does not deny the usefulness of oral tradition. From the beginning of the world to the time of Moses heavenly doctrine was passed on by oral means. And indeed the doctrine of Christ and the apostles was effectively propagated by this means.[21] The point is that Scripture testifies to the fact that written Scripture is a God-intended means to safeguard the purity of the oral tradition from misuse.

The necessity of placing Scripture as the written norm in this position becomes clear from the perspective of the dynamics of sacred history. With his teachers, Luther and Melanchthon, Chemnitz shares a semi-dualistic vision of the struggle in sacred history between God's Word and the distorting and corrupting word of the devil. The purity of the Word delivered to Adam is soon adulterated and obscured by the deviation of Cain. After the death of Adam not only the followers of Cain but also the true sons of God who accepted the true heavenly doctrine corrupted their ways. Attempts to subvert true doctrine continue to recur in evangelical history from the people who resisted the prophets down to the Roman Church which defends deviations from pure doctrine on the basis of unwritten, oral traditions.[22]

Opposition to purity of doctrine is not the end of the story. The

---

[21] "Ne vero novis semper et peculiaribus, ad instaurandam et retinendam doctrinae puritatem, opus esset revelationibus, Deum sub Moyse instituisse aliam rationem: ut scilicet scripto comprehenderetur doctrina verbi Dei." *Ibid.*, p. 10, col. 2. Cf. also *Die fürnehmsten Hauptstück der Christlichen Lehre wie darinn die Pastores examiniert und unterwiesen werden*, Wolfenbüttel 1599, p. 32. A. L. Graebner's edition, Milwaukee 1886, is used here.

[22] *Examen*, *op. cit.*, p. 8 f. Similar motifs can be found in Luther, *WA*, XLII, p. 277, and Melanchthon, *CR*, XII, p. 726. In a sermon on the three wise men Luther describes the writing of Scripture as an emergency matter to protect against error. *WA*, X I 1, p. 627. For Melanchthon's view of history cf. Peter Fraenkel, *Testimonia Patrum: The Function of the Patristic Argument in the Theology of Philip Melanchthon*, Geneva 1961. For Luther cf. John Headley, *Luther's View of Church History*, New Haven 1963.

Scriptures record the concern of God through Adam, Noah, Abraham, Moses, the prophets, Jesus and the apostles to restore and conserve the purity of doctrine against all corruptions and adulterations. Abraham and Noah were singled out for this purpose by special intervention. Moses was selected by the same means. However, through Moses another means was introduced, "namely, that the doctrine of the word of God be expressed in written form."[23]

Chemnitz believes that the first seven types of tradition, noted above, affirm the necessity of the priority of Scripture. And he further believes it to be his task to defend the tradition on this point. Indeed he regards the exaltation of extra-Scriptural tradition and extra-Scriptural interpretation of Scripture, that he finds both in the decree of Trent and in the writings of such sixteenth century theologians as Andrada de Payva and Albert Pighi, to be a very dangerous detour from the true tradition.

If written Scripture, as Andrada suggests, is only the gateway into the larger treasury of traditions, then it is insufficient as a norm for faith because it does not include "all matters which are necessary and suffice for faith and piety of life."[24] And secondly if, as Pighi argues, the writings of the apostles are under rather than above the faith of the Church, then "the common interpretation of ecclesiastical tradition is the certain and inflexible rule of Scripture."[25]

Chemnitz acknowledges that the Church is in some sense chronologically prior to Scripture. However, the Church in assembling the canon is not establishing so much as acknowledging the authority of the apostolic witness.[26]

Much is made by sixteenth century writers of the phrase from the Gospel of John 20:30 that Jesus did many things which are not written. For Chemnitz this is no limitation of the sufficiency of Scripture since John has written that which is "necessary and sufficient for salvation."[27]

---

[23] *Examen, op. cit.*, p. 10, col. 2.

[24] *Ibid.*, p. 7, col. 2. Andrada d'Payva, 1528-1575, a Portuguese theologian, wrote to refute the doctrinal errors of Chemnitz and to defend the society of Jesus in his *Decem Libri*, Venetiis 1564. Since Andrada attended the Council of Trent in 1561, Chemnitz considers this book to be a definitive key to the interpretation of the decrees. *Ibid.*, p. 1.

[25] *Ibid.*, p. 7, col. 2. Albert Pighi, 1490-1542, was a native of Holland who studied at Louvain under John Driedo.

[26] "Postea a primitiva Ecclesia habet autoritatem, ut a teste cuius tempore scripta illa edita et approbata fuerunt." *Ibid.*, p. 54.

Against the polemical charge from sixteenth century deconstructivists that Scripture is as "ambiguous as a wax nose," Chemnitz argues for the clarity of Scripture.[28] Because the Scripture is clear, in the teaching church interpreters come to Scripture as listeners and receivers. He approves the example of Augustine who "does not himself exercise a dictatorial authority for interpretation but shows how obscure places are to be interpreted from the clear places and how the simple true and sound interpretation is to be sought from the phrase of Scripture, the circumstances [of the text], from the collection of [comparison with] other texts and the analogy of faith."[29]

The whole intention of Chemnitz is to let Scripture, namely the God-intended channel of revelation, speak for itself. In the spirit of Augustine he emphasizes the importance of rules of interpretation. Rules are of two types. First there are rules of analysis. The simple native meaning of Scripture is to be drawn from words, details, circumstances, and context. Then there are rules of comparison. Passages are compared with other passages dealing with the same teaching and with the summary of doctrine drawn from the clear places in Scripture, namely the analogy of faith.[30]

If Scripture is First, Why Appeal to Tradition?

If the express and clear testimonies are to be in the position of first importance, then why should theology be interested in the judgment of the ancient and tested writers?

George Tavard, who argues for the coinherence of Scripture and tradition, does not think that the Reformation appeal to tradition has theological relevance. In his view the basis for the Protestant argument from tradition was "the Scripture not the tradition as such."[31] "The Lutheran patristic argument," he declares, without

---

[27] *Ibid.*, p. 24.

[28] *Ibid.*, p. 7, col. 2.

[29] *Ibid.*, p. 66, col. 2.

[30] ". . . Deus quibusdam in Ecclesia hoc donum dare solet, quod fontes et fundamenta interpretationum. (1) ex vocabulis seu linguis. (2) ex circumstantiis. (3) ex collatione dictorum. (4) ex analogia fidei, ita investigare et monstrare possunt, ut ex illa commonefactione reliqui, collatis Scripturae dictis, agnoscant eam esse nativam et veram sententiam." *Loci* III, p. 135, col. 2.

[31] George Tavard, "Tradition in Theology: A Problematic Approach," in *Perspectives on Scripture and Tradition*, Joseph E. Kelley ed., Notre Dame 1976, p. 99.

any apparent awareness of the work of Chemnitz, "only aimed to show that the Fathers were in agreement with the Gospel on the one hand and the Lutheran Confessions on the other."[32]

In order to understand Chemnitz' view that tradition is theologically relevant as a guide to the true and native sense of Scripture, it is important to keep two factors in mind. First, from the dynamics of sacred history we learn that written Scripture is a God-intended means to safeguard the purity of God's word. Secondly, we learn from the tradition what it means to care faithfully for Scripture and its interpretation.

Chemnitz reiterates again and again that he is not against tradition *per se* but only extra-Scriptural tradition. At this point he could agree with Tavard's contemporary view of the coinherence of Scripture and tradition, though not with his attempt to find this view at Trent.[33] Chemnitz would be uneasy, however, with Tavard's formula of coinherence, because it does not make clear that the true tradition is subject to the critique of the truth which it bears. Tradition places Scripture first in order to guard against extra-Scriptural interpretation. There are many dimensions to the care of Scripture in the tradition, as the identification of the seven legitimate types of tradition attests, but in no case does the true tradition argue for doctrines and interpretations that cannot be tested by any testimony of Scripture. The tradition is our guide to the true and native sense of Scripture. To be sure the language of the creeds does not always coincide with the literal words of Scripture. The key to faithful interpretation is to present clearly the substance (*res ipsa*) of Scripture.[34]

Chemnitz' appeal to the testimony of the fathers is based on the conviction that the transmission of the true interpretation of Scripture has continued in the Church *ab initio usque ad praesens*. This

---

[32] *Holy Writ...*, *op. cit.*, p. 96.

[33] Cf. Chemnitz finds support for the two-source view both in the decree of Trent and in the pre- and post-Tridentine theologians. Cf. fns. 24 and 25 above. Cf. also Arthur L. Olsen, "Martin Chemnitz and the Council of Trent," *Dialog* (1963), pp. 60-67.

[34] *De Duabus Naturis*, p. 62, col. 2. Chemnitz identifies three types of vocabulary: words from common language such as gospel, ransom, etc.; words which are idiomatic expressions of Scripture such as justification or grace; words used in grave council to expose heresy, as homoousious. *Loci* I, p. 16, col. 1.

comes about through the gift of interpretation to the Church by the Holy Spirit.[35]

The appeal is not based on anything that the Scripture lacks. Scripture is clear and sufficient in matters of faith and life. Rather the appeal is made that we may be taught and established concerning the true and native sense of Scripture. The better instructed can be of help to those who are less learned in understanding the meaning of Scripture. Thus he argues in the *Locus* on the Church that "whenever in synods the interpretations of the many are compared, then . . . the fountains and fundamentals of judging controversies and refuting corruptions are demonstrated."[36]

Chemnitz does not mean, as Otto Ritschl concludes, that the interpretation of Scripture is decisively subordinated to the normative consensus of the fathers of the Church.[37] The key is that the more experienced are a guide in aiding those who are less disciplined to "recognize and see what is true and what is false." This is consistent with his view that the true interpreter of Scripture lets the Scriptures speak for themselves. When the true teacher has pointed the way the learner can see for herself whether or not the interpretation is true. This is why it is important to compare different interpretations. The truth stands out most clearly in contrast to error. "As indeed good gold is most easily recognized as compared to other gold, thus the collection of interpretations and doctrines illustrates well the truer and more perfect doctrine."[38]

As there are rules for reading Scripture, there are also rules for reading the fathers *cum iudicio*. For example when writers in the tradition speak carelessly and incautiously before a doctrine has come into controversy, their words cannot be pressed to defend matters which are not in agreement with Scripture. Some of the sayings of the fathers may be satisfactory in context but not when applied to other doctrines. Augustine, he notes, acknowledges that he did not speak adequately of grace when he refuted the Manicheaen view of evil. It should be remembered that the fathers sometimes overstated their case in the heat of controversy to make a

---

[35] *Examen.*, p. 82, col. 1.
[36] *Loci* III, p. 135, col. 1.
[37] Otto Ritschl, *Dogmengeschichte des Protestantismus*, Vol. I, Leipzig 1908, p. 379.
[38] "Sicut enim auri bonitas . . . tunc facilime noscitur, quando alteri auro comparatur: Ita collatio sententiarum et doctrinarum valde illustrat veriorem et perfectiorem doctrinam." From the "Commonefactioes," *Loci* I, p. 16.

point. And it should be observed that the fathers sometimes tolerated the customs of their times though mindful of the weaknesses of these customs.[39]

Although the tradition needs to be read *cum iudicio*, it is still to be regarded as the school of ongoing interpretation of Scripture. We learn not only from what they said but also from the way in which they went about their task.

Consistent with his view that controversy can be expected because of the ongoing struggle between true and false doctrine in sacred history is his conviction that it is possible for clarity to come through controversy. Many sections of his work are followed by *De Certaminibus* (Concerning the Controversies). We can learn from controversy because the true gold stands out in comparison with the false.[40]

The Teaching Church

Faithful listening to Scripture which is in conversation with the teaching experience of the tradition is carried on in the teaching church through the guidance of the Holy Spirit. The hermeneutical vision of Chemnitz comes to focus in his understanding of the Church.

The emphasis on rules and methods of listening to Scripture and reading the tradition *cum iudicio* does not mean that the clarity of Scripture and the tasks of interpreting Scripture are only cognitive matters. Scripture is not a tool of human beings but the chosen means of the Holy Spirit to work in the hearts of people. This happens in the teaching church through the gift of interpretation. "Lest there be useless places in Scripture or occasions of error God willed the gift of interpretation to exist in the Church."[41]

How can we be sure that the gift of interpretation is properly cared for? That is how is the continuity of teaching to be cultivated and nourished? The doctrine of Christ will not continue to be

---

[39] *Examen*, pp. 83-84. This is a sample of the eight rules that Chemnitz develops.

[40] *Loci* I, p. 88, col. 1. Chemnitz believed that clarity could also come through the controversies within the Lutheran camp. Cf. *De Controversiis Quibusdam, Quae Superiori tempore circa quosdam Augustanae Confessionis Articulos, motae et agitatae sunt*, Witebergae 1594.

[41] *Examen*, p. 65, col. 2.

handed down unless there are teachers; and where there are teachers, there are listeners and learners.[42]

Against the Anabaptists and the Schwenckfeldians he argues that the succession of faithful teaching is discernible in the visible, institutional Church. No one should be listened to who is not legitimately called. The gift of interpretation has not been given equally to all.[43] Against the Roman understanding of the Church he argues that the authority of the teacher does not rest merely in the authority of the office. The true teacher is judged also by the quality of teaching.[44]

The call may be received directly as in the case of Moses, the prophets, and the apostles, and mediately as in the case of the presbyters and teachers which the apostles appointed to the Churches which they established. God may continue to call immediately, but now He has designated that the call will come through the Church.[45]

The responsibility for the call belongs to the whole Church. History shows that the call has been mediated in a number of ways. Sometimes the nomination was made by an apostle, or by the community (as when the deacons were selected in Acts 6) or by a magistrate (as in the case of Gregory of Nazianzus) or by a bishop. Anabaptists err in restricting the Church to the common multitude, excluding the clergy and the magistrate. The Romans err in restricting the power and responsibility of the call to the clergy. The call of the ministry of the Church is and remains in the possession of the whole Church. It is abused if any one part of the Church arrogates to itself the power of the call.[46]

Luther is an example of the fact that the regularly called teaching office of the Church can provide a platform for replacing false doctrine with the pure, saving doctrine of sacred Scripture.[47]

---

[42] *Loci* III, p. 119, col. 1.

[43] *Ibid.*, p. 139, col. 1.

[44] *Ibid.*, pp. 139-130. Chemnitz responds to both political arguments and biblical arguments used to defend the Roman position on authority. Chemnitz denies that the structure of the Church is analogous to the political sphere. He notes that the established authority in the Old Testament, i.e. the house of Levi, was not always to be obeyed because they were at times found defending depraved doctrine.

[45] *Ibid.*, p. 121, col. 2.

[46] *Ibid.*, p. 123. Cf. also the *Examen*, p. 485, col. 2, and the *Lehre*, p. 28.

[47] *Loci* III, p. 125, col. 1.

The test of sound teaching is not only the legitimacy of the call but also the quality of teaching. The true church must concern itself "with which voice it sounds or what sort of doctrine it bears." The ear of the true Church should be attuned to the "voice of its pastor which is Christ."[48]

As noted earlier true doctrine begins with listening to Scripture. Chemnitz has identified rules to aid in this listening. In keeping with his view that the dark places are to be interpreted in terms of the light, he argues that single articles of faith have as it were their appropriate seat (*propriam sedem*) in the clear places of Scripture.[49]

As teachings are drawn from Scripture, Chemnitz emphasizes the importance of holding on to the heart of the matter (*res ipsa*). Although it is important that pure doctrine find its seat in Scripture, it does not follow that pure doctrine necessarily has a verbal identity with Scripture. The principle concern is to select the most effective words to transmit and defend that which is revealed.[50]

Chemnitz, following his teacher Melanchthon, uses the *loci* method. The key words in this method are *order* and *summary*. A biblical basis for this approach is identified. Genesis 3:15 records a brief summary of evangelical doctrine which was revealed by the Son of God to our first parents. The prophets judge and relate their whole doctrine to the law of Moses as to a touchstone. Christ himself presented a summary of the doctrine which he preached in the phrase of Mark 1:15, "Repent and believe in the gospel."[51]

In addition to *summary*, *order* is important. Frequently those who are in error have transposed the true *status* of an article. For example the locus on justification is misunderstood if it is confused with the Spirit of renewal which is given to believers in the work of Christ.[52]

The *loci* method helps teachers and learners to see the interconnection between the whole and the parts of doctrine. This is not the occasion to develop this method in detail. Suffice it to say that the distinctions have a soteriological focus and that the use of formulating sound doctrine is practical, never an end in itself. We will completely misunderstand the earnestness with which Chemnitz

---

[48] "Iam illa Ecclesia audit vocem sui pastoris, qui est Christus: eius sermo est veritas; in qua Christus perit suos sanctificari." *Ibid.*, p. 134, col. 2.

[49] *Ibid.*, I, p. 15, col. 1.

[50] *Ibid.*, I, p. 16, col. 1.

[51] *Ibid.*, I, p. 9, col. 1.

[52] *Ibid.*, I, p. 14, col. 2. Cf. also III, p. 119, col. 1.

carries out his hermeneutical vision unless we see this. "The Son of God did not set forth and reveal heavenly doctrine," he observes, "in order that he might spread seed beds of arguments . . . rather [the purpose of doctrine is] that men might be instructed concerning the true knowledge of God and in all those matters which are necessary for obtaining eternal salvation."[53]

In Retrospect and Prospect

Although more scholarly attention needs to be given to the second half of the sixteenth century before an adequate assessment of the role of Chemnitz in carrying on the work begun by Luther and Melanchthon is made, it should be clear from our analysis that Chemnitz developed a careful hermeneutical approach to theology in a very difficult time. One can appreciate the remark of his peers that "But for Martin [Chemnitz], Martin [Luther] would scarcely have endured."[54] It should also be clear that the Scriptural principle of the Reformation is not anti-traditional but represents a consistent view of the way in which Scripture and tradition are related. On the agenda of future scholarship should be the question of the origin of the assumption that the Reformers are anti-traditional. Why for example did interpreters like Otto Ritschl think it necessary to judge sixteenth century participants as biblicists in the spirit of Luther or traditionalists in the spirit of Melanchthon? In the heat of seventeenth century controversy, do Protestants accept the charge? Is the conclusion that the Reformers are anti-traditional influenced by Descartes and the Enlightenment? This is a matter needing further investigation.

From the ecumenical point of view the shift from sixteenth century polemics to twentieth century dialogue is only to be welcomed. In the new context, however, knowledge of Chemnitz' hermeneutical vision remains of two-fold interest. As an historical witness to the nature of the sixteenth century issues, he is an important source. His efforts to analyze the meaning and usage of the term *tradition* emphasizes the need for precise language in describing either sixteenth century polemics or twentieth century dialogue. As far as the twentieth century ecumenical scene is concerned, he would welcome the

---

[53] *Ibid.*, I, p. 17, col. 1. Cf. also *De Duabus*, p. 52, col. 1.
[54] Quoted by Johannes Kunze in *RE*, III, p. 803.

shift in emphasis from two-sources to coinherence among Roman Catholic interpreters, and applaud the return to a positive theological understanding of tradition and the traditions in the World Council of Churches. He would be concerned, however, that these formulations do not deal sufficiently with the theological reality that the tradition which bears the Gospel is always subject to the critique of that truth which it bears. Theological method must be aware of the ongoing need for reformation. This is because of the ongoing tension in sacred history between true and false teaching.

And finally, Chemnitz' hermeneutical vision of the role of Scripture and tradition in time of controversy provides a perspective for evaluating the issues raised by feminist hermeneutics. Without claiming him as a feminist theologian before his time, it can be said that he would appreciate the questions even though he might be surprised by the new context. An ongoing struggle to be clear about the true and native sense of Scripture is to be anticipated. True teaching must finally be judged upon whether or not it is true to the sense of Scripture. Mary Daly presents an interesting new version of the appeal to extra-Scriptural tradition. He would be concerned that the appeal to Women-Church, though an understandable response to patriarchy, is a new attempt to subordinate Scripture to the tradition. He is closer in spirit to the proposal of Rosemary Ruether to read the dark, patriarchal passages in the light of the liberating message of the prophetic-messianic tradition.

As a final word to the contemporary scene Chemnitz might urge the need to read the tradition *cum iudicio*. He urges that writers who wrote before the clarification of an issue be read generously. Perhaps this could apply also to the fathers who wrote before the role of the mothers in the succession of teaching in the Church was fully understood.

ZUSAMMENFASSUNG

Übersetzt von Michael Zamzow

Zu Zeiten in denen es Lehrstreite gibt, glaubte Martin Chemnitz (1522-1586), daß es für die Theologie wichtig sei, in Grundsatzfragen klar zu sein. Die ausdrücklichen und klaren Zeugnisse der

Schrift haben eine Bedeutung vom ersten Rang. Danach sollte man sich mit den Schriften der Kirchenväter befassen, damit sie "uns lehren und gründen in der Art und Weise, nach denen sie selber die wahre und gesunde Auslegung...aus dem Worte Gottes überliefert und erleuchtet haben."

Der Vorrang der Schrift ist klar. Dieser Vorrang ist aber nicht als Gegensatz zur Tradition zu verstehen, wie es von Protestanten und Katholiken oft angenommen wird. Die Tradition is richtig verstanden als die treue Überlieferung der Schrift und ihrer Deutung. Chemnitz lehnt nur die sich von der Schrift abkommende Tradition ab. Der Meinung Chemnitz nach ist diese sich nicht auf die Schrift beziehende Tradition durch das Tridentinum und vor- und nachtridentinische Theologen auf die selbe Ebene mit der Schrift gestellt worden.

Die Lehrtradition der Kirche setzt die Heilige Schrift auf erste Stelle, weil die Schrift die nötige, zureichende und klare Regel der kirchlichen Lehre ist. Die Schrift ist der von Gott vorgesehene Mittel zur Bewahrung der Reinheit der mündlichen Tradition vor dem Mißbrauch. Indem die Kirche den Kanon gestaltet, erkennt sie den Vorrang des apostolischen Zeugnisses an. Deshalb kann die Schrift der Maßstab der Tradition sein. Die Rolle des Auslegers ist die des Zuhörers und Empfängers.

Wenn die Schrift vorrangig ist, wieso beruft man sich auf die Tradition? Tradition ist unser Wegweiser zum wahren und ursprünglichen Sinn der Schrift. Wir wenden uns an die Väter, nicht weil es irgendwas an der Schrift fehlt, sondern um durch die Väter unterrichtet zu werden. Der, der mehr Erfahrung hat, ist in der Lage, Wegweiser zu sein, um dem weniger Disziplinierten zu helfen, das Wahre und das Falsche zu erkennen und zu sehen. Deshalb ist es wichtig, verschiedene Auslegungen zu vergleichen. Die Wahrheit ist am deutlichsten im Gegensatz zur Irrlehre zu erkennen.

Durch die Führung des Heiligen Geistes wird treues Zuhören in der lehrenden Kirche fortgesetzt. Die wahre Kirche ist in der Nachfolge des treuen Lehrens zu finden. Der wahre Lehrer ist berufen. Die Berufung ist eine Verpflichtung der ganzen Kirche, nicht nur eines Teiles. Aber die Vollmacht des Lehrers wird beurteilt nicht nur durch die Berufung, sondern auch durch die Qualität der Lehre.

Echte Lehre fängt mit der Schrift an. Sie konzentriert sich nicht nur auf das Wort der Schrift, sondern auf den Kern der Sache. Diese

Lehre wird nach der Methode der *Loci* dargelegt. Nach dieser Method sind Kennworte zugleich Zusammenfassung und Gestaltung. Der Gebrauch der Lehre ist letztendes praktisch. Ziel ist, daß wir "in den zum ewigen Heile nötigen Sachen unterichtet werden möchten, sowie betreffs derer wahren Erkenntnis".

ABRAHAM VAN DER HEYDEN

A Seventeenth-Century Bradwardinian

JAMES TANIS

Bryn Mawr College

Prologue

Abraham van der Heyden, Reformed theologian, shared in that rich stream of Anglo-Dutch religious, cultural and intellectual intercourse which so greatly affected the Dutch and the English in the sixteenth and seventeenth centuries. This paper examines the impact of one particular theological aspect of that Anglo-Dutch relationship. Arguments concerning predestination and freedom of will, formulated in the early years of the Reformation by Erasmus and Luther, reached a peak in The Netherlands in the first half of the seventeenth century. In those controversies van der Heyden was to rearticulate a robust Augustinianism drawn from the past.

Parenthetically, yet another century later the battle was refought in America with van der Heyden's role played by the New England divine Jonathan Edwards. In defining terms, in the preface to his work on the freedom of will, Edwards posited: "Many find much fault with the calling professing Christians, that differ one from another in some matters of opinion, by distinct names; especially calling them by the names of particular men, who have distinguished themselves as maintainers and promoters of those opinions: as the calling some professing Christians Arminians, from Arminius..."[1] Edwards further noted: "...yet I should not take it at all amiss, to be called a Calvinist, for distinction's sake: tho' I utterly disclaim a dependance on Calvin, or believing the doctrines which I hold, because he believed and taught them; and cannot justly be charged with believing in every thing just as he taught."[2]

---

[1] Jonathan Edwards, *A careful and strict enquiry into the modern prevailing notions of that freedom of will, which is supposed to be essential to moral agency, vertue and vice, reward and punishment, praise and blame*, Boston 1754, p. i.

[2] *Ibid.*, p. iv.

In this Edwardsean manner Heiko Oberman calls the fourteenth-century Archbishop of Canterbury Thomas Bradwardine an Augustinian: "So for Bradwardine Augustine is not an authority qualitate qua, but insofar as he is an outspoken anti-Pelagian..."[3] In the same way also this paper examines the Dutch theologian Abraham van der Heyden as a seventeenth-century Bradwardinian.[4]

Differences contended by Augustine and Pelagius in the early fifth century had been mirrored in the arguments of Thomas Bradwardine and the English *Pelagiani moderni* of the fourteenth century; in the 1640s Augustine and Bradwardine reappeared in Abraham van der Heyden's arguments with the Arminians (also called Remonstrants), a group of Reformed churchmen viewed as seventeenth-century *Pelagiani redivivi*.

As commentary on his times van der Heyden observed: "Luther used to say that if a person will pay attention to the history of the church, he will find that the Church may live forty or fifty years in peace and rest, but it will always be troubled from within or persecuted from without."[5] And those seventeenth-century Dutch Remonstrants might have added: Sometimes it is not too easy to tell the difference. Though economic issues and problems of church and state loomed large among the contentions of the day, this brief paper leaves such matters aside; even so, Netherlandic Reformed of varied religious opinions, from the Erasmian left to the Bezan right, were theologically and philosophically troubled and continued to be throughout the century.

The Anglo-Dutch connection

Born in 1597, van der Heyden completed his studies at the Latin School in Amsterdam and then attended the University of Leiden, becoming a candidate for the ministry (a *proponent*) in the Reformed

[3] Heiko Oberman, *Archbishop Thomas Bradwardine, a fourteenth century Augustinian*, Utrecht 1957, p. 25.

[4] Gordon Leff in his *Bradwardine and the Pelagians*, Cambridge 1957, p. 116, wrote: "It would only be true to call Bradwardine an Augustinian if so little were added to his general outlook and conclusions that, with the additions stripped away, the system would still stand. But this is not the case..." Clearly this paper rejects that position.

[5] Abraham van der Heyden, *De causa Dei. Dat is: De sake Godts, verdedight tegen den Mensche...*, Leiden 1645, p. 948.

Walloon Synod in 1618. Following five years of European travel he settled down in the parish of Naarden, near Amsterdam, for another five years. In 1628, newly married, he moved to Leiden as *predikant* for German language services, though he preached in Dutch and French as well. Some of Leiden's self-proclaimed orthodox felt that van der Heyden displayed too great indulgence and toleration of the Remonstrants; he believed, on the other hand, that people could not be theologically convinced by force. Arminians, he believed, could only be brought back "into the lap of the Reformed Church" by persuasion.[6] Such sentiments engendered suspicions among the hard-core Bezan-Calvinists who believed that van der Heyden might himself be diverging from "true orthodoxy." Some felt he was weak in exercising church discipline and not rigid enough in his requirements for receiving former Remonstrants back into full membership.[7] Both to establish his own position unambiguously and to begin the task of convincing the Arminians of the errors of their ways, he replied to their newly-published Catechism[8] with his *Proeve en Wederlegginghe des Remonstrantschen Catechismi.* The Catechism, based on the Remonstrant Confession of 1621, was constructed by Johannes Uytenbogaert, founder of the Remonstrant Brotherhood and its most lively author. Van der Heyden's response, published in Leiden in 1641, went through a second edition before the year was out. It included a preface (*Aensprake aen alle Remonstrants-Gesinde Gemeynten door het Vereenighde Nederlandt*) which sought to address the Remonstrants with friendliness and openness. Naively van der Heyden may have thought he was pouring oil on troubled waters, but the text of his *Proeve* itself exuded none of the feeble peacemaking thrust of the introduction.[9]

An answer to van der Heyden was soon in preparation by a senior spokesman of the Remonstrants, Simon Episcopius. Episcopius,

---

[6] Hoogstraten, David van, *Groot algemeen historisch, geographisch, genealogisch, en oordeelkundig woordenboek*, Amsterdam etc. 1729, v. 5, pp. 93-96. Begun by Hoogstraten (1658-1724), this important early reference work was published between 1725 and 1733. After Hoogstraten's death, the undertaking was carried on by Jan Lodewijk Schuer.

[7] Article on Abraham van der Heyden (Heiden, Heydanus, Heidanus) in J. P. de Bie and J. Loosjes, *Biographisch woordenboek van protestantsche godgeleerden in Nederland*, The Hague 1931, v. 4, pp. 2-9. Hereafter cited as de Bie-Loosjes.

[8] *Onderwijsinge in de christelijcke religie, gesteld bij vragen en antwoorden van de Belijdenisse der Remonstrantsch Gereformeerde Christenen...*, Rotterdam 1640.

[9] In 1645 a third edition was published; that edition has been used for this study.

born Simon Bisschop in 1583, had become a close friend of Jacobus Arminius before the latter's death in 1609. In 1612 he accepted a professorship in the faculty of theology at the University of Leiden, where faculty and students were divided by the theological differences filling the air. By the time van der Heyden entered the University as a student in February 1617, debates between Remonstrants and Contra-Remonstrants were in full swing. More inclined at that time towards conciliation than argumentation, young Abraham kept out of the disputes.[10] Professor Episcopius, however, was drawn deeply into the whirlpool. Actions by Contra-Remonstrants were taken to unseat him, and on 13 November 1618 he delivered what proved to be his farewell address to the students. Three main points marked the opening of his discourse: his reliance on the truth of Scripture, clearly and simply presented; his emphasis on the sanctity of life; and his exhortation to peace and unity, bound by gentleness. Predestination, with its "irrevocable decree," however, he rejected as a blemish and stain on the Reformation.[11]

The nature of Episcopius' character, the sum of his thought and the root of his theological difficulties are movingly presented in a letter written to his niece Gertruyt from the six-year exile he endured after the passing of the judgements of the Synod of Dort: "You often sigh, you say, as you think on my sad banishment. I know your heart; I know that you do it out of love. But do not sigh over this. But help me pray that I receive the Spirit who prays for me by God with inexpressible sighs, for that I need most. If we have that, it is grace, yes joy and glory, that we suffer for the sake of a good conscience, for so we will be made worthy for the coming age of the children of God, where our Lord and Fore-runner did not enter before he was sanctified through great suffering."[12]

When speaking to the students at Leiden, little could Episcopius have imagined that twenty-five years later he would make his last

[10] Jan Anthony Cramer, *Abraham Heidanus en zijn Cartesianisme*, Proefschrift-Rijks-Universiteit te Utrecht, Utrecht 1889, p. 19. In his gentleness and optimistic attitude he reflected the personality of his Leiden professor Daniel Colonius (1566-1635) whose open-mindedness had led to insupportable charges of unorthodoxy.

[11] Philippus van Limborch, "Leven van Simon Episcopius," pp. 3-348 in Simon Episcopius, *XVII. predicatien...*, Amsterdam 1693, pp. 110-129.

[12] Simon Episcopius aen Gertruyt Bisschop, 2 June 1623, pp. 359-363 in *Brieven van verscheyde vermaerde en geleerde mannen deser eeuwe...*, Amsterdam 1662.

great defense of Arminianism in the form of a reply to van der Heyden, one of those students. The text of Episcopius' *Antwoort op de Proeve van Abrahamus Heydanus* was in the press when he died on 4 April 1643. Johannes Uytenbogaert, then 87 years old, attended the funeral; soon thereafter he added to Episcopius' work a sprightly preface in response to van der Heyden's *Aensprake.*[13] Like van der Heyden's work, it went through an expanded second edition within the year.[14]

By 1645, van der Heyden had prepared a much vaster elaboration of the subject in a counter reply. Already in his *Proeve en Wederlegginghe* he had drawn on the work of the English theologian Thomas Bradwardine to support his argument. Uytenbogaert, in his preface to Episcopius' *Antwort,* teasingly picked up on van der Heyden's references. "And just who is this Bradwardine? A popish bishop of Canterbury, who lived 260 years ago and concerning this whole cause of God, as van der Heyden here calls it, had submitted it to the uppermost judgement of the Roman Church or the Pope of Rome."[15] Episcopius, too, had no good word for "papist Bradwardine," whose teaching he likened to warmed-over "huts-pot."[16]

In his new volume van der Heyden drew again on the work of the English Archbishop, even adapting the title of Bradwardine's major treatise to his own more immediate purpose: *De causa Dei. Dat is: De sake Godts, verdedight tegen den mensche. Ofte, Wederlegginge van de Antwoorde van M. Simon Episcopius....* Near the heart of the matter were the Canons of Dort. "We surely have our doctrine according to the rule of God's Word decided in the Synod at Dordrecht, and have rejected the contrary opinion," argued van der Heyden.[17]

On 13 November 1618 the long-called-for Synod of Dort had finally assembled in the Dutch city of Dordrecht. A national synod to discuss theological differences had been proposed in 1606 by Jacobus Arminius when he laid down his office as Rector Magnificus of the University of Leiden and addressed his audience "On

---

[13] Philippus van Limborch, "Leven van Simon Episcopius," p. 316.

[14] Simon Episcopius, *Antwoort op de Proeve van Abrahamus Heydanus, tegen de onderwysinge in de christelijcke religie*...den tweeden druck..., Rotterdam 1643. This second edition has been used for this study.

[15] Episcopius, *Antwoort,* p. &&2 v.

[16] *Ibid.,* p. 416.

[17] Van der Heyden, *De causa Dei,* p. 416.

Reconciling Religious Dissensions among Christians."[18] By 1618, however, the Synod agenda was in the hands of the Contra-Remonstrants and was aimed primarily at deciding the fate of the late Arminius' purported followers rather than at discussing their several arguments.

Among the flurry of publications drawn up in anticipation of the Synod were two Latin volumes of great substance, both the work of Englishmen. The more ponderous was the hitherto unprinted text of Thomas Bradwardine's *De causa Dei*;[19] the more inflammatory was William Ames' *Coronis ad Collationem Hagiensem*.[20] These tomes were, respectively, the culmination of separate anti-Arminian efforts by two men otherwise at odds: George Abbot, Archbishop of Canterbury, and William Ames, "Learned Divine." It had been Abbot's rejection of Ames, when the former was Bishop of London, that had eventuated in Ames' exile to The Netherlands; indeed Abbot blocked Ames' vocational goals even in exile. In 1612 he wrote to the English agent to the States General in The Hague, Sir Ralph Winwood, "that if he [Ames] were here amongst us he would be so far from receiving preferment [for a significant position], that some exemplary punishment would be his reward."[21] Ironically, in The Netherlands Ames became a behind-the-scenes theological advisor to the president of the Synod. In fact, Abbot and Ames were

---

[18] "On reconciling religious dissensions among Christians," pp. 370-477 in Vol. 1 of James Arminius, *The Works*, London 1825. The section on the National Synod begins on p. 409. The text is heavily annotated by the editor James Nichols.

[19] Bradwardine's *De causa Dei, contra Pelagium, et de virtute causarum, ad suos Mertonenses, libri tres* was edited by Sir Henry Savile and printed in folio, London 1618.

[20] Ames' *Coronis ad Collationem Hagiensem* ("The Tailpiece to the Hague Conference") was first printed in The Netherlands in 1618 and then passed through several later editions. The edition used for this paper was the fourth, London 1630. The Hague Conference, held in 1611, debated the five points of the Remonstrance of 1610, a document which provided the "Remonstrant" movement with its name. Though Arminius had died in 1609, the thrust of his theology was put forward in the Remonstrance signed by, among others, Simon Episcopius, Johannes Uytenbogaert, Petrus Bertius and Nicolaas Grevinchoven. Though not deliberately, the Remonstrants gradually altered the theological position of Arminius so that the use of the term *Arminian* had lost its original integrity even prior to the Synod of Dort.

[21] George Abbot to Sir Ralph Winwood, 12 March 1612 (N.S.), quoted in Keith L. Sprunger, *The learned doctor William Ames; Dutch backqrounds of English and American Puritanism*, Urbana 1972, p. 33. In his capacity as agent to the States General of the United Provinces, Winwood also served as a member of the Dutch Council of State.

not far apart theologically; in matters of piety and morals both were Puritans, though of different ecclesiastical stripes, for Ames was decidedly a nonconformist and Abbot a traditionalist. Abbot was deeply committed to the episcopal form of order and Ames increasingly to the congregational form.

In the earliest biography of Ames, Matthew Nethenus (1618-1669) recounted the presentation of the Acts of the Synod of Dort to King James I and to Archbishop Abbot. Opportunity was made of that occasion to persuade Abbot that Ames be allowed to accept a professorship at the University of Leiden. Abbot, referring to Ames as a disobedient son of his mother, the Church of England, continued effectively to block Ames' appointment.[22] Nethenus' own opinion, however, was very different: "[Ames] was a singular ornament of his age. This outstanding theologian was given to us by England, the fruitful mother and nurse of many distinguished theologians. Before this, in the most dangerous times of the Papacy, she had given the world Bradwardine and Wiclif..."[23] Van der Heyden, too, shared the younger Nethenus' opinion, citing Ames' exposition of Romans 8:29 as the most convincing exegesis of that critical passage.[24]

1618, the year Abbot gave the world Bradwardine in printed form, was a most difficult time for the Archbishop. In early March his brother Robert, Bishop of Salisbury, died. His death was a grievous and troubling blow, for Robert had been a strong supporter of the Archbishop's theological position, even though Robert's remarriage a few years earlier had caused bitter differences between them.[25] In May his Puritan heart[26] was greatly troubled when King James issued his *Declaration of Sports*, permitting "Sabbath" sports and games. As the Synod of Dort approached its mid-November

---

[22] Matthew Nethenus, Hugo Visscher, and Karl Reuter, *William Ames*, Cambridge 1965, p. 13. The original studies of Ames by these three authors were initially published in Latin, Dutch and German respectively, and were later edited and translated into English by Douglas Horton.

[23] *Ibid.*, p. 3.

[24] Van der Heyden, *De causa Dei*, p. 914, citing Ames' *Coronis*.

[25] Paul A. Welsby, *George Abbot, the unwanted archbishop, 1562-1633*, London 1962, pp. 84-85.

[26] In this article the use of the term "Puritan," like "Arminian," refers to theological and ethical predispositions rather than to political or ecclesiological stances.

opening, Abbot was sensing the increasing weakening of his supports both in church and state. He sent his chaplain to represent him in The Netherlands.

Abbot's drive for moral and theological purity in the Church had long been his major motivation. An early biographer wrote: "...he was never esteemed excessively fond of power, or desirous of carrying his prerogative, as Primate of England, to an extraordinary height...."[27] Nonetheless he was deeply committed to the propagation of his understanding of the predestinarian views of Augustine, Bradwardine and Calvin. He rightly feared that that position was losing acceptance among some members of the more learned classes, though he used his office to promote vigorously those views at home and, when occasion permitted, abroad.

Seeing in Dutch Arminianism a virulent source of heresy, Abbot had early set out to undercut it. In 1611, when Abbot learned that the undogmatic and tolerant Conradus Vorstius was to take the professorship at Leiden as the successor to the recently deceased Arminius, English agent Sir Ralph Winwood was again called into action, this time to block the appointment of Vorstius.[28] In this maneuver Abbot convinced King James, a would-be predestinarian theologian in his own right, to take the lead.[29] Biographer Oldys pointed out: "In all probability this alarmed some of the warm churchmen at home, who were by no means pleased with the King's discountenancing abroad those opinions which themselves favored in both universities..."[30] As Abbot disliked democratic tendencies in both state government and in church polity, it was natural for him to be suspicious of those Dutch whose varied efforts for toleration seemed to threaten his goal of a Puritan world. The King's

---

[27] William Oldys, *The life of Doctor George Abbot*, Guildford 1777, p. 17. Oldys' biography was first printed in the *Biographia Britannica*, Vol. 1, London 1747.

[28] Vorstius (1569-1622) was born in Cologne and educated in Germany, where he also held various academic positions before receiving the call to Leiden. He attempted to hold a neutral position in the Dutch disputes but was driven into the Remonstrant camp.

Winwood, a man of determined anti-Spanish bias, was eager to support the war party among the Contra-Remonstrants and was ready, therefore, to oppose the actions of those peace-minded Dutch who sought toleration in matters both religious and political.

[29] Welsby, *George Abbot*, pp. 48-49.

[30] Oldys, *The life of...Abbot*, p. 18.

power and Abbot's words were sufficient to help deprive Vorstius of fulfilling his position in Leiden.

Earlier, in 1604, Abbot had been one of King James' appointees to the committee for translating the Bible. During the seven years of the project he was on the subcommittee translating the Gospels, the Acts and the Apocalypse. Among those sharing the work of that subcommittee was Sir Henry Savile, an extraordinary linguist, warden of Merton College and provost of Eton. Indeed, he set out to transform Eton into a center of Renaissance learning.[31] From 1610 to 1613 Savile set up a press at Eton, imported special type from The Netherlands and published an eight-folio-volume critical edition of the works of Chrysostom, the most formidable work of scholarship published in England up to that time. Savile was also a mathematician of great skill and later founded the first Oxford chairs of geometry and astronomy.[32] These abilities and affinities made him a logical choice to implement Abbot's plan to provide a critical edition of Bradwardine's study of Augustinian predestination, for apart from *De causa Dei*, Bradwardine's most significant work was in the field of mathematics. At Abbot's urging, Savile went to work.[33] The volume was ready for publication in 1618, in time to provide its scholarly text for the arguments at Dort.

Actually Abbot's greater practical contribution to the success of the Calvinistic party was his having driven William Ames from England to The Netherlands. Ames proved to be the most effective opponent of the Arminians. Dutch Calvinists using traditional Aristotelian modes of argument with the Remonstrants often passed Arminius and his followers like ships in the night. Arminius had been at the forefront of those effecting the application of Petrus Ramus' logical techniques to theological discourse. Ames' Ramism, largely derived from his Puritan teacher William Perkins, enabled him to encounter Arminianism head on.

---

[31] Christopher Hollis, *Eton, A history*, London 1960, p. 67.

[32] James McConica, "The Collegiate University," Vol. 3 of *The history of the University of Oxford*, Oxford 1986, p. 716. "Sir Henry Savile [was] the chief promoter of scientific studies in the Elizabethan university...," *ibid.*, p. 721.

[33] Walter Farquhar Hook, *Lives of the archbishops of Canterbury*, London 1865, Vol. 4, pp. 87-88. Hook's own copy of Bradwardine's *De causa Dei* is in the Andover-Harvard Theological Library.

See also Nicholas Tyacke, *Anti-Calvinists. The rise ofEnglish Arminianism, c. 1590-1640*, Oxford 1987, pp. 56-57.

Before the Synod, Arminianism was little understood in England and of no great significance there. Following Dort, certain aspects of the then-widely-publicized movement spread throughout the kingdom. By 1622 Abbot was so distressed by the debates and discussions taking place that he joined with King James in a terse publication intended to quell the so-called Arminian controversy. "That no preacher of what title soever, under the degree of a Bishop or Deane at the least, do from henceforth presume to preach in any populous auditorie, the deepe points of predestination, election, reprobation; of the universalitie, efficacie, resistabilities, or irresistabilitie of God's grace, but leave those theames to be handled by the learned men, and that moderately, and modestly, by way of use and application, rather than by way of positive doctrine, as beeing fitter for the schooles and universities, than for simple auditories."[34] For Stuart England it was too late to stay the tide, though Archbishop Abbot held to the fight until his death in 1633. English Arminianism, however, always differed importantly from Dutch Arminianism; their varied histories frequently paralleled one another but crossed only occasionally.

As Dutch Arminianism differed from the English mode, so did van der Heyden's Bradwardinianism differ from that of the fourteenth-century Archbishop's original. The political, societal and philosophical contexts varied substantially. Their most distinguishing unifying mark, however, was their anti-Pelagian Augustinianism. With the exception of references to Episcopius, whose work van der Heyden was specifically answering, references to Augustine outnumber even those to Calvin, the next most frequently cited authority, by four to five times. He echoed Bradwardine's judgement[35] in his own evaluation of Augustine's understanding of the nature of God's Word and His grace: "No one has better investigated this than Augustine, no one better penetrated it, no one more wisely revealed it, and no one has presented the truth in this matter more propitiously than he. Therefore we have also followed him as a plumbline and measure, not doubting that we have thereby served our labors well, using an unspoiled judgement with all impartiality."[36]

---

[34] George Abbot, *The coppie of a letter*, Oxford 1622, p. 2.

[35] Bradwardine, *De causa Dei*, p. 606, cited in Heiko Oberman, *Archbishop Thomas Bradwardine, a fourteenth century Augustinian*, Utrecht 1957, p. 24.

Concerning Bradwardine himself on the nature of grace, van der Heyden noted in his "Judgement on the whole doctrine of the Remonstrants" that "if our churches did not defend the cause of God (which we together with Bradwardine call the doctrine of grace) it would be universally abandoned and defended by no churches."[37] In response Episcopius first attacked Bradwardine as a "proud, arrogant papist Archbishop, who, with justification, the great Hugo Grotius labelled an Ismael of his time." To the claim that the cause of God would be abandoned were it not for the Contra-Remonstrants, Episcopius added: "What do you think, Reader? Doesn't one have reason to ask the 'Proever' with his own words: Are they Reformed who openly contradict and refute the unanimous and uniform teaching of all the Reformed Churches?" Episcopius constructed his idea of unanimity on his own understanding of a very broad and inclusive doctrinal base. Claiming that the Contra-Remonstrants, with their requisite doctrine of predestination, were the real distorters and destroyers of true Reformed unity, Episcopius charged that they thereby turned the "Reformation" into a "Deformation."[38]

Another major point of contention focused on the Remonstrant accusation that the Dortian doctrine of predestination made God the author of evil. To respond to the charge, van der Heyden turned to Bradwardine: "Thomas Bradwardine, in his *De causa Dei contra Pelagiones* ... expresses the matter very much to the purpose against those who said: 'I will not have for my God, him who drives me to evil.' For I [Bradwardine] say on the contrary: 'I will not recognize for God him who is not all powerful in his acts, who does not have an all powerful command and authority over my feeble will, who cannot through his almighty power will me to do what he wills, who does not have a will which is powerful over all ....' Continuing in accordance with the sound declaration which he [Bradwardine] previously made on the subject: 'Yes, I say confidently: I will not have or hold as my God him whose blessed will, I, miserable sinner, so lightly can push down from the bulwark of his more worthy freedom...' "[39]

---

[36] Van der Heyden, *De causa Dei*, p. 143.

[37] Van der Heyden, "Oordeel over de gantsche leere der Remonstranten..." pp. 415-504 in his *Proeve*, p. 418.

[38] Episcopius, *Antwoort*, p. 416.

In addition to the nine hundred pages directed against Episcopius, van der Heyden alerted the reader on the title page of *De causa Dei* that his work included *A digression against the entitled "Clear and complete biblical report" by Jacob Batelier, concerning the election and rejection of Jacob and Esau, Romans chapter IX.*[40] Batelier's tract[41] grew out of a response he had prepared in 1618 to a speech by Bishop Joseph Hall, King James' representative to the Synod of Dort. As published in 1644, it climaxed a decade-long pen-war with Professor Gijsbertus Voetius of the University of Utrecht. The formidable Batelier, described as a single-minded and contentious Remonstrant,[42] quickly changed opponents when van der Heyden rather than Voetius attacked his essay on Jacob and Esau. Van der Heyden's text is a closely argued and elaborately detailed defense of the Augustinian predestinarian interpretation of the ninth chapter of Paul's letter to the Romans.

Basic to van der Heyden's answer to Batelier is a lengthy anti-Jewish reading of Paul's letter, defended by the statement: "Even though the Apostle did not argue just the same questions and disputations which are currently in vogue, nevertheless, out of their grounds ... one can very fitly decide today's differences."[43] Citing Luther's attack on the Jews,[44] van der Heyden perpetuated the anti-Jewish bias of much of the Augustinian tradition at a time when some of the Dutch were beginning to rethink such ancient biases.[45]

Epilogue

Though charges of Pelagianism, semi-Pelagianism and Arminianism have yet to disappear from theological debate, for van der Heyden the areas of greatest concern and contention were to change substantially soon after the publication of his *De causa Dei*. In 1647

---

[39] Van der Heyden, *Proeve*, pp. 389-390.

[40] The second part of the title of *De causa Dei* reads: *Een digressie tegen het genaemde Klaer ende volkomen schriftuerlick bericht van Jacob Batelier, over de verkiesinge ende verwerpinge van Jacob en Esau, Rom. Cap. IX.* It comprises pp. 529-605 of the text.

[41] Jacob Batelier, *Den rechten utlech van Jacob en Esau...*, The Hague 1644.

[42] De Bie-Loosjes, Vol. 1, pp. 347-348.

[43] Van der Heyden, *De causa Dei*, pp. 542-543.

[44] *Ibid.*, p. 530. Also note the summary comments on pp. 953-955.

[45] Heiko Oberman, *The roots of anti-Semitism...*, Philadelphia 1984, pp. 141-142.

the philosophy of René Descartes gave rise to intellectual uproar at the University of Leiden, similar to disturbances at the University of Utrecht during the previous five years. Among Descartes' defenders was Abraham van der Heyden, who by that time had become a moderate though fully-convinced Cartesian. The early impact of Ramism on his thought had opened his mind to the clearer division of philosophy and theology which he drew from Descartes. Added to this was van der Heyden's attraction to the biblical covenant theology of Johannes Coccejus.[46]

In his later work, van der Heyden was clearly marked by both Descartes and Coccejus. He was the first Dutch theologian to give Descartes a place in Reformed theology.[47] Most significant was his posthumously published *Corpus theologiae christianae*.[48] Unfortunately the work was largely prized for its continuing anti-Remonstrant and anti-Socinian arguments rather than for its creative construct of Reformed theology. It revealed, as well, his lively method of instruction, contrasting with the more rigid structures of Aristotelian methodology. Voetius of Utrecht remained a passionate defender of Aristotelianism. In an exchange of vituperative pamphlets on Cartesianism, van der Heyden pointed out to Voetius the obvious: problems with Aristotelian philosophy were not limited "to philosophers and church fathers" but extended to Reformation theologians. Against "Melanchthon, Beza and such zealots for Aristotelian philosophy," he countered with "Luther, Augustine and others."[49] (Van der Heyden's potential for openness is reflected in his numerous references to Luther, citing works of the Reformer to support his own held positions.)

To pursue the intricacies of the Corpus would lead too far from the initial intent of this brief study. Suffice it to observe that, with the exception of the Bible, the writings of Augustine remained van

---

[46] Cramer, *Abraham Heidanus*, p.31. Largely resulting from van der Heyden's efforts, Coccejus (1603-1669) was called in 1650 from a professorship at Franeker to the position at Leiden which had been held by the recently deceased Friedrich Spanheim (1600-1649).

[47] *Ibid.*, p. 13.

[48] *Corpus theologiae christianae*, Leiden 1686, was prepared for publication from van der Heyden's lectures on the *Loci communes*. Before his death in October 1678, he had given his son-in-law, Franciscus Burman, authorization for the edition. (De Bie-Loosjes, Vol. 4, p. 5).

[49] Abraham van der Heyden, *De overtuigde quaetwilligheidt van Suetonius Tranquillus, blijkende uit seker boeckjen genaemt den Cartesiaan...*, Leiden 1656, p. 16.

der Heyden's chief theological authority. Scholastic theology which confused philosophy and theology was blamed by both Bradwardine and van der Heyden as creating a false understanding of God. Indeed, already in van der Heyden's *De causa Dei*, every citation to Thomas Aquinas was coupled with a refutation. At times the "Scholastic Doctors" were lumped together with Aristotle and Pelagius.[50] Rather than honor such a *Deus otiosus*, it were better not to believe in a God at all than to believe in a God who cannot reconcile the needs of the human heart. Nonetheless, van der Heyden acknowledged that Bradwardine, in responding to arguments that Augustine could not have convicted Pelagius of errors on the basis of natural or philosophical reason without the authority of the Church, himself turned philosophy to use against the Pelagians of his day.[51] So Augustine, so Bradwardine, so van der Heyden.

ZUSAMMENFASSUNG

Übersetzt von Michael Zamzow

Abraham van der Heyden (1597-1678), holländisch reformierter Professor an der Universität Leiden, wurde in die im siebzehnten Jahrhundert innerhalb der reformierten Kirchen ausgefochtenen Kämpfe um die Lehren über Prädestination, göttliche Ratschlüße und die Freiheit der Wille verwickelt. Van der Heyden wandte sich an die Schriften Augustins, um die Pelagianer seiner Zeit zu bekämpfen, obwohl er auch auf die zu seiner Zeit neuerschienene Ausgabe der *De causa Dei* (1618) des Thomas Bradwardin (der im vierzehnten Jahrhundert lebende augustinianischer Theologe aus England) zurückgriff.

Die Veröffentlichung des bradwardinischen Textes wurde durch den puritanisch gesinnte Erzbischof von Canterbury, George Abbot eingeleitet. Der englische Wissenschaftler der alten Sprachen, Sir Henry Savile, führte die Bearbeitung der noch vorhandenen Handschriften durch. Das gedruckte Folioband ist rechtzeitig in

---

50 Van der Heyden, *De causa Dei*, p. 214.

51 Van der Heyden, *Corpus*, p. 211. Here van der Heyden cites and paraphrases a passage from the "Praefatio" of Bradwardine's *De causa Dei*, p. b1r.

den Niederlanden angekommen, um den orthodox-reformierten Teilnehmern an der Synode zu Dort die Beweisführungen Bradwardins zur Verfügung zu stellen.

Die führenden theologischen Gegner, Anhänger des verstorbenen Jacobus Arminius (1560-1609), wurden als Remonstranten bezeichnet. Der Name wurde von der Remonstranz des Jahres 1610 hergeleitet, in der sie ihre Auslegung der Lehre des Arminius vorlegten. Als Folge der Beschlüße der zugunsten der Kalvinisten gestalteten Synode wurden die führenden Arminianer aus der reformierten Kirche ausgestoßen und aus den Niederlanden verbannt. Johannes Uytenbogaert (1557-1644) und Simon Episcopius (1583-1643) zählten zu den führenden Gestalten dieser Gruppe. Beide verbreiteten ihre Schriften und versuchten die remonstrantische Stellung gegen die Schriften der anti-remonstrantischen Geistlichen und Professoren zu verteidigen.

Im Jahre 1640 veröffentlichte Uytenbogaert einen Katechismus, in dem er die Grundlage des Remonstranten Bekenntnisses des Jahres 1621 ausarbeitete. Abraham van der Heyden erwiderte mit seiner *Proeve en Wederlegginghe* (1641). Um den Pelagianismus der Remonstranten zu wiederlegen, griff das *Proeve* auf die Schriften Augustins zurück, obwohl es auch Gebrauch von Bradwardins *De causa Dei* machte. Dieses Werk wurde durch die *Antwort op de Proeve* (1643) des Episcopius angegriffen. Uytenbogaerts lebendiges Vorwort leitete den Angriff ein. Im Jahre 1645 antwortete van der Heyden darauf. Nun übernahm er Bradwardins Titel, *De causa Dei*, für seine über tausend-seitige Schrift, die die Prädestination und verwandte Lehren verteidigte und den Versuch machte, die armninianischen Lehren Uytenbogaerts und Episcopius zu widerlegen.

In 1643 starb Episcopius, Uytenbogaert im Jahre 1644 darauf. Keine anderen versuchten auf gleicher Art auf van der Heydens *De causa Dei* zu reagieren. Van der Heyden beschäftigte sich aber bald mit anderen Kämpfen. Da er die Denkmethode des französichholländischen Philosophen, Rene Descartes, übernahm, verteidigte van der Heyden den Philosophen nun gegen die Vorwürfe aristotelischer Theologen, die die aristotelische Denkmethode gegen die neulich verbreiteten Lehren Descartes verteidigten. Gijsbertus Voetius von Utrecht zählte zu diesen aristotelischen Theologen.

Van der Heyden wurde immer stärker beeinflußt durch die biblische Bundestheologie des Johannes Coccejus (1603-1669). Die nach dem Tode van der Heydens veröffentlichte Schrift, *Corpus* theologiae christianae, ware eine neue Aufbau der reformierten Theologie, die von der philosophischen Methode Descartes und von der durch Coccejus vertretenen Schriftauslegung Gebrauch machte. Trotzdem bezog sich dieses Werk auf die Theologie von Augustin, Kalvin, und Bradwardine.

HEIKO AUGUSTINUS OBERMAN

BIBLIOGRAPHY

Compiled by

SUSE RAU AND ELSIE A.W. VEZEY
Tübingen / Tucson

BOOKS

Archbishop Thomas Bradwardine, a Fourteenth Century Augustinian. A Study of His Theology in Its Historical Context (Utrecht, 1957; revised edition: 1958).

Christianity Divided. Protestant and Roman Catholic Theological Issues, with Daniel J. Callahan and Daniel J. O'Hanlon, S.J., eds. (New York, 1961; London, 1962).

French: *Catholiques et Protestants. Confrontations théologiques sur l'Écriture et la Tradition, l'interprétation de la Bible, l'Église, les Sacrements, la Justification* (Paris, 1963).

The Harvest of Medieval Theology. Gabriel Biel and Late Medieval Nominalism (Cambridge, MA, 1963; revised edition: Grand Rapids, 1967; 3rd edition: Durham, NC, 1983).

German: *Der Herbst der mittelalterlichen Theologie*, Spätscholastik und Reformation, 1 (Zürich, 1965).

Gabrielis Biel Canonis Misse expositio, with William J. Courtenay, eds., Veröffentlichungen des Instituts für Europäische Geschichte Mainz, Abteilung für Abendländische Religionsgeschichte, 31-34 (Wiesbaden, 1963-1967).

Forerunners of the Reformation. The Shape of Late Medieval Thought (New York, 1966; London, 1967; Philadelphia, 1981).

[Gabrielis Biel] Defensorium obedientiae apostolicae et alia documenta, with Daniel E. Zerfoss and William J. Courtenay, eds. (Cambridge, MA, 1968).

Editor, *Ketters of voortrekkers. De geestelijke horizon van onze tijd.* Vier gesprekken tussen G. C. Berkouwer, E. Schillebeeckx, H. A. Oberman (Kampen [1970]).

De dertiende apostel en het elfde gebod. Paulus in de loop der eeuwen, with G. C. Berkouwer, eds. (Kampen, 1971).

Editor, with introduction, *Ockham, the Conciliar Theory, and the Canonists*, by Brian Tierney, Facet Books, Historical Series, 19 (Philadelphia, 1971).

Contra vanam curiositatem. Ein Kapitel der Theologie zwischen Seelenwinkel und Weltall, Theologische Studien, 113 (Zürich, 1974).

Karikatuur van de tijdgeest (Kampen, 1974).

The Pursuit of Holiness in Late Medieval and Renaissance Religion. Papers from the University of Michigan Conference, with Charles Trinkaus, eds., Studies in Medieval and Reformation Thought, 10 (Leiden, 1974).

Editor, *Luther and the Dawn of the Modern Era.* Papers for the Fourth International Congress for Luther Research, Studies in the History of Christian Thought, 8 (Leiden, 1974).

Editor, *Deutscher Bauernkrieg 1525, Zeitschrift für Kirchengeschichte* 85 (1974), Sonderheft.

Itinerarium Italicum. The Profile of the Italian Renaissance in the Mirror of its European Transformations. Dedicated to Paul Oskar Kristeller on the occasion of his 70th birthday, with Thomas A. Brady, Jr., eds., Studies in Medieval and Reformation Thought, 14 (Leiden, 1975).

Werden und Wertung der Reformation. Vom Wegestreit zum Glaubenskampf, Spätscholastik und Reformation, 2 (Tübingen, 1977; 2nd edition: 1979; 3rd edition: 1989).
    English: *Masters of the Reformation. The Emergence of a New Intellectual Climate in Europe* (Cambridge, 1981).
    Italian: *I maestri della Riforma. La formazione di un nuovo clima intellettuale in Europa* (Bologna, 1982).

Wurzeln des Antisemitismus. Christenangst und Judenplage im Zeitalter von Humanismus und Reformation (Berlin, 1981; 2nd edition: 1983).
    Dutch: *Wortels van het antisemitisme. Christenangst en jodenramp in het tijdperk van humanisme en reformatie* (Kampen, 1983).
    English: *The Roots of Anti-Semitism in the Age of Renaissance and Reformation* (Philadelphia, 1984).

Editor, *Die Kirche im Zeitalter der Reformation*, Kirchen- und Theologiegeschichte in Quellen, 3 (Neukirchen-Vluyn, 1981; 2nd edition: 1985; 3rd edition: 1988).

Editor, *Gregor von Rimini. Werk und Wirkung bis zur Reformation*, Spätmittelalter und Reformation, Texte und Untersuchungen, 20 (Berlin, 1981).

Luther. Mensch zwischen Gott und Teufel (Berlin, 1982; 2nd edition: 1983; Paperback: dtv, München, 1986; 3rd edition: Berlin, 1987; Siedler Paperback, Berlin, 1987).
    Italian: *Martin Lutero. Un uomo tra Dio e il diavolo* (Roma-Bari, 1987).
    Dutch: *Luther. Mens tussen God en duivel* (Kampen, 1988).
    English: *Luther. Man between God and the Devil* (New Haven, 1989).

Maarten Luther. Feestelijke herdenking van zijn vijfhonderdste geboortedag (Amsterdam, 1983).

Die Reformation von Wittenberg nach Genf (Göttingen, 1986)—hereinafter cited as *Die Reformation.*

Italian: *La Riforma protestante da Lutero a Calvino* (Roma-Bari, 1989).

The Dawn of the Reformation. Essays in Late Medieval and Early Reformation Thought (Edinburgh, 1986)—hereinafter cited as *The Dawn.*

Die Wirkung der Reformation. Probleme und Perspektiven, Institut für Europäische Geschichte Mainz, Vorträge, 80 (Stuttgart, 1987).

De erfenis van Calvijn. Grootheid en grenzen (Kampen, 1988).

Articles

"Thomas Bradwardine." *Theologisch Woordenboek*, vol. 3 (Roermond, 1958): cols. 4574-4575.

"Op weg naar de Voordagen." *Kleine kampdogmatiek*, N.C.S.V. (1958): 22-29.

"The *sermo epinicius* ascribed to Thomas Bradwardine (1346)," with James A. Weisheipl, O.P. *Archives d'Histoire Doctrinale et Littéraire du Moyen Age* 33e année, 25 (1958): 295-329.

"Thomas Bradwardine. Un précurseur de Luther?" *Revue d'Histoire et de Philosophie Religieuses* 40 (1960): 146-151.

"Some Notes on the Theology of Nominalism, with Attention to its Relation to the Renaissance." *The Harvard Theological Review* 53 (1960): 47-76.

"De Praedestinatione et Praescientia. An Anonymous 14th-Century Treatise on Predestination and Justification." *Nederlands Archief voor Kerkgeschiedenis* 43 (1960): 195-220.

"The Preaching of the Word in the Reformation." *The Harvard Divinity Bulletin* 25, no. 1 (1960): 7-18.

Also published as: "Preaching and the Word in the Reformation." *Theology Today* 18, no. 1 (1961): 16-29.

Revised: "Reformation, Preaching, and *ex opere operato*." *Christianity Divided* (New York, 1961; London, 1962): 223-239 (See BOOKS).

French: "Réforme, prédication et 'ex opere operato'." *Catholiques et Protestants* (Paris, 1963): 211-227 (See BOOKS).

"Bibliografie der Nederlandse Kerkgeschiedenis 1957," with J. W. Schneider, J. F. Hoekstra and G. H. M. Posthumus Meyjes. *Nederlands Archief voor Kerkgeschiedenis* 44 (1961): 101-119.

"Gabriel Biel and Late Medieval Mysticism." *Church History* 30 (1961): 259-287.

"Protestant Reflections on Church and State." *Theology and Life* 4, no. 1 (1961): 60-65.

"Unity as a Gift and Goal." *Unity is to Fulfill, is to Forgive*, SCM in New England (Cambridge, MA, 1961): 6-7.

"Quo Vadis, Petre? The History of Tradition from Irenaeus to *Humani Generis*." *The Harvard Divinity Bulletin* 26, no. 4 (1962): 1-25.
Also published as: "Quo Vadis? Tradition from Irenaeus to Humani Generis." *Scottish Journal of Theology* 16 (1963): 225-255.
Also in *The Dawn*: 269-296 (See BOOKS).

"Facientibus quod in se est Deus non denegat gratiam. Robert Holcot, O.P. and the Beginnings of Luther's Theology." *The Harvard Theological Review* 55 (1962): 317-342.
Also in *The Reformation in Medieval Perspective*, ed. Steven E. Ozment (Chicago, 1971): 119-141.
Also in *The Dawn*: 84-103 (See BOOKS).

"The Ecumenical Council. Vatican II and the Dialogue in America." *Harvard Alumni Bulletin* 65, no. 8 (1963): 348-349.
Dutch: Vaticanum II en de controverse in Amerika." *Reformatorische Oriëntatie* 1 (1963): 12-14.

"De driehoek: Late Middeleeuwen - Rome - Reformatie." (Radio lectures) *Reformatorische Oriëntatie* 2 (1964): 1-12.
Also in *Rondom het Woord* 6, no. 1 (1964): 15-18 (Summary).

"Observations on Vatican II, Second Session." *The Current* 5 (1964): 52-64.

"The Virgin Mary in Evangelical Perspective." *Journal of Ecumenical Studies* 1 (1964): 271-298.
Also in Facet Books, Historical Series, 20 (Philadelphia, 1971).
German: "Schrift und Gottesdienst. Die Jungfrau Maria in evangelischer Sicht." *Kerygma und Dogma* 10 (1964): 219-245.
Dutch: "Reformatorische ruimte voor de mariologie." *Uit tweeën één. Tussentijdse balans van het gesprek Rome - Reformatie*, eds. H. M. Kuitert and H. A. M. Fiolet (Rotterdam, 1966): 183-209.

"Das tridentinische Rechtfertigungsdekret im Lichte spätmittelalterlicher Theologie." *Zeitschrift für Theologie und Kirche* 61 (1964): 251-282.
Also in *Concilium Tridentinum*, ed. Remigius Bäumer, Wege der Forschung, 313 (Darmstadt, 1979): 301-340 (with Addendum).

"Holy Spirit - Holy Writ - Holy Church. The Witness of the Reformation." *The Hartford Quarterly* 5 (1964): 43-71.

"Catholics and Jews." *From ... The Pulpit*, Congregation Rodeph Shalom (Philadelphia, Autumn 1964): [3-12].

"Eenzame Paus of Eerste der Broeders." Derde zitting Vaticanum. *Woord en Dienst* 14 (1965): 5-6.
Also in *De Paus van Rome. Opvattingen over een omstreden ambt*, ed. Michel van der Plas (Utrecht, 1965): 140-146.
German: "Der 'einsame Papst' - oder der Erste unter den Brüdern." *Orientierung* 29 (1965): 7-9.
English: "Lonely Pope or First of the Brethren?" *The Christian Century* 82 (1965): 835-837.

"De Maagd Maria - hoeksteen of struikelblok," "Ark van Noach of Arc de Triomphe." Vaticanum II: de derde zitting. *Woord en Dienst* 14 (1965): 21-23, 39-40.

"Vaticaans Concilie en Nieuwe Theologie." (Radio lecture) *Woord en Dienst* 14 (1965): 28-29.

"Infinitum capax finiti. Kanttekeningen bij de theologie van Calvijn." *Vox Theologica* 35, no. 6 (1965): 165-174.

"Fides Christo formata. Luther en de Scholastieke theologie." *Ex Auditu Verbi*. Theologische opstellen aangeboden aan G. C. Berkouwer, eds. R. Schippers, et al. (Kampen, 1965): 157-175.
English revised version: "'Iustitia Christi' and 'Iustitia Dei'. Luther and the Scholastic Doctrines of Justification." *The Harvard Theological Review* 59 (1966): 1-26.
Also in *The Dawn*: 104-125 (See BOOKS).
German: "'Iustitia Christi' und 'Iustitia Dei'. Luther und die scholastischen Lehren von der Rechtfertigung." *Der Durchbruch der reformatorischen Erkenntnis bei Luther*, ed. Bernhard Lohse, Wege der Forschung, 123 (Darmstadt, 1968): 413-444.

"Duns Scotus, Nominalism, and the Council of Trent." *John Duns Scotus, 1265-1965*, eds. John K. Ryan and Bernardine M. Bonansea, Studies in Philosophy and the History of Philosophy, 3 (Washington, D.C., 1965): 311-344.
Also in *The Dawn*: 204-233 (See BOOKS).

"Die 'Extra'-Dimension in der Theologie Calvins." *Geist und Geschichte der Reformation*. Festgabe Hanns Rückert zum 65. Geburtstag, eds. Heinz Liebing and Klaus Scholder, Arbeiten zur Kirchengeschichte, 38 (Berlin, 1966): 323-356.
Also in *Die Reformation*: 253-282 (See BOOKS).
English: "The 'Extra' Dimension in the Theology of Calvin." *The Journal of Ecclesiastical History* 21 (1970): 43-64.
Also in *The Dawn*: 234-258 (See BOOKS).

"Theologie des späten Mittelalters. Stand und Aufgaben der Forschung." *Theologische Literaturzeitung* 91 (1966): cols. 401-416.

"Prof. dr. Maarten van Rhijn. Tussen herinnering en hoop." *Woord en Dienst* 15 (1966): 389.

"From Ockham to Luther - Recent Studies." *Concilium* (London), vol. 7 (Church History). Part I: 2 (1966): 63-68; Part II: 3 (1967): 67-71.

"Simul gemitus et raptus: Luther und die Mystik." *Kirche, Mystik, Heiligung und das Natürliche bei Luther*. Vorträge des Dritten Internationalen Kongresses für Lutherforschung, ed. Ivar Asheim (Göttingen, 1967): 20-59.

Also in *Die Reformation*: 45-89 (See BOOKS).

English original: "*Simul Gemitus et Raptus*: Luther and Mysticism." *The Reformation in Medieval Perspective*, ed. Steven E. Ozment (Chicago, 1971): 219-251.

Also in *The Dawn*: 126-154 (See BOOKS).

"Wir sein pettler. Hoc est verum. Bund und Gnade in der Theologie des Mittelalters und der Reformation." Antrittsvorlesung, Tübingen, June 1, 1967. *Zeitschrift für Kirchengeschichte* 78 (1967): 232-252.

Also in *Die Reformation*: 90-112 (See BOOKS).

"Roms erste Antwort auf Luthers 95 Thesen. Bemerkungen zum 450. Jahrestag der Reformation." *Orientierung* 31 (1967): 231-233.

"The Reformation: Proclamation of Grace." *Review and Expositor* 64 (1967): 161-169.

Also in *God and Man in Contemporary Christian Thought*. Proceedings of the Philosophy Symposium held at the American University of Beirut, ed. Charles Malik (Beirut, 1970): 55-64.

"The Protestant Tradition." *The Convergence of Traditions. Orthodox, Catholic, Protestant*, ed. Elmer O'Brien, S.J. (New York, 1967): 67-135.

Preface, *Christianity and Humanism. Studies in the History of Ideas*, by Quirinus Breen. Collected and published in his honor, ed. Nelson Peter Ross (Grand Rapids, 1968): VII-VIII.

"Wittenbergs Zweifrontenkrieg gegen Prierias und Eck. Hintergrund und Entscheidungen des Jahres 1518." *Zeitschrift für Kirchengeschichte* 80 (1969): 331-358.

Also in *Die Reformation*: 113-143 (See BOOKS).

"De rechtvaardigingsleer bij Thomas en Luther. Twee zielen één gedachte?" *Kerk en Theologie* 20 (1969): 186-191.

"Luther contra Thomas." *Kerk en Theologie* 21 (1970): 295-301.

"Paulus in de spiegel van de kerkgeschiedenis," "Paulus en Luther." (Radio lectures) *Rondom het Woord* 13, no. 1 (1971): 1-4, 62-70.

Also in *De dertiende apostel en het elfde gebod* (Kampen, 1971): 7-10, 68-76 (See BOOKS).

"'Et tibi dabo claves regni caelorum'. Kirche und Konzil von Augustin bis Luther. Tendenzen und Ergebnisse," I. *Nederlands Theologisch Tijdschrift* 25 (1971): 261-282 (II: See 1975).

"Das neue Gebot." Predigt über Johannes 13, 34-36, gehalten am 19. Januar 1972 in St. Johannes, Tübingen. *Theologische Beiträge* 3 (1972): 49-56.

"Einleitung zur Reihe Spätmittelalter und Reformation, Texte und Untersuchungen." *Der Physikkommentar Hugolins von Orvieto OESA*, ed. Willigis Eckermann, Spätmittelalter und Reformation, Texte und Untersuchungen—hereinafter cited as SuR—5 (Berlin, 1972): XVII-XXVI.
 Reprinted in *Bibliographie zur Geschichte und Theologie des Augustiner-Eremitenordens bis zum Beginn der Reformation*, ed. Egon Gindele, SuR 1 (Berlin, 1977): V-XIII.

"The Shape of Late Medieval Thought: The Birthpangs of the Modern Era." *Archiv für Reformationsgeschichte* 64 (1973): 13-33.
 Also in *The Pursuit of Holiness in Late Medieval and Renaissance Religion* (Leiden, 1974): 3-25 (See BOOKS).
 Also in *The Dawn*: 18-38 (See BOOKS).

"Mystiek als daad. Thomas Müntzer: Mystiek en revolutie." (Radio lectures) *Rondom het Woord* 15, no. 2 (1973): 58-68.
 Also in *Mystiek in de westerse kultuur*, eds. G. C. Berkouwer, R. Hensen and G. H. M. Posthumus Meyjes (Kampen, 1973): 58-68.
 Revised: "Thomas Müntzer: van verontrusting tot verzet." In memoriam Gerrit Cornelis van Niftrik. *Kerk en Theologie* 24 (1973): 205-214.

"Headwaters of the Reformation. *Initia Lutheri - Initia Reformationis.*" *Luther and the Dawn of the Modern Era* (Leiden, 1974): 40-88 (See BOOKS).
 Also in *The Dawn*: 39-83 (See BOOKS).

"Tumultus rusticorum: Vom 'Klosterkrieg' zum Fürstensieg. Beobachtungen zum Bauernkrieg unter besonderer Berücksichtigung zeitgenössischer Beurteilungen." *Deutscher Bauernkrieg 1525, Zeitschrift für Kirchengeschichte* 85 (1974): 301-316, Sonderheft (See BOOKS).
 Also in *Der deutsche Bauernkrieg von 1525*, ed. Peter Blickle, Wege der Forschung, 460 (Darmstadt, 1985): 214-236.
 Also in *Die Reformation*: 144-161 (See BOOKS).
 English expanded version: "The Gospel of Social Unrest: 450 Years after the so-called 'German Peasants' War' of 1525." *The Harvard Theological Review* 69 (1976): 103-129.
 Also in *The German Peasant War of 1525 - New Viewpoints*, eds. Bob Scribner and Gerhard Benecke (London, 1979): 39-51.
 Also in *The Dawn*: 155-178 (See BOOKS).

"Kapers op de Goede Hoop. Een oproep tot ommekeer." *Kerk en Theologie* 25 (1974): 221-230.
 German: "Kap ohne gute Hoffnung. Beobachtungen zur Lage in Südafrika." *Evangelische Kommentare* 8 (1975): 156-158, 163.

"De erfenis van Thomas van Aquino. Uitstraling en grenzen." *Woord en Dienst* 23 (1974): 229-230.

"Quoscunque tulit foecunda vetustas. Ad Lectorem." *Itinerarium Italicum* (Leiden, 1975): IX-XXVIII (See BOOKS).

"Reformation and Revolution: Copernicus' Discovery in an Era of Change." *The Nature of Scientific Discovery*. A Symposium Commemorating the 500th Anniversary of the Birth of Nicolaus Copernicus, ed. Owen Gingerich, Smithsonian International Symposia Series, 5 (Washington, D.C., 1975): 134-169.

Expanded version in *The Cultural Context of Medieval Learning*. Proceedings of the First International Colloquium on Philosophy, Science, and Theology in the Middle Ages, eds. John Emery Murdoch and Edith Dudley Sylla, Boston Studies in the Philosophy of Science, 26 (Dordrecht, 1975): 397-429; Discussion: 429-435.

Also in *The Dawn*: 179-203 (See BOOKS).

"'Tuus sum, salvum me fac'. Augustinréveil zwischen Renaissance und Reformation." *Scientia Augustiniana. Studien über Augustinus, den Augustinismus und den Augustinerorden.* Festschrift Adolar Zumkeller OSA zum 60. Geburtstag, eds. Cornelius Petrus Mayer and Willigis Eckermann, Cassiciacum, 30 (Würzburg, 1975): 349-394.

"'Et tibi dabo claves regni caelorum'. Kirche und Konzil von Augustin bis Luther. Tendenzen und Ergebnisse," II. *Nederlands Theologisch Tijdschrift* 29 (1975): 97-118 (I: See 1971).

"Theologe der Revolution oder der Reformation? Thomas Müntzer nach 450 Jahren," with Reinhold Mokrosch. *Evangelische Kommentare* 8 (1975): 279-282.

"Van agitatie tot revolutie: De boerenoorlog als Europees fenomeen." (Radio lectures) *Rondom het Woord* 17, no. 3 (1975): 30-38, 60.

"Het kruis van het antisemitisme." (Radio lectures) *Rondom het Woord* 18, no. 2 (1976): 53-62.

"Calvin's critique of Calvinism." *Christian Higher Education. The Contemporary Challenge.* Proceedings of the First International Conference of Reformed Institutions for Christian Scholarship, Institute for the Advancement of Calvinism, Wetenskaplike Bydraes van die PU vir CHO, Series F, 6 (Potchefstroom, 1976): 372-381.

Also in *The Dawn*: 259-268 (See BOOKS).

"Reformation: Epoche oder Episode." *Archiv für Reformationsgeschichte* 68 (1977): 56-111.

"Via moderna - Devotio moderna: Tendenzen im Tübinger Geistesleben 1477-1516. Ecclesiastici atque catholici gymnasii fundamenta." *Theologen und Theologie an der Universität Tübingen. Beiträge zur Geschichte der Evangelisch-Theologischen Fakultät*, ed. Martin Brecht (Tübingen, 1977): 1-64.

"Die Anfänge der Tübinger Theologie und die Reformation." "*... helfen zu graben den Brunnen des Lebens.*" Historische Jubiläumsausstellung des Universitätsarchivs Tübingen, eds. Uwe Jens Wandel, et al., Ausstellungskataloge der Universität Tübingen, 8 (Tübingen, 1977): 33-37.

"Die deutsche Tragödie im Zeitalter der Reformation. Böse Weisheit aus Tübinger Sicht." *Heute von Gott reden*, eds. Martin Hengel and Rudolf Reinhardt (München, Mainz, 1977): 113-137.

"Fourteenth-Century Religious Thought: A Premature Profile." *Speculum* 53 (1978): 80-93.
Also in *The Dawn*: 1-17 (See BOOKS).
Also published as: "The Reorientation of the Fourteenth Century." *Studi sul XIV secolo in memoria di Anneliese Maier*, eds. A. Maierù and A. Paravicini Bagliani, Storia e Letteratura, 151 (Roma, 1981): 513-530.

"Der moderne Wanderpapst." *Evangelische Kommentare* 12 (1979): 663-664.

"De aangevochten God. De betekenis van de reformatie voor onze tijd." (Radio lecture) *Rondom het Woord* 21, no. 1 (1979): 30-34.

Preface, *Johann Arndt. True Christianity*, ed. Peter Erb, The Classics of Western Spirituality (New York, 1979): XI-XVII.

Preface, *Gregorii Ariminensis OESA Lectura super Primum et Secundum Sententiarum*, ed. A. Damasus Trapp, OSA—hereinafter cited as *Gregorii Ariminensis OESA Lectura*—vol. 4, SuR 9 (Berlin, 1979): V-IX.

Preface, *Gregorii Ariminensis OESA Lectura*, vol. 5, SuR 10 (Berlin, 1979): V-VI.

"Zum Geleit. Ziel der Staupitz-Gesamtausgabe." *Johann von Staupitz. Sämtliche Schriften, Lateinische Schriften*, vol. 2: *Libellus de exsecutione aeternae praedestinationis*, eds. Lothar Graf zu Dohna, Richard Wetzel and Albrecht Endriß, SuR 14 (Berlin, 1979): V-X.

"Dichtung und Wahrheit. Das Wesen der Reformation aus der Sicht der Confutatio." *Confessio Augustana und Confutatio. Der Augsburger Reichstag 1530 und die Einheit der Kirche*. Internationales Symposion der Gesellschaft zur Herausgabe des Corpus Catholicorum, ed. Erwin Iserloh, Reformationsgeschichtliche Studien und Texte, 118 (Münster, 1980): 217-231.
Also in *Materialdienst des Konfessionskundlichen Instituts Bensheim* 32 (1981): 14-19.
Also in *Die Reformation*: 223-237 (See BOOKS).

"Werden und Wertung der Reformation. Thesen und Tatsachen." *Reformatio Ecclesiae. Beiträge zu kirchlichen Reformbemühungen von der Alten Kirche bis zur Neuzeit*. Festgabe für Erwin Iserloh, ed. Remigius Bäumer (Paderborn, 1980): 487-503.
Also in *Die Reformation*: 15-31 (See BOOKS).

"Willem Cornelis van Unnik 1910-1978. 'Novi foederis scriptorum interpres'." *The Library of the late Dr. W. C. van Unnik*. Book auction catalogue (Utrecht, 1980): 3-4.

Preface, *Gregorii Ariminensis OESA Lectura*, vol. 6, SuR 11 (Berlin, 1980): V-VIII.

"Vom Protest zum Bekenntnis. Die Confessio Augustana: Kritischer Maßstab wahrer Ökumene." *Blätter für württembergische Kirchengeschichte* 80/81 (1980/1981): 24-37.
Also in *In Reutlingen gesagt*. Rückblick auf die landeskirchliche Festwoche aus Anlaß der 450 Jahrfeier des Augsburger Bekenntnisses vom 17. bis 22. Juni 1980, ed. Christoph Duncker [Reutlingen, 1980]: 50-63.
Also in *Die Reformation*: 208-222 (See BOOKS).
Also in *450 Jahre Reformation. Schorndorf im Spätmittelalter und in der Reformationszeit*, eds. Reinhold Scheel and Uwe Jens Wandel, Schriftenreihe des Stadtarchivs Schorndorf, 2 (Schorndorf, 1987): 29-37.

"Die Bedeutung der Mystik von Meister Eckhart bis Martin Luther." *Von Eckhart bis Luther. Über mystischen Glauben*, ed. Wolfgang Böhme, Herren Alber Texte, 31 (Karlsruhe, 1981): 9-20.
Also in *Die Reformation*: 32-44 (See BOOKS).
Also in *Begegnung mit Gott. Über mystischen Glauben*, Bücher mystischer Lebensdeutung, ed. Wolfgang Böhme (Stuttgart, 1989): 83-101.

"Zwischen Agitation und Reformation: Die Flugschriften als 'Judenspiegel'." *Flugschriften als Massenmedium der Reformationszeit*. Beiträge zum Tübinger Symposion 1980, ed. Hans-Joachim Köhler, Spätmittelalter und Frühe Neuzeit, 13 (Stuttgart, 1981): 269-289.

"Stadtreformation und Fürstenreformation." *Humanismus und Reformation als kulturelle Kräfte in der deutschen Geschichte*. Ein Tagungsbericht, ed. Lewis W. Spitz, Veröffentlichungen der Historischen Kommission zu Berlin, 51 (Berlin, 1981): 80-103; Discussion: 174-187.

Preface, *D. Martin Luther. Operationes in Psalmos 1519-1521*, vol. 2: *Psalm 1 bis 10 (Vulgata)*, eds. Gerhard Hammer and Manfred Biersack, Archiv zur Weimarer Ausgabe der Werke Martin Luthers, 2 (Köln, 1981): V-VI.

Preface, *Gregorii Ariminensis OESA Lectura*, vol. 1, SuR 6 (Berlin, 1981): V-X.

"Martin Luther. Vorläufer der Reformation." *Verifikationen*. Festschrift für Gerhard Ebeling zum 70. Geburtstag, eds. Eberhard Jüngel, Johannes Wallmann and Wilfrid Werbeck (Tübingen, 1982): 91-119.
Also in *Die Reformation*: 162-188 (See BOOKS).

Preface, *Gregorii Ariminensis OESA Lectura*, vol. 2, SuR 7 (Berlin, 1982): V-VI.

"Luther, Israel und die Juden. Befangen in der mittelalterlichen Tradition." *Das Parlament*, no. 3 (January 22, 1983): 12.
Also in *Martin Luther heute*, ed. Bundeszentrale für politische Bildung, Themenheft, 3 (Bonn, 1983): 65-71.

Also published as: "Luther, Deutschland und die Juden." *Die Reformation geht weiter. Ertrag eines Jahres*, eds. Ludwig Markert and Karl Heinz Stahl (Erlangen, 1984): 159-169.
Dutch: "Luther, Israël en de Joden." *Luther na 500 jaar. Teksten, vertaald en besproken*, eds. J. T. Bakker and J. P. Boendermaker (Kampen, 1983): 145-167.
English: "Luther, Israel and the Jews." *Colloquium. The Australian and New Zealand Theological Review* 16, no. 2 (1984): 21-27.

"'Hier stehe ich, ich kann nicht anders'. Martin Luther, der Christ zwischen Mittelalter und Endzeit." *Die Presse* (March 26/27, 1983): Spectrum, I-II.

"Luthers Beziehungen zu den Juden: Ahnen und Geahndete." *Leben und Werk Martin Luthers von 1526 bis 1546.* Festgabe zu seinem 500. Geburtstag, ed. Helmar Junghans (Berlin, Göttingen, 1983): 519-530, 894-904.
Also published as: "Die Juden in Luthers Sicht." *Die Juden und Martin Luther - Martin Luther und die Juden. Geschichte, Wirkungsgeschichte, Herausforderung*, ed. Heinz Kremers (Neukirchen-Vluyn, 1985): 136-162.

"Three Sixteenth-Century Attitudes to Judaism: Reuchlin, Erasmus and Luther." *Jewish Thought in the Sixteenth Century*, ed. Bernard Dov Cooperman, Harvard Judaica Texts and Studies, 2 (Cambridge, MA, 1983): 326-364.

"Le combat de Luther pour l'Église: La chrétienté entre Dieu et le diable." *Luther et la Réforme allemande dans une perspective oecuménique*, ed. Centre Orthodoxe du Patriarcat Oecuménique, Les Études Théologiques de Chambésy, 3 (Chambésy-Genève, 1983): 427-446.

"Van wierook tot caricatuur. De nationale toe-eigening van Maarten Luther." *Kerk en Theologie* 34 (1983): 177-184.
English: "The Nationalist Conscription of Martin Luther." *Piety, Politics, and Ethics.* Reformation Studies in Honor of George Wolfgang Forell, ed. Carter Lindberg, Sixteenth Century Essays & Studies, 3 (Kirksville, MO, 1984): 65-73.

"Luther - tussen wieg en sterfbed," "Luther - tussen revolutie en reformatie," "Luther - tussen begin en einde," "Luther - tussen God en chaos," "Luther - tussen goddelijke gave en menselijke keuze," "Luther - tussen hoop en haat." (Radio lectures) *Rondom het Woord* 25, no. 3 (1983): 62-102.

Preface, *Johannes von Paltz. Werke*, vol. 1: *Coelifodina*, eds. Christoph Burger and Friedhelm Stasch, SuR 2 (Berlin, 1983): V-VIII.

Preface, *Johannes von Paltz. Werke*, vol. 2: *Supplementum Coelifodinae*, ed. Berndt Hamm, SuR 3 (Berlin, 1983): V-VI.

"Zürichs Beitrag zur Weltgeschichte. Zwinglis Reformation zwischen Erfolg und Scheitern." *Neue Zürcher Zeitung*, no. 94 (April 21/22, 1984): 65; Fernausgabe, no. 93 (April 20/21, 1984): 37.

Also in *Die Reformation*: 238-252 (See BOOKS).

Dutch: "Zürichs bijdrage aan de wereldgeschiedenis - Zwingli's reformatie tussen slagen en falen." *In de Waagschaal* 13 (1984): 388-392.

" 'Immo'. Luthers reformatorische Entdeckungen im Spiegel der Rhetorik." *Lutheriana*. Zum 500. Geburtstag Martin Luthers von den Mitarbeitern der Weimarer Ausgabe, eds. Gerhard Hammer and Karl-Heinz zur Mühlen, Archiv zur Weimarer Ausgabe der Werke Martin Luthers, 5 (Köln, 1984): 17-38.

"Thesen zur Zwei-Reiche-Lehre." *Luther und die politische Welt*. Wissenschaftliches Symposion in Worms, eds. Erwin Iserloh and Gerhard Müller, Historische Forschungen, 9 (Stuttgart, 1984): 27-34.

"Martin Luther: Zwischen Mittelalter und Neuzeit." *"Gott kumm mir zu hilf." Martin Luther in der Zeitenwende. Berliner Forschungen und Beiträge zur Reformationsgeschichte*, ed. Hans-Dietrich Loock, Jahrbuch für Berlin-Brandenburgische Kirchengeschichte, Sonderband (Berlin, 1984): 9-26.

Also published as: "Martin Luther: Mensch zwischen Gott und Teufel." *Werden und Wirkung der Reformation*. Ringvorlesung an der Technischen Hochschule Darmstadt im Wintersemester 1983/84. Eine Dokumentation, eds. Lothar Graf zu Dohna and Reinhold Mokrosch, THD-Schriftenreihe Wissenschaft und Technik, 29 (Darmstadt, 1986): 117-137.

Also in *Die Reformation*: 189-207 (See BOOKS).

"University and Society on the Threshold of Modern Times: The German Connection." *Rebirth, Reform and Resilience. Universities in Transition 1300-1700*, eds. James M. Kittelson and Pamela J. Transue (Columbus, OH, 1984): 19-41.

Preface, *Gregorii Ariminensis OESA Lectura*, vol. 3, SuR 8 (Berlin, 1984): V-VII.

"Klaus Scholder 1930-1985." *Zeitschrift für Kirchengeschichte* 96 (1985): 295-300.

"Die Reformation als theologische Revolution." *Zwingli und Europa*. Referate und Protokoll des Internationalen Kongresses aus Anlaß des 500. Geburtstages von Huldrych Zwingli, eds. Peter Blickle, Andreas Lindt and Alfred Schindler (Zürich, 1985): 11-26.

Also published as: "Eine Epoche - Drei Reformationen." *Die Reformation*: 283-299 (See BOOKS).

"From Confrontation to Encounter: The Ugly German and the Ugly American." *German-American Interrelations. Heritage and Challenge*, ed. James F. Harris (Tübingen, 1985): 1-5.

"Reformator wider Willen. Erinnerung an Erasmus von Rotterdam." *Evangelische Kommentare* 19 (1986): 478-480.

"'Mensen als ik komen eeuwenlang zelden voor'." [Erasmus:] Een intellectueel portret. *NRC Handelsblad* (November 6, 1986): Bijlage, 1-2.

"*Via antiqua* e *via moderna*: preambolo tardo medievale alle origini teoriche della Riforma." *Sopra la volta del mondo. Onnipotenza e potenza assoluta di Dio tra medioevo e età moderna*, ed. Angela Vettese (Bergamo, 1986): 57-77.

English original: "*Via Antiqua* and *Via Moderna*: Late Medieval Prolegomena to Early Reformation Thought." *Journal of the History of Ideas* 48 (1987): 23-40.

Also in *From Ockham to Wyclif*, eds. Anne Hudson and Michael Wilks, Studies in Church History, Subsidia, 5 (Oxford, 1987): 445-463.

Preface, *D. Martin Luthers Werke. Kritische Gesamtausgabe*, vol. 62: *Ortsregister* (Weimar, 1986): IX-XI.

"The Impact of the Reformation: Problems and Perspectives." *Politics and Society in Reformation Europe*. Essays for Sir Geoffrey Elton on his Sixty-Fifth Birthday, eds. E. I. Kouri and Tom Scott (Houndmills, 1987): 3-31.

Preface, *Johann von Staupitz. Sämtliche Schriften, Lateinische Schriften*, vol. 1: *Tübinger Predigten*, ed. Richard Wetzel, SuR 13 (Berlin, 1987): 1-2.

"Osiander an Joachim Rheticus," "Osiander an Copernicus," "Osiander an Joachim Rheticus," "Vorrede zu: Nicolaus Copernicus, De revolutionibus." First critical edition of Osiander-Copernicus-acta. *Andreas Osiander d. Ä. Gesamtausgabe*, vol. 7: *Schriften und Briefe 1539 bis März 1543*, eds. Gerhard Müller and Gottfried Seebaß (Gütersloh, 1988): no. 262, pp. 278-280; no. 275, pp. 333-336; no. 276, pp. 337-338; no. 292, pp. 556-568.

"Teufelsdreck: Eschatology and Scatology in the 'Old' Luther." *The Sixteenth Century Journal* 19 (1988): 435-450.

"Gli ostinati Giudei: mutamento delle strategie nell'Europa tardo-medioevale (1300-1600)." *Ebrei e Cristiani nell'Italia medievale e moderna: conversioni, scambi, contrasti*. Atti del VI Congresso internazionale dell'AISG, eds. Michele Luzzati, Michele Olivari and Alessandra Veronese, Associazione Italiana per lo Studio del Giudaismo, Testi e Studi, 6 (Roma, 1988): 123-140.

English original: "The Stubborn Jews. Timing the Escalation of Antisemitism in Late Medieval Europe." Introduction to *Year Book XXXIV* of the Leo Baeck Institute (London, 1989): XI-XXV.

Preface, *Devotio Moderna. Basic Writings*, ed. John Van Engen, The Classics of Western Spirituality (New York, 1988): 1-3.

"Captivitas Babylonica: Die Kirchenkritik des Johann von Staupitz." *Reformatio et reformationes*. Festschrift für Lothar Graf zu Dohna zum 65. Geburtstag, eds. Andreas Mehl and Wolfgang Christian Schneider, THD-Schriftenreihe Wissenschaft und Technik, 47 (Darmstadt, 1989): 97-106.

"*Duplex misericordia*: Der Teufel und die Kirche in der Theologie des jungen Johann von Staupitz." *Festschrift für Martin Anton Schmidt zum 70. Geburtstag, Theologische Zeitschrift* 45 (1989): 231-243.

"'Met tabellen tegen taboes'. Mijmeringen over de toekomst van de theologie in Nederland." *Kerk en Theologie* 40 (1989): 309-314.

"*Die Gelehrten die Verkehrten*: Popular Response to Learned Culture in the Renaissance and Reformation." *Religion and Culture in the Renaissance and Reformation*, ed. Steven E. Ozment, Sixteenth Century Essays & Studies, 10 (Kirksville, MO, 1989): 43-63.

"Luther and the Devil." *Luther and the Devil, Lutheran Theological Seminary Bulletin* 69, no. 1 (1989): 4-11; Discussion: 11-15.

Preface, *Johannes von Paltz. Werke*, vol. 3: *Opuscula*, eds. Christoph Burger, et al., SuR 4 (Berlin, 1989): V-VI.

INDEX OF PERSONAL NAMES

prepared by MICHAEL ZAMZOW

INDEX OF PLACE NAMES

prepared by MICHAEL ZAMZOW

LIST OF CONTRIBUTORS

Prof. Dr. William J. Courtenay
C. H. Haskins Professor
University of Wisconsin-Madison
Madison, WI 53706
USA

Prof. Dr. Christoph Burger
Faculteit der Godgeleerdheid
Vrije Universiteit
NL-1081 HV Amsterdam
The Netherlands

Prof. Dr. Tarald Rasmussen
Institutt for Kirkehistorie
Universitetet i Oslo
N-0315 Oslo 3
Norway

Dr. Manfred Schulze
Privatdozent
Tannenweg 4
D-7400 Tübingen
Germany

Prof. Dr. Bernhard Lohse
Kirchen- u. Dogmengeschichtliches Seminar
Universität Hamburg
D-2000 Hamburg 13
Germany

Prof. Dr. Kenneth Hagen
Department of Theology
Marquette University
Milwaukee, WI 53233
USA

Prof. Dr. Berndt Hamm
Institut für Historische Theologie
Universität Erlangen-Nürnberg
D-8520 Erlangen
Germany

Dr. Scott Hendrix
Family Therapist
P. O. Box 3
Blue Bell, PA 19422
USA

Prof. Dr. Kurt-Victor Selge
Seminar für Kirchengeschichte
Kirchliche Hochschule Berlin
D-1000 Berlin 33
Germany

Dr. M. A. Screech
Fellow of All Souls College
All Souls College
Oxford OX1 4AL
England

Prof. Dr. David Steinmetz
Amos Ragan Kearns Professor
Duke University
Durham, NC 27706
USA

Prof. Dr. Arthur Olsen
Department of Religion
Augustana College
Sioux Falls, SD 57197
USA

Prof. Dr. James Tanis
Director of Libraries and Rufus Jones Professor
Bryn Mawr College
Bryn Mawr, PA 19010
USA

The Bibliography was compiled by:

Suse Rau
Sekretärin von
Prof. Oberman, 1969-1984
D-7400 Tübingen
Germany

Elsie A. W. Vezey
Administrative Assistant to
Prof. Oberman, 1984-1989
Tucson, AZ 85719
USA